法律实践主义

法哲学及其理论拓展

武建敏 著

LEGAL PRACTICALISM

THEORETICAL EXTENSION OF
LEGAL PHILOSOPHY

人民出版社

吾道一以贯之。

————孔子

序　言

　　所有问题的观察和思考都被放置到了实践的立场上，这到底表明了什么呢？或许是由于对真理问题的理解需要坚持一种实践观点，但这里的实践观点并不是任何教条论意义上的实践观点，一旦实践观点形成了套话便不可能再有任何真理的价值。我对法的现象的把握自始至终坚持了一种实践观点，并且试图将这种观点拓展为一个系统或体系，实际上我也的确做了这样的工作。这应该算是法学中的"哲学工作"，"哲学工作"的概念非常好，它恰当地揭示了哲学作为一种行动所具有的"做"或"实践"的规定性。我在 2006 年前后主要从事司法哲学的慎思工作，在对司法理论的研究中使用了"实践法学"的概念，之后撰写了一些关于实践法学的文字。后来我把"实践法学"改为"实践法哲学"，最初使用"实践法哲学"是在 2013 年，而集中体现对其所作思考的成果则是在《实践法哲学：理论与方法》之中。我数年前写作时就使用了法律实践主义的概念，但在文字的公开版本中却并未出现这个概念。这次我使用了法律实践主义的概念，并没有什么特别的讲究，或许是觉得好玩的缘故，也许是受到了"法律实用主义"、"法律现实主义"、"自由主义法学"、"法律形式主义"等概念名称的影响，或许有一种与其并列的冲动，也有可能是有一种超越这些学说的愿望。在我的内心世界中，法律实践主义的概念自然是优于上述概念的，实践作为核心概念和中心议题在思想史上延续了两千多年，它有着深厚的思想积淀、理论内涵和文化意蕴。

尽管我力图将其阐发为一个理论系统或体系，但它从来都不是封闭的，而是向着世界敞开的。这好像不是一个体系化的时代，只要我们看看20世纪的思想发展自然可以知晓，尤其是法国的解构风潮更是体现了对于体系化的拒斥。然而真的就没有体系吗？即令是维特根斯坦随笔式的哲学勘察，仍然有其一以贯之的思想线索，看上去分散的思想片段却有着贯通性的主题。或许那种类似于黑格尔"大全"的体系已经难以延续，但新思想的体系化表达仍然是不可忽略的学术现象，它们往往都有自身的核心思想和一以贯之的风格。我所倡导的法律实践主义自然不可能完成黑格尔"大全"式的思想建构，却对黑格尔的体系化哲学充满眷恋，我从来都不认为体系化和系统化是错误的学术道路。我只是无力把法律实践主义打造成为一种"大全"的思想体系，但对其充满神往之情。我所能够完成的所谓体系化和系统化，无非是使其具备独有的核心理念和一以贯之的思想风格。法律实践主义自然要有自身的理论结构、思想演绎和拓展领域，否则我们就不可能称其为一种法哲学形态，作为法哲学的法律实践主义必须呈现自身特有的理论风格。

我并不认为学术上的"观点之争"会有什么积极的价值，"观点之争"会阻碍人们把握思想的整体性，自然也就妨碍了向着真理的通达。法律实践主义是一种法哲学形态，它所表达的是整体性的思想进路和理论谋划，而不是要与他者进行无休止的"观点之争"。我虽然并不认为所有的观点性分析都是毫无意义的，但作为法哲学的法律实践主义的观点是蕴含在整体性思想架构当中的，把整体性思想架构分解为具体的观点不可能获得法律世界中的真理。只有理解了法哲学的哲学立场和理论前提，才可能把握其所贯穿的各种观点，从来都没有什么孤立的学术观点。沉迷于"观点之争"不是思想构造的结果，而是"意见"占据了"学术市场"的表现。"观点"往往是主观性的，充其量只能算是一种知性思维，而这种抽象思维不可能通达真理。我们可以在学术探讨中提出无数的"观点"，也可以将其伪装成所谓的"创造性知识"。然而，即便"乞丐"穿上华丽的服装，他也依然是一个"乞丐"。"意见"自然是主观性的，但它攫取了"知识"的美名，却无助于任何真理的生成。真理是开放的，它的终点和起点是统一的。"意见"则是固执的，顽固的人们总以为自己是在坚持真理。"意见"对真理而言，纯属"南辕北辙"，"终点"距离"起点"日益遥远，它永远都不会回到事物（事情）本身。如果我们没有对自身所属的学科领域理论发展史的全面把握，怎么可能创造真理性的思想观点？如果我们没有面对生活实践的观察与洞悉，又怎么可能供给我们智识性谋制？回到事物（事情）的本性中，踏踏实实地"工作"和"操持"，"亲历着"我们的"亲历"，于是我们才有接近真理的机会。

一种理论是否需要追求真理呢？那种具有分解风格的学术固然不强调对于真理的追求，但它们同样从另外一个侧面揭示了学术所面对的对象世界的"真相"，这当然具有真理的价值。一种严肃的学术思想必须认真对待真理问题，学术必须无条件地追求真理。什么是真理？真理不是某种千古不变的存在对象，也不是知识探寻中所形成的固化结论。真理处在不断地生成过程当中，而非客观存在物，这正是一种实践立场所导出的对真理的判断。真理是逐步生成的，它在实践当中完成自身，既否定自身，又发展自身。真理本身既包含了肯定的方面，又蕴含了否定性元素。在法律世界中并不存在一个固定不变的真理，我们也不可能从某种抽象悬设着的所谓真理出发从事各种各样的现实性的法律活动，法律真理是在法律实践中生成自身的，没有放之四海而皆准的法律真理。这是法律实践主义的真理观。既有的普遍性存在只具有抽象的真理性，而不是现实的真理性，只有普遍性在与特殊性的视域融合中才可能创造真理，而使真理获得现实性的品格。在这种真理生成的过程中，否定的辩证法是其所遵循的实践法则，而主体的参与同样是不可或缺的维度。离开主体性的操作，我们同样无法理解真理的生成论，法律真理的获致意味着主体的在场与操持。这样的真理观自然对理解诸多法律问题都具有良好教益，比如法律解释、法律修辞、法律论证等诸多领域在真理生成论视角下或许都会发生知识形态的变更。我在理解真理的时候，常常会想到关于天才的问题。按照维特根斯坦的生存提示，天才绝非既定的存在，天才不是先天的天才，天才是"成为天才"。于是我们说，真理是"成为真理"。法律实践主义为人们所提供的不是固定的真理，而是通往真理的道路。追求真理意味着自由的探索，在现代思想的发展中自由和真理本就是内在贯通的。

既然牵涉通向真理的道路，好像就与方法问题相连。不过我对方法论问题所坚持的是一种慎重的态度，在我的深层观念中并不认为存在着所谓独立的方法论形态。从归根结底的意义上讲，方法只不过是"理论之后"的问题，也可以说是"实践之后"的问题。这种说法涉及我对方法问题的理解。所谓方法是要依存理论而存在的，理论是方法论存在的前提，不可能存在孤立的方法论知识。个人主义是一种理论，然后它同时为方法。黑格尔的理论自然包含了多重维度的方法。马克思、维特根斯坦、詹姆斯、福柯，他们似乎都没有刻意地构建一种方法论系统，但他们的思想或理论都创造了一种方法。实践理论自然蕴含了实践的方法，而实践智慧的学说则内在地包含了一种辩证法的方法。法律实践主义是本书的"主词"。它首先是一种理论，其次又是一种方法，理论和方法统一在法律实践主义当中。法律实践主义是一种"原理"，它可以被拓展到法律解释、法律修辞、法律教育、法治行动等诸多领域当中，而"原理"向着这些领域的拓展恰恰体现了"原理的应用"，这正是方法论问题。当我们娴熟地掌握了一种理论，就会把握该理论中所凝结的方法。还有另外一种关于方法的理解，饱经沧桑的老人往往能够恰当地处理其所面临的诸多疑难问题，尽管这不是绝对的。为什么呢？这里所涉及的是经验和方法的问题，经验的累积会生成方法，这好像是方法的存在论前提。我们必须要"亲历"，在融入式的存在状态中，我们创建了自身的"方法论体系"。在法学训练中，我们要沉入理论状态，让理论上手；同时在法律实践中，实现自身向着法律的彻底"融入"，智慧的"进入"意味着方法的娴熟。掌握了方法，并不意味着必然地能够进入法律真理的状态。我们不应该过度痴迷于方法，还是要在理论勘察和实践洞悉上多下功夫，那是通向真理的平凡普通的"操持"之路。

我们时常处在被遮蔽的状态，只有宁静的心灵才能发现通往真理的道路。"真理面前人人平等"，这种抽象的话语具有重要的修辞学意义。并非每个人都能够切入真理，人们切近真理的程度也会表现出各种各样的差异性。

真理对每个人的敞开状态是不同的，每个人被遮蔽的程度也存在差异性。真理的追求怎么可能缺失"人的在场"？我们不得不重视"主体性原理"的真理意义。若我们不懂得"操持"，何以亲近真理？于是我们要行动，要不断磨炼自身，塑造一个自由而独立的心灵。在伦理共同体当中，我们与他者共在，但我们仍然需要保有自身，这样才能真正地占有自身而不受外在元素的左右。尽管不是每个人都能走进真理，但却应该不断地趋向真理，追求真理是我们生活的最高境界。我们需要砥砺自身的心性，否则便不能很好地坚守自身。真理是由我们塑造的，真理从来都不是外在于我们的。在与他者的共在中，我们快乐地"打交道"，这原本就是我们的生活方式。"我们"与很多人"打交道"，"他们"是"我们"的"他们"，"他们"与"我们""共在"。这是一条通往真理的道路，愿我们共勉之！

目 录 | CONTENTS

第一章 DIYIZHANG
哲学立场与理论架构

如果我们首先假定世界上只有一种原始素材或质料，一切事物都由这种素材构成，如果我们把这种素材叫做"纯粹经验"，那么我们就不难把认知作用解释成为纯粹经验的各个组成部分相互之间可以发生的一种特殊关系。这种关系本身就是纯粹经验的一部分；它的一端变成知识的主体或担负者，知者，另一端变成所知的客体。在把这一点弄懂之前还需要做很多解释。弄懂它的最好的办法是把它同另一看法对照一下。我们可以举出最近的看法，这种看法把确定的灵魂实体消散到无以复加的程度，然而还不够彻底。如果说新康德主义排除了早期的二元论形式，那么如果我们能够连新康德主义也排除掉的话，我们就将把一切二元论形式都排除掉了。

——詹姆斯

　　法律实践主义是一种法哲学立场，也是一种法哲学理论，还是一种法治实践的原理。尽管它的表现方式是理论的形态，但它本身就是实践的，实践的逻辑与理论的逻辑融合为一体。这种法哲学有着深厚的历史传统，它的精神气质与儒学实践理性具有内在的相通性，与中国古典社会的法律实践中所折射的法律精神具有某种程度的承接性。我们或许没有必要对它的历史源头进行深究，我们只需懂得这是一种有根的法哲学，它的根基就存在于中国文化的历史实践当中。但它又不能被归结为历史或传统，它是当下中国的法哲学，它的最根本的基石是当下中国的法治实践及其所蕴含的实践合理性。但它对西方的历史传统并非毫不关注，西方思想传统中有其诸多"亲缘兄弟"，但它绝不是西方历史实践的发展结果，而是基于中国自身的法哲学理论。法律实践主义是批判的，"实践"的概念本身已经决定了它的批判性，实践合理性所蕴含的标准体系又为法哲学批判提供了良好的尺度。无论是当下的法律知识体系，还是现实的法律活动，都存在许多问题。这需要法哲学批判的登场，法律实践主义正是这样的批判法哲学。科学主义的迷梦缠绕，绝对主义的庸俗化和专制化，相对主义的面红耳赤，教条主义的不负责任，客观主义的往返留恋，多元化的主观主义批判，权利主义的缺乏担当，立法者的好大喜功。所有这些都隐含在法律实践主义的法哲学批判中，但我们却不必耽于其中的细节化元素，那只能算是一种学术的琐碎。当然，我们只是说法律实践主义隐含了批判，但它的主要目的并不是为了批判。我们没有必要在一些所谓学术观点上纠缠，思想的建构和实践的合理化才是法律实践主义的使命。

第一节 法哲学范畴

法哲学自然要有自身的哲学立场，法律实践主义的哲学根据是实践哲学，这是一种生活化的、实践论的本源性立场，它决定了法律实践主义所具有的独特的生活气息。这样的法哲学不是形而上学的抽象知识体系，更不是以纯粹理性作为自身的思想支撑点，而是以行动中实践理性作为展开自身的理性根据。要想很好地理解这种哲学立场和理性形态，就必须深入实践概念中加以阐发，实践概念既是实践哲学的基石性概念，又是法律实践主义的核心范畴，它是架构法律实践主义理论体系的根本保障。这里采取了从哲学立场到理性形态再到核心范畴的发展路径，思想的建构反过来考量当然也同样成立，从实践概念自然可以推导出与此相应的理性建构，进而明确自身的哲学立场。探究到法律实践主义的本性当中，它同样是实践哲学的一种形态，是关于法的实践哲学，与伦理学和政治哲学构成了实践哲学所包含的三大领域。

一、实践主义的哲学立场

不消说任何一种法哲学都有它的哲学立场，即便是普通的法学理论，其背后也会包含相应的哲学立场。哲学是有着不同的类型和表现形态的，不同的法哲学或法律理论背后的哲学立场也往往是不同的。美国既有实用主义法学，又有现实主义法学，它们背后都是实用主义哲学，实用主义哲学立场贯穿在这两种法哲学思想的始终，那是一种拒斥绝对主义和本质主义，倡导经验主义和实践主义的哲学立场。于是，实用主义面前的法律世界呈现了与法律形式主义截然不同的面貌，立场的转变实现了知识的改造和重组，给人们塑造了一个新的法律世界，当然这其中也蕴含了一种关于法律的新世界观。由此可见，哲学立场对法哲学以及法律是非常重要的。但我们并不能说只要有哲学立场就可以满足法学理论构建的需要，我们需要更加合理的哲学立场，那样的哲学立场要求契合法的实践本性。当欧陆的法律形式主义遭遇到美国社会实践的时候，那种本质主义的进路马上就暴露了自身的脆弱，美国的社会更需要的是本土化的实用主义立场，它的经验主义及实践主义的基本特质与判例法的实践及美国社会发展展现了高度的契合性。法律形式主义是一种以科学精神和理性精神为依托的法哲学，一方面受到了启蒙思想运动的深刻塑造，另一方面与欧陆的柏拉图主义传统密切相关，这种思想也许在欧陆尚可以形成自身的市场，最起码在当时有着良好的学术市场。但其一旦踏入美国本土，就注定了被冷落的命运。

当代中国的法哲学或法理学也有着自身的哲学立场。不要说中国当下没有法哲学，我们也不需要用某一种关于法哲学的普遍性描述否定当下中国法哲学的存在，那只不过是理念论的外部反思而已。早些年的中国法哲学或法理学，其哲学立场是唯物主义的哲学观，或者叫辩证唯物主义，即便是当前的法学理论研究也还有这样的理论概括。把马克思主义哲学解读为唯物主义是有问题的，而将其理解为辩证唯物主义的体系同样存在局限性。马克思主义哲学是实践哲学，是历史唯物主义。这大抵是哲学界的共识。唯物主义哲学观作为法哲学或法理学的哲学立场，使得彼时的中国法学理论强化了一种概念思维和本质主义及教条主义的传统，忽略了对人们赖以存在的根基世界的描述和阐释。法学唯物主义虽然打着马克思主义的旗帜，但很多元素却并不是马克思的思想元素，而更多的是用 18 世纪旧唯物主义的方式对马克思主义哲学进行解读，用斯大林式的哲学体系解释诸多法律现象和构造某些法律命题。而当我们一旦沉入马克思的元典，就会发现他的"实践观"正是我们诠释一种新的法哲学的哲学立场。① 唯物主义之前即便加上辩证法的词汇也不会增加它的合理性，反倒显得有些不伦不类，辩证法在本质上是属人

---

① 对马克思的法哲学可以作实践论的阐释，并由此为"实践法学"或"实践法哲学"概念进行理论论证，这需要理论上的深入挖掘。我们需要对马克思思想的重要元典进行深度勘察，以增益于当下中国法哲学的研究，深化我们对于法的认识和把握。参见武建敏：《实践法学要义》，《河北法学》2009 年第 1 期；武建敏：《马克思法哲学的当代阐释》，中国检察出版社 2013 年版。

的、生活化的、实践化的，唯物主义通常理解的物质世界当中并不存在辩证法。在对马克思思想的诠释中，辩证法当然是一个重要的维度，但我们却不能把辩证法当作一种"口头禅"让它承担着"绝对正确"的使命。辩证法在本质上是批判的。马克思的辩证法与实践内在融通，辩证法作为我们解读法学的立场也是一种"实践观"的立场，它将会迎来马克思法哲学思想的革命。

　　四十年的中国法哲学表现出了对自由、权利等概念的特别强调，并从其中发展出了"权利法哲学"①。在学界对"权利法哲学"的阐释中，有人从马克思主义的角度加以把握，这种解读本身也是合理的。马克思作为伟大的哲学家并没有否定自由与权利，他的思想是对自由主义的超越，而不是否定。②但在更为根本的意义上，中国的权利法哲学更多受到了洛克式自由主义政治哲学的深刻影响与塑造。当然，这种影响不仅是洛克的，而且是整个启蒙思想家的影响。③这里当然也有哲学立场，自由主义哲学观自然也是一

---

① 有学者特别提出"权利本位"的理论主张，可以看作权利法哲学中最具代表性的观点。而与此同时则有学者提出"义务本位""义务先定论"的学术主张。"权利本位"站在了时代的高度，充分宣示了权利法哲学的价值启蒙精神；"义务本位论"与"义务先定论"的论证方式有诸多差异，但它们都从法作为法的规定性上整体性地诠释了一种理论立场，其意义已经超越了单纯价值论的范畴。参见张文显：《"权利本位"之语义和意义分析——兼论社会主义法是新型权利本位法》，《中国法学》1990 年第 4 期；张恒山：《义务先定论》，山东人民出版社 1999 年版；等等。

② 赵敦华在对马克思主义政治哲学分析时谈到了自由权问题。"工人阶级在揭露资产阶级对自由权的私人使用的同时，也维护和发展自由权的公共使用。自由权的公共使用是为了全社会的自由，当然不包括维护私有制的权利。但是，在没有私有制的条件下，虽然'各尽所能，按劳分配'的平等权仍然是'资产阶级权利'，那也是人民享有的平等的自由权。"（赵敦华：《马克思哲学要义》，江苏人民出版社 2018 年版，第 174—175 页。）这自然可以被理解为马克思主义对自由主义的超越，它是克服了私有制的有限性的崭新的自由观。"除了用来压榨工人自由的财产权外，工人阶级应该而且必须拥有和维护自由权，如果自由权都丧失了，遑论工人阶级乃至全社会的解放和自由呢？"（赵敦华：《马克思哲学要义》，江苏人民出版社 2018 年版，第 175 页。）基于私有财产的自由是有限的、狭隘的，马克思主义所追求的全社会的自由解放是真正的自由。这不是一套说辞，而是马克思主义政治哲学理论逻辑的自然表达。

③ 对启蒙时代的思想家，中国学术界普遍地偏爱洛克，其简单平和而非专业化的语言和思想塑造了诸多法律人的心灵。洛克对中国法学界的影响远胜于其哲学影响，他在纯粹哲学上的建树总是值得怀疑的，其白板学说的认识论难以摆脱武断论的嫌疑。但我们在高扬洛克的同时，却往往忽略另一位伟大的自由主义奠基者，即霍布斯，在过去中国学界多将其解

种哲学立场，是一种政治哲学的基本立场。这样的哲学立场顺应了中国改革开放的社会实践，与人的主体自我意识的觉醒过程构成了鲜明的契合性，在彼时之中国具有重要的启蒙价值。即便是今天，权利法哲学依然在人们的观念中占据着十分重要的地位。这个哲学立场应该说是有精神高度的，即令在当前也不能否定它的合理性，人本身的自由与权利是人真正占有自身的一种体现，它内在地体现了与马克思法哲学思想的相通性。但人们在"权利法哲学"熏陶下，并没有形成对自由与权利的更为恰当的理解，无论是对自由还是权利的把握和体会，都要将其与责任内在地统一到一起。孤立地拔高自由理念，同样是一种外部反思的立场。中国法学界在高呼自由权利的同时，对责任与担当几乎鲜有涉及。其实自由主义同时意味着责任与担当。有很多惧怕自由的人们，其实是恐惧责任。自由与责任是"一而二"、"二而一"的关系，我们需要对自由主义政治哲学的立场有个新的把握。

在诸多的法学理论研究中，也有研究者打出了"本土资源"、"本土文化"、"儒学宪政主义"等颇具中国传统特色的理论旗帜。他们中有不少人是十分认真的学者，对"本土资源和文化"进行了深入的研究，提出了一些重要的思想判断，表达了对中国自身特色的真切关怀。他们并不动辄就使用"中国特色"之类的话语表达方式，但无疑具有了中国特色的理论特质，彰显了自身的理论勇气以及对中国学术命运的关怀。我们当然也可以将其把握为一种法哲学或法理学，那么这种理论背后同样隐含了一种哲学立场，这种哲学立场叫作"语境论"。"语境论"是近代之后的西方哲学总体上具有的思想旨趣，马克思、胡塞尔、海德格尔、维特根斯坦、伽达默

读为集权主义者，但他思想深处涌动着的至高关怀恰恰是纯正的自由主义。霍布斯"第一个以无与伦比的清晰明确，对'权利'和'法'加以区分，以至于他试图论证，国家首先奠基于'权利'之上，而'法'只是派生的后果"，霍布斯的政治哲学乃是奠基于个人主义的理论假设之上的，在这个方面他甚至比洛克更要彻底。也许，他才是"近代政治哲学的创始人"。（[美] 列奥·施特劳斯：《霍布斯的政治哲学》，申彤译，译林出版社 2001 年版，第 190 页。）我们现在做一个想象，"权利法哲学"的倡导者或许要认真阅读一下霍布斯，也许这是一种能与中国具有良好连接点的政治哲学立场及思想进路。自由主义是个现代性构造，建构中国当代法哲学不能不考虑这个维度，问题的关键是如何安放自由主义。

尔、詹姆斯、罗蒂等，他们都是"语境论"的思想大师。至于中国固有的哲学传统当然也是"语境论"的，"语境论"本就是中国哲学的基本特质。从中国自身的语境出发，去解释各种法律现象具有良好的实践合理性。法律不是抽象的规则体系，法律现象的生成需要从其自身的"语境论"存在中得以把握，一旦离开实践语境而从某个抽象的原则或理念或价值出发把握法律问题，马上就会陷入教条主义的坑穴当中，无法对问题给出合理的阐释。"观念论"离开了"实践论"的合理化建构，便会表现出与教条主义的契合。然而，单纯地从"语境论"出发固然体现了一种哲学立场，但却很难架构起一种自成系统的法哲学原理，而更多的是具有一种分析方法的功能。①

　　法律实践主义作为一种法哲学理论，它的哲学基础是实践哲学，其所依赖的是一种生活实践的立场。②当然，这个生活实践与生活世界的概念是一致的，它展现为一种人的生存活动，也可以理解为一种人的存在方式，人正是在生活世界中不断展开自我，并且成就自身。这是一种"源始性"的状态，是人的法律生活的存在论前提，是法律生活得以理解与合理化的基本依托，法律问题的提出在根本上源自于"生活世界"，正像胡塞尔所说的科学那样："客观的科学也只有在这种由前科学的生活永远是预先存在的世界的基础上才能提出问题。"③生活世界一定是本源性的，生活实践也是存在论的。人的

---

① 除了这里论及的法哲学形态与接近于法哲学形态的理论主张之外，在法理学领域中还有社科法学、法教义学、方法论法学等。社科法学提出了一种法学研究及把握法律问题的方法，但其哲学前提却有待挖掘。至于法教义学和方法论法学，尽管两者有些许差异，但其无疑有着共同的法哲学前提，即科学主义、规范主义的哲学立场。然而法学并非科学，而是一种实践之知，法律领域中匮乏普遍必然性，运用科学主义思维并不能洞悉法的内在规定性。

② 对于生活实践的概念，或许我们更需要认真地去体悟，条分缕析地做些科学规范意义上的说明也许是没有必要的，但我们可以有一个大致的理解。"实践指的是人的感性活动或是现实的人的活动。无论是道德实践、技术实践，还是生产实践，都是现实的人的实践活动，可统称为生活实践。"当然，这是马克思主义意义上的理解，但又比人们习惯所理解的多了一个道德的维度，这是一种较为合理的把握。参见黄志军：《辩证法的实践哲学阐释》，社会科学文献出版社 2015 年版，第 101 页。

③ [德] 胡塞尔：《欧洲科学的危机与超越论的现象学》，王炳文译，商务印书馆 2008 年版，第 134 页。

生活实践即是人的存在，这样生活实践就具有了存在论的维度，或者按照传统哲学的理解，是一种本体论的维度。但生活实践作为本体不是一种类似于物质的客观存在的本体，它是一种人的本体存在。法律实践主义的存在论前提就是这种生活实践，它的理论展开本源性地依赖这个生活实践，法哲学的命题的揭示与解释在归根结底的意义上存在于对生活实践的把握当中。生活实践本身作为理解与架构法哲学问题的本源性存在，其本身就可以被理解为"整体性"的生活世界。当我们对法律规则问题产生怀疑的时候，应该作出回归生活世界的把握；当我们对法律价值问题存在困惑的时候，应该作出回归生活世界的考量；当我们面对的法律问题出现疑难的时候，应该进行回归生活世界的分析。这是一种法哲学的操作功夫，当然也是一种哲学操作功夫，因为法哲学本身就是哲学。法哲学的操作功夫需要用操作去训练，实践的问题只有在实践中才能解决。法哲学的操作是一种智慧，它的养就需要思想的嵌入，也需要在生活实践中不断地磨炼。在这个意义上，法当然是一种实践智慧。

二、理性形态：科学理性抑或实践理性

从实践哲学的立场理解法本身，自然会生成法律实践主义的理性观点。法是理性的存在。这样的说法固然不能被认定是错误的，法若缺失了理性的规定性，也就失去了自身的自主性价值，那么它作为规范系统的原理也就匮乏了自身的合理性。然而，作为理性存在的法在本质上是实践的，人类的理性在归根结底的意义上也必然是实践的，于是就引出了实践理性的话题。在西方思想史上，实践理性的思想在古希腊就已经产生了，亚里士多德对实践理性的研究直到今天依然给人们良多启发，其后的阿奎那、斯宾诺莎、康德、黑格尔等伟大的哲学家对实践理性都有过精彩的论述。但是以实践理性作为基础去论证系统的法哲学理论则是较晚的事情。有研究者认为："从哈特开始，以实践理性来看待法律现象就成为西方法理学的重要进路。拉兹、麦考密克这两位新分析法学后继者是如此，波斯纳是如此。新自然法学的代

表人物之一菲尼斯也是如此。"①在中国法学界，法作为实践理性已经日益获得人们的接受与认同，但我们依然需要对法与实践理性的话题作出认真的诠释，尤其对实践理性的把握需要更深层次的体验。法律实践主义不以科学理性为自身的理论基础，而是以实践理性的态度看待法律世界，这样的法律世界是生活化的，这样的理性是充满生活化的，但无论怎样的理性或世界都需要接受合理性的检讨。

实践理性是与科学理性相对而言的。康德运用了两个概念，即纯粹理性和实践理性，当然康德同时认为实践理性高于纯粹理性。② 按照我们今天的理解纯粹理性可以大致相当于科学理性，但两者还是有区别的，康德的纯粹理性主要是哲学认识论的概念，它需要依赖于先天命题才可能成立。但我们在一般意义上所论及的科学理性并不具有康德纯粹理性的全面内涵，只是在形式上有些雷同。科学理性当然体现了一种基于科学的理性精神，它表现了对于事物的本质规定性和客观性的探求③，尽管同样具有认识论的内涵，却没有纯粹理性的革命性，也缺乏一种内在论的反省。然而，科学理性在日常生活世界上更容易获得人们的理解，并且在一般知识和生活的意义上影响更为普遍，因此我们将其作为一个反思的对象，以便于更好地探讨作为法的基石的实践理性。

在法律世界中，人们的诸多观念都受到了科学理性的深刻影响与塑造。在中国的学术话语中，有一句经典的表述：以事实为根据，以法律为准绳。

---

① 李桂林：《作为实践理性的法律》，《现代法学》2004 年第 6 期。若从广泛的意义上说，亚里士多德、康德、黑格尔等的法哲学都贯穿了实践理性的哲学态度，或许哈特等人只不过是思想史延续的集中表达而已。

② 当然，与实践理性相对应的另一个叫法就是理论理性，类似的范畴还有理论哲学与实践哲学的区分。这些论述在中国哲学界已经较为成熟，可以构成我们诠释法律实践主义的重要理论支点。

③ 我们固然不否定法律世界的科学性问题，但却反对任何关于法的科学主义思潮，法哲学的省思在于必须警惕法律世界中的科学主义意识形态。科学要坚守自身的边界，防止科学主义的泛滥是真正哲学精神的体现。我们需要重视一下费耶阿本德的"反科学主义"。参见 [美] 保罗·费耶阿本德：《科学的专横》，郭元林译，中国科学技术出版社 2018 年版。在该书"中文版序二"中，奥博海姆明确指出了费耶阿本德所持有的"反科学主义"立场，具有重要的警世意义。

这是基于科学理性、科学主义、客观主义和唯物主义的表达，而非基于实践理性的表述。这个话语缺乏对理性自身的边界意识，将某种理想和希望纳入法律原则的设定当中。事实是个客观性的概念，是事物发生的原本状态。人类理性当然可以形成对某些事实的认知与把握，但大量的事实对人类认知而言是一种可能性和盖然性，也就是说人类在诸多事实的认知中是很难捕获真相的。因此，"以事实为根据"是一种科学理性的畅想，也可以说是一种理性僭越。人类的实践法则面对事实应该坚持一种符合实践理性的立场。"事实"作为法律行动的理由未必要是原本的发生状态，从夸张的角度说人类所把握到的"事实"并不是曾经发生的"事实"，而只是一种接近"事实"的状态。人类对于事实的把握只要能够达到人类理性接受的状态就已经足够了，于是就有了"法律真实"的概念和思想。"法律真实"是一个实践理性的概念，而不是科学理性的概念，它是一个基于对人类认知能力有限性把握的前提之上的概念。它是经过人类实践的慎思创造的一种理论，同时构成了证据法的实践法则。但是，在当下中国人们对这个概念的反思和理解还不够深入，很多人依然停留在以"事实"为中心的科学理性和绝对客观主义的思维当中。当然，这种认识的形成与过去旧唯物主义的教化是无法分开的，教条化唯物主义总是以为科学为最好，凡事都要达到科学的状态，对万事万物的赞美也都以科学为最高标准，甚至要构造配得上科学称谓的社会科学体系。这是理性的僭越，法律世界本就难说有科学，以科学的标准理解法律生活是错误的。

至于"以法律为准绳"，也是一个缺乏实践理性考量与慎思的表述。所有的法律都是要被运用的，这是一个实践的过程，其中内在包含的解释学法则属于实践理性的范畴。法律必须被解释，但真正解释法律的主体不是立法者，而是法官，法官的解释才是所谓的"准绳"，原本的法律只是解释的对象之一。解释的过程是"法律"与"事实"视域交融的过程，这个过程是实践理性不断显现自我的过程。将法律作为准绳的思想进路忽略了实践诠释学的运用，同样是科学理性的一种表现。科学理性试图在法律世界中为问题寻求标准答案，而按照实践理性的原理，法律问题的答案到底是一元的还是多元的，是一个合理性的问题，而不是一个科学的问题。实践的合理性的阐释可能指向一个标准答案，也可能指向多个答案，于是就要论证，但是论证的目的并不在于寻求标准答案，而是给事物以理由。在这个意义上，实践理性是为人们的行动提供理由的理性。法律实践主义并不认为实践理性具有康德意义上的普遍性和绝对性，尽管我们满心期待那种理性的光辉。当一个法律问题有多个选择的时候，或许是一种"权力"获胜，或许是一种"威望"取胜，或许是一种"性格"获得优先权。科学理性意义上的选择也许只能给选择者增添烦恼，或者打着"科学"及"客观性"的旗号宣示一种虚假的真理。

尽管人们对科学理性抱有尊敬的态度，并且对它颇多期待，但科学理性是有它的边界的，无边界意识的科学理性是一种本质主义、客观主义、绝对主义、基础主义的体现，那样的科学理性僭越人的理性力量，在不知不觉中将人类推向悬崖。尤其是伴随着科学的技术理性化让人类面临更多的困境，法律世界中同样存在这样的问题，法哲学也需要一个生存论的维度。而实践理性是具有边界意识的理性形态，它拒斥本质主义的传统，不以寻求世界的本原为使命，而是谋求人类行动的合理性，这种合理性可以叫作实践合理性。实践合理性并不排除人类的知识理性，因为它也需要去把握合规律性，也就是说实践合理性包含了事物的合规律性，但这种合规律性并不是理性僭越所要把握的合规律性，而是符合事物之本性的合规律性，同时包含了认知活动本身的规律性，当然也包含了认知活动本身的有限性。在法律世界中，合规律性意味着对真实社会的规律性把握，包括对现实社会运行原理的慎思与洞悉及明断；合规律性意味着对国家与社会关系的平衡性把握，而不是用国家权力去吞没社会自身的内在规定性；合规律性意味着基于人类有限的认知能力对事物真相的判定，而不是绝对地追求真相本身；合规律性意味着法律实践法则的设定要符合人性的基本要求，而不是奢望用人性的高尚去设定远离事物本性的法则。

实践理性或实践合理性还包括了价值合理性的基本维度。但实践理性的价值合理性（合目的性）不是为人类生活悬设一种抽象理念，并让人们的生活符合这个抽象的理念。理念的根基不是抽象的规定性，而是生活世界本身。在法律生活中，我们更应该深入挖掘生活实践中的价值法则和原理，而不是用抽象的价值理念裁剪人们的法律生活，去创设所谓符合理念却远离生活直观的实践法则，那将是对实践理性的背叛。① 从抽象的理念规定性出发去宰制生活，是外部推演的运思方式，而不是基于事物本性的内在逻辑。当人们从一种人道的理念出发主张在中国废除死刑的时候，这并不是一种价值合理性。把抽象的人道观念作为标尺去把握问题的做法只能是一种自我意识的哲学，是地道的外部思考和观念论的表现。抽象观念论正是过去人们所批判的唯心主义的重要特征。死刑是否废除要看其所依赖的社会是否在价值观念和文化心理结构上能够加以认同，而不是使其符合某种所谓遥远而抽象的人道主义法则。实践理性或实践合理性当然还内在地蕴含了审美合理性的重要维度。在法律世界中，合规律性与价值合理性（合目的性）为审美合理性奠定了良好的前提，审美合理性（情感合理性）维度的确立是法以美确认自身的存在价值的高妙标准，审美的维度是法中之"人"得以真正实现的最高境界，人的尊严也正是在法的审美活动中才真正地获得了实现。美是自由的象征，而法正是自由的全部。这样的实践理性是充满生活化的理性形态，与科学理性有着根本的区别。② 实践理性维度的确立正是法律真正实现与生活世界内在契合的根本保证，实践理性视域下的法将回归生活世界，在法律生活中展示自身实践合理性的多重维度。

实践理性在消解了科学理性的僭越之后，也并非不讲道理，实践理性就是一种讲道理的理性形态，正如我们说法律是讲道理的一门学问是一样的道理。法是一种实践理性，作为实践理性的法必须讲道理，在这个意义上法是

---

① 实践理性在法学中的拓展意义日益凸显。在实践理性视域下，法为自身确立了恰当的本体论前提，并由此出发可以构成对法的诸多理论命题的解释。同时，实践理性的诠释视角在向着法律解释、法律修辞、法治行动的拓展中也会自然地呈现重要的方法论意义。

② 实践理性并不是对科学理性的抛弃，而是将科学理性纳入自身，从而在实践合理性维度对科学理性进行反思批判，超越科学理性的扩张与僭越，使其保持谦抑的品格。法作为实践理性同样需要自身建构起谦抑的内在品质，防止以无所不能的姿态审视和构造生活世界。背离了谦抑精神的法律，不仅不能给人以自由，却正是抛弃了一切自由的德性。节制是实践理性的固有美德，它是法与自由的内在规定性，抛弃了节制是对于法的现实性和自由德性的双重背离。

一种论证的事业。按照既往的科学理性原理，人类是可以制定出完美的法典的，完美法典成为了法官裁判的根据，这个时候表面上给人的感觉是法律在"说话"，但其实它蕴含了一种权力话语，所谓完美法典的梦想最终只能借助权力的扩张本性制造人类生活的片面性，甚至造成现实法律生活的异化。当人们进行法律选择或行动的时候，通常都会给出一个理由，但现实中所谓"给出理由的行动"却未必是"基于实践理性的行动"或者"合理性的行动"。"我们现在可以更好地理解，出于理由的行动与基于实践理性而采取的行动之间的联系。如果我们的说明是正确的，那么显然，出于理由的行动就无须产生于实践推理，或者说无须是居于实践推理之后、或伴随实践推理的。因为，除非对实践推理做出弱得难以成立的说明，否则 S 可以出于一个理由而行动，但是并没有参与关于行动 A 的实践推理。通过把出于理由的行动与合理的行动区分开来，可以很好地看到这一点。"① 区别两者也是我们真切把握实践理性或实践推理的关键之所在。合理的把握是这样的："出于理由的行动并不蕴涵合理的行动。不过，合理的行动都是出于理由的行动，并且基于实践推理的行动都是在某种意义上合理的行动。"② 基于实践理性的法律行动或法律决策必须给出理由，并且必须是合理的理由，这需要我们深入地把握实践合理性的基本原理，并通晓实践推理的基本法则，同时洞悉法律之生活世界的原理。

三、法哲学的核心范畴

对于实践理性及法律实践主义的合理把握，还需要回到对作为基石性范畴和本源性存在的实践概念的全面理解当中，离开对实践概念的理解就难以真正理解实践理性在法律世界中的重要理论价值。作为一种法哲学形态，法律实践主义拥有自身的核心范畴，但核心范畴也并不是一个独创的概念。一

---

① 罗伯特·奥迪：《出于理由而行动》，载徐向东编：《实践理性》，浙江大学出版社 2011 年版，第 61 页。

② 罗伯特·奥迪：《出于理由而行动》，载徐向东编：《实践理性》，浙江大学出版社 2011 年版，第 61 页。

种理论的核心范畴未必是独创的,当然也不排除核心范畴的独创性。每一种理论的核心范畴往往是对流行的概念范畴进行属于自身的解释而生成的,哈特法哲学的核心概念是规则,规则范畴不是哈特的独创,但哈特对其进行了创造性的诠释,使得他的规则学说在理论规定性上区别于任何其他的法哲学理论;权利法哲学的核心概念是权利,尽管这个核心范畴在被解释的过程中总是和义务相连,但在根本上讲权利概念才是权利法哲学的核心范畴,这个权利概念并不是权利法哲学的独创,甚至也缺乏真正富有创造性的诠释,因为权利概念所承载的思想内涵早在启蒙时代就已经获得了深刻的解释,权利的核心化只是在特定实践语境下对中国的意义,它是中国式的理论建构。法律实践主义的核心范畴是实践概念,实践概念当然不是法律实践主义的独创,实践概念在人类思想史上的卓越价值早有显现,正如权利概念所承载的人类价值观念的革命,实践概念也具有重要的革命功能。法律实践主义是一种与法律实证主义、法律实用主义具有相同层次的法哲学理论,法律实证主义的"实证性"算是其基本属性,法律实用主义当然是在强化"实用性",但"实用"却不应该作日常化理解,只有在掌握了实用主义哲学之后才可能对法律实用主义有着恰当的理解和把握。① 法律实践主义当然是在强调"实践",但对"实践"概念的把握却也不能流俗化,尤其不能和当下中国对实践的流行理解结合到一起,那样实践概念作为法律实践主义的核心范畴,或许就很难显现自身的法哲学意蕴。

　　法律实践主义的实践概念是核心范畴,当然也是基石性范畴,它内在地包含了一种本体论立场。本体论的概念其实具有较多的传统哲学色彩,但在今天的哲学研究中也常有使用,比如陈来把儒学归结为仁学本体论,其实是在强调"仁"的本源性。"吾人仁体说之本体的设定,乃在设立世界存在、关

---

① 但这并不意味着法律实用主义就完全接受哲学实用主义的摆布,有学者表达了实用主义法学相对于实用主义哲学的"独立性"问题。参见 Thomas C. Grey, *Freestanding Legal Pragmatism, 18 Cardozo L. Rev. 21 (1996)*。法律实用主义应该能够在深度和细节上实现对哲学实用主义的发展。同样的道理,尽管法律实践主义对实践哲学具有依赖性,但它同样可以在纵深向度上发展实践哲学,并使得实践哲学的空泛性得到缓解。

联、生生与运动的根源，此根源不是宇宙发生之义，故本体非第一推动者。而是宇宙时时而有、永不枯竭的内在根源。此本体与世界非一非二，即体即用，本体自身是生生不止的，现象大用亦是生生不息的。"① 这一对本体的理解一改西方的传统而具有鲜明的中国特色，本体其实是真实存在的，它不是一种外在于人类的抽象存在，"而是一个整体的存在，动态的存在，过程的全体，是人对生命体验中建立的真实"②。法律实践主义所论及的本体正如中国哲学意义上的本体，实践正是这样的本体。实践概念不是抽象的存在物，它不同于作为本体的"理念"，也不同于作为本体的"上帝"，当然更不同于作为本体的"物质"。实践就是实践，它是人的生生不息的生活本身，是人类社会绵延不息的"源头活水"。作为法哲学的核心概念和基石范畴，"实践"的本体论意蕴则在于强化法律世界的"实践本体化"，本体维度的确立是更好地理解和把握法律世界的基本前提。"实践"是法律世界运动的各个环节具有创造力的本体论前提，是法律世界各个问题最具解释力的本源。实践作为法律实践主义的本体论概念，是架构法哲学体系的基石，无论是法哲学的理性形态，还是法哲学的思维方式，抑或是法哲学的行动方略和价值系统，在归根结底的意义上都是以实践概念作为基石性范畴，否则也就难以称之为法律实践主义了。

法律实践主义的"实践"是向着人自身的行动，而不是外在于人的活动，因此同时蕴含了一种价值论的维度。③"实践"不是一种技术性活动，尽管在某种意义上可以说实践包含了技术性活动，但其所包含的技术性活动必须符合实践法则，④ 即满足实践向着人自身的基本属性。实践概念下的行动不

---

① 陈来：《仁学本体论》，生活·读书·新知三联书店 2014 年版，第 12 页。

② 陈来：《仁学本体论》，生活·读书·新知三联书店 2014 年版，第 13 页。

③ 人们在对亚里士多德的阐发中都触及了实践的道德之维。"实践概念一方面区别于理论，另一方面区别于制作。区别于理论之处在于，实践并不限于科学和智慧，尽管离不开它们；区别于制作之处在于，它是一种关乎道德的或政治的出于'善的目的'的活动。"（陈常燊：《美德、规则与实践智慧》，上海三联书店 2015 年版，第 48 页。）实践活动有自己的法则，因此存在着重要的规范性，这也正是实践活动所具有的道德价值的重要表现和印证。

④ 实践法则的善是内在的、固有的，它们是为着自身目的的善，而不是外在化和功用化。参见 Caryn L. Beck-Dudley, Edward J. Conry, Legal Reasoning and Practical Reasonableness, *33 Am. Bus. L. J. 91 (1995)*。

是异化的行动，人应该能够在实践活动中成就自身，真正地占有自身，所以实践是一种"成人"、"成己"的活动。而现实的单纯的技术性活动则充满了功利性和庸俗化的倾向，技术性活动可能与人成就自身是相冲突的。技术性活动与制作雷同，其所创制的产品与活动本身是相互分离的，并不是一种面向自身的活动。过去人们往往把生产劳动看作最为根本的实践活动，但劳动的异化却违背了实践的本性，不过生产劳动依然是一种实践，它必须在实践概念的"面向自身"的引导下，才可能真正地成为实践的活动，生产劳动变为了塑造人的实践。因此，实践概念本身是调节性的、是批判性的、是反思性的，这些优良的品性也正是法律实践主义的法哲学所具有的内在超越性品质。当法律遭遇生产和技术问题的时候，实践概念会给问题的解决提供合理性的考量路径。作为法律实践主义基石性范畴的实践，在法律世界中扮演着重要的角色，它将以一种面向人本身的思想风格审视我们所面临的法律世界，它将以一种批判性的眼光看待各种各样的法律活动，它将以一种内在反省的智慧把握法律世界的规律性，它将以一种价值论的立场超越法律技术的有限性，它将以一种卓越的精神让我们的法律世界变得更加美好。

法律实践主义所强调的实践是一种复杂性的活动，它虽然并不绝对地反对构造，但它更看重各种惯习在实践活动中所发挥的重要作用。惯习是实践活动中多样态法则中的一种，它较为具体，但也会形成一种宏观的"势"，左右着人们的生活习性，塑造着人们的法律生活。各种法律决策的背后往往都是惯习的力量。当人们去加以捕捉的时候，实践活动中的各种惯习往往是模糊的，甚至是含混不清的，因此它是生成性的，是自发性的，我们很难捕获各种惯习的精确的运行机理，不要对人类自身的认知能力有着过高的期待。"惯习所产生的行动方式并不像根据某种规范原则或司法准则推演出来的行为那样，具有严格的规律性，事实上也不可能如此。"①惯习当然不比法律规范明确，但在法律选择和行动中却往往发挥着异常重要的作用，很多情

---

① ［法］皮埃尔·布迪厄、［美］华康德：《实践与反思——反思社会学导引》，李猛、李康译，邓正来校，中央编译出版社 1998 年版，第 24 页。

况下实践的选择并不是依据理性构思而行动的结果，而是实践中的关系自然作用的结果，这好像是一种无意识的构造。国家法之外的法律实践活动更多依赖于惯习的作用，尽管其中也会夹杂有法律的元素。"在绝大多数情况下，行动并非经过深思熟虑或自觉地向施动者做出某种让步或妥协的结果；行动也不再是以明确认识到的目标为宗旨，合乎理性地组织起来并深思熟虑地加以引导的结果，却与一种前认知的、其形成与时代文化及个体生长密切相关的实践感密不可分，是这种实践感在引导着我们的行动，引导我们走向和应付自己所处的世界。"①各种惯习当然参与了这种实践感的生成，这是一个具有重要的解释力的概念。它可以说明乡民社会中人们面对法律问题的行为选择，也可以解释司法行为中惯习的力量。惯习并没有改变法律，只是使得法律解释的方向发生了重大变化。惯习是生成性的，实践感也是生成性的，法律实践活动中渗透了实践感的构造，它在一定意义上牵引着人们做出决策时的心理结构。我们要珍视惯习，要体会实践感的意义。

但是，实践活动毕竟还有另外的层面，即它的能动性的一面。实践也可以被理解为人的自由自觉的活动，而这种活动是创造性的，其所显现的恰恰是人的本质力量的伟大。在法律活动中，实践感固然导引着人们的行为选择，并影响和参与构造行动的结果，但作为主体的人也会将自身的能动性加之以实践的过程，从而使实践活动呈现一种创造性的基本特质。立法活动中固然应该有各种各样的惯习，应该体现立法所属时代的实践感，但立法活动同样是创造性的实践过程，人的超验性所窥视的时代精神会引导着立法这一伟大的实践活动。作为实践的立法具有技艺活动的属性，也具有道德实践的特质，因此立法需要价值的牵引，这个价值一方面要依赖于实践感，另一方面又要超越实践感，良好的法典是具有引领性的。它会以其卓越的价值贯穿在人类的历史实践过程当中，中国历史上的《唐律疏议》、拿破仑的《法国民法典》以及 1787 年的美国《联邦宪法》，若是缺失了引导性就不可能在人类历史上显现如此巨大的魅力。司法实践活动同

---

① 刘森林：《实践的逻辑》，社会科学文献出版社 2009 年版，第 18 页。

样充满了创造性价值，美国联邦最高法院的大法官们正是通过创造性的诠释构造了美国法律的历史，并且深刻地塑造了美国社会，甚至引领了美国社会的发展方向。实践感是要珍视的，但不能任由实践感的摆布，人要通过"亲历"①、"操心"②参与实践的塑造。实践活动的超越性是由人本身决定的，到底是接受惯习的约束，还是超越惯习，这是个情境的问题，当然也是个实践智慧的问题。

第二节　法哲学思维、问题转换与经验立场

每种法哲学都会包含自身的思维方式，它是由概念的运行机制所决定的法哲学思维形态。法律实践主义的法哲学思维是辩证的、批判的、反思性的，它意味着对立化思维方式的克服，而真正迈向了中介化的思维方式。这种法哲学思维与法哲学对象的视域转换具有内在的关系，将法律实践和法律生活作为法哲学的对象域，意味着法哲学基本问题的转换。而这种问题转换本身与实践论保持了良好的契合性，它会自然地支撑起一种经验主义的立场。然而与实践主义契合的经验并不是一种认识论上概念，而是具有某种本体论意蕴，它展现了整体性的生存论立场。

---

① 对"亲历"概念的理解可以从威廉·詹姆斯的彻底经验主义中加以把握，而尚新建的解释性研究可以使我们更好地理解"亲历"概念的思想意蕴。参见［美］詹姆斯：《彻底的经验主义》，庞景仁译，上海人民出版社2006年版；［美］詹姆斯：《宗教经验种种》，尚新建译，华夏出版社2012年版；尚新建：《美国世俗化的宗教与威廉·詹姆斯的彻底经验主义》，上海人民出版社2002年版。

② 对"操心"的理解肇始于海德格尔，尽管我们通过陈嘉映的解释也未必能真得"操心"之精髓，但我们还是需要不断体会海德格尔的这样一段话："此在之在绽露为操心。要从存在论上把这种生存论上的基本现象清理出来，就须得同那些一开始很容易同操心混同的现象划清界限。这类现象是意志、愿望、嗜好与冲动。操心不能从这些东西派生出来，因为这些东西本身莫基在操心之中。"（［德］马丁·海德格尔：《存在与时间》，陈嘉映、王庆节译，熊伟校，陈嘉映修订，生活·读书·新知三联书店2014年版，第211页。）

一、哲学思维方式与法哲学思维特质

每一种法哲学都会有自身特有的思维方式，但这个思维方式是由法哲学理论本身决定的，而不是主观附加的设定。法律实践主义作为一种法哲学内在地蕴含了自身的思维方式，这在根本上是由"实践"概念的丰富性和革命性所决定的思维方式。这种思维方式是一种从"两极"到"中介"的思维方式，是一种辩证法的思维方式，它消解了法律生活中的主观主义与客观主义的对立、唯心主义与唯物主义的对立、必然性与偶然性的对立、绝对主义与相对主义的对立、人治与法治的对立，真正地在实践概念的基础上获得了对法律生活和法律实践的辩证法把握。这是一种具有真正革命性的思维方式，对我们深化认识法律问题具有重大价值。比如人治与法治的问题，在过去几乎所有的理论把握中，都是把法治与人治相对立，主张要法治，不要人治。甚至一提到人治就认为是专制，这是一种对立化的思维方式，直到今天法学界还是没有摆脱这种对立思维的羁绊。法律实践主义的实践论思维是一种中介化思维，"中介"就是要消除"对立"。按照实践概念的逻辑，人治与法治并不是对立的，而是融合性的、互补性的。中国传统社会就没有在人治与法治问题上陷入对立化思维泥潭当中，诸多思想家都采取了"人法并重"的思想策略。"有乱君，无乱国；有治人，无治法。羿之法非亡也，而羿不世中；禹之法犹存，而夏不世王。故法不能独立，类不能自行，得其人则存，失其人则亡。法者，治之端也；君子者，法之原也。故有君子，则法虽省，足以遍矣；无君子，则法虽具，失先后之施，不能应事之变，足以乱矣。不知法之义而正法之数者，虽博，临事必乱。"①荀子当然没有否定法律，但他凸显了人的意义，但这个人又不是一般的人，而是贤哲之人。被今天学术界定性为人治的传统思想，实际上是贤人之治的思想，把贤人之治当作法治的敌人，是一种极端荒谬的现象。古代社会其实在理论和实践上都没有突出人与法的对立、人治与法治的对立，甚至在中国古代社会根本就没有"人治"的概念。这与传统中国文化的实践理

---

① 《荀子·君道》。

性特质以及其所内在蕴含的辩证法思维是密切相关的。辩证思维与实践思维是内在一体的，这是我们理解法律实践主义的思维方式的基本要点。

实践论思想在哲学上具有革命性的价值，在法哲学上同样具有革命性意义，它意味着我们理解法律世界的视角已经发生了根本的转换。实践观点的确立意味着实践思维的确立。实践观点的确立在哲学上具有重要的革命性价值，它终结了传统哲学从抽象存在理解世界的哲学思维方式，表达了从活生生的生活实践出发理解世界的基本思维方式。"实践的发现、实践观点的创立，它决不是仅仅为哲学增添或补充了一个新的范畴、新的观点和新的原理的问题，而是为我们理解人、理解世界以及理解全部哲学问题提供了一个完全新的立足基点、观察视角和思维模式。"①实践论思维同时意味着实践世界观的确立。实践思维是真正的辩证法的思维，同时也是对法现象进行合理性把握的思维前提。辩证法本身就是实践的，只有实践才谈得上辩证法，纯然的物质世界并不存在任何辩证法，那里存在的过去被称为辩证法的东西实际上就是自然规律，自然规律不能被等同于辩证法，辩证法一定是属人世界的辩证法。将辩证法与实践结合到一起加以理解，才可能形成最具合理化的思维方式。②法律实践主义主张一种根本性的实践观点，实践作为法哲学思维的基点构成了理解和把握法律世界的基本范式，辩证法的介入使得法律实践主义的法哲学思维更加完善合理，法哲学内在的思想品格在实践与辩证法的

---

① 高清海：《哲学思维方式的历史性转变——论马克思哲学变革的实质》，《开放时代》1995年第6期。高清海是全国哲学界率先提出实践论观点的哲学家，在一定意义上说他改变了中国哲学的研究方向，对马克思主义哲学的诠释产生了变革性的影响和构造。但是，法学界并没有很好地吸收哲学界的研究成果，权利法哲学之后中国法哲学的研究便呈现了一种"碎片化"的倾向，难以形成系统性的法哲学理论。近些年实践法学的兴起，表达了中国法学自觉吸取哲学研究成果，创造真正属于中国自己的法哲学的理论冲力。

② 将实践与辩证法放置到一起加以理解构成了马克思主义哲学界一个重要的观点。"马克思在生活实践的基础上重新阐释了辩证法，通过辩证法揭示了生活实践的原则，无疑是一种变革性的理解方式。从其本性来说，辩证法是生活实践自身显现出来的一种实践态度、实践样式和实践方式。在马克思的意义上，辩证法首先是生活实践自身，其次才是从生活实践自身中提炼出来的一种否定性原则，我认为这是对以实践为根基的辩证法的恰当理解。"（黄志军：《辩证法的实践哲学阐释》，社会科学文献出版社2015年版，第103页。）

交融中获得了最鲜明的体现和表达。

法律实践主义内在地包含了一种批判性思维，这同时意味着否定性和反思性。每一种理论都会给人们提供一种解释世界的模式，过去的唯物主义哲学所提供的是一种"客观性"的解释模式，但按照这种解释模式人们不仅没有在客观性把握方面取得长足进展，反而是陷入教条主义的旋涡当中。教条主义当然是一种主观主义，原本预想的客观性追求恰恰走向了自己的反面，这便是所谓"两极相通"的道理。哲学本身的批判功能被消解了，成了为意识的主观性进行辩护的工具，绝对的客观性与绝对的主观性何其相似。当一种理论仅仅满足于解释世界，而失去了自身的批判与反思的功能取向的时候，这种理论的批判功能就会自行消解。法哲学也必须是批判的，否则法哲学就会成为被利用的工具，而消解自身的理论功能。法律实践主义作为一种法哲学形态，它本身就是批判性的、反思性的、否定性的，这是它内在的思维特质，也是这种法哲学能够保持自身的独立性的根本保证。法律实践主义的核心范畴是"实践"，实践概念本身就是批判性的，是否定性的，马克思曾经强调了"实践"的革命功能，费尔巴哈"在《基督教的本质》中仅仅把理论的活动看做是真正人的活动，而对于实践则只是从它的卑污的犹太人的表现形式去理解和确定。因此，他不了解'革命的'、'实践批判的'活动的意义"①。理论和实践是内在统一的，理论的批判功能归根结底的意义上来自实践的批判性，实践本身是个自我否定的发展过程，这种否定性就是它的批判性。

马克思又说："环境的改变和人的活动或自我改变的一致，只能被看做是并合理地理解为革命的实践。"②实践的批判功能无法离开主体的介入，革命的实践所展现的批判性和否定性实际上体现了人的能动性。③ 法律实践主

---

① 《马克思恩格斯选集》第 1 卷，人民出版社 2012 年版，第 133 页。

② 《马克思恩格斯选集》第 1 卷，人民出版社 2012 年版，第 134 页。

③ "马克思所说的实践，一定是指人对客观世界能够进行改造的活动，即，使客观对象发生变化。如，把树木变成桌椅板凳、开采矿产资源、开采石油、利用原料加工工具、制作衣物、修盖楼房等等这些活动。这叫做人的感性的活动、革命的活动。"（周峰：《主体的实践——马克思〈关于费尔巴哈的提纲〉如是读》，广东人民出版社 2016 年版，第 16 页。）这个解读就其主体性的角度讲是没有问题的，但这里的解释必须进行再解释，否则就很难具有说

义强化了法的实践本性，法在实践中的发展是一个法不断否定自身、超越自身的过程，而法的真理则是在法的实践中逐步生成的过程。实践不是一个单纯适应环境的过程，而是不断改造世界的过程。以往的法哲学强调的是解释世界，而法律实践主义则同时强调改造世界，改造就必然面临着批判与否定，批判性思维是内在于实践自身的本质规定性。法律实践主义的批判性思维同样与实践概念的道德维度密切相关，正是由于实践概念本身的这一维度，使得实践概念具有了一种超越性功能，而超越性恰恰构成了批判的基点。理论要保持自身的独立性，就必须与意识形态保持必要的张力，但其在思想关怀上与国家民族的命运是一致的。正是这种批判性思维才可以保持法律实践主义者的冷静，用一种置身其中又超然物外的态度观照其所面临的法律世界，以否定性思维审视我们的法律生活。但我们一定要真正地嵌入到法律的生活世界当中，用心灵的在场与行动的介入反思和体悟法律生活，这既是作为理论的法律实践主义的内在要求，又是作为实践的法律实践主义的现实要求。

在中国法律思想发展的历史上，儒家法哲学即体现了一种批判性思维，在其大法治系统中所包含的德治主义和贤人之治的策略本身就具有批判性思维，道德理想主义本身蕴育了这种批判性功能。儒家法哲学作为一个思想系统是自洽的，它的深刻的批判性思维也源于它的实践本性，其实践理性的规范性设定为法律世界提供了契合当时社会的实践法则，而这些实践法则作为规范性存在构成了对传统法律生活乃至整个政治法律实践进行批判的基本前提。儒家法哲学不仅仅是对于历史中现实法律世界的合理性解释，它同样是一种拥有超验性价值的理论系统①，并由此内在地蕴含着一种否定性思维。

服力。也就是说，我们必须看到，所谓的"开采石油"的生产活动必须具有一种价值的牵引，否则人类的活动将毁灭人类自身，所以并不是所有的活动都可以被称为实践，实践内在地蕴含了道德的维度。

① 看上去非理论化的儒家话语体系包含了严密的价值系统，其价值系统的根基存在于生活世界当中，也正是因为如此才意味着儒家价值系统并非先验的构造，而是生活本身的呼唤和演绎。此处所说的"超验性"仅仅具有相对性意义，它在被奉为普遍性的同时从未疏离自身的实践根基。

儒家的否定性思维是与中道思维巧妙地结合在一起的，它的批判、否定与反思并没有超越传统社会意识形态的制衡，这也正是中国儒学独特的政治智慧之表现。法律实践主义当然也坚持一种中道主义的思维理念，这同样是有实践及实践理性与实践智慧的思想前提所决定的一种思维方式。也许科学理性会使得人们的思维方式呈现极端化和教条化的倾向，但实践理性与实践智慧本身则是平和的，由它们导出的是一种审慎的法律生活，是一种恰到好处的选择，是在特定情境中游刃有余地解决问题的智慧模式。这当然是平衡性思维、中道主义思维的表征。在这个意义上，法律实践主义在充分把握和理解实践概念的基础上，呼应了中国的传统儒学，借鉴了西方传统中实践哲学的思想元素。但它最深厚的根基依然是当下中国的法律生活实践，当下的生活实践是法律实践主义最本源性的存在论前提。

权利法哲学作为一种法哲学形态当然也蕴含了一种批判性思维，它同样深刻地包含了否定性和反思性的思想品格。它不仅是对于阶级斗争的法理学范式的否定与批判，而且它以西方启蒙精神作为依托充满展示了自身优良的现代性价值体系。正是这些价值元素的前提性存在，使得权利法哲学包含了批判性思维的思想品格。但同时也正是这样的价值前提的理论预设，使得权利法哲学具有明显的"自我意识化"的特征，在哲学上则难免有主观唯心主义的嫌疑。而在其批判风格上，则难免具有"外部批判"的属性。由于缺乏"实践"的维度，对权利法哲学的反思似乎可以使用马克思和恩格斯当年的一段话加以把握：马克思主义的历史观"不是在每个时代中寻找某种范畴，而是始终站在现实历史的基础上，不是从观念出发来解释实践，而是从物质实践出发来解释各种观念形态，由此也就得出下述结论：意识的一切形式和产物不是可以通过精神的批判来消灭的，不是可以通过把它们消融在'自我意识'中或化为'怪影'、'幽灵'、'怪想'等等来消灭的，而只有通过实际地推翻这一切唯心主义谬论所由产生的现实的社会关系，才能把它们消灭；历史的动力以及宗教、哲学和任何其他理论的动力是革命，而不是批判"①。

---

① 《马克思恩格斯选集》第1卷，人民出版社2012年版，第172页。

权利法哲学所隐含的批判是一种意识的、观念的批判，而不是现实的、革命的、实践的批判。从某种"意识"或"观念"或"理念"出发的批判实则简单至极，这是一种外部立场的反思和批判，尽管它并非一无是处。马克思对启蒙运动的精神价值是不否定的，但马克思是超越了启蒙法哲学，而走向了彻底的实践主义。法律实践主义的批判性思维是基于实践的，而不是建立在"自我意识"的基础之上的，但法律实践主义的实践同样也具有价值论的维度，但这个价值论在归根结底的意义上也只有从实践中才可能得到合理的理解，而基于价值的批判也只有在实践的基础上才能具有良好的合理性和说服力。

二、法哲学的视域转换与基本问题

或许每个成熟的学科都应该有自己的基本问题，但人们对基本问题的理解却是不同的。基本问题的设定当然与该学科所确定的对象域有着内在关联。就法哲学而言，如果我们将规范作为其对象则其基本问题便是权利和义务的关系问题，若是将法律实践作为研究对象则其基本问题便是普遍性与特殊性的关系问题①。法哲学基本问题的确定与法哲学的研究对象息息相关。那么，法哲学的研究对象到底应该是什么呢？这好像并不能给出一个特别具体明确并且有着所谓正确性的答案。从规范法学角度看，分析法学是把其对象主要集中在了规范世界，于是就要对规范本身进行各种各样的结构性分析。而法律现实主义则将对象域主要集中在法官的审判活动当中，其所呈现的法哲学风貌自然与规范法学相差甚大。法律实践主义的对象固然包含了普遍性规范，但它更为重要的则是将法律生活、法律实践作为自身的勘察对象，这一哲学化的学术态度意味着法哲学对象视域的转变，而在此基础上所产生的基本问题自然不同于规范论法学或权利法学对基本问题的回答。法哲

---

① 普遍性与特殊性的关系问题不仅是法律实践的基本场域，而且具有整体性的存在论意义。参见武建敏：《普遍性与特殊性：法、伦理及政治的哲学观察》，人民出版社 2022 年版。该书行文贯穿了这一基本立场。

学对象域自然属于法哲学的重要话题，对对象域的转换无疑属于法哲学视域转换的重要内容。一旦法哲学对象发生了变化，则法哲学的知识图景就会发生转换，其间的基本问题自然就会呈现不同的风貌，而基本问题的转化则往往意味着新的法哲学形态的生成。

当然，不管理解如何有差异，基本问题都应该是贯穿某个学科并能够引领该学科自成体系的诸问题之发展，否则就谈不上是基本问题。基本问题必须具有贯通性。但是我们还会遇到一个问题，就是同一个学科内部的不同思想家可能对基本问题的判定是不同的，这就会导致基本问题认知的差异性，难以有一个公认的标准化答案。当恩格斯说哲学基本问题是思维和存在的关系问题的时候，也无非是部分国家，尤其是中国产生了重要影响、构造和争论，西方哲学界却没有相同的设定。但基本问题一定是存在的，当然有些哲学的基本问题是隐含的。数十年前伦理学界也在争论基本问题，当时主要形成了三种观点，即：道德和利益的关系问题、善与恶的关系问题、道德与社会历史条件的关系问题。学界的观点是有差异的，现在的伦理学已经不再探讨这些问题了，但这并不表明基本问题就不存在了，基本问题作为伦理学的中心思想始终都不会消失，消失了基本问题的伦理学也就不是真正意义上的伦理学了。

法哲学当然也有自身的基本问题，但学界对此几乎没有争论与探讨，这是一个需要引起注意的问题。当然这个问题有些"形而上学"化，而这好像并不是一个形而上学的时代，但只要有人的存在就不可能抛弃形而上学的追求。无论如何，挖掘出法哲学的基本问题并作出一定的沉思考量，对于形成具有自身特色的法哲学理论是非常重要的。也许人们对法哲学的基本问题的理解是不同的，当然正是这种差异才会出现不同的法哲学流派。我们当然并不期望学界能够完全认同法律实践主义关于法哲学基本问题的判定与把握，那样的话也就不会出现有差异的法哲学了。法哲学的基本问题要沉入法律生活实践当中去把握，而不能单纯地从文本出发去构造法哲学的基本问题。权利和义务的关系问题并不是法哲学的基本问题，它仅仅是在法律规范学的意义上构成了法学的基本问题，而缺乏整体性的法律生活世界的关怀。法哲学的基本问题在根本上源于法律的生活世界，同时与法哲学的理论类型具有密切的关联性。

法律实践主义作为一种法哲学理论，它的基本问题就是普遍与特殊的关系问题，当然也可以表述为普遍与具体的关系问题，或者一般和个别的关系问题。这样的基本问题的判定一方面源于法律实践主义的实践概念所揭示的基本原理，另一方面源于法律的生活实践本身，因而具有良好的现实合理性，现实性则必是理论和实践的统一。实践概念在思想原理上所揭示的是一种高度情境化的思维理念，实践思维拒斥任何抽象的绝对真理，反对普遍性原理的永恒有效性和绝对正确性。当然，实践思维并不反对普遍原理的有效性，它只是为普遍原理的有效性设定了边界，在根本上拒斥一种绝对主义思维，强调的是普遍原理与特定情境的视域融合，从而在特定情境中对问题给出良好的解决方略。实践概念的这一特性决定了实践必然内在地蕴含实践智慧。实践智慧这一高度中介性的概念终结了传统哲学中两极对立的思维方式，真正地获致了一种辩证法的崇高境界。法律实践主义的基本问题必然同样具有一种辩证法的特质，实践、实践智慧、辩证法的统一，①是我们理解法律实践主义基本问题的思想视域和理论切入点。也只有认真消化了这些概念，才能认识到我们所揭示的法哲学基本问题是内在地属于法律实践主义的。

法律实践主义的基本问题本源于法律生活实践。从法律实践的视域出发，则法律世界有两个基本维度，一个是以规则为中心的普遍世界，另一个是以问题为中心的具体世界，这两个世界相遇就形成了法律实践。无论是司

---

① 实践内在地要求实践智慧，实践内在地孕育了真正的辩证法精神，实践智慧是辩证法的最高境界。有人在研究辩证法的时候涉及作为实践智慧的辩证法问题，这与实践之情境化的总体理念是一致的。"走向实践智慧的辩证法是一种面向特定实践情境的特殊逻辑，它通过具体的实践活动而生成，与人们所处的特殊情境相关联，其目的在于行为，即能够在一种复杂的情况中，根据时间、地点和相应的条件进行明智的决断和选择。"（黄志军：《辩证法的实践哲学阐释》，社会科学文献出版社 2015 年版，第 57 页。）实践智慧超越了两极对立，它符合实践的逻辑，内在地契合实践理性的原理，同时真正体现和表达了一种辩证法的精神。

法实践，还是执法实践，抑或是民间化法律实践，都是面对两个世界的遭遇而能够拿出合理化的解决路径的过程，这里典型地体现了法的实践本性。法律实践理性必须解决这两者相遇出现的问题，尤其是其中的疑难问题。但这并不是说规则世界本身就可以离开实践的理论维度，规则在本根上讲也是实践的，规则的运用是法律实践主义的主导议题，规则的生成同样要以法律生活实践为本源性存在，否则异域化的规则便会缺乏本土法律实践的效用。就法律实践主义而言，普遍世界本身固然构成问题域，但其鲜明的特色在于两个世界遭遇时自身显现的理论特色和思想习性。普遍世界必然会趋向具体世界，否则就是毫无意义的存在，具体世界也绝非凌乱不堪的杂多，具体世界本身承载了普遍世界的诸多原理。普遍和具体的关系作为法哲学的基本问题，实践主义的法哲学对此有着自身特有的理论立场。具体不可能被全面地包含在普遍当中，普遍也不可能完满无缺地解决其所面对的各种具体问题。在普遍与具体之间，会自然地生成许多疑难问题，这便更需要实践立场的嵌入，需要实践智慧的在场。缺失了实践论立场的基本问题就不是法律实践主义的基本问题。那种将具体完全包括于普遍之中的知识设计，在归根结底的意义上属于法律形式主义的立场。当下中国的部门法研究尚未在整体上实现实践转向，规则的解释学运用尽管在局部研究中显现了实践论立场，但在多数研究中依然充斥着法律形式主义的元素，科学主义和理性主义依然在控制着诸多研究者的思想方式。当然，这样的科学主义和理性主义特指缺乏自我边界意识的知识形态。法哲学必须完成法哲学内部的知识批判，沉湎在错误的知识中却自以为享受着真理的阳光雨露，在法律世界中科学的理性僭越和过度扩张已经在不经意之间遮蔽了通向真理的道路。

人类社会在实践活动的基础上会生成诸多关于实践的原理，不管是有意识的自觉构造，还是自发所生成的实践法则，都会成为人类行动世界的基本前提。人们在解决法律纠纷的时候自然会运用普遍的规则，这在很多情况下是非常有效的，生活中不可能全是难题，更不可能与投机取巧的人时常相遇。普遍规则有效地解决了具体纠纷，其所体现的也是普遍与具体的关系问题，简单案件反映了这样的关系特性。但在许多情境下普遍规则或原理并不能有效地解决其所面对的具体世界的问题，这里就需要实践合理性的理论反省以及实践智慧的慎思体察，在这个意义上讲法就是一种实践智慧。法律世界不是单一化的，而是多样化的。运用普遍规则解决简单纠纷的过程并没有什么特别突出的理论价值，也很难从中挖掘出一种重要的法哲学立场。只有在疑难案件中法哲学立场才是根本性的，法律实践主义内在蕴含的"实践智慧"的立场正是一种深刻的理论立场，而这种理论立场本身就是实践的。"实践智慧"是一个高度中介化的概念，它全面地体现了实践思维的基本特质，真正实现了理论与实践的视域融合，是法律实践主义立场的彻底表达。对实践智慧的阐释需要在法哲学理论中作一般性把握，同时更需要在类似于法律解释学的具体理论中获得充分的展现。

在漫长的实践过程中，人类在行动世界中形成许多的普遍法则，当然其中也包括普遍的法律规则，人类当然是希望通过普遍规则解决具体问题，但普遍法则往往由于出于人类行动世界之本性的缘故而无法做到对现实问题的恰当解决。亚里士多德有过这样一段论述：我们探讨的是"行动或应该怎样去行动"的问题，但是"关于行为的全部原理，只能是粗略的，而非精确不变的。正如在开头指出的，原理要和材料相一致。在行为以及各种权宜之计中，正如健康一样，这里没有什么经久不变的东西。如若普遍原理是这样，那么，那些个别行为原理就更加没有普遍性。在这里既说不上什么技术，也说不上什么专业，而只能是对症下药，顺水推舟，看情况怎么合适就怎么做，正如医生和舵手那样"①。当然，尽管这些原理缺乏精确性，他还是主张要加以补救，并且要尽力而为。行动的普遍原理与具体问题之间的矛盾是一种必然的存在，是出于"事物的本性"的矛盾，它不能被消除，而只能被补救。法律实践中面临同样的问题，亚里士多德在论及公平的时候这样谈道："全部法律都是普遍的，然而在某种场合下，只说一些普遍的道理，不能称为正确。就是在那些必须讲普遍道理的地方，也不见得正确。因为法律是针对大多数，虽然对过错也不是无所知。不过法律仍然是正确的，因为过错

---

① 苗力田主编：《亚里士多德全集》第八卷，中国人民大学出版社 2016 年版，第 29 页。

并不在法律之中，也不在立法者中，而在事物的本性之中。"①按照亚氏的理解，错误的根源在行为的"质料"当中，实际上就是行为本身的特性决定了普遍规则的有限性。尽管普遍规则在遭遇具体问题的时候总是会出现问题，但普遍规则仍然是必须的，普遍与具体的关系问题是个永恒的问题。

在法律之普遍世界与具体世界遭遇而出现问题之时，当然我们要在实践情境中解决所面临的问题。这便是公平与实践智慧的问题。"所以公平就是公正，它之优于公正，并不是一般的公正，而是由于普遍而带了缺点的公正。纠正法律普遍性所带来的缺点，正是公平的本性。这是因为法律不能适应于一切事物，对于有些事情是不能绳之以法的。"②由此可见，在亚氏那里公平是沟通普遍与具体的桥梁，是恰当地解决两者之间矛盾的有效方式。接着他又说："应该规定某些特殊条文。对于不确定的事物，其准则也不确定。正如累斯博斯岛的营造师们的弹性准则，这种准则不是固定不变的，而是与石块的形状相适应的。特殊条文对事物也是如此。"③"规定特殊条文"和设定"弹性规则"，当然都是为了公平，对法律公平的实现而言，这是其中的一个方面，但这里必须有实践智慧的登场。理论智慧是对于普遍性和必然性及永恒性的把握，但实践智慧则是在特定实践情境中作出恰当的选择，这同样是个公平的问题，法律公平是具体的、情境化的，而实践智慧也是情境化的。在特定的情境中，实践智慧意味着善于筹划、慎思、恰当的判断，当然同时也包含了对于善的生活的考虑。实践智慧当然包括了诸多的聪明性的品质，但实践智慧一定远高于聪明。特定情境中恰当的选择绝非一般的聪明所可能为之，它必然要将善与幸福及恰当的生活作为具体筹划的目的性元素，从而在具体情境中作出一个符合实践合理性法则的选择。实践智慧着重考量这样的元素："对合理的实践原则的把握加上对具体实践情境的洞察，在实践目的的前提下将这两部分结合为一个具体的行动。"④实践智慧的法律运用

①　苗力田主编：《亚里士多德全集》第八卷，中国人民大学出版社 2016 年版，第 117 页。
②　苗力田主编：《亚里士多德全集》第八卷，中国人民大学出版社 2016 年版，第 117 页。
③　苗力田主编：《亚里士多德全集》第八卷，中国人民大学出版社 2016 年版，第 117 页。
④　刘宇：《实践智慧的概念史研究》，重庆出版社 2013 年版，第 118 页。

所获致的就是公平，公平也就是实践智慧，是特定语境中的恰当决断。在这里，普遍与具体的矛盾依然存在，然而其间的张力却可以在实践智慧的操作中逐步克服和消解，待新的问题出现，仍然需要实践智慧的登场。法哲学的基本问题永远都会存在，实践智慧将不停地"劳作"，"操心"已注定了人的命运。

三、法哲学的经验主义立场

按照法律实践主义的思想进路，法在本质上是实践的 ①，法是一种实践智慧。实践智慧不是理论智慧，不是单纯地对于普遍原则的沉思，它要在特定的实践情境中作出判断和把握，这就使得"将具体实践活动中对个别事物的感知性智慧独立于对普遍原则的思考，实践活动中的理解和判断不再完全依赖于普遍原则"②。当然，这并不是说实践本身就会拒斥普遍的法则，但实践毕竟是实践，它要有自身的场域，要有自身的延展的时空，它要有在特定情境中的"因缘性整体"，这就是它存在的具体性。理论智慧是要把握普遍原则，而实践智慧则是要在特定情境中对问题给予恰当的解决。尽管它不抛开普遍原理，但它不是一种以探索普遍性为中心的智慧范式，而是以"具体性"的体认和把握为中心所展现的智慧模式。对"具体性"的把握需要经验的累积，法哲学的基本问题内在地蕴含了把握法律生活的经验立场 ③。这是

---

① 实践不是抽象的，而是行动的，是具体的展开。这便意味着经验的登场，只要涉及"实际行动"，"就总是和经验质料有关"，实践哲学必须关注经验问题，我们不可能设想出一种行动不关涉任何经验问题。参见 ［德］阿多诺：《道德哲学的问题》，谢地坤、王彤译，上海人民出版社 2020 年版，第 79 页。法律实践主义作为一种实践哲学的形态必然涉及行动问题，因此必须把经验作为思想展开的重要维度。

② 刘宇：《实践智慧的概念史研究》，重庆出版社 2013 年版，第 101 页。

③ 在英美法理学探究中，有一种倡导经验研究的主张，这个群体的法学家"通过社会学思考去分析特定社会语境中的法律经验"。（［英］罗杰·科特雷尔：《法律、文化与社会——社会理论镜像中的法律观念》，郭晓明译，北京大学出版社 2020 年版，第 29 页。）这种经验探究自然是有意义的，但法律实践主义分析中所言说的经验乃是本体论的，不过它在本体论视域中包含了社会经验。

非常重要的解释，正是这种解释决定了实践智慧与经验主义的相通性。也就是说，在对作为实践智慧的法的阐释中，自然地蕴含了一种经验主义的维度。实践智慧是一种恰得其分的筹划与判断，是一种对恰当生活的慎思与选择，但这种实践智慧并不是理论智慧先在地赋予的。尽管实践智慧的养就离不开理论智慧的滋润，但从根本上说实践智慧是在经验中、是在行动中生成的智慧，具有鲜明的生存论属性。因此它是内在性的，是与人本身无法分开的，这是一种经验主义的维度。实践智慧更无法离开经验的磨砺、训练与锻造，经验主义是内在于实践智慧的，同时也是内在于法之本性的。对法的"操心"与"筹划"，在事物本性中的多角度考量，都是法律实践中的慎思。我们需要切入事物本身，用"身体"与"事物"相撞。经验主义是一种内在论的思想立场。

经验主义是一种对本质主义和基础主义的反对，近代的哲学家就已经开启了这种伟大的思想历程，培根、洛克、休谟，在柏拉图主义盛行的时代给了本质主义当头棒喝，尤其是休谟的经验论简直就是一次彻底的思想解放。尽管经验主义在康德和黑格尔哲学中得到某种程度的吸纳与整合，但经验主义在康德、黑格尔时代总体上是处在哲学的弱势地位。黑格尔、马克思之后的哲学开始纷纷批判本质主义和基础主义的哲学路线。其中经验主义就是其中一个重要的武器，尽管紧随近代哲学之后的哲学并没有将自身的哲学归结为经验主义，但经验主义无疑是其重要的维度，无论是实用主义、现象学，还是存在主义，都具有一种经验主义的维度。经验主义作为对本质主义的反对，正是契合了法律实践主义的实践风格，法律实践主义同样包含了一种经验主义的维度，但它又不能被归结为经验主义。实践是一个比经验更为丰富和卓越的概念，实践的具体性、情境性、判断性及其恰当性，都决定了经验主义维度融入实践主义的必要性与合理性。休谟对人类理性加以怀疑的命题正是经验主义所内在蕴含的批判精神。当我们今天去体验和把握休谟思想的时候，我们意识到应该从法律的"独断论"和"妄想症"中加以解脱，而真正获得自身的经验存在。在法律研究和规则设计及行动谋划中一切僭越人类理性能力的现象无非是在上演着一曲"科学畅想曲"。看看我们的法律经验世界，可能的与不可能的，可操作的与不可操作的，所有这些都值得关注。观察得多了，看得久了，就会有所洞悉。当然，今天的法律实践主义者并不像休谟那样绝对，尽管绝对有绝对的优势，经验主义并不是对"理性"的彻底否定，而是对"理性僭越"的彻底否定和对"经验理性"的高度体认。经验主义是重要的，不要把它和理性主义加以对立，"经验理性"是一种符合中道主义的实践论立场。

由法律实践主义的实践智慧所必然引发的经验主义考量，其经验则必须是亲历的，而不可能是道听途说的所谓经验。道听途说的经验不仅是片面的，且由于缺乏亲历的、在场的感受，因此难以对实践智慧的生成产生本源性的影响和构造。经验的亲历性是养就实践智慧的根基，一个只是懂得许多法律理性知识，却没有法律和生活经验累积的人难以形成法律实践智慧。一个优秀的法官是有经验的法官。当然这不是"唯经验论"，若是陷入"唯经验论"的境地就会遮蔽人们的视野，实践智慧也就无从谈起。亲历的经验是以"身体"为中心的。"所经验的世界（另外也叫意识场）总是同我们的身体一起出现，将身体作为它的中心：观察中心、行为中心、兴趣中心。身体所在之处就是'这里'；身体活动之时就是'现在'；身体所触之物就是'这个'；其他一切东西都是'那里'、'那时'、'那个'。"[1] 此时此刻的体验、当下的感受、身体的反应，这便是一种亲历，若是我们的感觉系统没有任何反应，自然也就无所谓任何经验，在身体的"静坐"中无法养就实践智慧。詹姆斯接着论述："这些强调地位的词蕴涵着事物的系统化，指示身体内部行为与兴趣的焦点。这种系统化现在是本能的（难道从来不是这样吗？），因此，除非在那种有序的形式中，否则，对我们来说，根本不存在什么发展的或活跃的经验。就'思想'和'感觉'能够活动而言，它们的活动就归结在身体的活动上，而且它们也只有通过首先唤起身体活动才能改变世界其余部分的活动。身体是集中点，是坐标的原点，是整个经验系列中常驻的重点位置。"[2] 正是由于

---

[1] *Essays in Radical Empiricism,* edited by R. B. Perry, New York: Longmans, Green and Co., 1943, p.169.

[2] *Essays in Radical Empiricism,* edited by R. B. Perry, New York: Longmans, Green and Co., 1943, pp.169-170.

如此，"一切事物都环绕在它周围，并且从它的观点而被感觉"①。这才是经验的亲历性，我们应该建设一种司法经验主义，其思想的起点就是从这种"亲历性"出发加以考虑的。当然，司法经验主义作为一种理论或许还会让人产生误解，或许司法实践主义才是更好的概念选择。我们应该在法律实践主义理论框架之下去谈司法实践主义，而司法实践主义同时也是对法律实践主义的佐证。大抵应该这样理解司法经验主义和司法实践主义的关系，司法实践主义包含了司法经验主义，同时又避免了司法经验主义导向"唯经验论"的可能。对于司法实践主义的论证，同时也是对法律实践主义的论证，无论两者中的任何一个，经验主义都是其重要的嵌入式立场之一，当然这个立场必须是彻底的、根本的，但又不能无限地扩大，也不能让狭隘的个人经验左右了实践智慧的明智判断②。

在法作为实践智慧的意义上，法律实践主义强调彻底经验主义立场的重要性，否则就不可能蕴含和生成实践智慧。按照亚里士多德的思想逻辑，一个年轻人可以很快地通晓几何学和算术学，这是他的聪明智慧的体现，或者说是理论智慧的表现。数学是普遍的原理，依赖理论智慧就可以获得，但并不能因此就说这个年轻人具有实践智慧或者说明智德性。因为实践智慧或明智不仅涉及普遍，而且关涉特殊，它"须通过经验才能熟悉，青年人所缺少的正是经验，而取得经验则须较长时间"④。因此实践智慧不是科学，它是区别于科学的另一个知识领域。实践知识在一定意义上包含了科学，但又超越了科学。它面向的是实践领域，是具体世界。现实世界的复杂性意味着并不

---

① *Essays in Radical Empiricism*, edited by R. B. Perry, New York: Longmans, Green and Co., 1943, p.170.

② 在司法行为中的各种判断往往都具有自由裁量的空间，但我们要注意防止自由裁量的滥用。参见 Sarah M. R. Cravens, Judging Discretion: Context for Understanding The Role of Judgment, *64 U. Miami L. Rev. 947 (2010)*。当然，实践智慧的介入是解决这个问题的有效途径，我们不能避免司法裁量中的主观化，唯有实践智慧之道德与审慎的牵制，才可能实现自由裁量判断的合理化，当然这也不是必然的，自由裁量的滥用有时是难以彻底避免的，所以还是要有一种机制，比如上级法院对下级法院滥用自由裁量判断的审查。我们依然要意识到，机制的完善也难以最终解决问题，这便是法治的有限性。

④ 苗力田主编：《亚里士多德全集》第八卷，中国人民大学出版社 2016 年版，第 129 页。

是人们把握了普遍的原理，就能够解决其所面对的实践问题。只有在经验累积的基础上，才可能生成实践智慧。法律生活实践不可能成为如同聪明人把握普遍世界的原理那样的智识领域，它的特殊性问题的恰当解决只能依赖于具有深刻经验累积的实践智慧。"在历史上，'经验'一开始便与人的实践活动联系在一起。有经验的人通常指那些具有某种做事能力的人，这种能力不是从书本和理论获得的，而是通过做事本身慢慢获得的，最初凭借粗糙的操作方式和次序，渐渐养成习惯，最后形成比较精巧的技艺。"[①]我们日常生活中有个词汇，叫作"出神入化"，这其实即是实践智慧，是经验累积到极高程度之后豁然贯通的至高境界。

现实生活中总有这样的一些人，法律操作中也总有这样的一些法官，他们解决问题的本领不是普遍原理教导的结果，而是经验智慧的日益磨炼。中国古代社会的法官体现了实践智慧的卓越品质，古代社会的法展现了自身作为实践智慧的基本风格。我们不消说儒家的理论中包含了实践智慧的维度，只要我们看看古代法官的断案风格，就能感受到实践智慧的优良风格和独特魅力。当然，没有经验的累积，古代法官也不可能达到实践智慧之境界。古代司法有"察言观色"的传统智慧，其辞讼方式表征了经验智慧的在场。对一个妇女察言观色，判定其哭声"惧而不哀"，从而捕获杀夫案的真相，这是经验智慧。理论德性即便是碰破了脑袋，也不可能洞悉其中的道理。有甲乙两人各自牵着自己牛在田间作业，乙误伤甲牛致死，甲将乙告到了官府。陆稼书作出如下判决："判得，两牛同耕，因此起衅。一死一生，涉讼纷争。死者分食，生者同耕。"[②]这便是经验智慧。这里当然有普遍的原理，陆稼书在具体情境中将普遍原理加以变通，但却依然使其符合普遍原理，人们心中的法则仍然支持这个判决，而这个判决的实际效果则要比按常理裁决强之百倍。这里的普遍原理便是"对等的公平"，然而"对等的公平"不是为了钱财计算的绝对相当，而是为了能够解决当下的问题，同时还让人心服口服而

① 尚新建：《美国世俗化的宗教与威廉·詹姆斯的彻底经验主义》，上海人民出版社2002年版，第95页。
② 虞山襟霞阁主编：《刀笔菁华》，中华工商联合出版社2001年版，第90页。

充满可接受性。农忙季节，假设陆稼书不是如此判决，而是判决乙如数赔偿甲以钱财，则会使得甲虽然得到了钱却难以买到耕牛，从而荒芜了田地。这样的经验智慧只有在对农业社会的文明法则有着深切体悟和把握的人那里才可能获得，经验是一种内在的实践能力。

经验是一种创造性的力量，甚至是创造性的源泉。经验的，才是能动的。经验不是重复与复制，而是能动性的根据。一切创见都不可能从头脑中自动地生成，单纯从知识出发的创设往往具有理论的片面性，沉入到经验当中才可能体会到创造性的动力。单纯地从普遍原理出发对问题的解决难以呈现特定情境的基本风貌，因而很难具有创造性价值，当结论被想当然地包含在前提之中的时候，则结论并没有提供新的知识，当然这个过程也就缺乏创造性。经验作为生活世界的知识累积和思想体悟，其本身就是情境性的。经验元素并没有被先在地蕴含在普遍原理当中，它在特定情境下的作用方式是单纯的原理操作者所无法把握的，其创造性就蕴含于经验的本性当中。只有经验的，才是原创的，这是普遍与特殊之间关系的运行机理。普遍原理当然也是一种能动的力量，在改造世界方面往往具有某种卓越的价值，但在解决问题方面却是呆板的。威廉·詹姆斯有一个论述："'经验主义者'是喜爱各种各样原始事实的人，'理性主义者'是信仰抽象的和永久的原则的人。任何人既不能够离开事实也不能够离开原则而生活一小时，所以，其差别不过是着重在哪一方面罢了。"[1] 其实无论是"经验主义者"还是"理性主义者"，都有贴标签的嫌疑。法律实践主义者的确很在意和强调经验，好像有些偏重于经验，但并不能因此就断言法律实践主义者就是经验主义者，毕竟经验主义者的概念有片面化的嫌疑。法律实践主义内在地蕴涵了经验主义，但又超越了经验主义，法律实践主义所追求的是基于实践智慧的辩证法。我们应该强调经验的整体性，在生存论意义上把握经验的存在论基础，这样的经验不会被分割为片面或局部知识，它在根本上推进着实践智慧的生成，实践智慧同样是整体性的和存在论的。

---

① ［美］威廉·詹姆士：《实用主义》，陈羽伦、孙瑞禾译，商务印书馆1979年版，第8页。

第三节　道德牵引、法律行动与生活期待

法律实践主义建基在生活世界的基础之上，这是总的原则，是理论展开的原始基点。这样的判断同样地可以将法作为对象，法的原理及其展开必须在生活世界中建基，绝不可让抽象的知识构造"推演"的理论体系。生活世界的合理性欲求必然意味着法哲学之道德原理的登场，道德价值在法律世界中发挥着良好的牵引功能，这是保证法律世界的合理性的基本保障，它来自中国文化中事实与价值的统一性原理。法律牵扯到关系性存在，自我总是一种伦理存在，法同样不能逃离伦理体系的范畴，道德的牵引是法不可摆脱的命运。尤其是对于中国文化语境中的法而言，更为内在地呼唤着与他者的共在。也许在这个意义上，法就是一种伦理性存在，或许法原本就是伦理法。法律行动自然要贯彻道德价值原理，但法律的行动世界还有着自身特有的行动机制。只有坚持一种关于行动世界的内在论立场，才可能洞悉行动的机理。法律实践主义作为一种法哲学理论，不仅可以解释以往的法律生活，而且可以建构一种恰当的法律生活。

一、道德原理与价值关怀

法律实践主义的核心概念实践内在地蕴含了一种道德价值的维度，道德对法是内在的共生性存在，而不是从外部的"强加"。这不是外部推演的结果，而是直接观察的洞悉。而在学术史上对实践概念的把握中，轴心时代的思想家已经明确洞悉了实践的道德属性。早在亚里士多德那里实践主要就是政治——伦理的实践，可见道德价值的维度是实践概念本身所固有的。"所谓道德实践，在亚里士多德那里得到了最初的界定，就是人如何获取幸福或者说是如何追求善的行动。在他看来，实践自身表达逻各斯，表达着人作为一个整体的品质，而这种品质取决于人如何获取幸福或

者善。因而，他把关于实践的讨论放在了伦理和政治领域。由此，亚里士多德所谓的实践就是以追求最高的善为目的的道德实践。"①实践之为实践，道德的维度是决定性的，一般的技术性活动一旦缺失了道德审查，也就失去了活动本身的实践价值，因此并不是所有的活动都可以被称为实践。实践理性同样包含了道德的维度，实践理性意味着对于善的追求，其所导出的实践合理性自然地蕴含了价值合理性。黑格尔这样论及实践理性："实践理性设定善这个普遍规定不仅是内在的东西，而且实践理性之所以成为真正的实践的理性，是由于它首先要求真正的实践上的善必须在世界中有实际存在，有其外在的客观性，换言之，它要求思想必须不仅仅是主观的，而且须有普遍的客观性。"②实践理性是善的原理牵引着的人类思想与行动的主客观统一。实践智慧则同样如此，它自身关于善的原理是充分的，实践智慧不仅引导着人们对于问题的恰当解决，同时具有道德牵引的力量，实践智慧是一种自身向善的行动智慧。③恰当地解决问题本身就包含了一种道德立场，没有价值上的认同很难呈现"恰当性"意义。由此可见，实践、实践理性、实践合理性、实践智慧，这诸多个法律实践主义的主导性概念，具有相同的道德品性，其内在蕴育的善在人类的行动世界中是异常重要的，道德的维度会在解决问题的过程中悄无声息地发挥着应有的导引作用。

正是由于道德原理内在于实践的本性当中，因此道德判断与善的考察就构成了人类行动选择的一个基本内容，同时当然也是人们法律行为选择的重要维度。当我们制定一部法律的时候，一定会对该部法律进行深刻的道德判定，一部在道德上站不住脚的法律不可能成为良好的法律。良法本身即具有

---

① 黄志军：《辩证法的实践哲学阐释》，社会科学文献出版社 2015 年版，第 104 页。

② [德] 黑格尔：《小逻辑》，贺麟译，商务印书馆 1980 年版，第 143 页。

③ "道德考虑的自我认识事实上具有某种与其自身的卓越关系，这意味着以实践智慧为代表的道德知识的形成及运用过程乃是一个人与其自身打交道并使自身的人格得到卓越提升的过程。"（陈常燊：《美德、规则与实践智慧》，上海三联书店 2015 年版，第 48 页。）实践智慧的道德判断在人类的行动选择中往往发挥重要作用，一个拥有卓越品质的人的道德判断和一个卑劣的人的道德判断在根本上是不同的。

道德的实践合理性，这就如同中国古典社会的立法，其道德的维度始终具有主导性地位，法律判断在一定意义上甚至可以归结为道德判断。在古代中国的司法行为选择中，道德判断与慎思也是其重要的维度，古代的法官在进行司法决策的时候，总是会考虑道德问题，① 甚至会将法律问题转化为道德判断，从而体现出一种对善的追求。古代法官在选择过程中，当然也会遭遇一些道德困惑或道德冲突，道德冲突的解决往往会在特定情境下体现出实践智慧的卓越品质。实践智慧中的道德选择本身就是一种法律实践主义的立场，其间的变通也是常有的事情。但古代法官的变通也绝不是毫无原则限制的。"变通是要符合一种善的合理性要求的。变通之所以能够被看作是善的，盖因为变通符合事物的本性。如果在事物发生了变化的情况下，仍然固执地坚持原有的原则，就会破坏事物不断变化的规律性和目的性要求，就难以做到善的合理性了。"② 变通的过程也是一个道德考量的过程，这其中决不存在任意性的表达，善的原理始终是法官所要考量的价值系统，"权者，反于经然后有善者也"③。善的冲力源自于文化的整体精神，充分体现了中国文化内在包含的实践智慧的卓越价值和实践主义的基本向度。其实不仅是中国古代法官，即便是西方法官也会在司法行为选择中进行道德判断及考量，美国"最高法院的解释和论证除了具备一定的法律解释和论证的艺术之外，还渗透着很明显的道德化立场和色彩"④。道德作为法律实践理性的重要维度，是解决问题纠纷的一股重要力量，展现了实践智慧的运行机理。当代中国的法官当然也会考虑道德问题，在那些疑难的纠纷中道德考量是解决问题的必要方式，这些道德不是国家制定的类似于法律原则的体系，它们深深地隐藏在人们的生活世界之中，道德决策的合理性根基于生活世界。尽管我们长于为人

---

① 古代司法的道德维度不仅构成了中国法文化的核心理念和基本特色，而且它作为实践智慧的一个维度。其本身不仅是价值论的，同时也是智慧化的，在诸多困境中它构成了人们解决纠纷的道德智慧之保证。

② 武建敏：《法典的命运：古代法官的实践主义》，《吉林师范大学学报》（人文社会科学版）2017年第4期。

③ 《公羊传·桓公十一年》。

④ 武建敏：《司法理论与司法模式》，华夏出版社2006年版，第55页。

民制定道德，但只有契合了生活内在结构的道德才可能在法律实践中不断拓展自身的空间。

法律实践主义在价值问题上坚持一种实践历史观的基本立场和态度，它在肯认道德价值系统作为法律行动决策重要依据的基础上，认为在不同的历史时代道德价值会呈现相异的风貌。同时，不同时代的道德价值系统对法律行为决策的影响力也是有差异的，这是一种基于实践主义的历史价值观。在传统中国，儒学价值系统是主导体系[①]，它对政治法律实践活动产生强大的形塑力。"德礼为政教之本，刑罚为政教之用"。它成为了贯穿政治法律行为的基本原理。在那样的历史时代，儒家道德系统与法律决策的关系是紧密的，几乎任何问题都难以逃离儒家价值系统的裁判。从根本上讲，儒家价值系统内在地本源于当时的生活世界，与那个时代的社会结构[②]、文化结构以及人们的心理结构都有着深刻的契合性。"礼法融合"、"德主刑辅"，都是那个时代道德渗入法律世界的重要思想根据和鲜明表现。但是，进入近代社会之后，儒家道德价值系统赖以存在的生活世界发生了重大的变化，社会结构也在悄然发生着变迁，这就使得中国传统社会的道德价值系统面临挑战，新的道德价值系统也开始逐步生成。但这并不意味着儒家价值系统就彻底地失去了自身的存在合理性，作为一个文化价值系统，它在现代社会中依然发挥着重要的作用。作为传统的儒家价值不可能从历史上消失，否则中国文明也就不能被称为中华文明了。甚至我们今天更应该站在历史实践的立场上深入挖掘儒学价值体系的卓越性，对那些依然在我们心理结构中存在的儒家道德价值给予认真对待，而不是进行非历史主义的无聊批判。应该说，近代以来

---

① 这种认识是普遍化的，西方学者也肯认了儒家道德体系的主导地位。"中国法律文化反映了社会道德与习俗，而这种道德习俗是由渗透到了社会生活方方面面的儒家哲学所构造的。"（Justice Robert F. Utter, Tribute: Dispute Resolution in China, *62 Wash. L. Rev. 383 (1987)*.）当然这种论述并不是全面的，因为在归根结底的意义上的一种社会道德若是缺乏了生活世界的依赖是很难贯彻的，其持久的影响力几乎是不可能的，但儒家哲学的确是构造了中国法律文化，当然这需要具备现实的实践合理性，否则理论也很难大显身手。

② "儒家价值体系形成于传统的社会结构。在步入近代以前，这种历史前提在总体上没有发生根本的转换，与之相应，儒家价值体系呈现大致稳定的形态。"（杨国荣：《善的历程——儒家价值体系研究》，华东师范大学出版社 2009 年版，第 8 页。）

对儒学道德系统的批判是存在问题的，陷入片面的极端当中。自近代迄今对传统的批判，多是外部批判，并不能契合事物的本性中，它缺乏了真正的实践论立场，实践论是一种内在论立场。当代中国正在深入阐发儒家道德价值系统，但也有偏颇之处。当一种思想价值的存在前提已经根本发生变化，全面复兴这种文化价值的可能性是没有的。我们应该恰当深刻地反省我们当下的存在，在我们的思想和心理深处发现那些流动着的传统，正是这些传统才可能在今天社会顽强地宣示自身的存在。这种存在于我们心灵深处的价值元素会影响我们的日常判断、政治判断和法律判断，同时构造我们的行动世界。我们不可能逃离自身心理结构中的那些传统价值元素，其对当下中国的法律行为决策依然会发挥重要的作用，心理世界的元素一定会在行动世界中得以展现。

法律实践主义的历史实践立场要求我们立足于当代中国的"实践"去考察自身的道德价值世界，基于历史的立场和基于实践的立场是相通的。任何价值都根植于其所属的历史条件当中，生生不息的实践活动哺育着特定时代的价值系统。价值问题是与人的问题内在相通的，我们可以站在人的角度去考察价值世界，人的立场与历史实践的立场是契合的，从人的立场出发加以考察的价值系统所折射的历史变迁正是一种实践主义观点的体现。法律实践主义倡导的当代价值系统正是从人的立场、实践的立场、历史的立场出发所挖掘的价值世界，这是我们理解当代法律行为决断的价值论基础。马克思曾经对人类社会做出三个阶段的历史划分，"人的依赖关系（起初完全是自然发生的），是最初的社会形式，在这种形式下，人的生产能力只是在狭小的范围内和孤立的地点上发展着。以物的依赖性为基础的人的独立性，是第二大形式，在这种形式下，才形成普遍的社会物质变换、全面的关系、多方面的需求以及全面的能力的体系。建立在个人全面发展和他们共同的、社会的生产能力成为从属于他们的社会财富这一基础上的自由个性，是第三个阶段"①。马克思当然是对人的历史实践发展状态的揭示，其间的实践论立场是

---

① 《马克思恩格斯全集》第30卷，人民出版社1995年版，第107—108页。

明确的，同时其中所包含的价值论色彩也是突出的，这个价值思考的中心是"人"。传统社会，即前资本主义社会的价值系统是以人的依赖性及人格的缺乏独立性为中心的，而在第二个阶段，即马克思当时所处的社会，当然也包括今天的社会，其价值系统是"人的独立性"，但却对"物"有着深刻的依赖性，并且这个依赖性是前提，只有在人类社会的第三个阶段，人才能真正地占有人本身，即全面地实现人的解放。今天中国社会正处于马克思所说的人类第二个历史发展阶段，那么关于道德价值的思考则着重应该考察的就是"人的独立性"。在法律的普遍性设定以及普遍性的运用过程当中，我们都需要真切而彻底地贯彻马克思主义的人学立场，人的尊严以及人格的独立性是当代社会必须高扬的价值总理念。然而，人的尊严的设定并不意味着与他者的剥离，而恰恰是与他者的融合，没有个体与他者的共在，就不可能真正地获得自身的尊严和价值。一个不尊重他者的个体，又如何获得自身的尊严？普遍性到底该如何设置？既有的普遍性模式未必就是恰当的设定，并不是每个人都适合于去做掌管普遍性的工作，只有那些具有深刻的洞悉力和伦理观察力的个体，才具有任职普遍性的资格。

　　"人的独立性"意味着人格的独立，意味着个体尊严的确立，那么，基于当代生活实践的法律设计和决断以及行动中的决策，便应当以"人的独立性"作为首要的原则，应当以人格的尊严为法律价值之根本着眼点。于是，让人过一种体面而有尊严的生活，就成为了当代法律谋划的总体指导思想。对于当下中国而言，这依然算是一种理想，尽管我们的历史实践已经趋向人格的独立性发展，但由于传统社会政治法律及其实践中所积淀的人格的依附性在短期内难以消除，这就使得确立法律生活世界中人格的完善只能是一个历史实践的过程，而不能操之过急。但毫无疑问，在当代中国的制度设计、法律决策、司法行为选择当中，我们都应该坚持这样的一种价值理想。尽管这存在构造论的嫌疑，但历史实践的动态运作是不可能没有理想性的，现实与理想的统一本就是历史实践的辩证法。理想在历史实践中也会发挥一种引导性的作用，但理想必须在生活世界中具有可能性的展开空间，否则理想的牵引就变成了"教条主义"的构造。法律实践主义并不反对理想的牵引，它只是反对单纯的构造。理想不能是无根的，理想必须接受实践合理性的检验。现在社会的人们开始将"法"理解为人的"生活方式"，而这样的生活方式的主导意向就是让人过一种体面又有尊严的生活，这一良好的目的性应该贯彻到法律世界的各种决断当中。

二、实践精神与法的行动原理

实践是有精神的。我们当然可以在总体上将实践精神界定为一种行动的精神，这是一种通过行动改造世界的精神，它内在地包含了作为主体的能动性的展开。我们夸赞某个人有实践精神，也包含了对他的行动力的强调。法治的发展自然是需要这种精神的，没有对于行动的主动投入就会影响人们对现实法律世界的目的性改造。当然我们也会从务实的精神理解和把握实践精神，事实上的确很多人是这么做的。务实的精神是一种现实性的精神，而现实性的精神正是实践概念中所包含的重要尺度。这种理解实践精神的方式对于把握法律实践和法治行动是有意义的，但却是不够充分的。如果从一般哲学的角度加以把握，则实践概念本身就是主观性与客观性的统一，因此实践不可能是纯粹客观的行动，主体的精神风貌在某种程度上决定了实践的样态。主体的精神构造是主体的主观性世界的呈现，它内在地被融入实践当中，从而构成了实践精神的源泉。在这个意义上，实践精神是一种充满主体性的精神，它构造了实践的精神结构。这当然也可以被把握为一种主体性原理，实践主体的精神差异性在很大程度上影响和构造了具体实践的基本状态和风貌。当然，也正是由于主体性原理的在场，使得实践活动充满了复杂性，自然也增加了人们对实践活动本身的把握，在很大程度上也决定了所谓的实践规律性往往只能是总体性的，我们不可能全然把握实践活动的具体规律性。也许，我们根本就不知道是否存在这样的具体性的实践规律；也许，根本就不存在这样的规律。

实践是个复杂的概念，远非人类的认知能力所可完全把握，而对于生活实践的机理我们仅仅能够把握其中的一部分。生活实践的复杂性表现在它不是一个纯粹的客观对象，人作为主角加深了对实践活动本身的把握难度。当人们去对生活实践加以认知的时候，其实也是在进行自我认识和自我反思。马克思通过对经济学的深入考察，加上他深刻的哲学洞察力，使得他获得了对人类生活实践的历史唯物主义的把握，揭示了人类历史（生活实践）的发展规律。然而这些规律仅仅是总体性的，历史实践的发展远比这些规律所描述的要复杂得多。法律生活实践是法律存在的根基，是生成法律原理的基础，是解释法律原理的根据之所在。然而这个法律生活实践也同样是复杂的，人们的法律行动是在无法穷尽实践本相前提下的展开，自然也就不可能摆脱盲目性的支配。看上去清晰的设计，却往往并不能实现与法律实践的融合，反倒在某些情况下会损伤法律生活的固有机制。我们不否定在法律发展的历史实践中存在着一种必然性，但这是一种怎样的必然性呢？我们能否揭示这种必然性的运行机理？当我们只是一般地说物质生活条件对法律的决定性，经济基础对上层建筑的决定性，我们只是说出了一种最为一般原理，具体的细节缺失任何原理都无法提供给我们。当然，这个一般性原理是不错的，但这只是在归根结底的意义上可以如此说，而实际上法律的运行过程是充满复杂性的，很难用一个具有普遍性的原理将法律发展的机理说清楚。法律的运行如同生活中其他各种事物的运行一样，不能采取单纯的"经济基础决定上层建筑"这样简单的逻辑进行把握，尽管这一原理具有归根结底的正确性。法律在本质上是实践的，它处在一个多元化的动态运行的时空当中，任何归结论都可能遮蔽法律运行中的复杂性机制。

　　当法律实践主义对法本身进行考察的时候，它将法看作一个动态的过程，①

---

① 这种动态性的把握应该算是一种整体性思维，整体性思维是把握事物本性的有效思维形态，事物的存在是有系统性的，在碎片化成为时髦的时代，我们更应该反思整体性思维的意义。"要做到把对象作为整体来识物想事，第一位的是具备整体意识，自觉地从整体上认识和解决问题。相反，非系统思维首先表现为心目中没有对象整体性的位置，思维活动关注的焦点是某个局部或片断而非整体。"（黄欣荣：《复杂性研究对整体论的复兴与超越》，《江南大学学报》（人文社会科学版）2009 年第 2 期。）当然，整体性思维的运用并不意味着我们可以全面地把握事物的本相，包括法律在内的事物的各元素的作用机理并不会因为我们具有一种整体性思维就能够获得良好的把握。

中国古人对法的理解和把握本身就是动态的。[①] 无论是立法活动，还是司法活动，或者执法活动，以及其间所包含的各种法律解释活动，在根本上都属于法的动态性的环节，但它们并不是分离的，而是融合的，其间存在着复杂性的运行机理。但是，我们并不能完满地把握到这个运行机制的内在规律，也许它根本就没有明显的规律。所谓规律也许仅仅是一些具有持久性影响的元素所表现的作用力，复杂性的社会研究是很难完全生成规律性的准确认知的。比如法律解释，法律解释从根本上说不是一种认知，而是一种活动，解释的活动，当然也是一种实践活动。法律解释是法律实践，而非法律认知，它不可能在知识的指导下进行正确的活动，而只能是视域融合的创造性活动。无论我们在法律解释领域中生成了多少的原则和方法，但这都不是关于法律解释活动的规律性把握，而是"马后炮"的知识性提炼，根本就谈不上什么明确的规律性。法律解释活动充满了复杂性，直到今天我们对它的认识依然存在着诸多错误。我们被抽象化的知识、原则和方法遮蔽了眼睛，理想的追求也会让我们变得盲目。在遮蔽状态下很难把握真理，但我们却总是将"教条"普遍化，还自以为揭示了法律解释活动的真理性。当我们说法律解释就是对法律文本的理解和说明的时候，我们就彻底地远离了法律解释的真谛，就更不用说捕获法律解释活动中在事实与规则视域融合前提下所存在的复杂性机理了。然而，即便我们不能把握复杂性的内幕，却并不影响我们的各种法律活动，人类从来都不是在获得认知真理之后才行动。很多情况下我们都是在一种缺乏合理认知状态下参与到法律活动中去的，于是我们将自身的感觉、情感、理性反复地作用于法律活动，这就更加增添了法律运行的复杂性。

历史实践的核心问题可以理解为必然性与偶然性的关系问题，这其中自然也隐含了主观性与客观性、普遍性与具体性、理性与情感、现实与理

---

① 我们可以看古老的"灋"字，其右侧的"廌"代表法官的图腾，"去"则代表证据，左侧的水代表了公平，那么"灋"实际上就是法官依据证据和社会公共准则加以裁判并最后作出惩罚的过程，这当然是一种动态的理念。关于古老的法字的文字学和文化学研究。参见武树臣：《寻找独角兽——古文字与中国古代法文化》，山东大学出版社 2015 年版，第 244—269 页。

想、一元化与多元化等诸多的问题。但对法律实践活动的分析和把握，我们还是以必然性与偶然性作为基本的分析领域。这个问题当然是与前述的复杂性问题结合在一起的，如果对于法律世界的把握都可以以必然性的方式获得认知，那么也就没有复杂性可言了，一切都会变得异常简单。我们是否采取行动以及我们应该怎样行动，只要看一下必然性的列表就可以顺畅地加以解决。但问题远非如此简单，偶然性始终都是在场的，甚至在特定的时刻会发挥着决定性的作用。我们的知识理性很难形成关于偶然性如何登场的系统原理，但在特定的情境中我们能够观照或感受到偶然性的强大形塑力。一个判例可能会创造一种制度，引领一种理念。在我们事后对这种判例的分析研究中，我们认识到了法官的个性、判断力、实践智慧，乃至控制欲对判例本身的构造。若是换作另外的法官，就不会产生同样的判例效果，这就是偶然性的历史作用。不同的人所操作的法律世界所能够达到的结果会有迥然相异的图景，我们无法将这种现象解释为必然性，它只是一种偶然性。我们甚至不必可以寻找这个偶然性背后的必然性，那样的思维是必然性的定式所塑造的结果。当一种文化失去活力的时候，整个社会的个体都会变得顽固保守。在这种情况下，社会的各个层面都很难表现出个性化的创造功能，于是偶然性被遮蔽了。同时，人们的思维陷入了一种必然性的混沌当中，动辄去寻找一些理由为自己的混沌状态进行辩护，于是文化习性成为了很好的辩护理由。好像一种无奈的"势"左右了人们的思想世界和行动世界。当必然性思维控制了人们的思想之时，也就缺乏了创造性。偶然性是一种革新的力量，个性充分的社会往往特别珍视偶然性的价值，但这并不意味着我们可以对偶然性获得真理性的把握。实践智慧的登场有助于偶然性展现自身的力量。实践智慧是情境论的，偶然性也是情境化的，实践智慧是珍视偶然性的智慧。

法律实践主义关注法律实践活动本身，它主张通过行动塑造法律实践，推动法治的发展。"哲学家们只是用不同的方式解释世界，问题在于改变世界。"[①] 当然马克思并不是否定哲学的解释功能，但他更注重哲学改造功能，

---

① 《马克思恩格斯选集》第 1 卷，人民出版社 2012 年版，第 136 页。

而且是改造世界的功能。任何实践都要有主体的介入，改造世界的主体是无产阶级，无产阶级必须具有阶级意识并通过行动才可能实现自身的历史使命。马克思哲学在根本上是一种实践的哲学、行动的哲学，属于马克思哲学范畴的法哲学同样如此。法律实践主义也是一种实践的法哲学、行动的法哲学，它面向自身的生活世界，主张一种将理论转化为一种行动的力量。马克思在批判德国的实践派的时候有过这样的一个分析："德国的实践政治派要求对哲学的否定是正当的。该派的错误不在于提出了这个要求，而在于停留于这个要求——没有认真实现它，也不可能实现它。该派以为，只要背对着哲学，并且扭过头去对哲学嘟囔几句陈腐的气话，对哲学的否定就实现了。该派眼界的狭隘性就表现在没有把哲学归入德国的现实范围，或者甚至以为哲学低于德国的实践和为实践服务的理论。你们要求人们必须从现实的生活胚芽出发，可是你们忘记了德国人民现实的生活胚芽一向都只是在他们的脑壳里萌生的。一句话，你们不使哲学成为现实，就不能够消灭哲学。"①这是马克思在反思德国法哲学和国家哲学的时候的一段深刻分析，我们能够看到，他对于现实和行动的强调。理论与实践是内在统一的，哲学要实现自身，离开现实的行动是无法做到的。一个法律设想、一种法治理念，只有在行动中才可能实现；作为法哲学的法律实践主义不是要日益丰富自身的理论体系，而是要在现实的行动中实现自身。法哲学只有消灭自身才能实现自身，它彻底地消失在自己的行动当中，它在行动中完成对自己的救赎。法哲学与法律生活实践的关系是内在的，直到两者在现实中真正地获得了统一。行动的法哲学需要一个普遍阶层的教养，不同人的操持有着不同的效果。

实践主义当然意味着行动，我们要在行动中实现法哲学。停留于理论状态的法哲学是毫无意义的，理论的精致化只能满足于孤芳自赏的癖好，理论在实践的延展中会使自身得到消解，然而这正是理论的宿命。法律实践主义不是要构造一个封闭的体系，它本身就是对本质主义和基础主义的反对；它也不是自我意识的法哲学，沉湎于意识的自主性而面对现实却没有任何的责

---

① 《马克思恩格斯选集》第 1 卷，人民出版社 2012 年版，第 8 页。

任感，那些只会口诛笔伐的人却早已沉沦。行动的法哲学是自由的法哲学，同时也是责任的法哲学。自由是实践的自由，实践是自由的实践。实践的品性决定了法律实践主义是真正理论与实践内在统一的法哲学形态，在行动中消解自身，又在行动中完善自身，这是一个无尽的过程。[1] 同时实践的品格意味着我们在行动中要学会法治游戏的规则。法治是一种游戏，规则的习得要在游戏的过程中加以把握。对规则的观念把握未必意味着掌握了规则，只有在行动中我们才能够学会规则，于是规则成为了我们心理的习惯和身体的习性。这样对规则的遵守往往显得很盲目，加入反思的品格，对规则的合理性作前提性批判，我们对规则的遵守才可能避免盲目。法治游戏规则的训练如同下棋一般，"行棋是规则辖制的活动，它不是盲目地遵行规则，而是在一个自治领域中依赖理解"[2]。前述对法律实践主义的理论诠释内在地要求我们在行动中推进法治的发展。无论是单纯的规则设计，还是理念的论述，抑或是历史的追踪，都不能替代法治行动的参与。法治就是一种行动。在对法律实践的阐释中，我们看到了偶然性的力量，正是这种对法律实践的理解，为我们参与法治行动提供了良好的前提理由。在法治运行中，我们要珍视一个又一个法律事件[3]，在特定的语境下驾驭事件的发展方向以推动法治的发展。当然，这需要实践智慧的登场。

---

[1]　这还可以从另外一个层面去理解，即法治是一个在行动中反复试错的过程，既有的策略被消解，又生成新的策略。这种模式被称为实验主义法治。参见钱弘道、杜维超：《论实验主义法治——中国法治实践学派的一种方法论进路》，《浙江大学学报》（人文社会科学版）2015 年第 6 期。法治实验主义内在地属于法律实践主义，但法律实践主义却不能被归结为法治实验主义。在法律实践主义的法哲学理论视域下，"实践"概念是具有最高思想意义的范畴，是基石范畴和核心概念，"实验"属于"实践"，但只有具备实践合理性审查的"实验"才是真正意义上符合实践法则的"实验"。

[2]　陈嘉映：《谈谈维特根斯坦的"哲学语法"》（续），《世界哲学》2011 年第 4 期。

[3]　现代社会科学大抵都表现出了对事件的关切。埃里森关于事件的思考颇有启示："'事件'这一术语并非依靠一些量变项去描述一个渐变的现象，而是表示'在此之前'与'在此之后'之间所发生的相对剧烈的变化。"他又讲道："由于事件是在时间变迁的语境下被定义的，所以通过收集事件史数据研究事件及其原因的方法越来越被学界所接受。"（［美］保罗·D. 埃里森：《事件史与生存分析》，范新光译，格致出版社 2017 年版，第 2 页。）对于法学而言，我们同样需要一种事件思维立场，或许可以由此建构一种事件法学的理论形态。

三、恰当的法律生活

法律实践主义作为一种法哲学形态以实践概念及其拓展为基础，生成了内在于法之本性的思维方式，构建了自身的理论系统。它不仅对人们生活于其中的法律世界具有良好的解释力，而且还追求一种恰当的法律生活，这或许可以被理解为理论的现实性与理想性。法律实践主义的现实性在于它植根于人们的生活世界，摈弃了生活中的杂多对理论认知的干扰，抛却了教条主义理念的思想束缚，从而能够透视法律生活的内在机理，在认知合理性的前提下谋划理想的法律世界。法律实践主义的理想性并不局限在法律规则世界的谋划与司法决策的合理性设计，而更为重要的在于对法律生活恰当性的操持，这便预示着法作为实践智慧的意义。法律实践主义既可以解释固有的法律生活，也可以建构我们未来的法律生活。

法哲学的使命是必须能够为人们设定一种恰当法律生活的图景，这种设计并非主观的构造，而是实践本身具有内在的合理性。法哲学具有批判性思维，前提批判是它的根本规定性。法哲学必须能够检讨人们既有的法律生活，指出既有的法律生活存在的问题，从而谋划一种新的恰当的法律生活。法律生活并非专业化的生活，法律生活也是日常生活。把法律生活理解为专业化探讨，只能是对法律生活本身规定性的抛弃。法律生活并不是一种关于如何"打官司"的生活，更不是教人如何"打官司"的生活。我们宁愿将法律生活理解为如何不"打官司"的生活，也不愿意将其看作对于"打官司"的追求。儒家法哲学中讲"无讼"，这是一种很有意思的法哲学思想。别小看孔子关于"无讼"的论断，那正是一种对法律生活的判定，这是一种高妙的法哲学思想，远非专业化的法律理论所可及。孔子是个很宽容的人，他当然认识到了打官司的不可避免，因此他说"听讼，吾犹人也"，但他的法哲学理想却是"必也使无讼乎"①。这便是孔子的高明之处。"无讼"乃是孔子所追求的恰当法律生活，这种法律生活不是专业化的法律生活，而是日常化

---

① 《论语·颜渊》。

的法律生活，它是人们的现实生活世界的一个内在的组成部分。这样的法律生活没有被任何知识所"殖民"，依然保持了自身的规定性。法律实践主义自然是以生活世界为根基的，恰当法律生活的追求是其内在的思想表达和精神呼唤。

恰当的法律生活意味着要给法律划定边界，边界意识是人类实践的精神维度，是人类对自身理性能力有限性获得清晰认知的结果。法律本身并不是万能的，生活世界是复杂的。法律不可能为生活中的各种问题提供解决的策略和办法，法律只能在一个非常狭小的范围内发挥其固有的作用，尽管这个范围本身无法具体确定。然而法律依然是必须的，法律的必要性不仅在于法律本身具有解决问题的功效，而且还在于法律在解决问题之外的意义。它的威慑力所发挥的作用远非一般想象力之所可及，法律的运行机制和方式还保留着许多无法解开的秘密。法律的普遍性设定要有所节制，并不是所有的领域都适合于颁布普遍性命题，普遍性设定要遵循实践的自由法则。如果普遍性干预了人们原本恰当的生活，那么这种普遍性就不仅是多余的，而且还是具有伤害性的。在生活世界的诸多领域中，往往是规则越简单越好，简约化的规则在引导着一种恰当的法律生活。法律要有它的"不入之地"，这正是法律的美德，而这种节制的美德恰恰可以塑造人们恰当的法律生活。法律普遍性的节制正是一种自由精神的表达，这是实践原理中的基本法则。这意味着法律实践主义对于"自治"的强力维度，而"简约法律的力量"则正是自由精神的自治表达。无论是在中国道家法哲学中所强化的"无为而无不为"，还是儒家法哲学主体性原理中的"修身齐家治国平天下"，抑或是法家思想中所明言的"断家断官断君"的治理差异性，其所体现的都是对于自由精神和自治理念的倡导与强化。普遍性必须有自身的有限性设定，否则法律就会僭越，于是就会使得生活世界受到某种损伤，从而影响人们生活世界中的自由选择。

恰当的法律生活虽然不提倡一种专业化的法律生活，但它并不拒绝专业化的存在合理性。专业化的法律实践要被放置到恰当的法律生活的视域下加以考量，而不是让专业化的法律构造我们的恰当生活。我们会遭遇各种法律实践活动,比如最为典型的可以说是法官审判。法官审判当然要体现出合法性原则的基本理念,但同时还必须保持与实践合理性的融通,要经得起实践合理性的检验。实践合理性不仅有专业化的考量,而且更为根本的还在于它有着深厚的生活依赖。实践合理性是法律生活恰当性的重要参照视角,也是谋划恰当法律生活的理论根据。法官的审判是发生在普遍性与具体性之间的法律实践活动。尽管人们总是期待着能够通过统一法典的运用解决人们所面对的各种具体问题,但实际上的情境却是具体性并不能总是被包含在普遍性当中。普遍性不是要统摄特殊性,而是要与特殊性实现视域融合。融合意味着各自的"节制"和"谦抑",在"节制"和"谦抑"中握手言欢,共同塑造美好而恰当的法律生活。专业化的法律实践自然属于法律生活的范畴,但是它必须接受法律生活世界的检验,实践合理性的检讨根据不是存在于普遍性的文本世界当中,而是来自现实性的法律生活世界。

恰当的法律生活在根本上属于生活世界,自然也可以看作实践的具体领域。既然法律生活属于实践的范畴,那么很显然法律生活必须遵循实践的基本法则,否则就很难用"恰当的"法律生活指称我们的法律生活。实践是自身向善的活动,同时是向着人本身的一种行动,因此在实践领域中必然要贯彻一种价值论的立场。而价值的牵引构成了实践合理性的一个重要维度,恰当的法律生活在于有着恰当的价值世界的牵引。在传统中国人们的法律生活是恰当的,那样的法律生活有着儒家伦理道德价值体系的牵引和引导,这种价值系统不仅在立法和司法活动中得到了根本呈现,而且更是引导人们在所谓"专业化"法律领域之外的法律生活的重要保障。儒家价值系统规范和导引了人们的法律生活,构造了法律生活世界的恰当性,给人们提供了法律生活的普遍性依据。生活在现代中国的人们当然也有着自身的价值系统,而这样价值系统不仅贯穿在"专业化"的法律实践领域,同时也贯穿在人们的日常法律世界当中。社会主义核心价值观是当代中国的主导性价值系统,它贯穿在社会主义法治体系当中,又规范和引导着人们恰当法律生活的实现。我们生活在价值世界当中,我们不可能逃离价值的牵引,价值让我们的法律生活充满恰当性。

　　中国需要建构自身的法学理论体系，而法哲学在法学理论体系中占据着基础性地位，没有独立形态的法哲学便难以生成独具风格的法学理论体系。法律实践主义的理论是自足的，也正在走向成熟，这个理论可以有不同的称谓，比如实践法学、实践法哲学、实践法律观、实践智慧论①，但它们的指向是相通的；具体的观点或许会有差异，但理论的旨趣却是一致的。我们应该以具有"实践"导向的理论架构实践主义法哲学的基本原理和基本精神，使其成为法律实践主义理论向着具体问题领域拓展自身的思想前提，同时也是法律实践主义进行法治实践谋划的理论根据。一个法哲学理论还需要有自身的行动指向，历史上的诸多理论往往不仅是为了建构一种理论，而且还有着鲜明的实践指向。比如，儒家法哲学就具有明确的政治指向和教育指向，这是一种现实的改造世界的理论冲力。中国法学的法律实践主义确立了自身的实践法治观，主张在行动中推动中国法治进程，并且积极地参与到法治行动中，力图对中国法治发展作出自身卓越的贡献。

---

① 对"实践"导向的法哲学的相关评述，参见邱本：《论实践法学》，载钱弘道主编：《中国法治实践学派》第 3 卷，法律出版社 2016 年版；叶会成：《实践哲学视域下的法哲学研究——一个反思性述评》，《浙江大学学报》（人文社会科学版）2017 年第 4 期。

第二章 DIERZHANG
概念体系与理论演绎

　　全部社会生活在本质上是实践的。凡是把理论引向神秘主义的神秘东西，都能在人的实践中以及对这种实践的理解中得到合理的解决。

——马克思

　　在中国学术界已有很漫长的时间没有学派意识了，无学派意识而产生学派的可能性并不大，因此培育学派意识乃是学术界的当然使命①。法学界学派意识正在逐步生成，我们需要自主性的明确表达。学派的产生需要有契合于学派精神的时代背景，当今中国正处于伟大的法治变革时代，这是创设真正属于中国自己的法学流派的实践基础。中国法学已经意识到创建自主性理论的重大意义，而自主性理论的生成则是法学流派产生的思想保障。中国法学界已经具备了"实践法学派"的端倪，它的充分的理论基础便是法律实践主义，或者说实践法哲学。它以当下中国的法治实践为现实基础，其本身所具备的现实合理性是毋庸置疑的，同时作为一个学派，她又在努力架构自身良好的哲学基础。中国哲学界数十年间积累了丰硕的实践哲学研究成果，无论是对马克思文本学的研究，还是对西方哲学的探求，抑或是对儒家哲学的诠释，实践哲学都是重要的思想维度，法律实践主义在法学领域呼应了这种哲学的时代精神。这种时代精神正在中国的法治实践活动中涌动并呈现着自

---

①　中国法学界已有学者谈到学派问题。谢晖较早提到"创建我国的法学流派"，这可以看作一种学派意识的觉醒，也是一种理论自觉的表现。参见谢晖：《创建我国的法学流派初论》，《法商研究》（中南政法学院学报）1995 年第 6 期。陈金钊也对学派问题进行过长篇论述，提出"中国还没有形成具有特色的法学流派。但我们相信，在不久的将来肯定会出现具有自主'知识产权'的、能反映中国人对世界法学做出独特奉献的法学流派"。（陈金钊：《当代中国法学的流派化志趣》上，《扬州大学学报》（人文社会科学版）2007 年第 2 期。）这是一种对学术自主性的期待。当下法学界具备了创建学派的基础，但还需要在理论把握方面下大功夫，因为任何学派都必须有自身强大的思想理论体系。这里所倡导的法律实践主义理论是对已有端倪的"实践法学派"的理论支撑，当然作为一种学派不仅要具有自身的理论体系，还需要拥有自身的行动方略，同时也应该表现出一种恰当的教育观点。

身的卓越价值，法治实践本身同样内在地呼唤"实践法学派"的产生。以实践哲学为基础的法律实践主义之核心概念就是实践，实践概念本身既是理论的，又是现实的，它孕育了法律实践主义法哲学理论的思维方式和世界观立场以及实践智慧的思想向度。实践作为法律实践主义理论的核心概念，既具有理论的合理性，又具有现实的合理性，正是这一概念将理论与现实、思想与行动、普遍与具体、主观性与客观性、必然性与偶然性、连续性与断裂性有机地统一到一起，从而赋予自身良好的辩证法品质。这正是法治实践在不断展现自身的过程中所应当坚持的思想原则，也是法律实践主义在谋划自身的理论架构和法治行动原理的过程中所要坚持的基本立场。实践概念演绎并构造了法律实践主义的理论体系，无论是实践理性的展开，还是实践智慧的升华，抑或是实践世界观的创建，都基于实践概念的建基作用。以实践概念为基础，法律实践主义演绎了自身的理论系统。

第一节　多种形态的实践哲学与法律实践主义

我们要创设和谋划法律实践主义的思想理论，而这种理论必须具有自身的哲学基础。一种法学理论背后往往都包含了自身的哲学基础或哲学意向，蕴含了自身的核心概念和基石范畴，从这些概念范畴出发才能演绎出自身的理论体系。在人类思想史上，亚里士多德的法哲学与他的哲学是统一的，康德的法哲学同样以他的哲学为基础，而黑格尔的法哲学无疑建基在他的精神现象学和逻辑学基础之上，至于罗尔斯的法哲学自然就是他的自由主义政治哲学。每一种法哲学理论都有自身的理论前提和思想基础，在其思想前提中蕴含着最基本的概念、思维和观点。比如，美国实用主义法学背后的哲学基础是实用主义哲学，实用主义哲学拒斥形而上学的思想特质，深刻地构造了实用主义法学的思维方式，实用主义哲学中的经验主义、心理主义[①]、真理

---

① 实用主义哲学奠基人威廉·詹姆斯是这种思想的主张者，毫无疑问他对于经验的剖析和心

观①、偶然性理论全面而深入地影响和塑造了美国实用主义法学的种种思潮，并对美国法律实践，尤其是对司法实践产生了深远的影响。概念法学、分析法学、自然法学等都有自身的哲学理论前提和思想基础，正是这种理论前提决定了一种法学理论的基本特质。法哲学的前提和基础正是一个哲学问题，每一种法哲学的背后往往都有一种哲学思想的支撑，即便那些看上去并不十分"哲学化"的前提，在本质上也是一个哲学问题。一种理论对另一种理论进行批判的最为有效的形式就是对它的理论前提的反思与校正。理论之间的争论不能仅仅局限在具体观点的论争上，而必须深入事物的本性，即理论的思想前提上对问题进行深入的思考，才可能被称为真正意义上的"批判"。总而言之，一种理论最为根本的问题就是它的理论前提和思想基础，法学自然也不能例外。一个没有自身的理论前提和思想基础的"理论"在根本上就不是理论，而这个前提恰恰蕴含在这种理论对自身概念系统的诠释当中。

　　法律实践主义的哲学基础是实践哲学。实践哲学有着多种多样的表现形态，不同的实践哲学家所强调的思想侧面存在一些差异，即便相同的概念在不同的哲学家那里也存在着不同的理解。但作为实践哲学的最为根本的旨趣就是它的"实践面向"，是它对现实的生活世界的深切关怀。② 实践哲学在

理主义的强化以及对理性主义的批判与反思，对实用主义法学产生的影响是最为深刻的。霍姆斯大法官就深受詹姆斯的影响。在这里我们看到了哲学生活与法律生活的契合性。关于实用主义的基本观点，参见 [美] 威廉·詹姆士：《实用主义》，陈羽纶、孙瑞禾译，商务印书馆 1997 年版；同时可参考霍姆斯《法律之路》及《普通法》等著作。关于霍姆斯的一些代表性文献，包括他的部分判决意见，参见 *The Fundamental Holmes, A Free Speech Chronicle and Reader*, Edited by Ronald K. L. Collins, Cambridge University Press, 2010。

① 实用主义的真理观并不是我们过去对"有用即真理"的偏狭理解，在实用主义哲学家的学术谱系中它处在不断发展的过程当中。参见 [美] 唐纳德·戴维森：《真理、意义与方法——戴维森哲学文选》，牟博等译，商务印书馆 2008 年版，第 13—119 页。关于实用主义的偶然性理论，参见 [美] 理查德·罗蒂：《偶然、反讽与团结》"第一章"，徐文瑞译，商务印书馆 2003 年版；[美] 理查德·舒斯特曼：《哲学实践：实用主义与哲学生活》"第一部分"，彭锋等译，北京大学出版社 2002 年版。

② 生活世界与实践是一致的。丁立群在对马克思实践哲学诠释基础上表达了这样的判断："不能把实践理解为一种从生活世界中抽象出来的某种行为，实践就是人的完整的生活世界。"（丁立群：《传统实践哲学前提转换与实践的总体性》，《道德与文明》2022 年第 5 期。）

诸多方面表现了与理论哲学的巨大差异，它强调实践概念的本源性、倡导实践智慧、拒斥形而上学、关怀生活世界、主张实践主义的世界观、深入把握了行动之善，这些思想主张表现了实践哲学本身所具有的批判与反思的风格，这是中国法学研究谋划自身理论原理和行动方略的思想基础。以实践哲学的哲学论证为基础，法律实践主义的思想内涵和哲学气质及现实关怀将日益升华，这将增进法律实践主义的哲学秉性。也许，法律实践主义可以被看作一种哲学，但要达到这个目标还有许多工作要做。法律实践主义的实践哲学基础并不局限在某一个哲学流派或者某一个哲学家的理论当中，而是以开放包容的视野从各种样态的实践哲学当中汲取思想元素，以便全面而坚固地打造自身的哲学风格。法律实践主义必须具有哲学的味道，否则就无法成为一种时常被人们提起的法哲学。自然法学已经经历了诸多历史阶段，但她在每个历史阶段中都以开放的态度吸纳了其所属的时代的思想精华，因而才能够实现自身的否定性发展。

一、西方的实践哲学形态与法律实践主义

在西方哲学传统中，很多哲学流派都有着实践哲学的元素，法律实践主义的法哲学应当对其进行认真的整合吸纳，丰富且夯实自身的理论基础和哲学前提。法律实践主义的理论论证不会放过任何有益于自身思想建构的实践哲学形态，然而这种吸纳并非无原则的接受，更不是知识的大杂烩，而是要将各种有意义的哲学思想在自身的思想架构中进行整合、诠释和重构。在古希腊哲学中，亚里士多德可以说是实践哲学的重要代表，尽管后人总是将其看作形而上学的大师，但其实践哲学思想之丰富，见地之深邃，使我们难以跨越他的实践哲学而谈论实践哲学。亚里士多德应该是法律实践主义研究最为珍视的伟大哲学家之一，他对实践概念的原创性阐释以及对实践智慧的追寻与关切都是法律实践主义理论构建中最可珍视的宝贵思想资源。亚里士多德的实践哲学对法律实践主义理论形成自己独具风范的思维方式、基本精神、理性基础、价值理念、正义理论、行动原理具有重要的构造价值，而这

些理论元素的有机统一则构成了法律实践主义的法哲学原理和理论体系。事实上，在亚里士多德的《尼各马可伦理学》、《修辞学》、《政治学》中包含了重要的法律实践主义思想资源，而在其《形而上学》理论大厦中对于"个别"的强调对于法律实践主义甚或具有本体论的建构意义。① 在亚里士多德实践哲学视域下法律实践主义的实践面向是根本性的，而这一实践面向不仅是法律实践主义生活意向的表达，也是其理论本身所具有的基本向度。在法律实践主义的思想展开中，普遍性与特殊性的理论建构、法作为实践智慧的理论判断等诸多法哲学议题都可以在亚里士多德实践哲学中把握到自身的思想谱系。而他的实践哲学同样预示了理论与实践的内在统一性，这对于克服现代理论架构中的对立化思维具有重要意义。理论的便是实践的，我们不能将两者分开理解，也不能将两者先分开然后再统一，两者原本就是在一起的，也可以说就是一回事。

作为法哲学形态的法律实践主义的理性基础是实践理性，而不是纯粹理性。纯粹理性是一种认知理性，实际上是一种科学理性，而实践理性则是人类行动世界的理性形态，其所谋求的是行动的合理性与恰当性。德国古典哲学家的实践哲学充分地论证了实践理性的思想价值。康德的哲学可以分为理论哲学与实践哲学，而康德本人最为珍视的是实践哲学；他称自己为道德哲学家，可见他对于实践哲学的高度重视。在实践理性问题上，康德提出了实践理性高于纯粹理性的思想观点，实践理性与人的自由和尊严密切相关，实际上只有在实践理性中人们才可能真正地拥有自然。费希特则认为实践理性是至高无上的"唯一原则"，其间同样内在包含了自由的原则。在黑格尔思想中实践理性与自由同样的契合，黑格尔法哲学所揭示的正是自由理念的发展历程。当然在黑格尔那里，实践理性关涉善的目的性问题，这同样是人类行动的问题。实践理性"要求思想必须不仅是主观的，而且须有普遍的客

---

① 法律实践主义固然凸显了"个别事物"、"特殊性"、"具体性"的价值，却也并未贬低"形式"、"理念"、"普遍性"的意义，只不过它的立足点却是在"特殊性"当中。关于普遍性与特殊性的法哲学表达，参见武建敏：《普遍性与特殊性：法、伦理及政治的哲学观察》，人民出版社 2022 年版。

观性"①。这是从主客观相统一的意义上谈论实践理性，并且触及实践理性的
"善"的原则，而善本身同样坚守主客统一原则。这自然不是一个纯粹认识
论的话题，更重要的乃是一个实践哲学的问题。任何行动的原理都不能离开
善的引导，实践理性本身就包含了价值元素，而法律实践主义在法治理论上
所倡导的"法治是一种行动"的理念恰恰也是要关怀行动中的"善"的原理。
法律实践主义不是要在头脑中主观地构造自身的理论体系，她摈弃了科学的
幻觉而主张切实的行动，这种以行动为导向的法学理论以实践理性为自身的
理性基础。

　　哲学解释学对法律实践主义架构自身的法律解释学具有十分重要的意
义。尽管在解释学中存在科学主义主张，但科学化与逻辑化并不符合解释实
践的本性，离开解释实践的现实性而进行解释学的知识论建构，或许是对解
释实践的伤害。解释学需要实践哲学的立场。实践哲学在解释学领域的表
现，就是哲学解释学 ②，或者说哲学解释学本身就是实践哲学，伽达默尔的
解释学理论最充分地表现了自身的实践哲学意义。他的哲学解释学有着深远
的古希腊渊源和亚里士多德情愫，这便使得其解释学风格呈现对于"实践智
慧"的强化。同时他的解释学更加强调了一种解释的本体论立场，而非方法
论立场，这对于思考法律解释学的实践转向具有重要的哲学意义。法律实践
主义需要自身的解释学理论，法律解释学是关于法律操作与实施的原理，它
应该成为法律实践主义所要架构的法哲学分支，倡导"实践"的法哲学必须
认真挖掘哲学解释学的思想资源，从而创造真正属于自身的解释学理论。从
实践概念出发引发的法律解释学乃是实践解释学，当下中国法哲学研究的实
践转向已经获得良好的学术认同，而部门法研究的解释学转向也同样显示了
自身的存在力量，创造一种实践主义的法律解释理论正是法哲学思想原理辐

---

① ［德］黑格尔：《小逻辑》，贺麟译，商务印书馆1980年版，第143页。

② 当然这种表述或许也存在某种不足，解释学在哲学领域中也有着不同的表现形态，此处所
　说的哲学解释学主要是指伽达默尔的哲学解释学，它是较为典型的实践哲学形态，而施莱
　尔马赫的解释学则更多具有科学方法论的意向。尽管解释学本身都具有实践性，但施莱尔
　马赫的方法论论证无疑削弱了其解释学的实践哲学属性。

射部门法学和法律实践的基本前提。同样，美国实用主义哲学也包含了法律实践主义所需要的实践哲学元素①，实用主义哲学在拒斥形而上学的哲学论辩过程中，表现了对于现实、具体、行动、效果、经验、偶然性的高度重视，深刻地揭示了关于事物发展的行为原理，这是法律实践主义所要认真对待的思想元素。可以说，在法律实践主义的理论架构中，我们认真对待每个卓有建树的哲学家，并将他们的思想作为重要的学术渊源，比如维特根斯坦、胡塞尔、海德格尔、哈贝马斯、葛兰西，只要我们认真地研究，总能发现对架构学派思想有价值的学术资源。

每一种西方的实践哲学对于法律实践主义的理论构建发挥着不同的作用，它们都从各自角度充实和丰富法律实践主义的不同维度。亚里士多德的实践哲学为法律实践主义奠定了最为深厚的思想基础，实践主义的法哲学的基石性概念的确立以及法哲学基本问题的展开都离不开亚里士多德的思想构建，而法哲学的实践思维和本体论建设也需要追溯到亚里士多德的哲学谱系当中。亚里士多德赋予了实践概念以道德价值论维度，这个概念对于法律实践概念并在与马克思实践观相融合的基点上建构法律实践主义的基础理论具有重要意义。而亚里士多德的实践智慧概念则为法律实践主义架构自身的基本问题，从而实现普遍性与特殊性的视域融合提供了思想资源，并对确立法律实践主义的实践合理性提供了良好的智识资源。美国的实用主义则为法律实践主义深刻把握和重新诠释"经验"概念提供了重要的论证资源，同时对将"经验"概念融入实践智慧具有重大的理论构造意义，而实用主义关于信念的理论则为确立法律实践主义的行动理论颇具教益。当然，实用主义还为法律实践主义提供了可资借鉴的总体性精神，这在实用主义先驱爱默生那里有着明确的表达，爱默生"严肃地思考理想在现实中如何体现、原则在实践

---

① 实用主义受到了德国古典哲学的深刻影响，其中黑格尔对古典实用主义者和匹兹堡学派有着明显的影响。但古典实用主义者对黑格尔的解读属于"实践倾向"。"在黑格尔那里，认知是一个真实事件（Geschehen），它不只是沉思性的，作为真实活动的思维必然改变由主体和对象共同构造的实在进程。"（孙宁：《匹兹堡学派研究：塞拉斯、麦克道威尔、布兰顿》，复旦大学出版社 2018 年版，第 190 页。）

中如何推行——简而言之，就是思想和行动、理论和实践之间存在的那种不可分割的联系"①。海德格尔的存在论则为法律实践主义的生存论维度提供了最为重要的哲学根据，同时为法律实践主义确立自身的本体论根据奠定了思想前提。伽达默尔的哲学解释学则为实践主义的法哲学向着法律解释领域的推进提供了重要的思想依托，对实现法律解释学从方法论向着本体论的转换确立了良好的哲学依托。存在不能被归结为知识，同样不能被还原为方法，只有从本体论的维度才能更好地把握法律解释学的理论与实践。法律实践主义的理论是敞开的，它向着一切思想资源展开自身，但它又不是毫无原则地吸纳各种思想资源。多元化的实践哲学会在法律实践主义当中实现自身与他者的视域融合，从而生成一种真正具有实践导向和理论价值的法哲学形态。但无论如何，法律实践主义的根基都存在于现实的生活世界当中，这是法哲学实现自身创造性的根本保障。以现实生活世界为根基的法哲学，不需要受限于任何知识理论形态，它要在现实性基础上随时准备超越既往的知识理论而获得崭新的规定性。

二、儒家实践哲学与法律实践主义

法律实践主义的哲学基础可以在儒家实践哲学当中获得良好的支撑，作为中国自身的法哲学理论当然要从自身的文化传统中挖掘其存在根基。任何中国的当代学术思想都不可能完全摆脱自身传统的影响与构造，而中国儒学作为实践哲学当然也构成法律实践主义的哲学思想基础。儒家哲学不是抽象的形而上学体系，它没有西方思辨哲学的抽象本体论设定②，倒是浓厚地包含了生活实践的本体论关怀。它的指向不是一个抽象的概念体系，而是现实

---

① [美] 康乃尔·韦斯特：《美国人对哲学的逃避：实用主义的谱系》，董山民译，南京大学出版社 2016 年版，第 2—3 页。
② 当然，这并不意味着儒家哲学就没有自身的本体论设定，而只不过没有西方人所设定的抽象形而上学本体论而已。我们可以把儒家设定为仁学本体论，也可以从实践角度进行本体论沉思，而实践的本体论具有存在论或生存论的明显取向。

的生活本身；它的行动原理不是抽象的普遍规则的设定，而是真正属于行动世界的辩证法；它的辩证法不是物质世界的辩证法，而是生存论意义上的实践智慧；它从不分离理论与实践的联系，而是主张知行统一。儒家的哲学正是实践的哲学，它是提出法律实践主义理论的传统依赖。这种哲学形态不仅以文本的形态存在于历史当中，而且以文化心理结构的方式存在于传统的流动当中。或许正是由于我们思想观念世界中儒家潜移默化的影响与构造，才提出了法律实践主义的概念①，这意味着其所内含的与心灵世界的契合性。法律实践主义与中国儒家哲学具有内在的融通性，儒家哲学作为法律实践主义的一种哲学前提是自然而然的事情。儒家思想中自然也包含了法律思想的诸多元素，在法律实践主义对儒家思想的诠释中将会形成一种独特的法律思想方式，知识在新思想方式的引导下或许会得到重组。

儒家哲学作为实践哲学的一种形态，从不为自身悬设抽象的普遍性系统，也不是将现实生活的展开归结为某种理念的产物。它是从现实生活世界中引发的思想体系，孔子对"仁"作了深刻的哲学阐释，是其哲学思想架构的前提基础。然而"仁"并不是一种类似于抽象理念论的设定，"仁"本身就是生活化的，它实际上是一种恰当的生活状态。而在这种生活状态下自然地蕴含了对于价值的欲求，这就是所谓的"仁者爱人"。这样的哲学本身同时意味着事实与价值的统一，西方哲学家休谟制造了"事实何以导出价值"的哲学难题，但儒家不会这样考虑问题，这是哲学思想方式的差异性。我们不需要去关注那些看上去现实，但其实却很形而上的抽象话题。儒家哲学原本就是生活化，这样的实践哲学倡导的现实性的立场，对于构造法律实践主

---

① 钱弘道等在浙江搞法治实践评估，用行动参与了中国法治建设，这或许体现了浙江人的务实的行动力。也许，这与不同历史时期的儒者创建的"浙东学派"所具有兼容并蓄、经世致用、求真务实、知行合一的学术气象密切相关，这应该是文化的连续性所生成的传统。比如针对王阳明的"知行合一"，陈来总结了几个方面："知行本体"、"真知即所以为行，不行不足以谓知"、"知是行之始，行是知之成"、"知是行之主意，行是知之工夫"、"知之真笃即是行，行之明察即是知"、"未有学而不行者，不行不可以为学"，可谓深得"知行合一"之要义，从中可见阳明学说的实践意向。参见陈来：《有无之境——王阳明哲学的精神》，北京大学出版社 2013 年版，第 86—96 页。

义的法哲学对现实生活世界的依赖具有重要意义。而在儒家实践哲学基础上所阐释的儒家法哲学自然地具有法律实践主义的风格，它天然地拒绝探求超验性的根据，而法律的合理性前提也不能从超验性的普遍原理当中去寻找。只有从现实的生活世界才可能导出儒家法哲学的合理性根据。法律实践主义必须建基在生活世界的基础之上，而儒家为我们从生活世界寻求法的合理性依托提供了最为真实的思想前提。

儒家实践哲学对于现实性的关切意味着它确立了自身独特的思维特质。儒家哲学的核心概念是"中庸"、"中道"、"中和"，这与非对立化思维密切相关。"中庸"本身就是"和"，是"合二为一"，这正是一种辩证法精神的呈现。"天命之谓性，率性之谓道，修道之谓教。道也者，不可须臾离也，可离，非道也。是故君子戒慎乎其所不睹，恐惧乎其所不闻。莫见乎隐，莫显乎微，故君子慎其独也。喜怒哀乐之未发谓之中，发而皆中节谓之和。中也者，天下之大本也；和也者，天下之达道也。致中和，天地位焉，万物育焉。"[1] 这是对"中庸"所作的最为平和，却也最为深刻的阐发，得"中庸"之大道。"中庸"是一种无处不在的德性，甚至具有本体论的地位。然而这种本体论并不是类似于"物质存在"意义上的本体论，也不是某种抽象的理念的本体论，而是生活的本体论。"中庸"本身不是一种外在的预设，而是生活本身中的大道、大德，在生活实践中具有贯通性。"中庸"在思维方式上是对对立化思维的拒斥。关于"中庸"对于极端思维的克服，孔子举出了舜的范例。"舜其大知也与！舜好问而好察迩言，隐恶而扬善，执其两端，用其中于民，其斯以为舜乎！"[2] 由此我们或许对"中庸"作个新的阐释，"中庸"自然是要恰到好处地处理问题，但同时从舜的角度看还包括了"择善而从"的实践原理。当然，要做到"中庸"是很艰难的，孔子还举出了颜渊的事例加以论证。"回之为人也，择乎中庸，得一善，则拳拳服膺而弗失之矣。"[3] 颜渊大抵和舜一样，都是"中庸"的典范。那么很显然，一般人便是

---

[1] 《礼记·中庸》。

[2] 《礼记·中庸》。

[3] 《礼记·中庸》。

难以做到的。"人皆曰予知，驱而纳诸罟擭陷阱之中，而莫之知辟也。人皆曰予知，择乎中庸，而不能期月守也。""天下国家可均也，爵禄可辞也，白刃可蹈也，中庸不可能也。""道之不行也，我知之矣：知者过之，愚者不及也。道之不明也，我知之矣：贤者过之，不肖者不及也。人莫不饮食也，鲜能知味也。"① 由此可见，"中庸"必然地会引导着实践哲学向着主体性原理迈进，不同人的"实践"也具有差异性。

"中庸"对于法律实践主义自然意味着一种"中介化"思维的确立，"中介化"本身就是消除"对立"。这不仅在思维方式的总体性上是如此，而且在人的生活实践中也是如此。而且只有在生活中做到了不走极端，才可能说一个人做到了"中庸"。我们可以说"经权变通"② 也是"中庸"，它没有恪守教条，而是根据具体情况作出恰当的判断和行动选择。一种普遍性的生成不可能将所有的个性化元素都包括进去，而必然是舍弃了具体的情境化元素，然而普遍性却并不是在生成之后就被束之高阁，而是要运用到行动当中，要展现在具体的生活实践当中，这可以看作是普遍性的冲力。但普遍性在通向特殊性的道路上已经遭遇了具体情境的多重变化，各种复杂性纷至沓来，应接不暇。这种情况下就必然难以做到普遍性畅通无阻，稍作偏斜运动在所难免。这就出现了"经权变通"的问题，它不仅是思维方式的中庸化，还是辩证法的实践表达，同时也是中国传统实践智慧最为集中的体现。儒家法哲学的架构自然不可能离开这样的实践原理而通达智慧，由此引发的法哲学思维、法哲学基本问题、法学辩证法等诸多理论问题都与"中庸"密切相关。即便是在法律实践主义作出"法是一种实践智慧"的判断情况下，"中庸"依然是在场的。它是儒家实践哲学的总精神，也是儒家法哲学的基本理念，它甚至可以导出一种叫作"中庸法哲学"的知识形态。当然，法律实践

---

① 《礼记·中庸》。

② 当然，"权变"不能随意为之，也并非每个人都能做到恰到好处。张载尝言："学未至而好语变者，必知终有患。盖变不可轻议，若骤然语变，则知操术已不正。"（（宋）朱熹、吕祖谦撰：《近思录》，查洪德注译，中州古籍出版社 2008 年版，第 133 页。）这自然也是实践智慧的问题，慎重是实践智慧的德性。

主义是将其作为一种重要的法哲学资源加以把握，这是中国古人所提供给当代中国法哲学的不能忽略的智慧形态。

中庸主义是儒家实践哲学的核心内容，在传统中国建构了通行于理论与实践当中的法哲学形态，是传统儒学理论的法哲学的固有风格，也是传统儒学实践的法哲学的内在特质。中庸主义对于构建现代法律实践主义法哲学的基本问题具有思想建基的重要意义，中庸的实践理性内在包含了普遍性与特殊性的关系实践，而这个关系正是法律实践主义的基本问题。从儒学要义出发，法哲学不是为了建构出一套法律知识体系，而是要解决现实法律生活世界中的各种问题。儒家法哲学不是以抽象理念作为架构自身的概念基础，而是要将自身根植于现实生活世界当中。这样的法哲学必然以"法律实践"和"法律生活"作为自身的思想依托和基本面向，而"法律实践"和"法律生活"的展开则表现为"普遍性与特殊性"的关系问题，在这一关系实践的基础上所发生的对于法作为实践智慧的理解就显得恰当自然。儒家思想的实践原理内在包含了儒学价值系统，法律实践本身便是价值嵌入的，而不是与价值无涉的。然而，儒学价值体系并不是一套僵化的知识系统，而是行动的原理，它本身就是与生活实践内在融通的。儒家价值体系内在地包含在实践智慧当中，同时又接受实践智慧的牵引，从而构建起一个良好的行动世界。行动的世界并非自我孤立，而必须有着心灵世界的前提依赖，价值世界的现实化不能不需要真诚的心灵在场。"敦笃虚静者仁之本。不轻妄则是敦厚也，无所系阂昏塞则是虚静也。此难以顿悟。苟知之，须久于道实体之，方知其味。夫仁亦在乎熟而已。"①返回内心却又需要长期切实的体验。心灵与实践内外相通，不可分割，在其融通中则自然地生成实践智慧。这对于现代法律实践主义的建设具有极其重要的意义，摆脱法律理论的知识论立场，从心灵与实践的统一性中建构起真正属于中国自身的法律理论是法哲学工作的基本方向，中国的法律理论必须有着中国自身的根基。

---

① （宋）朱熹、吕祖谦撰：《近思录》，查洪德注译，中州古籍出版社 2008 年版，第 229 页。

三、马克思实践哲学与法律实践主义

马克思的实践哲学在人类思想史上占据着非常重要的学术地位，① 它当然地是法律实践主义的哲学基础。马克思的实践哲学不仅有着自身的实践理性基础，并且在实践概念、思维方式、价值关怀、辩证智慧等诸多方面都有着自身独特的思想风格，对法律实践主义的理论建构具有建基作用。过去人们习惯于将马克思的哲学解读为辩证唯物主义或唯物辩证法，这似乎已经成为一种常识，但这是需要反思的。尽管这种诠释方式在知识论的意义上强调了实践概念的变革价值，却忽略了马克思最为重要的以"实践"为基础、真正实现了思维方式变革的实践哲学。传统的马克思主义哲学界往往是从 18 世纪的唯物主义立场去理解和架构马克思的哲学思想，那恰恰是对马克思的误读。马克思不仅超越了旧唯物主义，并且还超越了唯心主义，而在此前提下马克思所创立的哲学就是实践哲学。② 无论是将其看作"历史唯物主义"，还是实践本体论，抑或是实践辩证法，在本质上马克思的哲学都是实践哲学。只有对马克思的实践哲学的解读方式，才可能在马克思哲学思想与法律实践主义之间架起桥梁，也只有在这个意义上马克思的哲学才构成了法律实践主义的哲学基础。中国哲学界对马克思哲学的"实践论"解读③，对中国学术界产生了重要的影响，作为当下中国意识形态的创造性思想的实践哲学在诸多方面对思考法律实践主义的理论和实践问题具有重要意义。

---

① 在中国对马克思主义实践哲学的挖掘取得了重要学术成果，甚至可以说已经形成了"中国马克思主义实践哲学"学派。西方学界对马克思主义传统中实践哲学的挖掘也值得特别重视，对我们思考法律实践主义具有重要意义。国外相关研究可参考阅读加拿大学者安德鲁·芬伯格《实践哲学：马克思、卢卡奇和法兰克福学派》（王彦丽、葛勇义译，江苏人民出版社 2022 年版）。

② 体现马克思的这一思想变革的最经典文献是《关于费尔巴哈的提纲》，参见《马克思恩格斯选集》第 1 卷，人民出版社 2012 年版，第 133—136 页。

③ 参见高清海：《哲学的创新》，吉林人民出版社 1997 年版；孙正聿：《哲学观研究》，吉林人民出版社 2007 年版；俞吾金：《重新理解马克思——对马克思哲学的基础理论和当代意义的反思》，北京师范大学出版社 2013 年版；王南湜：《追寻哲学的精神——走向实践哲学之路》，北京师范大学出版社 2006 年版等。

　　马克思实践哲学对于法律实践主义的意义不仅表现在意识形态上强有力的支撑，而且在诸多法哲学问题的深入思考和把握中都具有重要的构建价值。马克思的实践概念具有开创性的意义，其实践观点确立了一种崭新的哲学思维方式，这当然是一种"中介化"的思维方式。这对于克服法学研究和法律实践中的多种教条主义和观念论具有重要的理论和现实意义。如果从18世纪唯物主义和斯大林唯物主义理解马克思主义哲学，马克思主义也会被肢解为教条，而这种物质化的思维方式在本质上是一种绝对主义，与马克思主义的历史唯物主义大相径庭。这种唯物主义同样可能会滑向观念论，把一种根本就不可能实现的"观念"作为放之四海而皆准的普遍法则，由此出发去规制一切社会现实，这正是观念论的作风，与马克思的实践哲学或历史唯物主义的实践精神和现实性原理相互抵牾，不可同日而语。法哲学也是一种哲学，它必须具有思维方式上的合理性。马克思的法哲学范式坚持的是一种实践论的思维方式，其所追求的法律实践的合理性乃是基于事物本身的合理性。法哲学思维方式的合理化是法哲学行动方式合理化的基础。如果观念世界不能从现实性中获得良好的把握，则无论如何也不可能产生良好的行动世界。

　　马克思的实践哲学具有鲜明的批判性，这种批判性理应成为法哲学的本质属性之一。不具有任何批判属性的法哲学只不过是关于法律的一种知识形态而已，根本无法确立自身的哲学规定性。法律实践主义有着深厚的实践哲学根基，马克思实践哲学的根基为法律实践主义的批判性奠定了良好的前提。在一定意义上说，马克思的实践哲学就是批判哲学。马克思用实践概念批判了既往的唯物主义和唯心主义，这正是实践哲学最为根本的属性。马克思站在市民社会的立场批判了黑格尔的法和国家哲学，这同样是一种现实性原则的法哲学运用。马克思用资本概念批判了资本主义社会的经济运行机制，在根本上揭示了资本主义社会自身无法克服的矛盾属性。马克思站在阶级学说立场上批判了整个人类历史的发展，深刻指出了人类社会的统治和剥削属性。马克思的实践哲学具有内在于自身的批判性。批判性同样是马克思法哲学的重要规定性，他早期法哲学中的批判精神表现为对于启蒙法哲学的承接，而他在《德意志意识形态》和对"资本"及"生产"的揭露中所完成的法哲学批判则实现了对"现代性法哲学"本身的批判，这样的批判法哲学正是我们的法律实践主义所需要承接的法哲学精神。法哲学必须是批判的，法律实践主义具有内在的批判性，法律实践主义的法哲学从马克思实践哲学中可以汲取无限丰富的批判性资源。

马克思实践哲学有着自身独特的辩证法体系，而这种辩证法不仅对塑造法哲学的辩证法风貌以及法哲学思维具有重要意义，而且深刻地揭示了法哲学行动中的自我否定与自我发展的思想指向。马克思的实践哲学是面向行动世界的，在马克思看来哲学的关键在于改造世界，无产阶级正是通过行动才可能创建共产主义社会，社会绝不可能自动地发展为共产主义社会，无产阶级革命是共产主义的根本前提。法律实践主义同样坚持一种行动的理念，没有行动就不可能生成法治，法治是人们通过行动所创造的伟大成就。这正是对马克思哲学实践精神的法哲学贯彻。法律行动的实践需要创造性，就如同实践是自由自觉的创造性活动，而实践的创造性必然意味着自我否定与自我发展。中国法治发展实践呈现了实践历程中的自我否定和自我发展的辩证法属性，中国法治发展的每个阶段都是自我否定的结果，是"自我革命"的塑造。马克思主义者具有强大的自我批判精神，而在行动上则表现为自我否定和"自我革命"的宝贵精神。法律实践主义是面向行动的法哲学，它内在地要求一种开拓创新的精神，自我否定乃是实现开拓创新的基本保障。中国法治发展需要强大的思想依托，我们必须在马克思主义基础上为中国法治提供一种理论上的支撑，而法律实践主义正是这样的一种思想努力和理论展望。

从方法论上看，马克思实践哲学所内在包含的诸多理论都构成了重要的思想资源。具体地说，我们可以从中挖掘出"实践方法"，尽管人们很少将实践理论解读为方法，但实际上当我们掌握了实践理论之后，实践方法会自动地表现出自身对于问题分析和解决的引导功能。我们还可以从中挖掘出"历史方法"，这种方法不仅对于分析和把握历史问题与现实问题，同时对分析法律生活世界中的诸多问题都具有重要的方法论功能。另外，"辩证方法"、"阶级分析方法"、"经济分析方法"等在马克思主义中都占据重要的地位。而所有这些方法，在一定意义上都具有某种"语境论"的色彩，也就是说对于问题的分析要放置到特定的历史条件和现实情境中加以把握，这正是马克思实践哲学中具有重要方法论价值的思想要素。在我们对法律实践主义的理论建构中，"语境论"的方法自然是十分重要的，无论是对法哲学基本问题的判定，还是对法律实践中具体问题的解决，抑或是对法学命题的分析，都不可能离开"语境论"的基本方法。当然，我们依然必须认识到，马克思实践哲学并不是为了建构一种方法论体系，而是为了解决现实问题，然而这一理论指向正是一种方法论建构。法律实践主义与马克思实践哲学具有相同的理论属性，它虽然并不刻意架构自身的方法论系统，但理论一旦生成它同样会自然地呈现某种方法论意义。①

第二节　概念演绎：从实践概念到实践智慧

法律实践主义具有自身的理论系统，这种理论体系的生成由诸多概念构造。从实践概念的源始性中，我们可以感受到实践理性生成的必然性，它是人类在漫长的生活过程中所构建的理性形态，对人类的行动世界具有良好的牵引功能。而实践智慧则是实践理性的最高形态，它克服了实践理性可能具有的片面性，使得人类行动能够期望达到一种游刃有余的境界。而从实践智慧出发则预示了法律实践主义的法哲学意向，这是法律实践主义区别于其他法哲学形态的重要标志。概念本身的流动性来自生活世界的现实根基，这恰

---

① 作为一种法哲学理论不可能没有自身的方法论关怀，而法律实践主义的方法论架构也将不仅仅局限在"法学方法"，同时还会深入"法律方法"的机理。中国法学走向成熟的标志不仅在于理论建构，还在于自主性方法论的生成。陈金钊等对中国 70 年间方法论的发展作出了客观的评价："新中国 70 年的法律方法论研究可分为：全面向苏联学习的阶级分析法学；向欧美学习推理、解释方法的技艺法学；新时代在中西结合基础上建构社会主义法治思维与法治话语的法学。目前存在的问题在于，现有的法律方法论研究主要是对西方法学知识、原理、方法的继受性整合，研究成果的借鉴成分较多，原创性以及对中国问题的深入度不足。"（陈金钊、陈星伟：《逻辑嵌入法理的历史——新中国法律方法论研究 70 年演进》，《上海大学学报》（社会科学版）2023 年第 1 期。）

恰表明了概念的实践本性，同时也充分显示了理论和实践的内在统一性。概念的实践是法哲学必须表达的思想意向，它的根基自然是蕴含在生活世界当中，而同时它的指向也是生活世界，它在两个维度上与现实的生活本身表达了统一性意向。当然，这种统一并非无差别的统一，其间充满了多重差异性，然而正是这种有差别的统一才充分展示了自身辩证发展的内在冲力。

一、解释与拓展：作为思想基石的实践概念

一种理论往往都有自身的核心概念，其核心概念可能是一个，也可能是多个。在某种学说的核心概念中，往往包含了该学说最基本的理论立场、思想方式和行动指向。在思想家的诠释当中，一个概念往往超越了概念本身的日常含义，而具有引发某种整体性理论体系的价值功能。但任何学说的核心概念的获得并不是思想家主观刻意的营造，而是思想家集体认同的结果，他们会从不同的维度丰富该种学说核心概念的思想内涵，而在对核心概念的诠释中生成该种学说的思想原理。概念的选择往往决定了整体性理论的基本风格，而概念本身的选取也会有某种主观性，思想家或理论家的自身存在状态往往会影响概念的生成，进而影响概念所构造的理论体系。当然，这并不意味着一种思想理论需要创造一个生硬的孤僻的概念作为自身理论的范畴基石，作为核心概念完全可以是日常生活中普遍运用的概念，只不过在思想家的理论演绎中具有了某种特殊的意蕴。

（一）实践概念与法律实践主义的两个维度

法律实践主义的核心概念就是实践，不理解实践概念就不可能理解作为法哲学理论的法律实践主义。我们必须认识到，在法学界的学术表达中，实践概念还是一个未被真正理解和消化的概念。① 很少有人去挖掘实践概念本

---

① 概念理解对于一种理论的架构是极其重要的。在法学领域中对诸多概念的把握往往都表现出了某种问题，比如我们对自由和权利的理解其实就很有问题，把自由与责任相互分割的理解方式也是贻害无穷的，两者的关系要作内在论的理解，而不是作空泛的宏大把握。自

身的思想内涵，这使得实践概念被日益泛化而失去了其应得的尊严与崇高。人们习惯于将与知识探求相对应的具体活动称为实践，比如大学法学教育中经常讲到实践教学，这种"实践"很大程度上就等同于实习，缺乏对实践教学的深刻理解，实践教学中的"实践"概念并没有真正体现实践概念本身的思想特质。"实践教学"必然同时又是"理论教学"，而"理论教学"必然同时是"理论教学"，否则我们就既不能理解"实践教学"，也不能理解"理论教学"。在法学领域中的众多理解仅仅是将"实践"看作一种"活动"，但实践概念本身不仅是行动的，而且还是理论的。实践概念同时具备理论与实践的双重特性，理论的实践与实践的理论是融为一体的，任何形式的分化与对立都是有问题的，分离化的思维不可能把握事物的本性。法律实践主义的实践概念是能够架构自身的理论探求和行动谋划的核心概念，这意味着从实践概念出发可以演绎出自身的法哲学理论体系。实践概念在法律实践主义的思想架构中占据着基础性的地位。无论是实践主义的法哲学理论建设，还是法哲学的现实关怀与追求，都是围绕着实践概念得以展开的。我们需要不断挖掘实践概念的卓越思想意蕴，从而在概念的流动与展开中使得法哲学实现"自我绽放"。这就预示着实践概念不是固定的僵化概念，而是生生不息的概念。实践概念自身具有演绎性，它内在地趋向法律实践主义的法哲学理论。实践概念对法律实践主义的理论建设具有重要的思想价值，这需要不断地深入挖掘。法律实践主义在理论上必须构建出自己的法哲学，它本身就是一种法哲学形态。这个法哲学形态以实践概念为理论基点。无论是该法哲学的思维方式，还是该领域中的基本问题设定，抑或是整体理论架构，都明确表达了实践主义的基本意向，因此这种法哲学可以被称为"实践法学"、"实践法哲学"或"实践主义法哲学"。①

　　由就是责任，责任就是自由，这才是自由的本质，当然这不是定义，而是思想对自由的把握方式。我们未见得就真正地理解了权利，把权利从权利和义务关系中单独拎出来作为本位，与把义务单独拎出来作为本位，无非都是观念论的产物，说到底都是一种本质主义思维在作怪，而并非契合事物本身的思想把握问题的方式。

① 尽管在不同时间和地方使用过相异的概念表达方式，但其精神旨趣是一致的。参见武建敏：《实践法哲学：理论与方法》，中国检察出版社 2015 年版。

　　法律实践主义同时具有一种行动层面的现实性维度。真正有用的理论从来都不是抽象的，而是实践的。理论的就是实践的，实践的就是理论的。在现实的维度上，实践概念对于法律实践主义具有更为重要的价值与范导作用。法律实践主义之所以称之为"实践主义"，其中最为重要的原因是它具有鲜明的实践指向，蕴含了对于现实的法律实践的整体性把握，包含了对于现实法治实践的设计与改造；它不是要躲在书斋里炮制一种空洞的话语体系，而是要用行动去推动中国法治的进步与发展。这并不意味着实践主义的法哲学不会构建自身的话语体系，而只是追求话语体系自身的实践面向。正是这种对于深切的现实关怀，使得实践主义的法哲学自然地要承担起一种使命，这是期待现实中国法治行动在实践思维引导下不断获得改进且日趋合理化的美好追求，是用行动推进人的自由而全面发展的终极关怀。由此我们可以明确地作出判断：实践概念本身既包含了理论的立场，也包含了生活实践的指向，实践概念本身就体现了"理论与实践的统一"。正是由于法律实践主义的"理论"与"实践"两个维度都以实践概念为依托，实践概念才具备了法哲学核心概念所应当具备的基本特质①。实践概念既是理论的，又是现实的，看上去是实践的元素恰恰也是理论的，看上去是理论的元素恰恰也是实践的，只有在彼此统一中才能更好地理解实践概念，也才能更好地从实践概念出发演绎构建出自身的理论系统。对于类似于实践概念的理解和把握，

---

①　姚建宗站在哲学或法哲学的层面上对"法律实践概念"进行了重要的分析。从类型上讲，他将法律实践分为法律的思想实践、法律的规范实践与法律的应用实践，他对"法律实践概念"的分析本身坚持了理论与实践内在统一的思想理路，深得"知行统一"之精髓。参见姚建宗：《中国语境中的法律实践概念》，《中国社会科学》2014年第6期。尽管姚建宗并没有明确提出法律实践主义或实践法哲学的法哲学形态，但其对"法律实践概念"的阐释无疑具有为实践论的法哲学建基的理论构建功能。法律实践概念能否作为一个重要的法哲学概念依然是需要认真探讨的问题，因为从学术发展史上看它并不具有实践概念那样丰富的思想内涵。但毫无疑问实践概念与法律实践概念具有一般与个别的关系属性，但法律实践概念的特殊性又尤其值得珍视。将"实践"概念作为法律实践主义的核心概念和基石范畴更具有与哲学对话的空间，但我们又必须注意到法律实践概念的特殊性，这样才更易于创建契合于法的本性的法哲学形态。法律实践主义的核心概念和基石范畴未必要体现为法律的字样，关键是要契合法及法治的本性，而实践概念正是这样的概念。

不能单纯地从知识内容上展开，而需要洞察和体悟，沉入实践中感悟理论的在场，返回到理论中体察实践的融入。语言总是有限的，在语言存在的有限性中我们感受"实践概念"的深层意蕴，把握"理论和实践相统一"的原始内涵。

（二）实践概念与法律实践主义的本体论维度

法律实践主义的核心概念"实践"，不是单纯的、狭隘的认识论意义上的实践概念[①]，而是一种本体论意义上的概念，具有崭新的世界观价值。"实践"是存在论的，是生存论的，当我们如是理解"实践"的时候并不意味着对实践概念认识论含义的绝对否定。正是这种对实践概念的本体论理解，才可能在思维方式上具有一种重要的"革命"价值。也正是由于实践概念的本体论意蕴，才可能从实践概念出发演绎出法律实践主义的理论体系。由于实践概念内在地属于本体论范畴的源始性，才可能生成整体性的法哲学理论架构，而不是零散的法律知识和观点。法哲学不是"观点之学"，而是"理论之学"，是包含了"思想"的"理论之学"。实践是人的存在方式，是人的存在论依托。人的一切生活都是在实践中得以展开的，这样的实践即为人的现实的生活实践。实践意味着可能性的展开，它不是封闭自身的知识结构，而是延展自身的现实性行动。对于实践概念的"可能性"解读意味着一种新的法哲学思维方式的形成，同时对于法律行动的展开具有重要的现实意义。存在论在一定意义上自然地蕴含了"可能性"，实践活动正是一种"可能性"的展开。法律实践同样充满着"可能性"，它不是唯一不变的必然性演绎。为法律生活的创造性提供解读思路的思想方式，我们塑造了法律生活，我们在法律生活中实现自身，恰当的法律生活意味着"我"与"法律"之间彼此

[①]　俞吾金指出，对实践概念的误解还表现在人们总是从认识论的意义上去理解它，忽略了实践概念的本体论维度，这无论对哲学本身还是其他学科都是值得反思的。"把马克思的实践概念和自由概念囚禁在认识论的范围内，完全撇开其根本性的、本体论的维度，是对马克思哲学理解上的重大失误。"并且主张只有认真地消化和研究康德哲学，才可能真正摆脱对于马克思的误解。参见俞吾金：《重新理解马克思——对马克思哲学的基础理论和当代意义的反思》，北京师范大学出版社2013年版，第26页。

"亲密无间"的统一。

马克思的实践概念既具有与以往思想家关于实践的论述相契合的方面，又具有自身的存在特质。而这个存在特质乃在于它在本体论意义上实现了哲学思维方式的革命，终结了以往的唯物主义和唯心主义的对立，从而创造了中介化的、辩证的实践论思维方式。这里要特别强调的就是只有坚持从本体论上对实践概念的理解，才可能真正确立法哲学思维变革的理论基础和现实根基。仅仅从知识论上，我们无法彻底消除唯物主义和唯心主义的对立，知识上的对立会由于"理性的狡黠"而日益加深，只有存在论上的革命才可能彻底消灭人类知识的困境。习惯于陷入知识争端的人们，只要转换一下视角，知识世界本身就会发生重大变化。实践概念所具有的思维方式的变革价值，对法律实践主义的理论构造是至关重要的。法律实践主义的法哲学思维是一种实践论的思维，它克服了理论与实践的对立，化解了理想主义与世俗主义的冲突，消解了法条主义与情境主义的紧张，真正地以实践为本体论的中介，使得人们对法治生活的认知达到了一种辩证法的高度。实践主义的法哲学思维不会被禁锢在一个狭窄的知识领域，它意味着"投入"，预示着"在场"。在根本上说，实践主义法哲学不会去构造抽象的知识话语体系，更不会有意识地建构一个所谓的学术权力谱系，它永远将本着实践的本性，使得现实的法治活动日益合理化。这是一种"实践指向"的思维方式，它面向法治生活本身，也面向人本身。实践概念必须获得本体优先的理论把握，以实践概念为核心的学派才可能真正地在现实中实现人们思维方式的变革。

(三) 实践概念与法律实践主义的价值论维度

法律实践主义的核心概念"实践"，不是简单的生产活动与日常生活，而是在对现实的生产生活活动的理解中内在地包含了一种价值论的维度①。

---

① 实践概念的价值论之维与实践概念的本体论之维是有机统一的。本体论当中自然地蕴含了价值论趋向，这可以看作"事实"与"价值"的统一。大抵而言，实践本体论是一种生存事实的本体论，正是这种生存事实的本体性决定了价值论的发展方向。这样，"事实"与

这可以看作"实践概念"所包含的目的论思维。在关于"实践概念"的理解中，亚里士多德对实践的理解具有一种目的论维度，实践本身总是包含了一种善的基本维度，任何好的谋划总是要体现善的目的性追求，良好的实践本身就是一种善或目的。[①] 伟大的哲学家康德同样突出地赋予了实践概念一种伦理道德的内涵 [②]，倘若不理解实践的道德维度，那就不可能真正理解和把握康德的实践概念以及他的实践哲学。一旦忽略了实践概念内在包含的道德意蕴，就意味着现实的活动会失掉实践的本质规定性，于是实践则可能变成"恶"的活动。过去人们在理解和使用马克思实践概念的时候 [③]，并没有注意到他关于实践概念的价值论维度，而往往将生产劳动看作最为根本的实践活动，但在事实上生产劳动又被功利化了；不仅如此，科学实验和阶级斗争由于匮乏了道德的牵引，便失去了对人自身的目的性关怀。对"生产劳动"的过度迷信和拔高，使得"生产劳动"背离了实践的内在精神，缺乏了实践目的性的引导，生产活动或许会给人类造成长久的灾难；"科学实验"操作的无原则与无价值使得实践活动成为了功利主义的演艺场，功利主义的盛行扭

"价值"的对立在实践本体论的基础上便得以消解，这又在一定意义上体现了实践本体的辩证法属性。以实践建基的本体论、价值论与辩证法得到了内在的统一。

① Aristotle, *Nicomachean Ethics*, Second Edition, trans. by Terence Irwin, Hackett Publishing Company, Inc. 1999, pp.88-99.

② 俞吾金通过对康德实践概念的研究，认为："在康德看来，决不能把'遵循自然概念的实践'与'遵循自由概念的实践'混淆起来，因为这两种实践形式存在着根本性的差异，前者属于现象界，是人的认识指导下的实践活动，后者属于本体界，是道德法则指导下的实践活动。"毫无疑问，在康德那里，"道德行为具有严格的限定，即这种行为必须服从理性立法，服从以善良意志为基础的道德法则。事实上，在康德看来，也只有这样的道德行为才是'遵循自由概念的实践'"。（俞吾金：《重新理解马克思——对马克思哲学的基础理论和当代意义的反思》，北京师范大学出版社 2013 年版，第 27 页。）无论康德赋予实践概念的含义是否狭窄，其对于道德维度的阐释都是深刻的。

③ 在传统马克思主义哲学界，人们在学理上关于实践概念的理解，一直是将其分为生产劳动、科学实验和阶级斗争这三个方面，哲学界的这种认识深刻地构造了其他学科研究者的思维方式。这是一种单就"活动"本身，而没有从真正的"实践概念"的哲学层面深刻把握实践活动的理论认知模式，于是实践活动失去了其应有的原理和精神。实践的泛化与实践的庸俗化往往是并行的，我们能够看到很多"行为"都打着"实践"的伟大旗帜，却做着违反"实践概念"本性的事情。

曲了真正的科学精神;"阶级斗争"更是被无原则扩大而失去了原本内含于其中的伦理道德维度,并在实践中制造了道德的滑坡。如果以对马克思思想的整体诠释为切入点的话,则我们发现马克思的实践实际上是"革命的实践",而革命的实践自然是有价值维度的,这一崇高的价值论追求和关怀构成了马克思实践哲学思想体系的重要内容。在法律实践中,必然包含了价值论维度。在现代法及其实践当中,人权是一种贯通性的价值,它体现了人作为人的尊严。法律实践主义的理论构造同样需要延展自身的价值结构,人作为人的价值关怀是贯穿法律及其实践始终的牵引力量,它是保持法律实践内在于人本身的"原则高度",任何情况下都不能妥协。当然,在法律实践中,同样也包含了其他多重价值,然而无论怎样的价值都是围绕着"人本身"展开的,只有从人出发才可能理解法律实践概念所展现的价值论立场。

实践概念所蕴含的道德价值维度,正是实践主义法哲学的基本思想意蕴和现实关怀,法律实践主义必须构造自身的价值论体系。按照这种理念,并不是所有的法律活动都能够具有"实践"的伟大价值,只有那些包含了道德意蕴和价值导向的法律活动,才能够被看作真正的"实践"。在当代中国有社会主义核心价值观,那么这就是牵引着法律实践的重要的道德价值,而这个道德价值保证了法律实践的正确方向。最高人民法院明确提出用社会主义核心价值观释法说理,以此推进裁判工作,这可以看作道德价值维度在法律实践中有意识、有目的的贯彻,应该说这样的举措深刻地契合了"实践概念"的要义,洞悉了法律实践的真谛,可以有效地提升司法实践的质量。真正有价值的法学学说都必然有一种对现实的深切关怀,而这种现实的深切关怀内在地包含了一种价值立场。实践主义法哲学在对现实的关切基础上同样体现了对中国法治以及人本身的人文关怀,这一法哲学的价值论思维将引导法律实践朝着美好的方向发展自身。这并不是一种纯粹的理论冲动,同时内在地蕴含了法治实践的道德立场,表达了实践主义法哲学对法治实践深切的思想关怀。也正是因为实践概念所蕴含的价值维度,使得实践概念本身即具有批判与反思的思想向度,这同样阐明了法律实践主义的批判性思维和反思性品格。在这个意义上,法律实践主义绝不是法律知识体系,而是切实的行动,是批判性的行动，是反思性的行动，正如同我们说"哲学是一种行动"是同样的道理。哲学本身是一种理论行动和思想行动，法哲学同样是一种理论行动和思想行动，只有这样理解法哲学，法哲学才可能获得自我救赎和自我发展，它在否定中发展自身。

（四）实践概念与法律实践主义的创新性维度

法律实践主义的实践概念，不是单纯的物质性活动，而是一种自由自觉的创造性活动。实践是人的行动，在实践活动中人永远都是在场的，在场的主体就一定要谋划，作为主体的人的谋划自然要与客体打交道，这个主客体交互作用的过程也可以看作就是实践；但这个实践一定是包含了价值维度的实践，它包含了人的渴望与欲求；同时实践过程也是一个逐步合理化的过程，这当然是我们对实践本身的美好设定，设定与谋划对人而言总是不可或缺的。实践过程充满了创造性，人在实践活动中不断拓展自身的存在领域，人们在可能性的存在时空中"择善而从"，充分展示自身的本质力量，从而将可能性转化为现实性。然而，可能性仍然是前提，只有在可能性中人们才可能表现出创造性价值，纯粹的必然性领域中只能顺势而行，人所展现的创造性是非常有限的。法律实践同样是从可能性不断走向现实性的过程，而在这个过程中充分体现了实践本身所具有的创造性特质。在我们过去对实践的理解中，过多地强调了人的受动性以及客观依赖性，这往往导致主体的缺席，缺席主体的活动表面上看是强化了客观依赖性，但实际上恰恰助长了人类活动中的主观主义，这就是两极相通的道理。法律实践主义的实践观是一种创造性的实践观，它虽然认识到了实践受动性的一面，但从不夸大受动性，而是时刻凸显人的主体自我意识在法治实践中的重要价值，设定与谋划、消解与建构、批判与反思——这正是实践主义法哲学对主体自我意识的认真对待。法治实践内在地要求谋划与设计，这是一个逐步合理化的行动过程，法哲学的实践观恰恰契合了这种合理性要求。钱弘道等在法治浙江和法治中国行动中做了很多事情，"法治试验田"的设计与经营正是理论之实践能动性的具体表征①。这不仅是一种事功，更是一项卓越的事业，其背后的理论依托恰恰是创造性的实践观，这样的实践观所生发的自然是一种创造性思维。实践创造性的思维不是所谓的花样翻新，而是以现实中国法治行动为依托的实践智慧的卓越艺术，正是在创造性实践活动中中国法治将日益合理化。

在实践思维的视域下，我们对法律实践和法治实践的认识会摆脱单纯的必然性和受动性的立场，而主张法治实践的创造性，而法治实践之创造性价值的实现必须正视偶然性及实践主体的主动性与能动性。在"知行统一"的实践哲学视域下，中国法律实践、法治实践过程将会展现自身多要素"视域交融"的辩证运行机制。在过去很长一段时间，学术界和意识形态领域中过度地强化了必然性在实践中的意义，而忽略了偶然性的重大价值，必然性的思维方式是一种科学主义和客观主义的表达，但法治实践并不是一种科学化和客观化的运行过程，更不是一种必然性的机械演绎过程，而是充满着复杂性机制的多元素交互作用的动态过程，其中偶然性恰恰是一种巨大的能动力量②。偶然性会让人成为人本身，过度地强调必然性则会将人淹没在社会变迁的汪洋大海当中。认真对待偶然性，就是认真对待法治实践。"人的自由自觉活动的存在本性，内在地要求着人建构实践理性。没有实践理性，人的自由自觉活动就不可能现实地展开和完成，人也就不可能按照自己的目的和意志实际地掌握世界。实践理性正是适应人的自由自觉活动的内在要求，为着人能够按照自己的目的实际地改造世界而生成和发展的。"③实践思维同样决定了法律实践主义所依赖的理性基础，不是抽象的科学理性或者纯粹理性，而是充满着现实性品格的实践理性。实践理性内在地蕴含在实践当中，是实

---

① 这是实践的谋划性特质所造就的一种事业，参见钱弘道：《中国法治的一块试验田——兼及中国法治实践学派的宗旨》，载钱弘道：《中国法治实践学派》第一卷，法律出版社2014年版，第8—11页。
② "普遍的社会真理是极为罕见的。社会科学是被可能性的推理所控制，而不是被演绎推理所控制。"（Eric Engle, Aristotle, Law and Justice: The Tragic Hero, *Northern Kentucky Law Review, Vol. 35, No. 1* (2008), pp.1—17.）可能性当然是偶然性的表现，演绎推理才是一种必然性的推理。法律生活中很少有必然性的事例，可能性占据了法律生活的主流，然而这也正是创造性的前提。可能世界或许应该构成法哲学架构自身思想系统的存在论基础。
③ 王炳书：《实践理性论》，武汉大学出版社2002年版，第54页。

践本身所具有的一种真正契合于人类行动本性的理性形态，同样是实践主义法哲学的理性基础。实践论思维有了实践理性的依托，会更加富足和殷实，它不是单纯地"面向现实"，而是有着深厚的本体论依托和价值论前提，只有这种具有深厚的理念支撑的实践论思维才可能表现出卓越的现实性力量。

二、理论的演绎：从实践概念到实践智慧

法律实践主义主张要在理论上创造属于自身的自主性法律理论，它本身正是这样的一种法律理论，法律实践主义概念本身就表达了一种理论上的冲力和对思想的期待。这就需要对诸多实践哲学中的重要概念进行符合法律本性的创造性阐释，只有让概念在诠释中生成为一种严谨的理论系统，概念的演绎才能呈现重要的理论价值。由实践概念而生成了实践世界观，这是一种总体性的理论策略。同时从实践概念也必然导出对实践理性、实践智慧的深切思考，正是在对实践概念、实践理性及实践智慧等概念的理论诠释中，法律实践主义的理论原理和实践关怀才能够获得更好的理解和把握，其思想本身会获得进一步的提升。然而，我们始终还是要强调概念演绎的根基依然是本体论的存在状态和生存活动，概念的"运动能力"来自生活本身，除了我们无法彻底揭示的"知识之幕"，现实的实践本身的冲力往往取决于主体性的融入程度。

（一）概念的逻辑：实践、实践理性与实践智慧的理论发展

实践是一个属人的概念，它不同于创造科学知识的理论活动，也不同于制作产品的生产活动①。实践就是实践，它是向着人本身的现实性活动，也

---

① 亚里士多德将人类活动分为三个领域，即理论领域、实践领域和制作领域。在三种不同的领域中，人类的活动方式、知识类型以及所要达到的目的是不相同的，其中在实践领域中人类是要"行动"，并且要"深思熟虑"，以求过一种"恰当的生活"。参见徐长福：《论亚里士多德的实践概念——兼及与马克思实践思想的关联》，《吉林大学社会科学学报》2004年第1期。这样的实践领域必然要求实践智慧。

是人参与其中的现实性活动。理论活动所创造的知识可能是外在于人自身的，制作活动所创制的产品也可能对人是有危害的。而实践活动则是对人有益的行动，它具有伦理道德维度的引导机制，可以使人的生活变得更加美好。而实践本身必然会孕育出自身的理性形态，这样才能保证实践活动的有效性，也才能保障实践活动的品质。实践活动的合理性自然也不能缺失了对理性的需求，理性必然会产生，这是人对自身所自然具有的责任态度。实践自身所生成理性的机制也许无从把握，我们不可能对理性的生成过程进行还原，但它一定是经过漫长历史累积博弈融通的结果。它是人类实践的集体选择，又是人类行动的无意识选择，中间自然不可能缺失了功利化的实用性考量，当然有效性问题也不容低估，至于价值的牵引同样会发挥重要的作用。这种在实践中生成的理性便是实践理性 ①，当然实践理性并不与科学理性相冲突，科学理性会有助于实践理性所欲达到效果的实现。实践理性意味着一种合理性，它从来不是僵硬的演绎推理，而是"择善而从"的恰当性追求。实践理性会推动自身迈向智慧形态，即实践智慧的至高境界，它是游刃有余的理性呈现，是理性克服了自身的有限性而达到的高妙意境。当然，在归根结底的意义上讲，实践智慧的概念是从实践概念升华而成的概念，实践是实践智慧的本体论基础。实践智慧的概念具有实践概念的基本属性，又超越了实践概念的"活动性"特征，而增加了"内在品质"的特性。任何实践都需要有筹划，而筹划一定内在地包含了选择的机制，而选择就需要有理性和智慧，这就自然地意味着实践向着实践理性和实践智慧的"提升"。通常所讲的中道正是一种实践智慧，它是在实践中生成的，而不是任何预先的设定。法治实践是法治不断展开的过程，这一实践过程需要实践理性和实践智慧的引导，倘若缺失了实践理性和实践智慧，实践的目的性就会受到损伤。法治实践内在地要求实践理性，并不断地趋向实践智慧。从实践到实践理性再到

---

① 实践理性是人在行动中凝结的德性，人自身的诸多元素可能都会对实践理性的生成具有某种形塑作用。"实践理性生活的核心处是某些卓越品质或德性，它们是行为、欲望、感觉的内化性向。"（[英] B. 威廉斯：《伦理学与哲学的限度》，陈嘉映译，商务印书馆 2018 年版，第 51 页。）

实践智慧的提升，以及由实践概念所展开的法哲学诠释，是生成法律实践主义这一自主性法律理论的关键所在①。

人类自产生以来就有着追求知识的冲动，而待人类的思维能力达到一定水准之后，则往往就有了理论探求的冲动，于是寻求理论的普遍性就成为了人类纯粹的认知活动，这种认知能力是一种理论能力，它的目的在于获得普遍性知识。然而，普遍性原理的获得固然美好，但任何普遍性知识的存在都不是为了某种普遍性的知识，而是在于实践，只有实践才是知识真正的来源和导向，也只有实践知识才是真正关涉人们的具体生活世界的知识形态。当下学界关于实践之知的重视还不够充分，尤其是法学这样的实践学科尚且没有引起人们对实践之知的高度关注与认同，人们的思维依然停留在对于普遍性法律知识的追求当中，部门法学界在这个方面表现得尤其严重，单纯地关注普遍性而忽略特殊性便不可能造就真正有价值的实践知识形态。不仅法学知识界的状况如此，法律实务界的状况也是如此，法律界也在渴望着知识界能够给他们提供一种普遍性知识以作为其行动的指导，这在根本上是法学教育的失败，是中国法律界对法的本性认知不合理所必然产生的知识状况。这种状况使得法学界以满足获得具有普遍性的法律知识为目的，缺乏对于实践知识的合理把握和追求，这样的法律实践领域必然会出现普遍主义、教条主义、法条主义、形式主义、唯上主义等与实践知识的本性相背离的现实问题。当我们一旦摆脱了普遍主义的知识立场，拥有了实践智慧的理念之后，原本的世界就会发生变化。任何视角转换都可能造就人们所属世界的差异，实践智慧引导人们走向具体的生活世界，走向实践智慧就是走向人的生活本身。

---

① 法律实践是实践的有机组成部分，它与道德实践、政治实践等不可分割，整体实践的规定性自然会包含法律实践中的"共性"，但法律实践毕竟也有法律实践的特殊性，这是我们需要认真对待的一般和个别的辩证法问题。法律实践理性是实践理性的内在组成部分，它与道德实践理性、政治实践理性等密不可分，整体的实践理性自然包含了法律实践理性的"一般性"，但法律实践理性同样有自身的"个性"，我们需要在辩证法视域下把握法律实践理性与实践理性的关系问题。法律实践智慧自然是实践智慧的内在构成，它不可能与道德实践智慧、政治实践智慧相分离，它既具有实践智慧的"共性"，又具有自身的"个性"。

实践智慧概念同样是法律实践主义的哲学基石①，它为思考法律理论及谋划法治实践奠定了良好的思想前提。任何理论的构造都有自身的基石性概念，而这个概念本身又不仅仅是概念，同时承载了某种理论思考的维度。从不同的概念出发所构造的理论的风格是迥然相异的，由"物质"概念切入构造的理论会导致绝对主义和教条主义，而无论其话语体系的宣言如何辩证，其实践的结果却是教条化的；从"权利"概念出发所构造的法哲学理论会呈现一种启蒙的价值，但难免陷入主体性的扩张当中；从"阶级"概念出发所构造的法律理论会表现出斗争的景象，个体往往会被消弭到集体当中，当然我们并不否认阶级概念的正确性，但这并不意味着就要从阶级概念出发构造法律理论；从"本土化"概念出发所构造的法律理论自然会引发语境论的哲学反省，但却难免陷入保守主义的陷阱当中；从"方法论"概念出发所构造的法律理论会表达一种严谨的思想风格，但却会导致科学主义的片面性。从"实践"概念出发的法哲学建设契合了法的本性，满足了生活世界的合理性期待，表现出法的实践合理性欲求。而从由"实践"概念引发并与"实践"概念相统一的"实践智慧"的概念出发的法哲学架构则进一步夯实了法律实践主义的理论基础，充分表达了新理论产生的必然性，同时渴望一种新的法治实践的生成。理论的谋划与实践的谋划必须以适格的概念为前提，一个合理的概念会促进合理化理论的生成，"实践智慧"正是一种在人类思想史上和人类生活实践中被证明为合理的概念，在归根结底的意义上与人类的生活世界及其美好追求保持了良好的契合性。"实践智慧"作为法律实践主义的基石性范畴，是中国特色法律理论的思想前提，是中国法律理论沟通传统与现代的理论前提。"实践智慧"本身既是理论的，又是实践的，理论与实践的统一正是"实践智慧"的本质特色。

---

① 实践智慧概念在人类思想史上经历了漫长的发展过程，从西方文化传统中甚至可以追溯到《荷马史诗》，之后经过了长时间的发展，在亚里士多德那里得到了较为系统的论证。其后无论是在中世纪的阿奎那，还是近代的康德，抑或是新亚里士多德主义和后现代思潮当中都具有明确的实践智慧的思想气质。参见刘宇：《实践智慧的概念史研究》，重庆出版社2013年版。

（二）实践智慧：一种辩证法结构

法律的世界既不是单纯的普遍世界，也不是单纯的具体世界，而是普遍世界与具体世界的互动交融。完美的普遍规则世界的创设是法条主义者的梦想与追求，但规则世界的创设似乎很难与实践智慧内在地统一到一起，因为实践智慧必然要关涉"行动"，即走向现实的具体世界，但法治实践中的具体世界是无法与普遍的规则世界相分离的。这就必然要面对普遍与具体的关系问题，即普遍世界与具体世界的"视域交融"。在这个互动的实践运行过程中，既不能过度地依赖普遍的规则世界，也不能陷入具体世界的利益陷阱而难以自拔。这是一个实践中的多元素相互交融的行动过程，规则与事实、原则与习性、主观与客观、主体与客体、统一性与杂多性、必然性与偶然性、确定性与灵活性，都会在具体个案的运行中展示自身的存在力量。在这里，我们不可能运用某一个方面去压制另一个方面，也不能采取"和稀泥"的办法解决问题。这里需要的是"审慎"、"恰当的判断"和"深思熟虑的考量"[1]，这正是对实践智慧的要求，实践智慧在其产生的必要性中即蕴含了辩证法的属性。法律实践主义的理论架构中包含了自身的辩证法结构，或许我们可以说在法律实践主义中内在蕴含了法学辩证法的理论分支。这种法学辩证法的构造不能从所谓物质世界的辩证法去加以构造，因为物质世界所拥有的仅仅是规律。法所关涉的是人的行动世界的问题，而不是物质世界的问题，因此法学辩证法只能从实践的辩证法出发加以构造，而实践智慧正是实践辩证法的集中体现，我们所生成的法学辩证法应该是基于实践智慧范式的法学辩证法。

---

[1]　实践智慧诸德性的塑造及实践理性多品质的生成在本体论意义上讲，都不可能离开经验的构造。这样的经验是本体论的，是存在论的，是生存论的，缺失了经验世界的长期磨炼，关于实践的各种美德都难以形成。经验本身是生成性的，这需要做整体性把握，而不是单纯从认识论角度加以理解。实用主义中包含了重要的经验哲学思想，而詹姆斯的经验学说更加值得珍视，它可以启迪我们深入思考关于经验问题的本体论思考。詹姆斯的"彻底经验主义"是一种本体论思想。参见陈亚军：《实用主义：从皮尔士到布兰顿》，江苏人民出版社 2020 年版，第 77 页。

　　"实践智慧"作为法律实践主义的基础概念和思想前提，体现了普遍与具体的辩证法属性，克服了以往法治实践中的普遍主义倾向，表达了面向生活实践的理论立场。实践智慧既要求普遍性，也追求特殊性。在亚里士多德的论述中，实践智慧的这一特性获得了明确的阐发。"实践智慧不仅关涉普遍性，而且也涉及特殊的知识，因为它关心的是行动，而行动总是个别的。这就是为什么在一些地方那些缺乏知识却经验丰富的人在行动中总是比那些拥有更多知识的人干得出色的原因。"①只有站在实践的立场上，才能真切认识到实践智慧的辩证属性，即对普遍性与特殊性的双重要求。"实践智慧必须拥有普遍知识和特殊知识，或者相比普遍知识而拥有更多的特殊知识。"②行动的原理要拥有具体的特质，而不可能是抽象的，抽象的理论在实践中是没有意义的。被我们重复了无数遍的抽象的法治话语不仅不能促进法治的发展，而且由于其普遍的抽象性，决定了这样的法治话语不可能真正地指导法治实践活动。现实的法治实践要求具体思想与具体理论，实践智慧是其基本的思想指向。实践智慧是实践导向的，以此为基点的法学辩证法同样也应该是实践导向的。从实践到实践理性再到实践智慧的生成过程，都不可能离开"人"的参与，"人"是从实践到实践智慧的"主体"，遗忘了"主体"就不可能真正理解与实践相关的各个概念。实践的辩证法也并非无主体操作的抽象知识，从客观知识的角度对辩证法的理解是不可能把握辩证法的精髓思想之要义的。实践的辩证法自然意味着主体的辩证法，主体的登场是实践智慧的内在要求，这就导出了法律实践主义的"主体性原理"。

（三）实践智慧与主体性的理论演绎

　　实践智慧的主体就是人本身，实践智慧的展开需要人的品质、能力和德

---

① Aristotle, *Nicomachean Ethics*, Second Edition, trans. by Terence Irwin, Hackett Publishing Company, Inc. 1999, p.92.

② Aristotle, *Nicomachean Ethics*, Second Edition, trans. by Terence Irwin, Hackett Publishing Company, Inc. 1999, p.92.

性①。从实践智慧出发思考法哲学，则必然要考量其主体性的存在逻辑。法律实践主义坚持实践智慧的立场，这种立场内在地支撑"君子之道"的主体性在场，自然就会包含一种"贤人政治"思想路径，法律实践主义从来都不忽略主体性的重要地位，人法并重是实践智慧的内在逻辑。主体性的登场恰恰体现了法的实践本性，实践的复杂性不可能凭借单纯的普遍性加以解决，而必须依赖一个"普遍阶层"，这个"普遍阶层"掌管了普遍性与特殊性的视域融合。这是个整体性的教养问题。离开对于实践主体素养的基本理解，往往会把实践智慧导向神秘主义的地方，这就背离了实践哲学的本性。亚里士多德在谈及实践智慧的要素的时候，谈到了"好的考虑"、"体谅"、"实践的努斯"、"警觉"和"机敏"。"在日常用法中，人们总是用这些词语指称同一种现象。这说明，与实践智慧相关的这些品质，在人们的实践活动中并不能像在概念分析中那样，明确地区分开来。"②这些品质更多的是一种理智的能力，但理智的能力必须与道德品质共同发挥作用，才能真正达到实践智慧的境界。

法哲学"主体性原理"的理论架构是从实践观点所导出的自然结论，这同时意味着对于法律实践的"差异性"的认同。我们不可能设计出一套严密无缺的普遍性规范，然后按照既定的逻辑演绎出正确性的结论。这只不过是一种理想理性的僭越，而不是现实理性的态度。尽管我们会努力构造一个高素质的"普遍阶层"，他们拥有卓越的教养，但在实际的法律实践中依然会有差异性，这是实践的本性和人的主体差异性运行的必然结果。在过去对于法学知识的研究中，我们总是遗忘"主体"而着眼于客观知识的追求，这并

---

① 杨国荣亦曾谈及过实践智慧的品质问题，他指出："实践智慧以观念的形式内在于人并作用于实践过程，其中既凝结着体现价值取向的德性，又包含关于世界与人自身的知识经验，二者同时又渗入人的现实能力。"（杨国荣：《论实践智慧》，《中国社会科学》2014 年第 4 期。）这种理解也应该是受到了亚里士多德的影响，同时也包含了中国传统文化，尤其是儒家思想的影响，中国文化本身就具有实践智慧的元素。实践智慧是历史与经验的统一，理论与实践的交融，知与行的合一。儒家是以实践智慧为核心的实践哲学，这样的儒家思想当然也构成了法律实践主义的思想基础。

② 刘宇：《实践智慧的概念史研究》，重庆出版社 2013 年版，第 120 页。

不是一种"实事求是"的态度，因为"实事求是"同样是一种"主体的操作"。这已经是简单得不能再简单的常识，但却总是不能为人们所彻底地把握，这是什么原因呢？还是主体的缘故。人一旦在思维上陷入固化的知识状态，就很难从某种教条主义的知识中获得解放和超越。对于法律实践的恰当把握，是我们摆脱教条主义的根基。只有从法律实践中看到"人"的在场，才能逐步消灭自身观念中的各种偏见。一定要认真地"观察"，看明白之后就会彻底醒悟。其中包括了我们对"人治"的恰当判断和真正觉醒。

这种实践智慧的思想立场，对法律实践主义而言是极其重要的，它为法律实践主义强化一种"贤哲政治"的立场奠定了良好的思想基础，也为法律实践主义向着伦理学与政治哲学的融通提供了一种值得认真考量的路径方略。这种主张并不是今天人们所批判的"人治"，"人治"是由当代中国学术炮制的概念，目的之一在于用这个概念去批判传统中国和某些他们认为错误的行为，然而传统中国在理论形态上是没有今天人们所说的"人治"的。即便在实践上是否存在"人治"的问题，也是一个值得继续探讨的话题，切不可被一种思维定式遮蔽自己的理智判断。"贤哲政治"是基于实践智慧的。尽管中国古代并没有实践智慧的概念，但"中庸"等一系列概念恰当地表现了实践智慧的思想意蕴，理智与道德同时构成了古代社会"贤哲政治"的两个维度。法律实践主义以实践智慧为前提，同样主张"贤哲政治"，这是一种政治哲学的基本指向。我们必须回溯传统，在各种思想中挖掘有益于现代理论构造和实践展开的优良元素。但这绝不是复古，而是基于中国语境的自然要求，只有坦诚地认同这一主张的合理性，才可能贯彻实践智慧的思想逻辑。

三、从实践到实践智慧：关于法的法哲学立场

从实践概念及实践智慧切入，则会生成法律实践主义的法哲学立场：法不是抽象的规则体系，也不是普遍的知识体系，而是普遍与具体的"视域融合"；法虽然不排斥理性的价值，但在根本上法具有经验主义的本性；法的根

本目的不是追求知识体系的架构，而是倡导对问题的恰当解决，因此具有情境主义的特质；法是面向实践的，作为实践智慧的法本身就包含了一种目的性，这必然表现为对于善的追求①，这里的目的并不是一种所谓的幸福和功利，而是一种恰当的生活；法是一种行动理性，行动的主体永远都是在场的，主体的在场更加突出地要求实践智慧；法作为实践智慧主张一种深思熟虑的判断，这是对于法律科学化的反对；法是不断的生成过程，实践过程中的多种元素都参与着法的构造。法律实践主义的理论立场同时就是它的实践立场，因为理论与实践本就是统一的。尤其在实践智慧的视域下任何理论都是实践的，任何实践都是以理论为前提的，否则就不能称其为实践，理论是实践的表达，实践是理论的展开。无论是"实践"概念，还是"实践世界观"的概念，抑或是"实践理性"和"实践智慧"的概念，其本身都意味着一种理论，但同时又意味着一种实践，这就决定了这些概念本身同时会具有方法论的功能，但这些概念的创设并不是为了创造一种方法论，而是由于这些概念本身所具有的深刻的理论特质和实践本性，决定了其必然会成为人们行动的方法论前提。

法到底是什么？在法律实践主义的视域当中，并不存在一个关于法的普遍性定义。任何对于法的普遍性定义都是一种知识的僭越，人类需要克制自身的知识冲动。我们需要观察，在观察的基础上把握法的整体。对于法的整体性考察，我们形成了关于法的整体性把握，但却不是生成关于法的定义。关于法的定义会把人引入歧途，从而遮蔽人们对于法的整体性把握。当然这并不意味着任何定义都一无是处，定义在一定程度上也会有助于我们对问题本身的理解和把握。比如我们关于"民法"的定义，将其看作平等主体间的财产关系和人身关系的规范总和，这自然会有助于人们圈定民法的范围，也

---

① 牛小侠从真善美的角度解读了马克思的实践智慧，其中明确谈到了实践智慧的善的维度。"基于人的现实政治斗争的需要，亲身参与政治斗争，为社会的'公平正义'进行斗争，即马克思哲学'求善'的实践智慧。"（牛小侠：《论马克思哲学实践智慧的品质》，《江海学刊》2015 年第 3 期。）尽管实践智慧不能抛开真的探求，但实践智慧更重要的价值在于善的原理；而在马克思哲学中无疑包含了善的实践原理，但这需要对其进行整体性诠释。

有利于人们把握民法的整体精神。但这样的定义同样具有遮蔽作用，比如民法解释学的问题是否能够被包含在民法定义当中呢？仅仅从规范论的角度定义民法对于全面把握民法的知识范围依然是有限度的，被遮蔽的东西恰恰是丰富多彩的法律元素，我们必须认真对待民法的整体性。但如果从民法法律实践的角度理解民法呢？则它不仅包含了民法规范，而且还包含了民法的运用。民法的规范系统与民事法律实践是不可分割的，一旦用定义化模式分解了两个领域，就会遮蔽我们的认识结构，忽略对于事物本相的把握。那么，将民法法律实践纳入民法定义中是否可行呢？这不是是否可行的问题，而是是否具有必要性的问题。我们并没有必要对将两者融合到一起作出一个普遍性定义，将民法纳入法律实践的视域下加以考察意味着民法学研究的实践转向，这样的视角意味着法律生成论的立场转换。

实践主义所倡导的法的概念是一种生成论的观念，这就意味着法并不是一种既定的客观知识结构，而是一种不断生成的真理。法是在普遍性与特殊性之间的生成，法处在生成的过程当中，但这并不意味着法始终处在川流不息、变动不居的状态，而是稳定性和调适性的统一。在确定性和灵活性之间把握法的合理性，这应该成为法哲学确立的真理观的思维方式①。实践主义的法哲学为法律真理的获得确立了一条通道，却并不能提供现成的真理样态。关于"法到底是什么"的问题，法律实践主义只能提供道路和方法，却并不能将具体的真理形式奉送给世人。任何一种理论都难以提供无须反思的具体真理，即便是法教义学和方法论法学也无法提供具体的真理，而是提供了获得在它们看来可以被称为达到真理的方法。法学理论可能为人们确立法的观念，但法的观念既然被称为观念，那就有被推翻的可能性。一部法学理论发展的历史正是显示了这样的属性，过去许多关于法的观念对于当下的法

---

① 法的真理是"此在"在生存实践中的"融合"与"创造"，它与"此在"的"执着"和"绽出"紧密相连。"'绽出'就是超越，即超越在场的东西，通过想象把在场与不在场结合为一，从而达到人与万物一体的自由境界，亦即达到真理。"（张世英：《中西哲学对话：不同而相遇》，东方出版中心 2020 年版，第 71—72 页。）现代西方哲学中表现了对传统符合论或实在论真理观的反对，达米特的反实在论的真理观具有重要代表性。参见［美］希拉里·普特南：《三重绳索：心灵、身体与世界》，孙宁译，复旦大学出版社 2019 年版，第 53 页。

学家而言已经被抛弃，那些观念已经逐步从法学视野中消失。然而，这并非一种绝对正确的求知方式，过去频繁的抛弃而不是"认真对待"，往往忽略了法律世界中的稳定性价值。正确的方式应该是"扬弃"，既有的法律观念在生活实践的基点上不断被反思，在否定中承接"过去"，在继承中实现否定，这就是一种真正的辩证法精神。然而，这种精神依托于现实的生活实践，法律实践的稳定性和灵活性的双重需要，往往是决定法律观念是否具有真理属性的存在论依托。法律实践主义表达了一种法哲学立场，确立了一种关于法律真理的态度，然而我们在求取法律真理的道路上依然需要不断"操持"与"磨炼"。

第三节　立场、观点与方法：实践世界观的展开

实践是法律实践主义的核心概念，一切关于该种法哲学的理论设计和行动策略都是围绕着实践概念展开的。一种具有哲学属性的法哲学往往都有关于法律的世界观，关于法的实践本体论沉思内在地预示了实践世界观的登场。法律实践主义的世界观是从实践概念引发的世界观，在对实践概念把握的基础上，实践世界观的形成就是一个"水到渠成"的过程。从实践概念到实践世界观，是实践概念走向具体化、现实化及不断扩展自身合理性意蕴的突出表现。实践概念的登场不仅意味着法律实践主义确立了自身的引导性概念，而且意味着实践的立场和方法将深入人心，真正转化为人们的世界观，并在此基础上形成方法论；方法论隐含在世界观当中，任何世界观都包含了一定的方法论。实践世界观的形成表达了对以往世界观的批判与反思，这是一种真正地嵌入人的生活的世界观，是引导人类行动趋向合理化的世界观。实践概念的提出意味着一种思维方式的革命，意味着世界观立场的根本变化，同时意味着方法论的转变。一旦人们看待世界的方式发生了变化，则现实的生活世界的组织形式就会发生变化，人类自身所创造的知识形态也会随之发生改变。

法律实践主义的实践世界观是对既往的绝对客观主义世界观（导致法条主义和教条主义）的否定，但它并不是对于客观性的否定，客观性作为一个环节内在地蕴含在实践概念及其所生成的世界观当中。法的实践本体论必然要表现出对实践世界观的渴望，而在此基础上所生成的法的认识论、法的价值论、法的行动论等都将在实践世界观的统摄下加以构建。法治实践的行动原理是以实践为本体论前提的辩证法理论，它倡导的是实践过程中多元素交互作用的行动理念。在实践世界观的视域下，无论是法律的普遍世界，还是具体世界，都将打上实践论的浓重色彩，法治教条主义将受到检讨，法治虚无主义将得以否定，法治构造主义将获得超越。在一个法治世界中，实践的合理性乃是一种法治合理化的观念，它将引导人们在法治行动中的各种决策，并使之趋向合理化。法律实践主义以探求中国法治的合理化为重要目的，无论是对中国法治发展的理论设计，还是对中国法治发展道路的现实谋划，都存在一个法治的合理化问题。在归根到底的意义上，法治的合理化根基存在于生活实践当中，离开对现实的生活实践的合理化认知，就很难形成关于法治发展的合理化理论架构及实践谋划，这就需要深入生活实践本身，以现实的生活实践为基础为中国法治寻求合理性支撑。

一、法律实践主义：对"物质世界观"的反思

在过去很长时期内，人们一提到世界观往往指的就是"物质世界观"[①]，并且认为这是一种科学的世界观。没有任何人否认世界所具有的物质属性，外部世界的客观实在性应该说是不会有人质疑的，但这不是个哲学问题，而是一个常识问题。"客观性"是个哲学问题，但任何客观性都是与主观性相

[①] 这种世界观"仅仅是从自然科学的宇宙起源论或自然哲学的本原论的角度出发来理解世界概念的。也就是说，他们只是从时间在先的意义上关注世界是如何发生的，而并不重视从逻辑在先的意义上来思考世界的本质是什么"。（俞吾金：《重新理解马克思——对马克思哲学的基础理论和当代意义的反思》，北京师范大学出版社 2013 年版，第 192—193 页。）这样的世界观的世界剥离了人的存在。现实的世界必须从生活实践和人们的生活世界出发去理解，否则从自然科学的角度理解世界只能将哲学转化为科学。

互统一的，客观性包含了主观性，主观性包含了客观性，这可以被称为主客间性。实践所体现的正是一种主客间性，这同样是一种辩证法的立场。而以教条化唯物主义世界观为基础的多种法律认知往往存在诸多问题，当下的法律知识体系深刻地打上了教条化唯物主义世界观的烙印，甚至于一些原则都是在教条化唯物主义世界观的牵引下制作的。从教条化唯物主义原理出发，这看上去好像是合理的，但实际上极度缺乏实践合理性的良好根基。这种教条化唯物主义世界观给人们的现实世界找到了一个最终的"绝对"，并"帮助"人们获得了一种所谓确定性价值，尽管不能完全否定其存在的价值，但它的诸多消极作用也是十分突出的。这是一种"统一性"的世界观，是一种"绝对性"的思维，是一种"对立化"的思想模式，是一种"科学主义化"的哲学表达方式，是一种"非人化"的世界观。人们一直想当然地认为，在这种世界观的前提下会产生"实事求是"的思想路线，其实这完全是一种直观或者是习惯性想象，只有马克思主义的实践世界观（历史唯物主义世界观）才可能真正导出"实事求是"的思想路线。

"物质世界观"所产生和造就的恰恰是一种片面化、极端性的思想路线，忽略了主观性对现实世界的干预便不可能生成恰当的世界观立场，忽略了客观性依托也不会产生良好的实践行动。人存在于世界当中，人与世界共在。而在法学领域当中，由于对教条化的"物质世界观"的过度强化，使得法学领域中教条主义的替身，即法条主义和形式主义十分盛行，以至于淹没了法的实践本性 ①。被庸俗化的"物质世界观"要求一种科学性、客观性，科学性和客观性本身并不是错误的，但在一种世界观立场中将其与主观性和实践性相分离则必然导致绝对主义和教条主义。无论是对于立法的设定，还是司法的决策，人们在这种绝对主义世界观的指导下，都在追求一种所谓"正确"的东西。许多人天然地认为，法是一种科学，法律生活内在包含着一种叫作客观性和必然性的东西。绝对主义的"物质世界观"使得法学界失

---

① 这里所说的"法的实践本性"的实践并不是从一般的所谓活动和应用的角度所作的理解，而是前文所论"实践概念"意义上的实践，这样的实践本性契合了法的本质规定性，是一种从生活世界，而不是从抽象的话语体系理解法何以为法的思维方式。

去了对法的本性的深入挖掘，以先入为主的"科学"与"客观"为正确的前提，去推导和演绎法律生活中的诸多问题，这样就产生了对法律生活的误读，自然也就创造了许多假大空的法学知识。这也充分说明了法学世界观对法律知识构造的重要意义，有怎样的法学世界观就会有怎样的法律知识，也会产生与此相应的法学知识的组织方式和运行方式。关于法的实践世界观契合了法的本性，在此基础上生成的是与法的内在本性相契合的法学知识体系，它自然地意味着一种合理性的现实谋划。世界观当然也与行动相统一，有怎样的世界观就会有怎样的行动，尽管两者未必是完全的对应关系。

世界观是一个前提问题，世界观决定人们的思想方式和行动方式。倘若世界观本身出了问题，那人们的思想方式和行动方式就一定会出现不合理的状况。法治作为一种行动，倘若依赖了一种有问题的世界观，那就一定不会有好的法治实践，世界观的合理与否对法治行动的合理与否至关重要。人们过去接受了太多的关于"物质世界观"的神话，而它对法治产生了诸多消极的影响。"物质世界观"的"绝对性"、"科学化"和"教条化"等特质使得法治实践失去了其存在的实践合理性根基。人们总是从法律生活外部对法治进行各种各样的干预，无论是法律的制定，还是法律的实施，其间所浸染的"绝对性"、"科学化"和"教条化"思维都是十分明显的，其结果是要么产生空洞不宜操作的法治原则，要么出现泛科学化的法治话语体系，要么制造法治生活的教条主义。只有确立一种真正契合于法律生活世界本身的世界观，才能够有合理的法治理论架构及实践谋划，这一新的世界观就是实践的法律世界观。实践世界观对以往世界观的批判与反思以及对新理论和实践的架构功能，正是它所包含的方法论价值，世界观与方法论是内在统一的，有怎样的世界观，就有怎样的方法论，合理的法治实践的世界观能够产生合理的关于法治实践的方法论。

回溯人类法律思想的发展历史，大抵来说概念法学和法律机械主义思潮在法学世界观问题上应该与唯物主义世界观有颇多相似之处。如果说"物质"是一个"绝对"，那自然是说"物质"存在的终极性，好像就成为了人类世界一切现象的最终根据。这就如同在法律世界中的"法典",法条主义对于"法典"的迷信恰恰类似于被庸俗化的唯物主义对于"物质"的崇拜,这都是一种绝对主义的世界观。这种法律领域中绝对主义世界观的生成未必就是"物质世界观"单一化直接作用的结果,或许还可以考虑其他各种原因。概念主义法学的兴盛应该与近代西方科学的蓬勃发展密切相关,科学的极度发达让人们对自身的理性能力产生了过度信任,在法律中表现为对于制作法典的狂妄,对法典的迷信包含在对法典的妄想当中。在中国法条主义的盛行与科学实证主义世界观或许也有关系,但同时与缺乏责任担当的怯懦并非没有关系。把普遍性作为为自身免责的理由,一如教条主义所表现出的特点那样,正是缺乏责任意识和担当精神的表现。我们不能说"物质世界观"必然地塑造了教条主义的法律观念,但两者之间一定存在或多或少的关联性,尽管这种关联性无法以量化的形态加以确认。法律实践主义所倡导的是一种实践世界观,它所谋求的是法律世界的合理性,拒绝任何教条主义的设定,它反对绝对主义真理观在法律世界的泛滥。

二、法律实践主义:实践世界观及其本体论立场

实践世界观是实践哲学的世界观立场,而不是传统形而上学的唯物主义或唯心主义的立场。实践世界观是在实践概念基础上生成看待世界的方式和方法。既然法的本体论基础不是抽象"物质"或"观念",而是现实性的实践本身,那么决定了法的存在样态归根结底的基础便是实践,自然就产生从实践视域看待法的世界观,这便是法律实践主义的世界观。这就如同把世界归结为"物质",就会产生"物质"世界观一样;也如同把世界归结为"理念",便会产生"观念"世界观一样。传统的唯物主义与唯心主义也都有自身的世界观,但无论是将物质还是意识看作世界的本体,都是一种抽象的世界观。抽象的世界观忽略了生活世界本身的思想维度,而实践的世界观则是立足于生活世界的世界观,在根本上是以人的生活实践为基础的世界观,它克服和消解了物质和意识的对立,而走向了一种融合论的思想立场。古代中国人的

世界观是一种实践的世界观，这是一种真正的人的生活立场的世界观，作为传统文化主导的儒家从不在外部世界为生活世界寻找任何确定性的依托，而是从现实生活本身谋划人类的各种事业，这是一种生活本体论的世界观立场。儒家的生活本体论特别强调了道德的本体论地位，道德在本质上是实践的，它接受实践理性法则的规训。

中国古人对世界的谋划总有一个道德的维度，无论是在政治实践，还是在法律实践方面都贯穿了道德的牵引力量。西方的诸多思想流派固然有着形而上学的世界观维度，但同时在西方思想史上也包含了一种实践哲学或实践世界观的基本维度，无论是亚里士多德，还是康德，抑或是早期实用主义哲学的大师们，都坚持从实践或实践理性或实践智慧的立场出发谋划人类的各项事业。而马克思的世界观自然也是实践的世界观，"全部社会生活在本质上是实践的。凡是把理论引向神秘主义的神秘东西，都能在人的实践中以及对这种实践的理解中得到合理的解决"①。马克思所理解的实践是"人的感性活动"，是"革命的"、"实践批判的"活动，是"革命的实践"，是自由自觉的创造性活动，是现实的人类的解放过程，是"改变世界"的活动，实践主义的世界观正是马克思在批判费尔巴哈哲学的过程中所创建的新的世界观。正是在实践世界观的前提下，我们对自身生活的谋划，包括对法治的谋划才可能真正具备实践合理性的良好依托②。

实践世界观凸显了现实性，而理论也必须在实践当中才能获得恰当的理解，事物的理论性、实践性与现实性原本就是统一在一起的。世界观自然意味着从实践观点看待世界，然而实践观点并不否认理论的在场，世界的现实性就是理论与实践的融通，理论参与了世界的构造，现实的世界从来都不否认理论的意义。理论参与了实践，理论本身是一种独特的实践形态，实践本身是理论的，却不能被理论所遮蔽与涵摄，这正是实践的根基性之所在。实

---

① 《马克思恩格斯选集》第 1 卷，人民出版社 2012 年版，第 135—136 页。

② 这种关于实践合理性的谋划一定包含了一种善的维度，实践的原则总是与人类的兴旺发达相关的善相统一的。参见 Caryn L. Beck-Dudley and Edward J. Conry, Legal Reasoning and Practical Reasonableness, *American Business Law Journal*, Vol. 33, No. 1 (1995), pp.91—130.

践是流动的，然而其流动性中又包含了确定性，这就形成了历史性。实践世界观同时意味着一种历史主义的观点，生活是实践的，自然就是历史的。"历史的"同时意味着"具体的"。从实践观点看待世界是实践世界观的充分表达，法律实践主义所坚持的实践世界观便是从实践观点看待法律世界。从实践观点看待法律世界，法律世界不是抽象的规则世界，而是规则的运用的世界，是规则的实践的世界，这意味着从知识论思维向着实践论思维的转换。法律的实践世界观同时预示了一种历史的观点和方法，"法律是实践的"同时意味着"法律是历史的"，而"法律是历史的"又意味着"法律是具体的"。法律世界是实践的、历史的、具体的，这样的世界观立场是对抽象理念论立场的克服与消解。

　　实践世界观是人类对世界的本体论立场，它以生活实践为基础，肯定"个体""个别"的本体论意义，这正是实践法治观的哲学基础，是法律实践主义的"实践法律观"和"实践法治观"的世界观前提。亚里士多德曾经对"本体"问题有一个深刻的论述："我们不应仅以提出第一原理为已足，还得询问原理的'普遍性与特殊性'。它们倘是普遍的，便不该是本体；凡是共通的云谓只指说'如此'，不能指示'这个'，但本体是'这个'。倘以其共通云谓来指示'这个'，指示某一个体，则苏格拉底将是几种动物——'他自己'，'人'，'动物'，这些都各指一体，各自为一'这个'了。若以原理为普遍，所得结果就该是这样。"①尽管人们将亚里士多德理解为形而上学的哲学大师，但这段话对思考实践哲学的本体问题具有重要的启发价值。根据此处亚里士多德的论述，普遍是不能成为本体的，本体不可能是普遍，若是按照这样的思路，无论如何"物质"都不能成为一种本体论和世界观的理论前提，"物质"仅仅是普遍。本体只能是个别，是个体，是具体。实践主义本体论的世界观不是把"实践"看作"抽象的普遍"，而是把它看作活生生的现实，其中包含了无数的生活中的"个别"，"具体性"正是实践世界观的根本特质，这种对于实践的本体论理解是产生辩证法智慧的基本前提。本体

---

① ［古希腊］亚里士多德：《形而上学》，吴寿彭译，商务印书馆1959年版，第55页。

论设定中的实践概念不是抽象的，在其总体性的理解中包含了无限丰富的个性，这正是实践世界观的要义，只有在这种实践立场下实践世界观才不会被理解和歪曲为与物质世界观同样的绝对论。法治的发展在本质上是实践的，是具体的，而不是抽象的话语体系的延展，依赖于抽象的"物质"和依赖于抽象的"话语"一样，都不可能真正推动法治的发展，只有在具体的实践活动中，依靠无数的"个别"事件与"个体"，才能有真正意义上的法治的升华。钱弘道等正是坚持了这样的实践论立场，并以此为前提推动中国法治的发展。参与法治余杭、法治浙江和法治中国的进程正是法律实践主义世界观与方法论的真正体现，关于法治的世界观立场与法治行动的策略、方法的设定是内在统一的。

实践世界观内在包含了一种实践本体论立场，这种本体论强调了生活、历史、现实及个别事物的本体意义，然而这种本体论立场所坚持的出发点却并非"绝对"。它既不是类似于抽象理念的"绝对"，也不是类似于物质概念的"绝对"。它自身固然是本体，但却不是"空转的绝对"，而是一个具有敞开性、生成性的本体。物质概念的"绝对"与抽象理念的"绝对"看上去是完全不同，但实际上却并没有本质区别，其所追求的是一劳永逸的哲学理想，妄图通过"绝对"的设定解决所有的哲学疑难。它遗忘了实践智慧，思想便不再是智慧。我们所面对的世界并非固定不变的世界，不可能用一个"绝对"涵摄世界本身。人们生活于其中的法律世界，也不是静止不动的，而是充满了复杂性和变动性，法律世界处在生成自身的过程当中，这种行动特质不可能用一个"绝对"去加以说明。在法律实践的展开过程中，我们所依赖的是实践理性，是实践智慧，是实践合理性，主体永远都不会缺席，法律实践主义是"主体在场"的法哲学。离开了人的存在，不可能有好的法哲学。法律实践主义坚持实践世界观的基本立场，它不仅包含了用实践观点看待法律世界，而且还包含了用生存论观点看待法律世界，实践论与生存论在根本上不可分割。

三、法律实践主义：实践世界观的辩证法及其拓展

传统唯物主义世界观是一种将复杂问题简单化的世界观，力图将对世界的解释都归结为物质，从而必然抹杀生活实践的复杂性和多样性，而实践世界观并不将"实践"看作类似于"物质"的概念①，实践世界观的"实践"是一个复杂性的生活系统。实践世界观不是一种归结论，它重视实践中的多种元素在事物发展中的作用，这对实践法律观、实践法治观的形成具有重要的理论价值。实践世界观对世界的看法充满着辩证法的精神，主张多种元素的交互作用，重视"个体"和"个别"及"偶然性"在事物发展中的作用和价值。在既往的物质世界观的影响下，人们形成了一种抽象的必然性观念，对世界的看法浸染了普遍性、绝对性和科学化的浓重色彩，为了表示自己的辩证法态度，在主张必然性与普遍性的同时，总是说那么几句不疼不痒的关于"偶然性也有一定作用"的废话。这种世界观是一种独断论的世界观，不可能使人们对现实世界形成合理化的认知，更难以让我们观照到现实生活世界的真实图景。在物质世界观的基础上也不可能形成合理的法治观，用错误的理论指导实践，实践会呈现为"恶"的风貌，用抽象的世界观去构造法治，只能造就空洞的法治话语，随之造就一种构造论，而这种构造论往往与主观主义结合到一起。法治构造主义中有"任意性"，脱离了对法治行动的实践合理性洞悉，便难以有效实现主客间性的良好效果。

法哲学的实践世界观是一种开放的世界观，而非僵化不变的知识体系。实践世界观深深地植根于实践概念的现实规定性基础之上，它认识到了法律实践中的必然性和偶然性的辩证结构，但它决不对必然性和偶然性作出某种普遍性的知识安放；它认识到了客观性和主观性双重在场的辩证状态，但它并不对两者之间的运行比重作出一般性规定；它认识到了普遍性与特殊性的视域融合，但它决不对视域融合的具体方案作出明确规定；它认识到了连续

---

① "物质"概念表面上是一种对人类外部世界的高度抽象而具有世界本原的地位，但实际上和古希腊早期自然哲学的"水"、"原子"与"火"的本原性概念在思维方式上是相通的，比具体的本原概念更为抽象和普遍的结果就是危害性更大。

性和断裂性在法律实践中的共在，但并不对两者的共在方式作出细化疏离；它认识到了事实与价值的差异性，但却力图寻求两者之间的统一性；它认识到了差异性与同一性在法律实践中的并行，但它却强调同一性本身所具有的差异性；它认识到了事物的两面性，但却追求两极之间的中道①。它认识到了法律实践中法与人的共同作用，但却不让人消融在法的所谓客观性结构当中。关于法的实践世界观是一种"人的在场"的世界观，它所面对的法律世界充满了复杂性。它不主张通过普遍性知识的设定宰制鲜活的法律实践，被宰制的法律世界将会失去自身的自在自为的统一性，而陷入教条主义的控制当中。关于法的实践世界观的辩证结构恰恰印证了"法作为实践智慧"的法哲学判定，当然这不是一种定义，而是一种思想，任何定义化的理解都不可能把握这一判定的卓越价值。辩证法是理论的，又是实践的，同时也是属人的。实践世界观同样是理论的，又是实践的，当然也是属人的。实践世界观内在地趋向方法论，方法论便是世界观的运用，而实践世界观的辩证品性则保持了与其相对应的方法论的辩证法风格。

物质世界观以绝对的统一性泯灭了历史实践的具体性和特殊性，实践世界观在肯定普遍性的前提下高扬具体性和特殊性的卓越历史价值，为实践法律观、实践法治观的形成以及法的存在论建构和价值论谋划奠定了良好的世界观前提。这是真正的辩证法精神，只有实践的世界中才可能存在辩证法，辩证法一定内在地包含在生活实践当中，物质世界不可能存在辩证法，纯粹的物质世界中所存在的法则只能是规律性，而辩证法则是在主客间性基础上所生成的人类行动智慧。在以往对于实践的理解中，人们过分地强调了生产的功能，这就导致了以普遍性和必然性消弭特殊性和偶然性的结果。在普遍性思维的范导下，有时甚至会把特殊性本身加以普遍化，这是一种形而上学

---

① 这里所强调的辩证法是建基在生存实践基础之上的，看上去与黑格尔的辩证法颇多契合之处，但却在立足点上存在重要差异。黑格尔的辩证法是概念辩证法。"理念是具体的统一，它在自身内区分分离开同一与差别、主体与客体、有限与无限、灵魂与肉体，并在这些区分中得到自己的全部规定性，从而认识到自己才是真正的共体，回复到统一。这个过程就是所谓的黑格尔的概念辩证法。"（杨兴凤：《罗伊斯的绝对实用主义》，复旦大学出版社2019年版，第38页。）

的普遍化和必然性的思维方式，与真正的实践思维大相径庭。尽管实践的逻辑包含了普遍性和必然性的价值，但同时也凸显了历史性、时间性、具体性的实践功能。并不存在一种关于辩证法的绝对知识，辩证法只能是实践的辩证法，实践的辩证法是一种立场和态度，也是世界观和方法论。实践辩证法需要被拓展到对法律世界的省思当中，这既是辩证法的理论拓展，又是其方法论意义的呈现。

　　实践的逻辑是知识逻辑的根基，在任何情境下都不能用知识的逻辑宰制实践的逻辑。"实践逻辑是自在逻辑，既无有意识的反思又无逻辑的控制。实践逻辑概念是一种逻辑项矛盾（contradiction dans les termes），它无视逻辑的逻辑。这种自相矛盾的逻辑是任何实践的逻辑，更确切地说，是任何实践感的逻辑：实践离不开所涉及的事物，它完全注重于现时，注重于它在现时中发现的、表现为客观性的实践功能，因此它排斥反省（亦即返回过去），无视左右它的各项原则，无视它所包含的、且只有使其发挥作用，亦即使其在时间中展开才能发现的种种可能性。"①实践的发展变化都是在具体情境中多种元素交互作用的结果，这是一种实践世界观所导出的关于发展的理念，任何具体情境都不能被归结为某种普遍的原则，哪怕是被抽象化为普遍的"实践"概念或"生产"概念。但实践的情境思维同时关注一种叫作连贯性的东西，这同交互性是一致的，但特殊就是特殊，不能用普遍代替特殊。实践法律观和实践法治观也是一种关怀情境与特殊，以及情境中的连贯性和交互性的思维方式，这样的观念植根于真正的实践世界观当中。实践法治观主张事物的发展有赖于特定的情境，特定情境中的各元素的连贯性与交互性在构造着事物的发展，同时这种发展过程会呈现一种偶然性与个性化的风貌，某种意识的介入或事件的介入都会改变事物的发展方向。法治的展开是个充满复杂性的实践过程，任何先定的预设都未必能够达到其最初的目标，具体操作过程中的"博弈"是不同元素之间的一种"较量"。在我们充满确定性的法治追求中，往往包含了不确定性，我们需要一种基于实践的辩证法立场

① ［法］皮埃尔·布迪厄：《实践感》，蒋梓骅译，译林出版社2003年版，第143页。

来理解法律或法治的操作。具有辩证属性的实践世界观是实践法律观和实践法治观的理论基础，是我们创建自主性法律理论和谋划法治行动策略的世界观基础和方法论前提。

第三章 DISANZHANG
实践指向与思想渊源

　　有乱君，无乱国；有治人，无治法。羿之法非亡也，而羿不世中；禹之法犹存，而夏不世王。故法不能独立，类不能自行，得其人则存，失其人则亡。法者，治之端也；君子者，法之原也。故有君子，则法虽省，足以遍矣；无君子，则法虽具，失先后之施，不能应事之变，足以乱矣。

——荀子

法律实践主义作为一种法哲学理论，它不是凭空构建的法哲学形态，而是有着深厚的思想基础和理论前提的。对法律实践主义理论生成具有重要思想来源意义的学说可以从中国传统儒学中获得良好的思想文化铺垫，任何理论的生成都必须有着来自本身民族文化传统的支撑，儒学作为流动的文化传统鲜明地体现了对法律实践主义建构的理论价值。在当代社会的理论建构自然不可能忽略异域文化传统的元素，这是保障本民族理论能够获得普遍性意义的重要前提，而能够构成法律实践主义思想渊源的理论前提的异域文化则莫过于古希腊思想，尤其是亚里士多德的哲学及法哲学理论形态。马克思主义作为当代中国的意识形态，自然且必然地构成了法律实践主义的理论渊源，而马克思思想体系中的实践原理不仅在方向上保证了法律实践主义的合理性，同时也对法律实践主义的体系观点具有良好的建构作用。当然，作为法哲学理论，法律实践主义的合理性根基必须在法的本性中有着坚实的现实性根基，它是一种面向现实生活世界的理论形态。

第一节　儒家法哲学的实践指向及现代意义

中国儒家思想为实践哲学，这么说并不排除其他学说所具有的实践哲学意向，只是相比而言儒学实践哲学的意蕴更为鲜明。儒家哲学是中国文化的根基，自然也是中国法律文化的思想基础。儒家哲学作为实践哲学，它的表现主要在于对现实的目的性关怀，它是面向实践的思想话语，从不给自身"悬设"现实生活世界之外的抽象观念，儒家体系中的观念构造是起源于生活世界的，在这个意义上儒家哲学可以被理解为生活哲学。儒家从来不是什么抽象的理论哲学，当然这并不意味着儒家的哲学就不是理论的，而只是说它的理论不是抽象的知识话语，而是呈现了对现实世界的思想关怀。儒家思想总是从具体的场景中获得思想的启发，并能够在具体场域中为人们的行动提供良好的价值范导和思想引领，在这个意义上同样可以将儒家哲学看作具体哲学。儒家哲学这种对于现实的目的性的关注表现了一种实践理性的哲学主张，而这种哲学主张可以从内圣外王、关注民生、大道中和、实践智慧等方面获得清晰的理解和把握，而这些元素同时构成具有实践导向的法哲学内容，自然也构成了法律实践主义的思想渊源。当代中国需要构建当下的法哲学，但这种法哲学不能将自身的根基奠定在异域法律思想发展的基础之上，而必须从中国自身的传统中加以挖掘。儒家思想包含了重要的法哲学资源，由这种资源所能开出的法哲学可以称之为实践主义的法哲学。法律实践主义是建基在中国自身思想文化基础之上的法哲学。

虽然儒学的文本化形态自在地存在于"历史档案"当中，但儒学作为传统则是自为地流动着的文化。在当代社会中人们的思维方式和行为方式无不渗透着儒家思想的影响，时代的发展变化使得儒学曾经受到过严厉的批判，但儒学并没有因为被批判就从传统中消失，作为传统在今天它是一种具有客观性的存在形态。当代中国欲构建自身的法哲学理论就不能不正视自身的传统资源，而中国传统之最强大者乃是儒学，珍视儒学就是珍视自己的传统，也是珍视自己的当下性存在。法律实践主义的法哲学不能单纯地从西方文化中找寻自己的合理性依据，而必须到中国传统尤其是儒学中把握自身的思想文化基础。法律实践主义的传统合理性就存在于儒学当中，这是现代法哲学的研究者必须正视的一个问题。法律实践主义从来不追求某种封闭的体系结构，它始终处在一种敞开的状态当中。除了儒学思想之外的道家思想自然也对法律实践主义的理论构建具有明显的积极意义，其"无为而治"的卓越思想同样是人类行动的重要原理，"有所为有所不为"的行动原理是法律实践主义所坚守的辩证法精神。但在此着重将儒学作为主要思想渊源的探求对象，则在于它深厚而广泛的影响力，这就使得从儒家思想建基当代中国法哲学会具有更重要的可操作性。

一、一种面向行动的思想话语

儒学有着自身的多元化呈现。在不同儒学思想家的话语体系之间，既存在契合性，又存在差异性。在中国古典社会所有的思想体系中，儒学占据着主导地位。这种主导地位不仅体现在各种语言表达当中，而且还表现在儒学话语对传统政治法律实践及社会生活的构造方面。儒学作为一种思想传统，它不仅存在于文本之中，而且也存在于历史发展变迁当中。所谓传统并不是一种在现代社会销声匿迹的东西，而是从历史上传到今天依然控制着人们思维方式和行动方式的知识形态，儒学正是这样的一种文化形态。作为一种文化哲学意义上的儒学传统不仅可以追溯到西周，甚至可以远及于传说时代。传说时代的记载仿佛全然是儒家思想家最为理想境界的回忆性表述，或许其中既有回忆的成分，也同时包含了一种目的性理想，这是一种面向传统的未来建构。同时，儒学传统自然可以从当下人们的生活世界中明确地加以感受，人们的现实性日常生活便受到了儒家的塑造，儒学的生命力正在于它对于现实的无形的构造力。儒学始终是面向现实世界和行动领域的，"仁学"本体论的设定本身并不是为了构造出一套哲学体系，而是从内部世界出发对现实世界秩序的谋划和布局。在根本上，儒家学说是一套面向行动世界的实践话语体系，话语本身就具有鲜明的实践指向。

儒学是内在论和外在论的辩证统一，是心灵世界与现实世界的有机结合。如果说内在论是儒学的正题，外在论是儒学的反题，则内在论与外在论的有机统一就是儒学的合题。这就是真正的辩证法，辩证法属于行动世界，却要有主体的介入，离开了主体的行动就不能理解辩证法。儒家思想之所以被称为实践哲学，也是因为儒学并不单纯地将自身的理论架构设定在内在的心灵世界，心灵世界的完美固然是根本性的，但心灵世界的存在其实是为了一种现实性目的的实现，也只有包含了现实性追求、行动原理、目的论关切的哲学才可以被称为实践哲学。当然，这个行动及目的并不是与心灵世界的道德追求相脱节的，而是由心灵道德所导引的外化行为，也就是说儒家行动所实现的目的与心灵世界的道德是吻合的。在儒学体系中，内在世界的完善构成了现实世界的根本前提，现实世界的目的性建构正是儒学的基本指向，现实世界的改造要符合儒家的伦理体系，伦理精神是沟通内在世界和外部世界的价值元素。当然道德论的改造并不意味着对所谓利益化发展的追求，儒学并不追求任何外在的发展模式，它追求的是完善性。而这个完善性的基点在人的内在心灵世界，正所谓"诚心正意修身齐家治国平天下"便是这个道理。这样的从内向外不断扩张的哲学就是真正的实践哲学，它追求内在的超越与外在的完美，内在的超越与外在的建构要统一到行动当中，其中具有牵引元素的依然是儒家伦理体系，道德伦理的导引始终是实践哲学不可忽略的一个维度。这种实践哲学的理性基础就是实践理性，儒学似乎不存在形而上学的本体论设定，也缺乏厚重的认识论基础，但它是真正的价值论哲学，是面向行动的实践哲学。如果说儒家哲学存在本体论的话，那么这个本体便是生活实践，儒家话语体系始终将自身建基在生活世界当中，法律意义世界的根基必须从生活世界才能说得明白。

　　儒家的法哲学自然追求内在与外在的统一①，即心灵世界与行动世界的统一。儒家的法哲学必然把道德作为礼和法的基础，礼法体系的理论表达必须以心灵哲学作为思想根基。儒家的法哲学不同于专注于规范研究的分析法哲学，它在一定意义上对伦理学和政治哲学都具有统摄作用，这就使得道德

---

① 这种"内外统一"的思想在儒家思想中表现在诸多方面，诸如从自我导出天下、"成己"与"成物"等。就"成己"与"成物"而言，儒家自然是要在内在世界与外部世界秩序之间建构统一性，对于法哲学同样具有重要意义。法并非抽象的规则知识，而是"主体实践的展开"，这正是一个"成己"与"成物"的过程，在此过程中法的真理将不断呈现。杨国荣就两者在"意义世界"中的建构如是说："正是在成己与成物的创造性过程中，人既不断敞开真实的世界，又使之呈现多方面的意义，人自身也在这一过程中走向自由之境。"（杨国荣：《成己与成物：意义世界的生成》，北京师范大学出版社 2018 年版，第 69 页。）在法哲学中，自由具有真理意义，真理向自由敞开。

在法哲学中的登场不是一种外部论的登场，而是一种内在贯通性的出席。在儒家的法哲学中，表层世界是礼法体系，深层世界则是仁学体系，仁学思想是礼法体系的合理性基础。这自然也表现为内在论与外在论的统一问题，内在心灵和普遍规范都要表现在行动当中。在孔子的思想体系中，"仁"的概念是基石性范畴。①"仁"是内在的，而不是外在的，但它趋向行动。当礼崩乐坏的时候，孔子希望通过"仁"去力挽狂澜，那么"仁"就必须灌注到行动世界当中，否则"仁"就只是"摆设"。一般而论，法律似乎只能规范人们的行为，却无法让人们必然地实现内心世界的纯正。只有从道德出发，才能真正做到心灵世界的完善。过去人们探究法的问题是从行动世界入手或者从规范本身切入，但在儒家法哲学结构下对法的把握必须获得与道德内在论相统一的诠释，心灵世界需要在法哲学领域登场，我们需要容纳道德内在论向着法律的贯通。法律实践主义同样应该坚持一种内在论与外在论统一的立场，这是儒家思想所给予我们的教益。"为政以德"和"为政以刑"存在巨大差异，但现实的行动策略是两者都需要，孔子并不因为强调道德就抛弃刑罚，法律不可能从治理行动中消失。在儒家的思想体系中，法治的含义并不是单纯的法律治理，而必然是一种综合性的治理方略，其中道德是根本性的、前提性的。儒家法律资源是整体性的，不能分割开理解儒家，否则就不能很好挖掘它的有益资源。

儒学自然是真正抓住了事物的本质，心灵的在场始终是行动世界最为根本的依托。中国法律实践所匮乏的就是内在世界的在场，规范世界的构造并不是法治发展的本质依赖。基督教实践塑造了西方人的心灵世界，这对法治至关重要，敬畏之心是法治不可或缺的力量。我们虽不盲从西方法治，但其法治中的内在论元素恰恰值得关注，对我们而言就需要从儒家中加以弥补。中国法治之变迁无论在哪个历史阶段，实际上都不匮乏法律的规则体系，真正缺少的恰恰是内在世界的完善。儒家的法哲学中表达了一种"贤人之治"

---

① 李幼蒸对"仁"进行了详尽的诠释，既探究了它的"价值系列"，也分析了它的内在依托，同时还解释了其"实践次序"。他明确使用了"仁学实践学"的概念。参见李幼蒸：《仁学解释学——孔孟伦理学结构分析》，中国人民大学出版社 2004 年版，第 62 页。

的理想和"君子之道"的追求，从"贤人君子"身上找寻法律操作的内在论依托，这是抓住了中国社会的根本，也真正洞察了中国法治发展的短板。直到今天中国法治的问题都不是相对完善的法律体系，而是内在世界的缺失和"贤人"的缺席。当代中国讲"关键少数"，这个群体就应该是"贤者"，他们同时是"中介者"，是实现内在论与外在论统一的"中介者"，是普遍性与特殊性统一的"中介者"。没有中介就不可能实现两者之间的统一，这个是极其简单的道理。但我们却在数十年间遗忘了这个中介，用抽象法治的教条论和无主体的操作方案宰制了活生生的现实法律生活世界。好在当代中国重新提出了"关键少数"的议题，这是现代法治理论不可或缺的重要维度。法治的前提是"贤人"的存在，但这里的所谓"贤人"不是几个人，像中国古代社会那样把治理的希望寄托在少数贤明的大臣身上，那是不可能成功的，而需要把希望寄托在普遍的"贤人"身上。法律规则是普遍的，它总是要被运用，当普遍世界与具体世界对接的时候，最大的问题就是普遍世界能否在其对象化过程中真正形成对具体世界问题的良好解决，这一问题的解决过程就是一个法律决策走向合理化的过程，这个合理化过程所需要的是"贤人"的在场，缺席了"贤人"的法律运行根本不可能真正达到良好的法治状态。中国法治最需要解决的就是"人的问题"，法治即"主体的实践"，离开了"人的建构"就不可能形成良好的法治。

儒家的"贤人之治"和"道德之治"是内在统一的，它们构成了法治操作的基本前提，架构了内在论与外在论的统一。这自然是儒学对中国法哲学的重要贡献，当然这还需要解释和论证，但洞悉和直观同样是重要的。儒家思想是整体性的，儒家法哲学必然地包含了整体的儒家思想，研究和把握儒家法哲学不能单纯地从儒家思想家的法律言论中去认知，而必须真正以儒家的整体性思想为前提才可能真正把握儒家的法哲学。儒家法哲学在孔子、孟子和荀子等人的思想中只是一种"开题"，并没有全面真实的"写作"，因此这就需要我们认真地进行儒家思想的法哲学诠释，从而在对其解读的过程中建构真正的法哲学思想体系。儒家法哲学是建构起来的，而不是通过认识活动获得的。我们不能仅仅从所谓传统法律话语挖掘法律思想，那样的工作是简单的重复解释，而只有从传统整体性话语体系中加以挖掘，才可能真正做出创造性的现代转化与发展。没有任何理论是既定的完成，一切都处在不断敞开状态当中等待我们开掘，于是我们才会有创新。现代中国法学界所研究的法学理论多数发端于西方①，并没有中国本土的基础，很多人也不去认真研究儒家，就妄自断言中国历史上没有法哲学资源。如果中国历史上没有法哲学资源，那么现代中国就永远不可能真正构建属于中国自身的法哲学体系。

儒家的道德话语本身就具有一种实践指向，我们也可以说这就是道德话语实践，在此基点上建基的法哲学自然是面向实践的。在儒家内在论与外在论统一性当中包含了行动的指向，这是儒家思想最为真切的现实关怀②。儒家思想不是固定知识构成的封闭体系，而是人类行动的指南，是在特定情境下进行决策和决定的智慧，其中自然也包含了法律实践中的选择智慧，面向行动的法哲学必然意味着向着实践智慧的融通，法作为实践智慧的法哲学意蕴自然地蕴含在我们对于儒家思想的实践论解读当中。儒家思想是个全面的思想体系，当代中国法哲学的构建也必须从儒家思想内部去深入挖掘，否则就不可能建构中国自己的法哲学。这里仅仅是从一些局部的方面阐发了儒家

---

① 无论是早期的权利法学，还是近些年兴起的法律教义学、方法论法学和社科法学，其根基均不在中国（社科法学在精神气质上与中国文化具有相通性），这也是此类法学思潮或流派的最大问题。我们可能从异域文明建基而构造出真正属于中国的自主性法律理论吗？任何领域的现代理论建构，从来都不能失去传统的维度。从异域传递给我们的理论，固然有着良好的学术价值，但终究不是我们自身的理论成就，也难以与中国的现实性形成真切的融通。这并不意味着从中国传统出发的法哲学仅仅具有自身鲜明的个性，共性同样是其内在的规定性，法律实践主义正是这样的理论形态。

② 儒学有两个最基本的概念就明确表达了内在提升与外部关怀的统一，即"仁"和"礼"。杨国荣对两个概念作了如下阐释："'仁'肯定人的内在价值，'礼'则涉及实现这种价值的方式，包括旨在使人有序生存与合理行动的社会体制和社会规范。"（杨国荣：《政治、伦理及其他》，生活·读书·新知三联书店 2018 年版，第 285 页。）"以'仁'与'礼'为视域，自由人格与现实规范、个体领域与公共领域、和谐与正义相统一，并赋予'仁'和'礼'的统一以新的时代意义。"（杨国荣：《政治、伦理及其他》，生活·读书·新知三联书店 2018 年版，第 283 页。）这种统一不仅应及于政治伦理领域，而且还是法哲学必须认真对待的重大问题。中国法哲学的建构需要从行动返向心灵，在心灵与行动的统一性中架构自身的法律实践学说。

思想体系中宝贵的法哲学资源，如果要真正地构建现代中国的法哲学则必须进行更深层次的挖掘。从传统儒学出发，则当代社会所可能产生的法律理论是实践主义的法哲学，而实践主义法哲学有着多种思想维度的基础，其中儒学正是其宝贵的可资利用的资源之一。我们能够看到，儒家思想中有着诸多与实践主义的法哲学相通的元素，这些元素既构成了对实践主义法哲学的论证，也构成了对实践主义法哲学的丰富与发展。

二、"内圣外王"："人法"与"活法"

儒家的实践哲学主张一种"内圣外王"的入世情怀①。"内圣外王"对于法哲学的意义，在于确立了法律世界中的"人法"系统，呈现了法律操作中的"活法"风貌。"内圣外王"自然是主体的登场，则主体的心灵次序会在实践上建构法律世界的价值安排和秩序。这不是想当然的幻想，而是历史法律实践的理论表达。这一思想图景的理想性是与其现实性内在相通的。早在春秋时代，孔子已经深刻地认识到单纯地依靠"礼"对社会进行规制的有限性，"礼"虽然为人们提供了良好的外部行为规范，但"礼"本身却并不是内在的，"礼"的实践呼唤着自身的内在论视角。孔子所处的时代已经是"礼崩乐坏"，固有的"礼"在发挥现实效用方面遇到了巨大障碍。面对时代的

---

① 这当然也是一种儒家法哲学的特别之处。法哲学不能离开内在论支撑，现代法哲学忽略了心灵的在场，这正是需要从传统深挖的有益资源。"仁"所关切的自然是心灵问题，孔子的"仁"是一种心灵境况。"仁"对于法哲学中"人的法"之理论思考是极有教益的，"人的法"是"活的法"，是内在秩序和心灵法则的表达。在儒家世界中，心灵问题的中心自然是"仁"，但儒家中还有一种与道家"心灵"相契合的内在论立场，这在颜渊处表现得最为充分，那淡薄恬静的心灵是建构恰当法律生活的内在依托。儒家与道家原本相通。"可见颜氏的学问，儒家没曾传，反传于道家了。《庄子》有极赞孔子处，也有极诽谤孔子处。对于颜回，只有赞无议，可见庄子对于颜回是极佩服。庄子所以连孔子也要加抨击，也因战国时学者托于孔子的很多，不如把孔子也驳斥，免得他们借孔子作护符。照这样看来，道家传于孔子为儒家；孔子传颜回，再传至庄子，又入道家了。"（章太炎：《国学概论》，吉林出版集团股份有限公司2018年版，第30页。）这自然是一家之言，但无疑言明了儒道之间的亲密关系。

困惑，孔子不是逃避而是直面相对。这样"仁"的概念便"喷薄而出"，使得儒学深入心灵的内部。孔子的"仁"却是来源于生活世界的，它是"抵足而眠"的生活中所蕴含的价值，生活中的事实与价值是统一在一起的，"仁"必然趋向"爱"，事实与价值之间不存在悖论，这是中国人的思维，它不同于西方人的二元对立思维，中国人的思维本身就是中介化的，这体现了中西文化的差异性。如果说"礼"是外在的，那么"仁"则是内在的，内在的"仁"可以弥补外在的"礼"的缺憾。① 一旦做到了"仁"，那么这个人就算是修养到家了。孔子说："唯仁者能好人，能恶人。"② 一个人若是能够做到仁，那么就可以真正地做到"爱人"和"恨人"，对人作出恰当的判断和评价，这似乎构成了儒家实践智慧的内在根基。虽然这听起来容易，但做起来却是很难的。"仁者"固然有其天性，却也离不开实践中的磨炼。

做到了"仁"，自然也就能够应对世界万物，在各种行动中作出恰当的选择，当然也包含了恰当的法律选择。儒家"活法"思想便是这种内在论与外在论的统一，它在本质上是实践的，而不是知识论的。而若做不到"仁"，那么就如孔子所说："不仁者不可以久处约，不可以长处乐。"③ 所以能够做到"仁者安仁，知者利仁"的话，那才是一种至高的境界。既然明确了"仁"作为内在论的基本意向，那么我们还需要知道儒家所谓的"仁"决不是要人们仅仅停留在仁的内部境界，而是要让人不断地向外扩展，去谋求一种现实的价值。这就是"内圣外王"了，"修身齐家治国平天下"体现了儒家的一

---

① 牟宗三在谈到儒学的时候与康德哲学进行了比较，他这样谈道："康德总是说，你要把人当成目的来看，而不要把人看成是个工具。把人当目的就是恢复人的主体，因此这个明才能呈现。所以这个时候康德就不讲理论理性（theoretical reason），他要讲实践理性。这个实践理性用中国话来说就是良知，孔夫子讲仁也是属于实践理性。"（王岳川编：《牟宗三学术文化随笔》，中国青年出版社 1996 年版，第 139 页。）按照牟宗三解释，"明"便是"良知"。实践理性是实践哲学的核心概念，凡是可以归属于实践理性的自然也可以成为实践哲学的重要话题。但孔子的仁虽然和康德的绝对律令都属于实践理性，不过他们实际上还是有很大差异的，康德追求普遍，而孔子追求具体，孔子的伦理学是情景中的伦理，仁作为一种内在的美德在不同的语境下自然可以表现出相应的差异。

② 《论语·里仁》。

③ 《论语·里仁》。

种从内向外的思想进路，这虽不能成为每个人的实践榜样，但作为一种实践哲学却可以为人们所不断地去追寻，从而在现实之中发挥强大的效果。这种进路属于实践哲学的进路，因为儒家哲学不是将理论局限在抽象的概念演绎之中，而其本身就是一种现实性理论，现实世界的合理安排一直都是儒学的追求目标。把君王作为例子进行分析，我们发现儒家也有类似于柏拉图的理想情怀，儒家希望自己的"内圣外王"的学说能够被君主们所实践，并从而在实践中让君王成为"仁德之君"，使君王的行动真正体现"仁政"的价值，以至于孟子甚至提出了"杀暴君"不是"杀君"的主张，这是一种鲜明的有些革命气息的实践哲学或政治哲学。[①] 在"仁政"政治哲学之下是"人正"，"人正"的实践便是"人法"的展开，一幅"主体实践"的法哲学图景呈现在我们面前。当我们将对法的沉思放置到法律实践而非法律规范，便立刻会有"人法"思想的觉醒。当然，即便是对法律规范的考察，也须有主体的登场。

"内圣外王"是一种理想化的思想主张。任何伟大的思想都不可能没有理想，中国儒学作为中国古代社会的一种显学自然也不能不具有崇高的理想追求，"内圣外王"正是这种理想的自然表达。人本身就是现实性和理想性的统一，当思想者认识到现实并不尽如人意的时候，就必然要去表达一种理想，这种理想是围绕着"人"而运思形成的，"人"构成了理想的核心。将"人"融入到对于法的沉思，会呈现一幅动态的法律图景，这是"人法"与"活法"的法律图景，是真实的法律实践风貌。"人法"的法哲学自然是实践的法哲学不可或缺的维度。实践主义法哲学是一种行动的法哲学，既然要行动，就必然会关涉人的内在世界和外在世界，并力图达到内在世界与外在世界的有机统一。儒家思想恰恰为法哲学提供了内外统一的传统资源，儒家思想向着实践主义法哲学的生成便是儒家思想对现代法哲学的贡献，也是儒家思想的现代转化的表现形态。实践主义的法哲学也具有一种理想，这种理想就是希

---

① 孟子的这个主张是具有现代政治哲学气息的实践哲学主张，尽管这个主张在中国历史上遭到了一些君王的反对，比如朱元璋就对孟子的这个说法深恶痛绝，但这个主张却对保护民生、维护百姓的生命具有重要的价值。在儒学思想家之中，对于民众的生命的关怀孟子可以说是很独特的，因为人们在孟子身上看到了一种真正对人的生命价值的关切。

望每个参与法治建设的主体都是一个具备"内圣"品性的人,"内圣"是一种大德,"内圣外王"之人即为"大德"之人,由这样的人操持着法律的实践活动,自然不会去破坏法治。实际的法律操作自然不可能"人人皆大德",然而它预示了"教养"的意义。对于现代法治而言,自然要在"现代教养"上下功夫,掌握着普遍性操作的群体必须是一个拥有"现代教养"的群体。

从内圣外王出发,我们所能观照到的是实践主义的法哲学所具有的"人治主义"的思想意向。"人治"当然不是法律的"任意性操作",在传统意义上它的本质是"人法",是"活法",它是把握法律实践所必须的一个维度。在这里首先要说清楚的是,"人治"并不是一个坏东西①,"人治主义"作为法律实践主义的一种必然倾向,是内在于这种思想本身的,并且也契合实践活动的本性。任何实践活动都不可能单纯地从规则的普遍世界出发正确地解决所有现实的问题,所以法治的希望必然要寄托在人的身上,法治的理念必然内在地包含了人治主义的策略。从"内圣外王"到"人治主义"的合理性②,正是法律实践主义必须面对的事实,也是其从现实出发而必然形成的一种主张。实践主义的法哲学强化了"实践"的概念,而实践本身是主体在场的,这就必然要求一种法哲学的主体性原理的阐发。这既是现代中国特色的法哲学题中应有之义,也是传统法哲学资源中需要挖掘的宝贵资源,这体现了传统与现代的统一。传统应当构成现代的根基,也必然是现代的根基。

---

① 在近代人们对于"人治"并非如今天一样的拒斥,而是采取了一种恰当的合理化观点,严复便是其中的代表。研究者论及了这个问题:"首先,严复通过将生物进化论的原理和自然选择机制提升和泛化为一种普天之'道',使其适用范围超出了生命现象的领域而成为对包括人类社会在内的宇宙万物都普遍有效的原理,从而将'天行'与'人治'统一了起来;其次,严复强调,在遵循'人治天行,同为天演'的前提下,要突出发挥'人治'的作用,一个社会、国家和民族才能取得进步而不遭淘汰。"(赵云波、高逸宁:《天行与人治:严复天演哲学思想的对立统一关系》,《自然辩证法通讯》2021年第4期。)尽管此处所言"人治"与法学中的"人治"不相同,却颇有启发。这种对"人治"的理解不似现代人那般狭隘,恰当地展示了"人治"的意义。

② 从"内圣外王"到"人治主义"充分展示了儒家"人的法"之法哲学思想,法的"主体在场"正是儒家法哲学的内在要义。法律实践主义不是对于纯粹客观法的洞悉,而是对主客观交互作用的法律实践本性的观照,这是儒家传统对构建现代法哲学的重要启示。

法律实践主义必须有着自身的传统根基，这是一种法哲学立场。

所谓国情大多是由传统构成的，在中国文化传统中"人治"是一种优良的元素。儒家思想家也从没有主张过现代人所讲的"人治"，"贤人之治"才是儒家的"人治观"。实践主义法哲学正确地赋予了"人治主义"一种合法性地位，只要存在偏见，就不可能认识到"人治主义"的卓越价值。在中国历史上人们可以发现，几乎每个人都有一种清官意识，都有一种"包青天"情结，这即是"人治主义"的现实性土壤，这是每个人都不可能否认的一个事实。既然如此，那么就必须认真对待"人治"！"人治主义"的合理性基础就在于"内圣外王"的思想合理性，尽管这是一种理想，但既然是理想，就必须充满信心地去加以追求！中国人深刻地明白，在中国文化的语境中，将希望寄托在法律规则的完善上面是不可能取得成功的。即便规则再完善，最终也需要由人去把握、操作，在实践中规则可以发生任何人为的变化，从而让规则本身偏离规则制定者的原始意向，如果偏离了尚能走向合理化，倒也无可厚非，但关键的问题在于若无贤人，则其偏离必然遗失法律的精神。这其实就是主体性原理的基本要义，它与前述所论内在论与外在论的统一具有紧密关联，不可分开加以理解。儒家强调"仁"，则必然强调"人"，[1]"仁"本身构造了道德本体论的基底，同样也预示了法哲学的主体性原理，这需要不断阐发。由此出发，儒家必然强调教育的功能，凸显教化的意义，这与黑格尔对"教养"的强化具有某种契合性。

实践主义的法哲学当然明确"人治主义"的问题和局限性，然而传统的"人治主义"从来都不认为自己是万能的，它只是在谋划一个具有良好教养的"贤人"阶层。"人法并重"是"人治主义"思想的必由之路，当我们使用"人治"概念的时候，绝不意味着对于法治的反对，两者之间原本就是统一的。实践主义的法哲学坚定地认为倘若中国没有一种良好的"人治主义"

---

[1]　从"仁"而凸显"人"，当然不仅是"我欲仁，斯仁至"的主体性，在"仁"的原生态中还包含了人与人之间的对等关系。"通过甲骨文'仁'字的十二个原形字，可以发现仁的原生特征是'相人耦'，即人与人之间真挚的对等的关心爱护之情。"（武树臣：《从"相人耦"到"人己和"——孔子之仁的形成路径与理论升华》，《孔子研究》2022年第6期。）

的策略，就不可能真正实现其所追求的所谓现代性法治。法律实践的核心问题是普遍性与特殊性的关系问题，沟通普遍性与特殊性关系的是"人"，是一个恰当的"普遍者阶层"，他们由普遍性通达特殊性，恰当地解决人们所面对的各种问题。法律实践主义内在地包含了主体性的哲学立场，这是法律实践的本性所导出的思想结论，由此可知，法哲学必然会导向教育，教养的提升是法哲学主体性逻辑的必然结果。当代中国的法治建设，绝对不是法律规则不够，而是"人"的缺席，是"适格的人"的缺失，也就是所谓的"贤人"的缺失。我们的各种选拔人才制度并不能真正保证各个岗位上的人都是"适格的人"，尤其是在各个关键性的岗位上"适格的人"，这便凸显了强化"关键少数"建设的重要意义。若是"关键少数"缺乏现代教养，现代性法治状态的生成就会变得异常困难。中国儒学的理想没有获得真实的对象性价值，这是中国法治难以良好运行的根本原因之一。也许，当代法治所存在的诸多问题正是"人法"与"活法"的缺席，①"人法"和"活法"乃是法治实践的内在构成。实践主义的法哲学认为法治建设永远离不开传统，一个背离了传统的民族将永远不可能真正建设成功一个法治国家。随着民法典的出台，当代中国法律体系日益成熟，因此当代中国迫切之急的任务不再是制定法律文本，而是选拔"适格的人"，由此出发我们应该建构法哲学的主体实践原理，这就是实践主义的法哲学从儒学中获得的重要启示。

三、儒家"中庸"与实践理性

儒家的实践哲学讲求"中和"，而"中和"乃是事物的大道，这可以看作儒家实践哲学的辩证法属性。对于"中和"过去人们一直有着狭隘的理解，

---

① "活法体系"的儒家法哲学充满了理想色彩，却有着重要的理论根基，这便是"仁"。"孔子之仁有三个理想境界：宽惠是仁之行，即君子之所以为君子的执政资格；孝慈是仁之本，即血缘亲族的人伦底线；忠恕是仁之方，即个体自然人的道德金律。"（武树臣：《从"相人耦"到"人己和"——孔子之仁的形成路径与理论升华》，《孔子研究》2022 年第 6 期。）孔子的"仁"是行"活法之治"的根基和保障，看上去是内在化的"仁"，其本身同样面向实践，它预示着一套行为规范系统。任何时代的法律操作，都存在一个"活法系统"，只不过存在诸多差异而已。

总是简单地将其理解为"不偏不倚"，但它绝对不是一种调和论，而是一种内在论与外在论的统一。在"中和"的理念外化过程中，一般的"小人"是永远也无法做到的，而只有"君子"才可能做到真正的"中和"之道。"喜怒哀乐之未发，谓之中；发而皆中节，谓之和；中也者，天下之大本也；和也者，天下之达道也。致中和，天地位焉，万物育焉。"①"中和"是天地之间的根本，而人们的实践自然也应该将"中和"看作事物的本性，并按照"中和"的理念去行动，从而将"中和"转化为一种具有原则高度的实践理性，于是"中和"抛弃了人类行动中的"杂多"，而寻求到了一种事物本身的合理性。这种实践理性摈弃了任何片面性，而达到了一种真理的境界，但这真理并不是一种简单的客观真理，而是人的生活世界自然引发的真理价值。实践理性是行动中的理性，在行动中谋求真理的获得，这样的真理在行动中逐步生成，而不是一种固定不变的知识形态。我们所面对的世界是一个具体的世界，在具体的生活实践中人们不可能依赖一种抽象的原则去解决任何问题，于是这就要求用一种"中和"的行动理性去解决和克服这种矛盾，从而达到一种理想的境界。但是，这种境界并不是每个人所能达到的，只有君子不仅喜欢中庸，并且也能够达到中庸。"君子中庸，小人反中庸，君子之中庸也，君子而时中。小人之中庸也，小人而无忌惮也。"②"中庸"并非无主体的操作，实践理性也不是无主体的理性，我们永远都不能忘记承担者。"中庸"向着法哲学的建构不仅预示了实践理性的基本维度，而且表达了一种主体的立场，"主体实践原理"是儒家法哲学的内在构成部分。

　　"中和"本身就包含了一种辩证法的价值，可以将"中和"看作对接了普遍性与特殊性的"中和"，也只有在生活中实现了普遍性与特殊性的统一，才可以说是真正地实现了"中和"。"中和"或"中庸"的辩证法是实践的辩证法，是主体实践原理的总体性精神。牟宗三的一段论述颇具启发意义：

①　《礼记·中庸》。

②　《礼记·中庸》。

"这种具体的普遍性和抽象的普遍性是完全不同的。科学真理不是在一个强度的过程中有弹性的呈现，它是一现永现、一成永成。你通过一个试验证实了它是如此，那它就是如此。比如说数学真理，数学真理一经证明就一成永成，这里面没其他的花样，没有什么折扣。比如说二加二等于四，这是普天下的人都要承认的，这里面没有主观性、没有主体性，也就无所谓弹性。但是具体的普遍性就有弹性，因为它具体，这个具体就是指有弹性说的。这种真理既可以说有普遍性，也可以说它有独特性。这个独特性不是形容事件，因为真理不是事件。它有独特性，可是它的独特性也不是事件的特殊性，而且它又有普遍性。就是在这种状态之中它叫做具体的普遍。我们平常说普遍都是抽象的，哪有具体的普遍呢？然而当我们从外延真理进一步说到内容真理的时候，你就要正视这个具体的普遍。它可以说普遍性但也可以说独特性。"① 这是牟宗三在谈到孔子的"仁"之后讲的一段话，应该说虽然其中有些地方未必论述得合理，但却揭示了在真理把握问题方面的普遍与特殊的辩证法。而"中和"虽然可以从多个方面理解，但若能够在普遍和具体相统一的意义上加以把握，那么就是真正辩证法意义上的"中和"了，从而儒家的实践哲学也就具备了辩证法的属性。辩证法同样属于实践理性的范畴，它是人类行动世界的法则。而实践理性恰恰又是人类行动世界的理性，行动世界的法则与行动世界的理性是内在契合的，世界上并不存在一种绝对的"与人无涉"的辩证法形态。

儒家的"中和"思想对于塑造中国古代法律文化的辩证法属性具有重要意义，这在古代法律思想和司法实践中都能够获得充分的感受。作为社会上下一体遵行的哲学观，它的价值不仅在于对心灵世界的塑造，而且对实践形态的各种文化都会产生重要意义。同时，"中和"也构成了当代中国构建实践主义法哲学的思想文化基础，这意味着法哲学对实践理性和实践智慧的依赖，以及对实践辩证法的期待。在传统中国法律文化中充分表现了"中和"的思想特质，诸如道德与法律的结合、礼与法的融合、成文法与判例法的相

---

① 王岳川编：《牟宗三学术文化随笔》，中国青年出版社 1996 年版，第 143 页。

辅相成、人与法的互补融合、国家法与民间法的互动、法律规范与习惯的现实统一。这种融合性是在文化的演变过程中实践发展的自然结果，表现了传统中国人"不走极端"，追求"和合"的文化意向。儒家的"中和"不仅表现在这些文化形态方面，更为重要的是还表现在法律的具体运行过程之中。在法律的具体运行中，法官的中道和谐理念最为根本地促成了古代法律文化的整体风貌，塑造了中国古代法文化的辩证特质和精神特色。"情理法"的法律操作是儒家中道精神的呈现，是儒家实践辩证法的典型形态。现代司法中依然存在"情理法"元素，这是传统法的流动性表达，也是建构当代法哲学理论的实践根基，法哲学的建构基础不存在于文本当中，而是要从流动的实践中加以把握。尽管在某些情况下传统中国人在实际行动中并未以"中和"为大德，也时常有违反"中和"之美的现象发生，但现实中破坏了"中和"大德之事在被诉诸公堂之后，法官往往能够依据"中和"之理念让问题获得良好的解决。"中和"的思想已经深入中国人的骨髓之中，尤其是在以儒家思想为依托的官员身上更为鲜明。"情理法"的法文化样态，正是"中和"文化塑造的结果，尽管这并非唯一的原因。

　　"中和"也好，"中庸"也罢，均是一种实践理性，而这种实践理性恰恰是实践主义的法哲学的理性基础。作为实践理性的"中庸"恰恰为实践主义的法哲学提供了一种法哲学的思维方式，并且是一种切实有效的思维方式。当代中国的权利法哲学是从一种自由平等民主的政治哲学的立场构建自身的理论体系，它不仅是一种观念论的法哲学理论，并且在中国的传统中并没有什么根基：既没有价值论的根基，也没有思维理念的根基。"中庸"理念是一种实实在在的行动理性，它不具有超越性，而追求一种现实的合理性。人类行动世界现实合理性的追求必然使得思想的探寻者不去走极端，其目的仅在于现实的决策能够获得人们的认同，当然不仅是相关双方及第三人的认同，而是一种普遍性的认同。行动世界的理性不可能是纯粹理性，而必然是实践理性，"中庸"作为实践理性根植于现实的实践活动本身，成为了中国人思考问题、解决问题的重要的思想前提。实践主义的法哲学是行动的法哲学，它主张的法哲学世界观是普遍世界与具体世界的融合，而这种糅合所需贯彻的自然是"中庸主义"的思维方式,凡事不求极端,同时又必须保持一种合理性的立场。但这种合理性与中庸的融合,也可以说中庸的真实有效的对象化实现,需要"君子"的在场,正所谓"君子中庸,小人反中庸"是也。我们又一次回到了法的主体实践原理当中,这显示了主体维度的重要意义。

正是因为如此,法律实践主义从不片面地探讨所谓"人治"与"法治"的对立、"德治"与"法治"的对立、"礼治"与"法治"的对立。但这些概念在其流动过程中,往往被现代法学家人为地附加上了"对立"的思想烙印。然而我们也要看到,"德治"与"法治"的对立已经消解,"礼治"与"法治"的对立正在融化,唯独"人治"与"法治"的对立人们总是难以释怀。但我们相信,随着法哲学思维方式的转化,从对立走向融合只是个时间问题而已。儒家思想本身是"中庸主义"的思维方式,儒学思想家那里没有人去鼓吹它们之间的对立。即便谈及它们的差异,那也仅仅是治理功能上的差异,并非本质的对立。现代研究者由于没有理解古代思想家的实践理性和中庸思想的整体意蕴,难免会做出违背儒学思想家原意的随意性解释,数十年间教条主义流毒依然难以完全改观。正是"中庸"构成了实践主义的法哲学的儒学背景之一。在当代中国,"中庸"仍然被人们观念地"掌握着",并在一定程度上被现实地"践行着",这就为实践主义法哲学思维的确立和论证提供了良好的思想前提和现实基础。实践主义的法哲学思维方式反对两极对立,而主张中介化与融合性,这正是中庸哲学的原初意蕴。

四、"经权变通"、实践智慧与法律实践主义

在儒家的实践哲学中还包含了"经权变通"的实践智慧的思想,这种思想充分地显示了传统儒学所具有的实践哲学的实用理性倾向。儒家很少讲绝对,尽管仁可以被看作是内在的,可是"孔子讲仁并不是抽象地讲,仁是可以在我们的真实生命里具体呈现的,所以孔子当下从生活中指点仁。孝也是仁的表现,也具有普遍性,只不过孝这种表现是在对父母的特殊关系中表现。这情形本身虽然是特殊的,但是表现出来的是理,是普遍的理。而且孝

的表现是无穷无尽的，它是在一个具体的强度内随时呈现，并且有不同程度的呈现，它是在动态的弹性状态中呈现"①。牟宗三之所以会这样说孔子关于"仁"和"孝"两个重要的概念，是因为牟宗三深刻地洞察了儒学所具有的具体性特质②。儒家虽然也讲普遍，可是相比具体的生活世界则其更为关注生活的动态变化。这也可以看作儒学的实践哲学的经权变通理念。"可与其学，未可与适道；可以适道，未可与立；可与立，未可与权。"③孔子所说的就是"权者道之变"，即道与权的变通原理。《孝经》曾经记载了关于孔子的言论。曾子问孔子："子从父之令可谓孝乎？"孔子回答："昔者，天子有争臣七人，虽无道而不失其天下；诸侯有争臣五人，虽无道而不失其国；大夫有争臣三人，虽无道而不失其家；士有争友，则争不离于令名；父有争子，则身不陷于不义。故当不义，则子不可以不争于父，臣不可不争于君。故当不义而争之，从父之令又焉得为孝乎。"孔子不是认为不应该听从父亲的命令，但父亲的命令必须符合义的标准。比如，父亲让儿子杀一个好人，儿子便不能遵守，因为这与义的标准是相违背的。所以任何一种伦理规范都不是绝对的，都要在实践中根据具体的语境来加以变通。

"经权变通"自然属于实践智慧的范畴，它不仅仅在伦理行动中构成实践理性的基本法则，而且是人类所有行动都必须关注的问题。普遍性的运用与普遍性本身的存在是不同的，普遍性本身是纯粹理性的法则，而普遍性的运用则是实践理性的范畴，经权变通属于普遍性运用的实践领域，自然要遵循实践理性的尺度。在实际的法律生活中往往也是如此，法律在维护一种既定的道德标准的时候，也不能忽略义的要求。凡事要讲求灵活，切不可绝对，这恰是中华文明的魅力与特色。孟子曾经举了一个小叔子救嫂的例子，说如果嫂子落水，做小叔子的应不应该施救，如果施救，则破坏了男女授

---

① 王岳川编：《牟宗三学术文化随笔》，中国青年出版社 1996 年版，第 143 页。
② 在儒家那里不仅仅"孝"的践行具有语境化特质，"忠"也同样如此。臣下自然是要做到"忠君"，但"君臣之间的人身性效忠关系并不构成一种绝对理念，君臣义从属于天下大义"。顾家宁：《事君与内外：〈论语〉管仲评价发微》，《孔子研究》2021 年第 6 期。
③ 《论语·子罕》。

受不亲的礼的要求，可是如果不救，则就会使嫂子有性命的危险。孟子说，这当然要救了，因为这是对于经的一种变通。①"权者，反于经然后有善者也。"②可见，变通也是一种善的表现。变通之所以被看作是善的，盖因为变通符合事物的本性，倘若在事物发生了变化的时候仍然固执地坚持原有的原则，那么就会破坏事物不断变化的规律性要求，就难以做到善了。董仲舒说："夫权虽反经，亦必在可以然之域。不在可以然之域，故虽死亡终弗为也。"③经是常，权是变，经权变通所体现的是辩证法的思想。当然，儒学的变通也不能超出可以然的范畴，这是一种实践的智慧，尚须细细体味。在法律实践中，如果普遍性法则过于僵化而不能解决其所面对的纠纷问题，自然可以作变通性考量，但法律普遍性的变通同样有着合理性的节制与引导。在法律世界中，或存在明确的合理性法则，或存在需要诠释的合理性法则，或存在内在于生活世界的合理性法则，所有这些都可以在特定的情境下构成对于变通的节制，从而使得法律实践不会偏离合理性的轨道。

一种变通的哲学理念自然就包含了实用理性的思想，儒家虽然有内在论，但也有外在论，而儒家的外在论自然包含了实用理性的倾向。李泽厚在谈到中国文化的实用理性特质的时候如是说："不是先验的、僵硬不变的绝对的理性（rationality），而是历史建立起来的、与经验相关系的合理性（reasonableness），这就是中国传统的'实用理性'，它即是历史理性。因为这个理性依附于人类历史（亦即人类群体的现实生存、生活、生命的时间过程）而产生，而成长，而演变推移，具有足够的灵活的'度'。例如，中国传统并不重视与现实功利无关的抽象思辨及逻辑形式，但当现代科技证实这种抽象思辨和逻辑形式对人类生存和现实生活的重要性时，实用理性便可以毫无扞格地接受容纳。今天以实用理性为传统的中国人正在抽象思辨领域、理论科学领域开始显示才能。素无契约论传统的中国人也相当自然地接受现代生活的契约论原则。'实用理性'不以自身为自足的最高鹄的，相反，它清晰

---

① 参见《孟子·离娄上》。

② 《公羊传·桓公十一年》。

③ 《春秋繁露·玉英》。

地表明自己作为人类生存的工具性能：在实用中证实理性对于人类生存确乎是有用的和有益的。'实用理性'不是先验的理性，也不是反理性，它只是非理性的生活中的实用合理性。"①李泽厚对于实用理性的研究应该说是很恰当地揭示了儒学乃至整个中国文化的基本品性，对于中国人而言，变通是其本性，但变通原则必须是有用的，如果没有任何的价值和意义，那么中国人是不会主动地变通自身的行动原则的。变通中当然也会存在利益的考量，我们今天不必对此大惊小怪。而在现代法律运行中同样会关涉对利益的考量，尤其是公共利益往往成为作出法律变通的重要考量维度。

　　既然变通并不是毫无原则的，那么变通必然就要有一个基本的度，这个度构成了理解和把握儒学哲学和中国文化的根基性概念。经权变通的实践理念从归根到底的意义上来自人们的实践生活。人要活着就必须劳动，在劳动的基础上产生了各种各样的实践活动样式，人们在实践活动中逐步地发现，既不能过分地坚持绝对与普遍，也不能过分夸大灵活性，关键在于寻找两者之间的度。比如在农业生产中，当农民在给土地浇水的时候，发现如果水浇得太多了，庄稼就有可能腐烂，而如果水浇得少了，庄稼就会发蔫，所以关键就是一个度的问题。度的观念不仅来自劳动实践，在其他的各种实践活动中都可能产生对于度的支撑。比如我们在日常生活中锻炼身体，既不能过度，也不能太少。如果用一种运动方式过度地消耗自己的身体能量，这就绝不是一种健康的锻炼方式。当然，如果每天步行不超过几百米的话，自然也不是一种好的维持健康的手段了。这里的关键在于"度"。"度"来自生产活动，来自实践，因而它有着异常深厚的现实基础，这种现实基础构成了度的合理性的前提。它是在人类实践中生成的理性与智慧，不仅在一般性生产领域，而且在一切实践领域都必须认真对待"度"的理性智慧。

　　儒家实践哲学是一种坚持"度"的哲学，这种"度"的把握并不是每个人都可以做到的，因此儒学实践哲学向下的进一步的扩展必然要求每个实践主体都具有良好的实践智慧，这是一种把握具体问题而又解决具体问题的智

---

① 李泽厚：《历史本体论》，生活·读书·新知三联书店 2002 年版，第 39 页。

慧。这依然是法哲学的主体性原理问题，对于掌管着普遍性的普遍者群体，必须对其进行教化，使其充分生成自身的教养体系。如果一个人仅仅拥有聪明的头脑，而不能在经验基础上形成自身的智慧，则其并不是一个良好的实践者。实践主体的智慧会转变为一种巨大的行动力量，从而在现实世界中打上自身的烙印。实践哲学必然是一种要使得现实获得改观的哲学，这种哲学体现了马克思所说的过去的哲学都在于解释世界，而哲学决不能仅仅停留在解释的领域，必须走向对于世界的改造。儒家实践哲学一开始就是面向现实的，就是要获得现实的善的目的的，这也正是儒家哲学所具有的实践哲学的共同特质。正是在这个意义上儒家哲学具有了一种主客统一、普遍与具体统一并在自身展现过程中逐步外化的实践品性。从儒家哲学诠释出的法哲学也必然是一种行动的法哲学，面向现实世界的改造是法哲学实践精神的集中体现，法律实践主义理应吸收这一思想维度和现实关怀，切实地在行动中倡导中国法治的变革。

儒学的实用理性及其所具有的经权变通理念同样具有法律实践主义的思想意向，儒学构成了法律实践主义的重要思想基础。不仅如此，在中国古代社会的法律运行中，实用理性的精神可谓"一以贯之"，除非是严格执法的酷法吏。实用理性、"经权变通"作为一种流动的文化传统依然体现在中国人的思维方式和行为方式中，这种思想文化的特质必然要求在法律的普遍世界和具体世界之间寻求一种合理性的结论，而普遍性与具体性的统一恰恰是法律实践主义理论的基本问题，实践的法哲学正是在这种基本问题确立的前提下，才将实践智慧作为其最高的追求境界。实践智慧是对实用理性的超越，它趋向于对实用理性所隐含的"过度变通"可能性的克服。实践智慧是实践之知的最高境。"亚里士多德的实践之知不仅在于人知道找到正确的手段，而且也在于坚持正确的目的。实践之知的运用决不像技术之知的运用那样只依照规则行事就行了，因为实践之知的运用不是要造出一个什么东西，或推导出什么理论定律，而是关系到人类的生存选择和决定。一句话，实践之知使人在生存世界中'择善而从'。人们运用实践之知进行生存选择和决定显然是一种普遍与特殊的关系，即人用具有普遍性的理性在特定的生存处境中选择和决定。但这与依照技术规则制造一件产品那种普遍与特殊的关系不同。规则与产品是可以分开的，而实践之知则无法与社会道德伦理和存在分开。规则是有限的、确定的，而实践理性或实践之知是随着具体环境而有不同的表现。它的普遍性就在于它存在的特殊性。实践之知的运用是本体论的而非方法论的。"① 当方法论成为一种知识体系的时候就失去了实践智慧的根本特质，只有在本体论的层面上才可能真正理解实践智慧的基本品质。

同样的道理，实践智慧的运用也无法离开良好的主体的介入，在世界之普遍的行动原理和具体的问题之间只能希望主体的完善。法律实践主义内在包含了一种辩证法结构，而辩证法的最高境界是实践智慧。"理论范围内的辩证法与实践智慧结合起来就是实践哲学的辩证法。事实上，两者也是不容分开的，我们在考察理论范围内的辩证法时，实践智慧的因素已经被意识到了；而自觉形态的实践智慧则是理论辩证法发展的一个结果。如此理解辩证法，我们就打开了一个与中国古代哲学对话的现实的领域，也开创了一个中国实践哲学得以复兴的机会。我们称之为中国古代哲学的东西，事实上正是一些非理论的实践智慧。而这种实践智慧的复兴不是简单地回到古代实践哲学，而是必须使之现代化，将之转换成为一种现代实践智慧。这是因为，现代实践所面临的生活世界已与古代人所面临的世界有了根本性的不同，因而需要有与之相应的实践智慧或获取实践知识的方式。而实现这种转换的途径之一，便是基于中国现代的现实生活实践的境况性，一方面与古代实践哲学展开对话，另一方面与西方现代实践哲学展开对话，通过对话而扩展自身的理论视角，实现视界的融合。而这本身，便是一种作为实践智慧的辩证法过程。"② 实践智慧强调事物的境遇性，但并不否认普遍性的价值，而是真正地实现了普遍性与特殊性的辩证融合，这种融合的最高境界即为实践智慧。法律实践主义是一种强调境遇的法哲学理论，在理论范围内要坚持实践智慧的

① 王炳书：《实践理性论》，武汉大学出版社 2002 年版，第 27 页。人类的法律活动正和实践之知所具有的特性相契合，普遍与特殊构成了法律活动思考的中心和重心。

② 王南湜、谢永康：《后主体性哲学的视域——马克思唯物主义的当代阐释》，中国人民大学出版社 2004 年版，第 182 页。

辩证理念，同时它又是一种强调问题的法哲学，实践智慧便也具有了一种问题意识。在这个意义上，理论和实践本身就是内在统一的，理论即是实践，实践也是理论，它们两者统一的最高境界就是实践智慧，法律实践主义正是以这种实践智慧为思想基点的法哲学。

五、从传统到现代：面向人自身的法哲学

儒家哲学中对于民生始终给予了高度重视，这可以看作儒家实践哲学的价值目的论原则。早在西周创建之初，以周公为代表的统治者就提出了"保民而王"的主张，这个主张后来一直成为儒家重要的价值目的性追求。当时周公提出这样的理念实际上是有背景的，西周以前的统治者大多是从上天的角度论证自己统治的合法性，但却相继有两个王朝都被推翻了，于是人们不禁要追问：为什么代表上天旨意的夏王和商王都会灭亡呢？这个问题在对上天的信仰中无法得到合理的解答，于是只有进入"民意"。凡是真正保护了"民意"并且承继了上天的旨意的君王才不会被推翻，那么在上天的内涵中自然就具有了民众的价值取向。而后来的儒家自然没有放弃这个合理的主张，并且在"仁政"学说中使其得到了彰显。孟子说："乐民之乐者，民亦乐其乐；忧民之忧者，民亦忧其忧。乐以天下，忧以天下，然而不王者，未之有也。"[1] 孟子是在给统治者出主意，这个主张就是一种对民生的关怀，"与民同乐"是关怀民生的最高境界，但这个最高境界若要得以实现，自然就要先从物质基础出发满足老百姓对于生存的最起码要求。于是孟子又说："五亩之宅，树之以桑，五十者可以衣帛矣。鸡豚狗彘之蓄，无失其时，七十者可以食肉矣。百亩之田，勿夺其时，八口之家可以无饥矣。谨庠序之教，申之以孝悌之义。颁白者不负戴于道路矣。""无恒产而有恒心者，惟士为能。若民，则无恒产因无恒心。若无恒心，放辟邪侈，无不为已。及陷于罪，然后从而刑之，是罔民也。焉有仁人在位罔民而可为也？是故明君制民

---

[1] 《孟子·尽心上》。

之产，必使仰足以事父母，俯足以事妻子，乐岁终身饱，凶年免于死亡，然后驱而之善，故民之从之也轻。今也制民之产，仰不足以事父母，俯不足以蓄妻子。乐岁终身苦，凶年不免于死亡。此惟救死而恐不瞻，奚暇治礼义哉？"①满足不了民众对于基本生存的要求，统治者的地位是无法得到保护的，这是个自然的道理。这是合法性的根基问题。

好像也只有在这个基础上才可能去谈真正的道德，抛弃现实性利益依托而成就道德的典范自然也是存在的，但却不能成为一种普遍性的要求。对于社会民众而言，如果不让他们吃饱饭，即使口头上把道德讲得"天花乱坠"，也往往没有实际的价值。②在一定意义上说，财产构成了道德的基础，尽管并不是绝对的基础。当一个人处在饥饿状态的时候，我们又如何向其宣讲道德，要求其践行高尚的道德法则呢？一个人在饥饿中偷吃烧饼，即便在法律上也是要得以宽容的，我们不能将一种纯然高贵的道德普遍化，道德判断与法律判断一样，都必须从特定情境中获得良好的把握和洞悉。所以，孔孟的内在论思想如果同这种关于民生的论述结合起来理解，可能更为恰当，那么这好像就构成了一个较为完整的实践哲学，内在的心性也只有具备了物质的条件才可能获得现实的价值。也许对于个别的君子而言可以做到即使饥饿也仍然坚守道德的境界，但普通社会民众是最实际的，他们不可能在饿着肚子的情况下去追求崇高的道德境界，饿着肚子去讲奉献绝不可能成为一种普世的道德。法律制度的安排及一切政策的考量都不能忽略最为根本的生存论价

---

① 《孟子·梁惠王上》。

② 杜维明在论及儒家哲学的道德推理时，这样谈道："从道德推理的角度来看，到底是抽象的理性比较重要还是具体的同情感更为重要，毫无疑问地，儒家把人的道德推理建构在恻隐之情上。而理性则是以实践为基础的价值，而不只是抽象的原则。因此儒家提出的社群伦理是以社群的福祉为目标，不只以孤立绝缘的个人为道德实践的惟一准则。"（郑文龙编：《杜维明学术文化随笔》，中国青年出版社1999年版，第28页。）其实对社会福祉的关注在某种意义上也体现了对人的关怀，然而儒家不仅具有深刻的现实性，同时还具有价值论上的理想性。比如，儒家哲学彰显了人的生命价值。"儒家传统的基本精神是以人为核心而开展的'价值'，把人当作具有内在'价值'的存有。传统中国没有'价值'这个概念，但是有'贵'的说法，所谓'天地之性人为贵'，就是说在天地万物之中，人有突出的价值。"（郑文龙编：《杜维明学术文化随笔》，中国青年出版社1999年版，第21页。）

值，这是法律合理性的初始问题。

儒家实践哲学具有强烈的价值目的论色彩，这种目的论在当时表现为民生，这具有政治哲学和法哲学及伦理学的多重意蕴。当然在更为广泛的意义上说，儒家思想的价值目的论还包含了更为普遍的儒家伦理价值体系及其践行，但在现实生活的层面上则主要是基本生活的满足。实践主义的法哲学如儒学一样具有强烈的目的性关怀，在现代社会的表现就应该是一种人学目的论。古代社会的目标是解决人的生存问题，现代中国这业已不成问题，因此就必须有着更高的目的论追求，这就必然表达为人的尊严问题。法律当然要通过普遍性法则的设定安置人的生存和生活问题，但现代法律在维护人的尊严方面表现出更为巨大的作用力。"人之所以为人"的标志在于人是一种有尊严的存在，而人的尊严在目前的中国尚且无法得到全面的保障，这就需要法律真正地发挥其保护人的尊严的作用。所谓人权说到底就是人的尊严问题，现代法律的目的论需要贯彻人权论的立场，当然其所贯彻的自然是属于中国的人权观。实践主义法哲学具备自身的目的性，在理论上也应该形成自身的目的论体系，目的论体系的核心应该是"人"。人是一个不断发展的过程，人的需要也是一个不断变化的过程，现代人的需要不仅局限在物质的层面，更重要地表现在精神层面，人的尊严理应是法的一个基本尺度，无论是法律制度的设定，还是法治理念的宣讲，抑或是现实的司法活动都应该时刻把人当作中心去把握问题、解决问题，从而形成真正的尊重人的法治社会。

法律实践主义所坚持的"人的原则"随着历史的变迁而不断地变化①。在传统社会，虽然人的人格不尽完善，但人类的思想理论应该谋划解决人的生存问题，也就是民生问题，这就是儒家实践哲学的思想表达。当然儒家思

---

① 儒学传统下的"人"与现代性谋划下的"人"自然是有区别的，传统的"人"是伦理主义的个人，现代性下的"人"是独立的人。具有自由的独立人格的个体只能是现代的，独立的个体是现代性的杰作。"个体化原本是文明进程中的一方面：现代化社会基本的自我描述就是，其成员可以作为独立的个体。"（[德] 海因里希·盖瑟尔伯格编：《我们时代的精神状况》，孙柏等译，上海人民出版社 2018 年版，第 210—211 页。）"个人"是现代性概念，是现代性产品，而从传统法哲学向着现代法哲学的发展必须实现人自身的现代性转化。"个人"需要在各种关系共同体当中守护自身，否则就没有真正的"个人"。

想中也渗透了人格的基本意向，但这种人格还不是自为的人的人格，人本身依然处在依附性关系之中。而在现代社会，人在不断地走向自由，人本身的要求已经不是单纯地满足生存的需要，而是还包含着一系列的精神需要，这就要求理论能够承担起推动人类精神发展的使命。实践主义法哲学始终坚持人学目的论的思想指向，无论它对于法律问题的论证，还是对法哲学理论的建构，都将"人的自由而全面的发展"作为一种理想的价值目标。儒家哲学的目的论在今天已经发生了变化，实践主义法哲学的当代形态应该追求更高层次的人的尊严，这是毋庸置疑的具有原则高度的理念，这是作为实践理性的法所应该贯彻的价值理念，从儒学到现代法哲学的构建要自觉贯彻价值目的论的精神维度，从而使人在法律世界中过一种恰当的生活。然而，现代的恰当法律生活必然不同于传统儒学观念中的恰当法律生活，其中最为重要的差异在于现代社会所谋求的恰当法律生活中的"人"是"个人"，是独立的个体，而儒家思想中的"人"是"伦理的人"，是依附性的人。从依附性向独立性的现代转换，是法律实践主义理论慎思和实践谋划的基点。当然，独立性的个体价值并不意味着与他者的分离，恰恰相反，每个独立的个体只有在与他者的关系性存在中才能守得住自身，才能获得真实的自由和恰当的生活。"实践"是面向人自身的，法律实践主义自然贯穿了人的立场，这同时是一种价值和生活立场。

第二节　从亚里士多德到法哲学的理论建构

　　无论是向中国文化的回望，还是向古希腊文明的远溯，实践智慧都是一个需要认真对待的思想资源。实践智慧的研究不仅对于哲学伦理学及政治哲学的进一步探索具有重要意义，而且对于法哲学的当代诠释和理论构建同样具有深刻的塑造功能。当代法哲学的话域已经出现了穷途末路的景象，单纯地沉迷于"规则世界"的学术研究正在失去自身的法哲学霸主地位，而耽于价值论的研究已经完成了它所谓"启蒙"的现代意义，而与政治的紧密结合终不免空洞的话语表述，至于方法论的法学构造终不免陷入科学主义的窠臼。挖掘古老的法哲学智慧，是发展当代法哲学的重要前提。中国法哲学的发展无法离开对于异域经验的吸纳，远望古希腊做一些认真的思想勘察工作，对法哲学的现代发展和理论创新是不可低估的。亚里士多德知识体系中存在诸多具有现代转换意义的法学资源，而亚里士多德的实践智慧原理则是需要认真考察和研究的法哲学资源。亚里士多德把知识分为三类：理论知识、实践知识和制作知识。而法律知识在其本质规定性上属于实践知识，法学在所有学科知识门类当中具有独立性。按照亚里士多德的思想逻辑，法哲学理应表现出一种实践情境主义的重要特征，这是由作为实践、实践知识和实践智慧的法的本性所决定的，它强调的是特定情境中对问题的恰当解决，其间包含了实践合理性的重要维度。根据亚里士多德的实践智慧范式，深刻把握法哲学的内在规定性，是创建中国法哲学理论的重要理路。同时，中国法哲学的理论创新也必须挖掘传统文化中的实践智慧元素，使实用理性向着实践智慧实现创造性转化，建构当代中国实践智慧范式的法哲学理论。

一、知识分类及法学学科归属

人类在生活实践的过程中，生成了各种各样的知识，而面对复杂的知识状态，有心人便展开了对知识本身的把握，这种关于知识的知识当中就包含了关于"知识分类"的问题。亚里士多德划分了在现代社会仍然为人们所沿用的知识学科系统，诸如形而上学、数学、物理学、植物学、政治学、伦理学、工具论、修辞学等学科分类，这种学科分类是人类智识不断提升的结果，具有重要的反思性立场，但也让原本简单的世界变得复杂化了，不同学科立场会呈现相异的看待世界的方式。尽管这种学科分类对当代知识体系依然是重要的，但它的问题却也是十分明显的，学科的壁垒妨碍了知识的融通，而人类的知识在固有的意义上都是相通的，跨学科的知识融合已经成为现代学界的共识。关于亚里士多德的知识分类，还存在另外一种分类的模式，这便是他关于"知识"的"三分法"理论。这个分类虽然在哲学界做了一定的探讨，但人们对它的认识还是非常不充分的，尤其是在法学研究领域中还没有引起人们足够的重视。当然，对于法学家来说，研究知识分类的直接目的，就是要给法学学科定位。我们到底应该把法学知识理解为怎样的知识类型，决定着我们对法本身属性的认知，乃至展现了我们法律思想方式的巨大差异。

亚里士多德把知识分为三类，即理论的知识、实践的知识、制作的知识，这三类知识大致包括了人类智识所指向的全部领域，在某种意义上是一种比一般的学科划分更为合理的知识分类模式。理论知识是指那些缺乏直接的实用性而以普遍性和永恒性为其根本特征的知识领域，这样的理论知识在一定意义上也可以叫作科学之知。"能够被称为科学的东西总是必然的，因此是永恒的。凡是出于必然的东西都是永恒的，而永恒的东西是不可生成的，也是不可毁灭的。"①比如说数学，就属于理论知识，数学的规律都具有普遍性，乃至永恒性。在数学领域中，人们遵循着严格的逻辑推理，尤其是演绎推理。数学知识的普遍性决定了它的必然性特质，当给出一个几何学命题作为前提的时候，那么就能够逻辑地导出可靠的结论。亚里士多德的"逻辑"概念原本便是和必然性一致的，按照他的逻辑理念：当前提 A 存在的时候，结论 B 就必然会出现。当我们说"一个内角都相等的三角形"作为前提的时候，那么就一定能够导出"这个三角形的三个边同样相等"的结论，这个推理过程是普遍的，是必然的，无论在怎样的情景当中都不会有什么差异性。这样的知识自然属于纯粹知识，属于理论理性所探求的知识领域，人类的理论理性就是以那种不变的事物为对象的。当然，从事理论知识研究的人，不仅具有理论理性能力，而且具有理论智慧，没有理论智慧的自由精神的引导②，任何科学领域知识的原创性都是不可能存在的。自由的智慧实际

---

① Aristotle, *Nicomachean Ethics*, Second Edition, Translated by Terence Irwin, Hackett Publishing Company, Inc. 1999. p.88.

② 科学固然卓越，但智慧远高于科学。"科学本身不能获得演绎的始点，对于始点需要努斯来把握。智慧则包含了努斯和科学在内，既能够知道始点，又能从始点进行推理，因此是最完善的。"（邵华：《马克思与实践智慧》，《马克思主义与现实》2013 年第 3 期。）

上是科学知识产生的前提，纯粹科学知识领域中杜绝功利，实用化思维只能抑制科学的进步。尽管科学知识也会带来知识的效果主义，但它的目的趋向纯粹理性的知识探求，而不是为了什么具体的目标的实现。

实践之知和制作的知识①看上去都是和人的行动有关系的，但它们的内涵却有着重大的区别。实践知识是在人类对可变的事物进行探究的过程中所生成的知识，实践知识是向着"人本身"而生成的知识，它旨在让人们追求一种恰当的生活，其自身包含了一种善的目的性。而制作的知识则是技术性的、生产性的，它直接所面对的是产品本身。制作知识当然是在制作活动中的知识，而制作活动的目的则在活动之外，而不是在活动自身。因此制作活动是一种并无贬义的功利化活动，而制作知识则往往具有直接的有用性。无论是制作活动，还是制作性知识，其目标是具体的，它并不在总体上为人类谋求一种恰当的生活，它只是给人类一种具体的工具性满足。比如一个鞋匠制作了一双皮鞋，那就是一种制作活动，其产品是具体的、功利化的，它的目的不是为了人类的总体善的实现，而只是面向产品本身。因此，在很多时候，制作活动可能会导致一种与人本身的存在相背离的结果，比如某个工厂生产化纤产品，应该说这个工厂的生产本身是一种技术性的制作活动，其生产的结果是具体的产品，而这些产品本身对人是有用途的。但是，对人的具体的好处却可能给人类的整体"善"造成损害，因为这个工厂的制作活动可能会造成环境的污染，应该说一定会有或大或小的污染，这是制作活动不可避免的结果。制作活动必须接受实践智慧的导引，制作之知不能被无限放大，沉湎于功利化状态对人自身是一种灾难。

然而，人类的实践活动则不然，实践的目的不在实践活动之外，而在实践活动自身。实践活动所处理的是人自身的各种事务，实践所生成的实践之知是向着"人本身"的一种知识，而实践自然也是向着"人本身"的活动。

---

① 亚里士多德偏爱政治道德实践，而"贬低制作"。参见丁立群、邓久芳：《理论、制作与实践：实践的完整性》，《江海学刊》2021 年第 3 期。

实践智慧对恰当生活的追求与整体"善"的实现是融合在一起的，因此实践之知要高于制作的知识，制作的知识需要实践知识的引导，否则就会给人类造成巨大的损害，这或许就是认真把握和研究实践智慧的重要根据。实践之知或实践德性只有在实践活动中才能形成，不做公平的事情便不能说拥有公平的知识，不行节制的美德便不能说拥有节制的德性。只把实践之知挂在口头上并不能说拥有实践知识，实践之知与实践行动本身同样是内在统一的，与中国儒家哲学中的"知行合一"颇为契合。所谓"知道"本身便意味着行动。当然，亚里士多德是要把制作活动和实践活动分开的，制作活动是生产性的、技术性的和工艺性的，实践则是政治性的、道德性的、自成目的性的活动。以此推论，则制作活动成为了劳动者的活动，制作活动若是缺失善的实践合理性的总体引导，也就不可能避免自身的异化现象。其实，不仅是制作知识，即令是科学之知，也是有可能迷失方向的，单纯的科学和技艺都具有背离"人本身"及"总体善"的可能性。这样，在三种知识类型当中，实践知识就须有一种贯通性的功能，它的引导范式是我们的研究迈向实践智慧的必然性根据。迈向实践智慧，同样是中国法哲学深化研究的需要。

那么，法学属于哪一种知识范畴呢？法学属于科学之知吗？要回答这个问题，就必须先对法律知识与科学知识作个比较分析。首先，法学知识是以研究"不变的事物"为对象的吗？很显然，法学并不以"不变的事物"作为自身的研究对象，相反，它所研究的经常是一些可变的事物，法律世界中的"规则"并不具有不变的根本属性，至于纠纷的世界更是变化多端，难以捕捉它内在的不变本性，或许变化的纠纷世界中原本就没有不变的本性。法律的世界是可变的，在这个意义上法学知识不属于科学知识。其次，法学知识是否具有"普遍性"？按照过去人们对法学的理解以及普遍性的理解，人们会把规则看作是普遍的，并因此将其与科学相对应。然而，这种思路是错误的，因为法律规则的普遍性与科学普遍性是完全不同的两个事物，法律规则的普遍性本身就是人所制造的结果，而科学的普遍性则来源于事物本身，它是客观世界不变的规律性。同时，普遍的法律规则或原则所面对的正是人类

事务的复杂性 ①，而人类的事务从来都不是亘古不变的，但科学的普遍原理只是在处理相同或同类的问题。法律知识的普遍性不能满足科学知识的普遍性要求，因此法律知识不属于科学知识，因此也不可能将法学称为科学。另外，法学知识具有"永恒性"吗？永恒性当然是一种不变性，而法学知识并不是不变的。不仅法学自身是可以变化的，而且法学知识也不是以"不变的事物"为研究对象的。法学知识的永恒性所关涉的乃是法学知识本身的问题，而不是对象世界的问题。在法学知识当中不存在永恒性的知识，这在归根到底的意义上取决于世界本身的发展性和变化性，而科学的对象在漫长的历史场合中则没有什么变化，即便存在变化则变化本身也往往是规律的内在组成部分。我们不能将几千年前的律法运用到现代社会当中，律法知识不是永恒不变的，而法学的理论知识也处在不断创新的状态中。当然，这并不妨碍人们从传统中汲取合理的思想元素，缺乏永恒性并不意味着历史合理性的缺失。

接下来的问题就是，法学知识属于制作的知识吗？制作的知识的确与法学知识之间有着较多的相似点，但这相似点当中就已经蕴含了重要的差异性，比如法学知识和制作知识都有具体的目标，法学知识的运用要生成一个又一个判决，恐怕这个具体的目的性是法学知识不得不追求的，否则法学知识也就失去了自身的存在价值，这一点看上去与制作知识是一致的。我们看到，任何制作活动都有一个具体的目标，生产一台电脑或生产一部手机或制作一块手表都是一个具体的目标，这就是制作活动与法律实践活动的关联点，也是制作知识和法律知识在表象上所具有的一个相通之处。但是，法学知识与制作知识在这个问题上却又有着很大的区别，法学知识的目标性（似乎更应该表达为目的性），在一开始就不是外在于法律的实践活动的，也就是说案件的判决结论是内在于法律实践活动本身的，它是法律知识或实践的

---

① 实践之知或实践智慧正是要处理人的事务，与人的事务无关的纯粹自然的现象并不在实践智慧的慎思之内，而人的事务的复杂性远较自然事物复杂千万倍。任何单纯从普遍规则出发，企图解决人类事务的理性布局都是难以成功的。因此，迈向实践智慧是包括法哲学在内的人类理智必须坚持的一个方向。

一个内在构成部分；而制作之知的目标性则体现了"产品"和"规则"的分离，两者之间不具有内在的融通性，纯粹的实用性与法律本身的自成目的性之间有着很大的差距。当然，从法作为法的本质规定性上看，法律知识还有着更高的目的性追求，即人类正义事业的总体善追求，这恐怕无论如何是制作知识都无法比拟的知识属性。当然，我们这样分析是按照亚里士多德对知识分类的原理所从事的研究，而实际上法律知识和制作知识的差异性更多在于：法律知识牵涉的是人与人之间的关系，而制作知识所的则是人与自然之间的关系；法律知识植根于人的生活世界的合理性关怀，而制作知识则更多地基于人的外在欲求。这应该是区分两种知识类型的基本着眼点，但我们同样要注意到两者之间的"神似性"，法律知识也是存在某种技术性特征的，这与制作知识之间具有相通性，但法律知识在本质上不属于制作知识，否则就降低了它的品性。

那么，很显然，法律知识属于实践知识。[①] 法律知识具有实践知识所具有的基本特质，它以"可变的事物"为研究对象，关注事物本身的复杂性，谋求人类行动的实践合理性；作为法律知识根据的法律活动是一种实践活动，这是一种向着自身的活动，它不应该给自身设定自身的对立面。与此相应，法律知识是向着实践本身的知识，而不是一种游离于人的实践活动之外及人之外的知识系统，生活在法律知识的运行过程中就是生活在人的实践活动过程本身当中。法律知识是自成目的性的，它不是追求外在的善，而是

---

① 亚里士多德并没有这样的直接表述，但就其将法的问题放置到实践哲学中加以勘察而言，他自然是主张法律知识归属于实践之知的判断。我们也需要从实践知识的意义上去架构亚里士多德法哲学，这种面向实践的法哲学自然也保持了与其自身的形而上学的契合性。"在西方形而上学的开端亚里士多德那里，一开始就给形而上学作了这样的定向，即必须在'物理学之后'建立起一门有关'作为存在的存在'的学问。这种学问一方面是以'个别实体'的确立为基础而探讨其原因或根据（四因），另一方面则以语言的逻辑功能为指导来解决思维和存在的同一性问题。"（邓晓芒：《对亚里士多德形而上学的片面定向的检讨——以中国哲学为参照》，《清华大学学报》（哲学社会科学版）2020 年第 4 期。）尽管邓晓芒是要对亚里士多德形而上学进行反思，但他无疑恰当地概括了亚氏哲学的形而上学特质，而这对于我们把握其实践哲学同样是重要的。这或许可以看作是面向实践的具体性的法哲学的形而上学根基，而思维和存在的同一性问题也可以在实践论的意义上加以理解和把握。

追求内在的善，它所追求的目标不是与可以和它相分离的对象，而是与其融为一体的整个法律实践活动的一个环节。法律知识作为一种实践知识，当然还有更多的复杂性问题需要认真分析，这在对于实践智慧的分析中将不断展开论证。我们现在接着分析这样一个问题，即法学到底属于社会科学，还是人文科学？法学当然不是科学，自然也就不属于社会科学①，但它具有社会学科的属性；法学当然也不属于人文科学，因为它不能以任何科学的形式命名，但它无疑具有人文学科的性质。任何学科科学的归类，或许都是有问题的②。也许，我们根本不需要在现代知识门类中给法学知识寻找科学归属，作为实践知识（智慧）的法学知识的判定应该是最契合法的本性的一种思想把握方式。

二、法哲学诠释：情境主义、关系场域与实践智慧

亚里士多德并没有明确提出法哲学的概念，但他的法哲学思想却是十分丰富的，从亚里士多德出发能够创生一种古今相连的法哲学。在亚里士多德那里，法哲学自然是属于伦理学和政治学的，并没有什么独立的学科特征，大概是在古希腊的雅典城邦中"法律问题"并没有成为具有显著的问题域而没有必要给予独立性的关怀。然而，就在亚里士多德对"实践"、"明智"、"卓越"、"审慎"及"公平"等问题的剖析中，却包含了重要的法哲学思想原理。我们甚至可以说，从那个古老的时代一直到今天，亚里士多德都是真正了解和领会法的本性的重要思想家之一。正是在他的政治哲学，尤其是伦理学的思想系统中，亚里士多德深刻地洞悉了法的实践本性，而这种实践又并非现

---

① 除非这里的科学概念仅仅是一种修辞的运用，社会科学中的"科学"总体而言是对"科学概念"的修辞学表达。在任何真正必然性和永恒性的科学概念意义上讲，法律知识都不可能属于科学的范畴，习惯于科学化的表达未必符合知识的本性。

② 我们赞同郑永流的如下看法："由此矩阵宏观法学的学科地位，它不属于自然科学、社会科学和人文科学中任何一种，正是一个'襟三江而带五湖'的独立学科。"这是一种要创建法律知识的独特风貌和卓越风范的追求，这样的法律知识当然需要有着自身独特的法哲学架构。参见郑永流：《重识法学：学科矩阵的建构》，《清华法学》2014年第6期。

代中国学界所一般理解的实践概念的本质规定性。实践概念在亚里士多德的把握中，具有独特的思想价值。实践并不是一般的所谓生产活动，更不是一般意义上的所谓主体改造客体的活动。实践，既不同于纯粹的理论活动，也不同于具体的生产技艺性活动，因此它既不是所谓的科学创造活动，也不是一般的制作活动，而是一种政治道德的实践，是一种向着自身而存在和延展的活动。一般意义上的科学活动和制作活动中所包含的是人与自然的关系，体现了人在自然面前的主体性，而真正的实践活动则内在地包含了人与人之间的关系，因此实践具有纯粹的属人的品质。实践活动所处理的乃是人自身的问题，尽管其中会包含人与自然的关系，但只有把握了人自身的存在本性才可能恰当地理解实践概念。从亚里士多德出发，法哲学对于法的实践特质的把握正是洞悉了"法的本性"，深刻地揭示了法的存在的本质规定性。

在亚里士多德对实践概念的把握当中，实践是情境化的。人类的实践活动中必然要涉及普遍与具体的关系问题，尤其是人类的政治道德实践，更是难以逃离"实践场域下"的普遍与特殊。① 如果说科学活动旨在寻求具体世界中的普遍性的话，那么实践活动则是要聚焦于具体问题，因此它是以具体性为中心的人类思维方式。无论是政治行动，还是道德活动，抑或是法律活动，人类都面临着如何运用普遍的原理解决具体问题的基本取向。在政治活动、伦理活动和法律活动中都存在着许多行动的普遍原理，然而人类面对的政治、伦理和法律问题却是具体的，如何运用普遍的原理解决具体问题就成为了人类实践活动必须认真对待的问题。在政治、伦理和法律世界中，人们

---

① 但这种普遍和具体的关系，并非能够运用"规则—个案"的解释模式加以解决，从"规则"到"个案"的解释模式仍然具有一种纯粹科学化的特征。而在实际上，"和科学技术不同，对人的实践而言，根本没有什么一般的规则或者原则，而且实践的题材也是不确定的和不可预期的，对任何设定的原则都有无限的例外情形。"（朱清华：《再论亚里士多德的实践智慧》，《世界哲学》2014 年第 6 期。）法律实践自然属于人类的实践活动，当然也难以运用"规则—个案"的解释模式解决所有的问题，实际上或许只有在处理简单案件的过程中，这种模式具有有效性，一旦案件变得复杂，这种模式就失去了任何解决问题的效能。若是缺乏了实践智慧的慎思明辨及具体场景中的决断力，就不可能获得对问题的恰当处理，这是法律解释学和实践哲学必须认真对待的问题。人类将所有的希望寄托于规则，而懒息了实践智慧的做法，并非明智之举。

已经形成许多共识性的法则，然而人类如何运用普遍法则解决具体的问题，却不是一个普遍性的问题，而是一个具体性的问题。在这里，对"情境"的认真考量和研究成为了人类实践活动能否获得成功的关键所在，缺乏对特定关系情境的把握就不可能恰当地解决人类自身所面临的问题。

根据亚里士多德和伽达默尔的研究，有研究者对"情境"作出了这样的解释："实践是具体的人面对特殊的生活情境的活动。实践不仅依赖于人们做什么，它还依赖于这些行为的意义及其发生的环境，如时机、情境和条件等。"①实践当然同时是具有时间性的，人类总是存在于过去、现在和未来的历史存在当中，无论过去，还是现代，抑或是未来其实都存在于"当下"。而在这个世界上根本就不存任何可以在所有时间情境中都普遍适用的法则，即便人类制造了这样的普遍法则，也会受到时间性的限制。时间性是人自身的一种存在特性，是人的境遇性存在的一种形态。时间性即是具体性，具体的时间中又存在着相应的空间，时空性是一种共在，当然这就又增加了实践活动的情境化特质。任何情境都会存在一个时机的问题，把握时机同样是政治、伦理、法律活动的一个重要属性。亚里士多德的情境化思维倒是与中国文化颇多契合之处，而中国文化自古都是"问题导向"的，而非追求普遍的、绝对的永恒性，具体的情境化本就是中国文化的一个基本属性。无论是中国古典政治实践，还是道德实践，抑或是法律实践，都是情境化的；在亚里士多德的实践原理当中，所有的实践事务都是具体的、特殊的。但是，实践活动也并非因为强调了具体性就失去了自身的规范性，实践活动本身始终有实践合理性的牵引，否则对情境化的强化就可能损伤人类实践行动的尊严。实践概念所揭示的道德维度本身已经蕴含了实践合理性的思想元素，这使得人类不会因为在具体情境下的目的性活动而丧失自我存在的合理性，合理性只能是实践的合理性。这是实践概念不同于一般活动的重要特征，这便需要实践智慧的登场，这是一个使得亚里士多德法哲学更趋成熟的重要概念。

由于启蒙运动所开创的科学理性精神的普遍化，在近代西方以后普遍主

---

① 朱葆伟：《实践智慧与实践推理》，《马克思主义与现实》2013 年第 3 期。

义成为了法哲学探究中更易于获得人们认同的思想原理，这在很大程度上遮蔽了亚里士多德所开创的实践导向的法哲学传统。那么，法哲学是否就应该如同亚里士多德所言而强调"情境主义"的思想价值呢？这就必须认真检讨"法的本性"的问题。在远古的人类生活中，一定是先有问题而后有所谓的普遍法则，普遍法则不是为自身而存在，而是为了解决问题而存在的，普遍法则本身都有一个问题导向，而问题当然都是情境化的，即令是人类所面对的大问题也是存在于特定历史条件的问题，因此在远古时代的法律生活中"情境化"的法哲学表达是没有问题的。柏拉图曾经批判过"规则"，他认为可变的事物所制定的普遍化的简单规则是具有有限性的，这些规则是不可能完满地解决具体问题的。柏拉图的确是击中了普遍法则的要害，简单的普遍规则不可能一劳永逸地解决所有的现实问题，情境的变迁永远都是普遍法则无法预料的现实性。普遍法则自身存在难以克服的局限性，有限性是所有的普遍法则固有的本性，普遍法则就不可能自己解决自身的问题。这或许就是柏拉图始终坚信"哲学王的统治是世界上最优的治理方略"的根本原因，因此世界上最好的治理模式决不是法治，而是"哲学王统治"，法治只是退而求其次的选择。

　　亚里士多德虽然强调了法治，但在他的实践哲学思想系统中，他对于法律实践的分析无疑强调了一种"情境化"的特质，任何实践活动都是"情境化"的，普遍的法则都要接受"具体情境"的检讨。这种具体主义的思维方式在法哲学当中要表现为一种司法中心主义的立场转换，在立法中心主义的视域下不可能生成"情境化"的法哲学，立法中心主义所强调的是"普遍性"，而司法中心主义所凸显的是"具体性"①。亚里士多德所探讨的公平问题便是这种"具体性"的表征："无论在任何时候法律总是要制定普遍的规则，但是在具体的案件中其所发生的事实总是背离普遍的规则，在这个问题上立法

---

① 强调"具体性"并不是要否定"普遍性"，普遍性的牵引功能和规范能力在任何时候都是不能否定的，但普遍性不是抽象地扩张自身的能量，完全吞没具体性的存在意义，而是只有在特定情境中才能发挥自身的功能。离开对于具体场域的分析把握及全面洞悉，就不可能恰当地解决人类所面对的各种问题。

者总是出现错误，有所疏漏，制定不适合的规则。那么这些缺点必须被加以矫正，而这种矫正就是正确。如果立法者在场的话，他自己也会那么做。当他知道的时候，自己就会将缺乏的东西放置到法律当中了。因此公平实际上就是公正，并且比公正更为优越。当然这并不是优越于一般的公正，而是比那些由于普遍性本身而难以克服自身缺点的公正更为优越。"①遵循亚里士多德的实践论的思想逻辑，我们的法哲学应该从立法中心主义走向司法中心主义，从规范中心转向规范的实践②，这也是一个法哲学研究的实践转向问题。但我们要明确，所谓的"实践转向"不是单纯的所谓面向现实，这只是其中一个很简单的方面，法哲学的"实践转向"是一个纯粹的哲学问题，它将使得法哲学的整体面貌发生根本性的变化。

在西方思想史上，伽达默尔是在亚里士多德之后最为强劲地挖掘了他的实践哲学思想的哲学家，伽达默尔首先是一位亚里士多德主义者，其次是一位哲学解释学家，他在诸多方面都受到了亚里士多德的深刻影响，当然他对亚里士多德诠释也是十分深刻的。伽达默尔在探讨实践问题的时候，强调了这样的思想意向："任何普遍的、任何规范的意义只有在其具体化中或通过其具体化才能得到判定和决定，这样它才是正确的。"③孤立存在的普遍法则是毫无意义的，普遍规则在具体情境当中是会发生变化的。"不仅特殊纳入

---

① Aristotle, *Nicomachean Ethics,* Second Edition, Translated by Terence Irwin, Hackett Publishing Company, Inc. 1999. p.84.

② 在亚里士多德法哲学视域中，公平的问题便是规范的实践问题。在他看来，公正是个普遍性问题，而公平则是普遍性与具体性的融合。他所探求与勘察的问题始终不是文本化的，而是生活本身的问题，往大的方面说则是人类实践的问题，而从法律的角度看则是普遍性与特殊性的对接与融合问题。无论是作为法律运用的公平问题，还是作为明智的德性，都属于实践的范畴，而非属于僵硬的理念论范畴。这或许与亚里士多德在形而上学的哲学探求中强调个别作为实体的主张是相契合的，他的形而上学预示了他的实践哲学，这也是他与柏拉图理念论的差异性之所在。"最基础的基底是现实的个别实体。"（邓晓芒：《西方形而上学的命运——对海德格尔的亚里士多德批评的批评》，《中国社会科学》2002 年第 6 期。）当然亚里士多德的个体作为实体或本体的学说在思想史上也受到了批判，比如斯宾诺莎便认为个别事物不是实体，而是一种"有限样态"。参见吴增定：《实体与事物——重思斯宾诺莎对亚里士多德主义的批评》，《世界哲学》2021 年第 1 期。

③ 伽达默尔：《科学时代的理性》，薛华等译，国际文化出版公司 1988 年版，第 72 页。

一般，而且一般也纳入特殊"，而在法律世界当中，伽达默尔强调了大量的具体判例优越于一般性的普遍法则的重要性①。这不仅是法律解释学，而且也应该是架构整个法哲学的基本出发点，因为它包含了关于法的根本思维方式的变迁②。对于具体的强调，在亚里士多德的形而上学当中已经得到了表现，亚里士多德认为所谓普遍的事物是不可能成为本体的，而只有"个别"才可能成为本体，这是一个重要的本体论判定，或许这样的本体论预设恰恰为"情境化"的实践哲学奠定了良好的形而上学前提。在我们对于法哲学的把握当中，如果说我们强调了"实践"的本体论地位的话，那么这种实践本体论与亚里士多德所凸显的"个别"的本体论地位是相互契合的，实践的"情境化"与"个别"的本体论在思想方式上具有异曲同工的思想特征。然而，人类总是具有一种普遍化的冲动，这是理念论哲学的一种智识上的努力，但我们必须为这种普遍化的冲动划定"地盘"，没有边界意识的普遍性冲动注定了对行动世界的伤害。按照亚里士多德对理论理性和实践理性的思想诠释，"普遍化"理念属于理论理性的领域，"普遍化"的努力不能超越自身的存在时空，一旦突破自身的存在边界，那对于人类理性将是很危险的事情。在实践理性主导的法哲学世界中，我们要认真对待的只能是"具体问题"，实践主义的"情境化"是我们不可逃离的思想空间和活动场域。

也许，有人会对"实践情境主义"提出诘难性的问题。如何保证在具体情境当中作出正确的选择？这的确是一个问题。但是，这个问题其实在亚里士多德自身的实践哲学中已经有了答案，那就是实践本身的自成目的性原理，也就是说实践本身就具有一种善的引导的功能。③实践活动不是向外的，

---

① 参见朱葆伟：《实践智慧与实践推理》，《马克思主义与现实》2013 年第 3 期。

② 在思维方式上，它预示了从两极到中介、从规范论向实践论的法学思维方式的转变，它抛弃了采取单一视角看待法律的思维方式，而站在了一种融合论的立场和角度把握法本身及法哲学的理论创新。

③ 德性与实践智慧是相互包含和互为条件的，实践智慧本身包含了德性，而一个人若是没有德性也就不可能拥有实践智慧，只有这样的理解，才能保障善的原理在实践智慧的展开过程中获得实现。参见唐热风：《亚里士多德伦理学中的德性与实践智慧》，《哲学研究》2005 年第 5 期。

而是向着自身的活动，在具体语境中善的牵引将构成我们思考问题的牵引力量，这是实践合理性的重要问题。同时，"情境"本身是问题化的，这就需要实践智慧的介入以保证"实践情境"中问题的合理解决。实践智慧是人类实践活动不可不做出的选择，只要我们承认理论理性的有限性，认同普遍法则的局限性，就必然要迈向实践智慧。一个有实践智慧的人在特定的情境中表现得非常卓越，他必须能够处理在实践语境下的各种复杂性，以及那些难以"公度"的价值系列。"一般而言，一个审慎的行动者就是平衡各种不可通约之善，洞悉可行的行动方略，并以一种适当而适时的方式与他人互动协助的人。"① 法律实践过程中的"普遍与具体"构成了法哲学的一个基本问题，法律形式主义和概念主义的有限性随着人们对现代性的反思已经为人们所认知，法律实践主义的登场已经成为一种需要，实践智慧在法律实践主义的法哲学系统中具有整体性的诠释功能。在一定意义上说，法律实践主义就是迈向实践智慧的法哲学，这是亚里士多德所给予我们的重要启示，但这需要开展进一步的深入诠释，这种诠释工作是创建中国自主性法哲学理论的重要环节。

三、迈向实践智慧：法哲学的融通与理论建构

关于法作为实践智慧的说法，当然不是从定义上所作的诠释，而是一种法哲学的阐释，其所代表的是一种法哲学的思想立场，是一种法哲学的理论建构，是一种看待法律的基本视角。"法的实践智慧"的立场洞悉了法的实践本性，从动态过程而非静态的立场透视了法的运行本性，以规则的运用为中心而非以规则本身为中心展开法哲学的整体布局。这是一种内在于法的本性的立场，是一种实践论的辩证法表达，而作为实践智慧的法哲学则是这种立场的融通性诠释。在亚里士多德的实践哲学当中包含了重要的实践智慧的

---

① 罗伯特·哈里曼：《实践智慧在二十一世纪》上，刘宇译，《现代哲学》2007 年第 1 期。那些能够在行动中判定情势，对事物本身作出良好的判断，并拿出解决问题的策略的人便是真正在"做哲学"的人，其行动自然就是"哲学工作"。

思想元素，这种实践智慧在亚里士多德的表达中已经呈现一种法哲学的端倪，但它的展开还需要作深入的分析和把握。但无论如何，亚里士多德为法哲学研究提供了一种新的理论范式，而这种理论范式需要在与多种思想及问题的融通中加以诠释。

（一）基本场域与主体立场

实践智慧作为一种美德，发端于"普遍和具体"的关系当中，追求对具体问题的恰当解决，这正是"法的本性"的一种呈现。一种卓越的理论必须有自身的基本场域以及在该场域中所包含的基本问题，这是架构理论系统的贯通性线索。普遍与具体的"关系场域"或者说普遍性与特殊性的"关系场域"便构成了实践智慧范式的法哲学的基本场域，这是构建当代法哲学理论的基本出发点。在这种基本场域中既包含了普遍性与特殊性的辩证法关系，同时也包含了实践智慧作为辩证法至高境界的思想原理①。在亚里士多德看来，实践智慧本身具有行动的指向，人类的普遍性知识话语原本就应该具有实践面向，"在有关行动的理论当中，尽管普遍理论的适应性更为广泛；但是往往那些具体的部分原理拥有更大的真理性。由于行为本身是与个别事物有关联的，那么我们的理论就应该与个别事物保持一致性"②。行动的普遍理论和个别事物之间的关系问题就是人类行动的基本场域，也是实践智慧范式的法哲学展开自身理论架构的基本场域。人们普遍性的行动原理，并不能被"当然"正确地运用到具体问题的解决当中，在具体的情境当中到底如何操作完全是个场景化的问题，也就是说，行动者要"该怎么着就怎么着"，顺水推舟，把脉下药，就如同舵手和医生那样，这里没有普遍适用的法则。这自然是实践智慧的展现，而在海德格尔看来，这其实是一种揭示真理的方式，是

---

① 中国古典实践智慧要与马克思实践智慧及西方实践智慧学说实现视域融合，完成自身实践形态与理论形态的内在统一，从而克服理论和实践的对立化。挖掘亚里士多德的实践智慧形态，实现不同形态实践智慧的彼此消融，由此构建当代社会的实践智慧范式的法哲学，而这样的法哲学则会拥有自身恰当的辩证法结构。

② Aristotle, *Nicomachean Ethics*, Second Edition, Translated by Terence Irwin, Hackett Publishing Company, Inc. 1999. p.27.

一种揭示真理的"根本方式"。"判断哪一种揭示真理的方式最为根本，就要看它是否揭示了始点。实践智慧是人的实践行动中揭示真理的方式，人的实践行动的始点和目标都是人生活的善，是好的行动自身。"①正是因为实践智慧本身能够在实践行动中揭示真理，尤其是揭示人的行动的始点，它才可能在具体的实践语境中作出恰当的选择，真正掌握"舵手"和"医生"的智慧。法律实践的核心问题就是如何运用"普遍的行动原理"恰当解决具体的纠纷，而这个过程乃是法哲学基本问题的最为明显的表达，这个过程的展开仰赖实践智慧的登场，而实践智慧需要审慎的主体，需要"认真的人"。

并不是一个人掌握了行动的普遍原理，就能够恰当地解决纠纷，纠纷的解决是一个综合性能力的运用过程，只有那些具有实践智慧的人，才能恰当地给问题以答案。实践智慧是情境化的，"实践智慧所揭示的东西是独特于当下时刻的，或者更确切地说，是独特于作为现在被预期的未来时刻的。但是独特于此刻的东西不适用于下一刻。在每一时刻都要求一个新的判断"②。这种说法自然是有些夸张，但他对"独特性"的强调无疑契合了实践智慧的规定性。我们看到很多人都能够掌握普遍的法则，却无法成为出色的法官，盖在于他们不懂得具体问题的恰当解决的智慧，法律的运用不是一个纯粹理性的问题，而是一个实践理性的问题，当然，这是一个实践智慧展开的过程，是实践智慧不断获得对象化效果的过程。实践智慧不仅能够对具体问题给出恰当的解决方略，而且它还懂得以"正当的方式"解决问题，这好像意味着实践智慧本身所蕴含的"过程的正当性"，实践智慧需要在诠释中不断获得更加丰富的内容和规定性。如果遵循实践智慧的这种思想路径，则实践智慧本身不仅包含了结果的合理性，而且包含了程序的正当性，程序正义和结果正义同时蕴含在了实践智慧的运行过程中，但即便实践智慧本身包含了过程和结果两个方面的合理性，对实践智慧的理解当中仍然不能缺失"人的

① 朱清华：《海德格尔对亚里士多德实践智慧（phronesis）的存在论诠释》，《现代哲学》2009年第6期。
② ［美］罗森：《实践智慧或本体论：亚里士多德和海德格尔》，载聂敏里选译：《二十世纪亚里士多德研究文选》，华东师范大学出版社2010年版，第451页。

尺度"，揭示真理本身的过程和结果仍然需要人的在场。

（二）主体在场与思维转向

正是由于实践智慧所包含的"主体"原则，使得我们对实践智慧的把握可以真正地构成一种辩证法的立场，辩证法不可能离开人及其活动，辩证法本身就是人的活动的辩证法，是人的行动世界中的实践智慧。以实践和实践智慧为概念基石的法哲学本身就意味着一种法哲学思维的转向，实践概念和实践智慧概念并不是知识性的概念把握世界的方式，而是呈现了一种立场转换，而这种立场转换本身就包含了法哲学思维的革命。在现代法治的理论架构中，人们普遍地反对"人治"，以为"人治"会破坏"法治"的正义，然而在实践智慧的视域下，"人治"和"法治"并不是对立的，而是融通性的。法律实践的整个过程都不能离开人的介入，只有具有实践智慧的人，才可能真正恰当地解决问题。我们理应大胆地呼吁"人的在场"，"徒法不能以自行"的简单道理确实是异常深刻的。最深刻的道理同时意味着它的简单性，把知识引向复杂化而使人们陷入繁琐的观点争斗当中，正是"恶的无限性"的表现。实践智慧必然要求人的在场，我们不需要遮羞布。"有实践智慧的人能够分辨，什么是真正的好的，什么是对人不好的事物，而且他能够就当下的情况很好地筹划，以使行动达到最好的结果。……在个别事情上处理得当，为达到某个目标而能很好地筹划的人，人称他有实践智慧；而像伯里克利（pericles）一样运筹帷幄，使城邦富强，也是因为他有实践智慧。"① 实践智慧若是缺失了人的维度，也就不可能称之为实践智慧，实践智慧本就是人的操作，只有人才懂得在具体的场景下恰当地解决问题。

其实，西方人鲜有争论所谓"人治"和"法治"的问题，这个争论在中国语境下表现出十足的劲头，每个人都信誓旦旦地准备投入用"法治"反对"人治"的"大军"当中。当人们根据"人治"的概念对历史指手画脚、横

① 朱清华：《海德格尔对亚里士多德实践智慧（phronesis）的存在论诠释》，《现代哲学》2009年第 6 期。

加指责的时候，并没有想到自身概念的虚拟性。人们没有"看清楚"，就"想来想去"，主观化便在所难免。然而，这是有问题的，也许正是因为过去对"法治"的错误理解，及对"人治"的过度贬低，使得中国法治建设缺失了"人的建设"的维度①，而对中国法治造成了严重的损害。贺麟早就论述过，"人治"不仅不是"法治"的敌人，而恰恰是"法治"的前提②。为什么法理学却总要制造"人治"和"法治"的矛盾呢？思维世界的错误和僵化必然会抑制思想的进步。数十年间，中国的知识话语系统特别强调了唯物辩证法，唯物主义是强调绝对，辩证法则过分强调了对立，"斗争"仿佛成为了人们的学术习惯。于是，"人治"与"法治"的对立就成为了一个难以更改的思维方式。实践智慧是一种融通性的辩证法，它本身具有克服两极思维的思想秉性。只有沿着实践智慧的思想逻辑，才可能具有良好的法律实践，也才会有避免两极对立的"融通式"学术习惯。在当代中国法哲学的建构中，我们完全可以在亚里士多德实践智慧原理的基础上，对实践智慧作出全新的解释，这将有益于生成一种真正契合法律实践本性的法哲学理论。人的"思想世界"的改造，远比对"规则世界"的改造更为重要和根本，法学界将主要精力投注到"规则世界"的建设当中而忽略实践智慧的重要性，这是一种有缺憾的思想和实践路径，需要接受法哲学的批判与反思。

（三）善的原理与实践批判

在亚里士多德的实践智慧中，内在地包含了一种善的原理，这意味着它会演化出批判与反思的功能。善的原理自然意味着一套价值系统的构造，而价值本身往往具有一种评价、反思和批判的功能，就像法学界部分研究者常

---

① 人类的行动世界总是需要"认真的实践者"及"认真的人"，任何行动都不可能离开"人"，"认真的人"会有"卓越的"实践。就行动本身而言"认真的实践者"会创造良好的实践，而对"认真的人"自身则会达到灵魂的"实现"，也就是所谓的"善"和"幸福"。关于"认真的人"问题的论述，参见廖申白：《亚里士多德关于"幸福"原理的"实践"论证》，《上海师范大学学报》（哲学社会科学版）2021 年第 4 期。

② 参见贺麟《文化与人生》（商务印书馆 1988 年版）中的《法治的类型》一文，该文没有任何成见地使用了"人治"和"法治"的概念，并对法治类型的发展进行了简约而深刻的阐释。

常从自然法的价值系统出发对各种法律问题进行批判和反思那样。然而，与实践智慧相契合的价值系统是人们的生活至善牵引着的价值系统，它在于谋求一种好的生活，这样的价值系统自然不会像自然法那样充满片面性，它不会将人们引入到批判之恶当中，而是坚持了生活自身的价值立场，而生活世界正是法的存在论根基。实践是向着自身的活动，整体的善就蕴含在这个活动过程当中①，善不是外在于实践活动本身的一个目标，而是内涵在实践当中的。这样的"善"构成了实践智慧的内在组成部分，善本身是实践智慧的真切把握，善的原理构成了对人类行动乃至一切事物进行反思与批判的前提，掌握了善本身的实践智慧具有一种批判与反思的能力。批判与反思的品性内在地包含在实践智慧的整体性美德当中，慎思明辨作为实践智慧的美德增益了人类批判与反思的能力，因此我们可以说批判与反思是内在地包含在实践智慧当中的。

马克思在论及实践概念的时候，谈到了"批判的"及"革命的"的实践，这或许可以看作是思想的一脉相承，只是其间有着思想表现方式的重要差异。法哲学作为一种理论，它本身就应该是批判的、反思的，植根于实践智慧的法哲学更加内在地蕴含了一种批判和反思的品性。它首先对理论自身进行批判、检讨及反思，但法哲学的批判并不是所谓的观点的批判与反思，而是理论预设前提的批判与反思，观点的批判难以让双方或多方都满意，只有抓住理论前提展开深层次的批判，才可能完成一种法哲学的批判使命，这当然也是实践智慧的体现和表达。以实践智慧为基础的法哲学的批判与反思同时也指向现实的法律实践，当然这种情境下的实践批判与反思已经是在法哲学的理论与法律实践有机统一的内在论立场下的一种批判和反思。实践智慧本身也是辩证法的表现形态，辩证法本身所具有的批判与反思的品性，同时表现在实践智慧当中，也蕴含在作为实践智慧的法的本质规定性当中。实践

---

① 正是由于善的原则的在场，情境主义才不会偏离合理性而导向任意性。实践智慧要求"守住当下"，却不是抛弃普遍性，而是要在普遍性与特殊性之间谋求合理性。在这一点上，中国传统司法中的实践智慧恰恰是实现了的亚里士多德法哲学，这表明了中国法文化与亚里士多德法哲学的契合性。

智慧具有否定性，既包含了对理论的否定，也包含了对行动中谬误的纠正。实践智慧是理论与实践的统一，正是由于这种统一性，它既克服了单纯的理论的局限性，也克服了单纯的实践的片面性，这是实践智慧的辩证本性，也是它能够完成对理论和实践双重批判的重要缘由。当然，在一般的意义上讲，卓越的理论本身具有批判与反思的特质，自我蕴含善的原理的实践本身也具有批判与反思的特征，但只有超越了理论与实践的对立的实践智慧，才可能完成真正慎思明辨的批判与反思。

（四）经验主义与实践创新

在亚里士多德的思想逻辑当中，实践智慧本身具有一种创新的能力，这是凝聚了实践智慧诸多品质的能力①。实践智慧所面对的不是"不变的事物"，而是"可变的事物"，处理不变的事物的法则往往是可以直接被运用的，用一个数学原理去计算一道数学题，这就是普遍法则的简单运用，这在理论智慧中是没有问题的。我们也许可以这样说，一个数学天才并不需要多么深厚的生活经验积累，他的数学创造和他的生活积累可以没有什么关系，就像陈景润那样缺乏生活经验累积的人同样可以在"哥德巴赫猜想"中作出卓越的贡献。但在实践智慧所面对的纷繁复杂的多变事物当中，普遍法则的简单运用已经不可能达到预期的效果，这就必然要求实践智慧的创新。但在政治社会知识的训练和学习及创造方面，则需要深厚的经验积累基础，否则便不可能理解其所面对的纷繁复杂的世界。面对变化多端的世界，没有阅历的人不可能应对自如。实践智慧所面临的是一个经验的世界，经验世界每时每刻都是变化的，变动不居的经验世界决定了实践智慧要经常面对新的经验、新的事物、新的问题，如何解决这些新问题，则是一个创新的过程。人的存在具有经验性的特质，实践智慧必须面对经验而做出创造性的反应，这里可能没

---

① 郑永流曾经探讨过实践智慧的拓新及反思品性。当然他主要是期望通过实践智慧的引入克服事实与规范的紧张关系。"以'践行'应对两者在伦理上的对立，以'反思'解决两者在认识论上的不对称性，形成以'法是实践智慧'为核心命题的打通事实规范的实践法律观。"（郑永流：《实践法律观要义——以转型中的中国为出发点》，《中国法学》2010 年第 3 期。）

有可以复制的法则，很多情况下也缺乏可以复制的经验，经验的新颖性决定了实践智慧的创造性美德。

在法律实践当中，人们经常会遇到一些未曾有过先例的疑难案件，这些个案无法运用简单的规则加以解决，复杂的规则更是徒劳无益，于是人们便只有创新，在创新中实现对于个别案件的恰当解决。实践智慧的创新决不是一个单纯的创新问题，创新是一个综合性的能力，只有那些拥有着卓越、审思、良知、批判与反思能力的人，才可能在新的情境中创造性地解决问题。① 当然，创造同时也意味着"操劳"，在与具体事物打交道的过程中，就是要不断地"操劳"，在"操劳"中实现创新，同时创造出一种新的"可资运用"的经验。实践智慧也是注定需要"操劳"的智慧，任何游手好闲的人都不可能具有实践智慧的主体。因此，实践智慧不是道家的智慧，而是儒家的"做事"的智慧，心灵的"与世无争"的恬淡并不是实践智慧的美德，实践智慧是面向具体世界而采取行动的智慧。当然，这并不否认道家思想对提升实践智慧品质的意义。只有在与人及事物打交道的过程中，才会产生真正的实践智慧，因此实践智慧不可能匮乏一种经验的立场，经验构成了实践智慧的一个储备前提。这也是司法经验主义的一个重要维度，只有经验的，才是能动的，经验的能动性有着内在于生存论的存在依托。而对理性的强调，往往会导致一种构造主义的立场，尽管构造论并非一无是处，但却必须谨慎对待。实践智慧内在地包含了经验，这是法律实践创造性的根本前提，是作为人的主体自身展开创造性实践的生存论基础。

（五）思想融合与理论创新

实践智慧是古希腊乃至整个西方传统的重要思想资源，也是中国文化的宝贵财富，同时也是马克思主义的有机组成部分。亚里士多德思想中固然有

---

① 一个拥有实践智慧的人是"正人君子，但审时度势，灵活多变，道德高尚而决不拘泥于道德教条、规范，也不是机械地套用规则。有实践智慧的人不应仅仅是西塞罗之后所解释的那种恪守道德规范的人。而是对生活以及生活的目标有创造性的，同时是以德性为支柱的实践行为者"。（朱清华：《再论亚里士多德的实践智慧》，《世界哲学》2014 年第 6 期。）

着丰富的实践智慧资源，它对于现代法哲学的构建具有重要的理论价值。但倘若亚里士多德思想中的实践智慧在中国文化中毫无对接的可能性，也就是说在传统中国思想系统中没有任何共鸣的话，则便不可能被中国现代社会所挖掘而构造自身的法哲学系统，因此法哲学的融合是需要有根基和共鸣点的。同时作为实践智慧的思想理论，在马克思那里也有着良好的根基，劳动异化和技术异化正是马克思实践哲学所要克服的人类困惑，它同样构成了诠释马克思法哲学实践智慧范式的重要基础。不同思想谱系中实践智慧的沟通预示着"中西马"的法哲学会通，而在此基点上我们理应生成当代中国的法哲学理论系统。中国当下实践状态中既有传统元素，又有马克思主义的导引，同时还有西方思想的在场，这便构成了基于实践智慧的"中西马"法哲学会通及理论构建的可能性前提。在现代中国社会，以实践智慧为切入点，把握中国法哲学发展的理论脉络，对中国数十年间的法学理论和法律实践进行认真批判与反思，剔除一切假大空的理论话语，摆脱貌似辩证法的法理学的负面影响，认真分析科学主义和理性主义及自由主义对中国法律理论的多重影响，抛弃一切对立化的话语体系；对法律实践进行卓有成效的批判与反思，以认真负责的精神直面中国法治建设所面临的问题，本着对民族国家和人民负责的精神消除一切虚假的法治活动，用实践的反思精神推动中国法治实践的发达；这种工作的完成同样需要一种实践智慧范式的法哲学登场。

但要诠释出一种新的实践智慧范式，除了要自觉接受马克思主义实践哲学的范导之外，必须有着良好的传统文化的依托。我们固然能够在中国哲学及文化中感受到实践智慧的存在，但也必须清醒地认识到，中国文化中的实践智慧由于受到了"实用理性"的干预而表现出更多的功利化和实用化的倾向，这就会损害实践智慧本身所具有的德性的内在规定性，一个貌似道德主义的国度却经常表现为缺乏道德，这恐怕不能说与实用理性没有关系。谋划当代社会的法哲学理论，不能忽略实用理性的存在，却又不得不超越实用理性本身所固有的狭隘性，从而实现传统的现代转换。尽管法哲学的当代建构必须有着自身的传统根基，但今日之法哲学必是现代性的，没有对于传统的超越便不可能发展出当代的法哲学。在我们拯救亚里士多德实践智慧的法哲学并将其与中国法哲学理论架构彼此融通之际，要认识到我们固有的实践智慧本身的卓越价值及其有限性，重塑当代中国法哲学之实践智慧的形态。在关于将实用理性提升到实践智慧的分析中，有学者提出了某种方略："从对日常利益的关切上升到对政治伦理的关切"；"从对'用'的关切上升到对'体'的关切"；"从对经验的关切上升到对理论的关切"；"从对方法或手段的关切上升到对存在意义的关切"。① 尽管其中有的策略未必妥当，比如对"经验"的偏见，但毫无疑问此处所提策略对发展当代中国实践智慧的法哲学理论具有重大价值。重塑实践智慧对于包括法哲学在内的所有思想领域的发展以及中国法治行动将是十分有益的。② 这需要一种综合性的实践智慧诠释，在与法的内在本性契合的前提下，使中国法哲学走向实践智慧范式③，从而超越当下中国法理学所存在的各种话语形态④；同时在实践智慧范式引导下的中国法治也必然会呈现一种"实践合理性"的总体风貌，它将克服任何形式的教条主义。以实践智慧为依托，创建属于中国自己的法哲学理论，在正确的法哲学引导下才可能提升中国法治实践的质量。

---

① 俞吾金：《从实用理性走向实践智慧》，《杭州师范大学学报》（社会科学版）2014 年第 3 期。

② 实践智慧的研究应该是全方位的，有学者总结了现代西方学界对实践智慧的挖掘主要呈现四种进路，即伦理学进路、存在论及诠释学进路、修辞学进路、后现代进路。参见刘宇：《当代"实践智慧"问题研究的四种进路》，《现代哲学》2010 年第 4 期。不管这种概括是否全面或精当，实践智慧的多维度研究都是十分必要的，具体到当代中国则在挖掘西方实践智慧传统的同时，还需要认真对待中国古典实践智慧及马克思的实践智慧。

③ 在这个过程中，自然是少不了做一些创造性的诠释工作，我们不必认为世界上只有亚里士多德一种实践智慧范式或者其他的某种范式，依据于当代实践语境需要生成中国自身的实践智慧理论。阿伦特在对实践及实践智慧的诠释中，就走向了一条独特化的道路，不过"公共领域"的设定使她强化了实践智慧的政治意义，但她的理论诠释却是颇有启发的。参见马万东：《实践智慧（phronesis）与"技艺"（techne）之喻——由亚里士多德引发的现代思考》，《现代哲学》2007 年第 1 期。

④ 任何一种理论话语都必然是现实性和理想性的统一，但其理想性却并不能游离于文化传统的现实性之外，而必须在传统中有着自身的存在根基，否则理想性就变成了不可能性。近些年争论的法教义学和社科法学正是实践智慧范式的法哲学所要超越的理论形态，法教义学固然有着美好的规范化和理性化追求，但却缺乏中国自身的传统支撑，社科法学倒是契合了中国的传统精神，但却缺乏理论的内在性结构和统一性构成，终究不能将自身生成为一种自主性的法律理论，不过作为一种法学研究进路则无疑是成功的建构，对法学学术和法律实践具有诸多裨益。

第三节　从马克思实践观到法哲学的理论宣言

马克思并没有要建构一种法哲学的体系，但他却有着非常重要的法哲学思想。马克思法哲学思想的融通则呈现了一种高远宏大的气魄，并且具有"一般法哲学"的内在架构，对现代法哲学发展的理论突破和精耕细作都具有重要意义。他的法哲学是在批判中逐步生成的，其本身就具有批判性品格，这与他整体的哲学精神是相契合的。他的法哲学隶属他的实践哲学，是他历史唯物主义的有机组成部分，与他的政治经济学关系密切。这是我们要从马克思思想总体上诠释其法哲学的重要理由，但这并不意味着他的法哲学就不具有独立性，他的法哲学足以与其他诸多西方法哲学形态相媲美。在他的法哲学整体架构中，贯穿了一种实践主义的思想意蕴，他的法哲学的实践观在人类思想史上占据重要地位，构成了实践哲学发展的一个环节。当代中国要架构自身的法哲学，不能离开马克思的法哲学，不能不考虑马克思的实践论立场。早期马克思的法哲学承继了启蒙法哲学的"理念论"。随着他对生活实践的关注以及对市民社会和经济学研究的深入，马克思超越了启蒙的现代性法哲学，逐步生成了实践主义的法哲学。马克思实践概念不仅包含了认识论维度，更为重要的是包括了本体论维度，正是这一本体论维度使得马克思的法哲学完成了实践论的根本转向，实现了法哲学思维范式的重大变革。马克思的实践概念深刻地蕴含了本体论的道德维度和人本学向度，使得其法哲学内在地包含了一种批判和反思的功能，同时也使得他的法哲学对包括私有财产在内的法权批判体现了一种实践辩证法的精神。马克思的实践概念本身构成了创建中国法哲学的重要理论基础。

一、实践立场：启蒙法哲学及其超越

在马克思之前，欧洲经历了一个伟大的启蒙时代。在人类进入 19 世纪之前，这个时代的工作已经基本完成，科学和理性精神成为了新时代的主旋

律和政治正确的标尺，以自由和平等为主导的现代性价值得到了前所未有的阐发和弘扬。"启蒙"成为了那个时代的精神，构成了一切事物先进性的标志，人类的进步完全被寄托在启蒙这一伟大的理念之上。康德曾经这样描述"启蒙"："启蒙运动就是人类脱离自己所加之于自己的不成熟状态。不成熟状态就是不经别人的引导，就对运用自己的理智无能为力。当其原因不在于缺乏理智，而在于不经别人的引导就缺乏勇气和决心去加以运用时，那么这种不成熟状态就是自己所加之于自己的了。Sapere Aude！要有勇气运用你自己的理智！这就是启蒙运动的口号。"[①]或许，康德的理解是启蒙时代对"启蒙"的最为深刻的把握，同时又包含了对启蒙本身的某种反思。启蒙运动所呈现的精神价值是前所未有的，启蒙并不仅仅是一种"口号"，而是一种切实的行动。尤其在当时的政治文化领域中，启蒙的理念和行动对于推进新时代的发展产生了重要的形塑力。正如康德所论及的那样，启蒙的确是与人本身的成熟不可分割的，没有理智的运用是不可能有成熟的。对于自由、平等、权利等现代性价值的理解同样需要一种理智的运用。缺乏运用自身的理智的能力，也就难以理解启蒙运动的真正精神。在这样的前提下，启蒙是和人本身——包括人自身的理性和自由尊严密切相关的，否则只是高喊启蒙的口号，是难以真正进入启蒙的成熟状态的。

启蒙时代的精神孕育了那个时代的法哲学。洛克、卢梭、康德都有着非常重要的法哲学思想，以自由主义和权利主义为主导的法权哲学构成了对"人作为人"的哲学沉思。[②]"人作为人"的尊严第一次在人类的法哲学思想中获得明确的表达，这是一种给人以鼓舞的思想系统，因此我们可以将其称

---

① ［德］康德：《历史理性批判文集》，何兆武译，商务印书馆 1990 年版，第 22 页。

② 然而，法权本身对于确立人的尊严仍然是不够的，作为人而言必须能够实现为自身立法。"从'自然法则'转移到'自然法权'（自然权利），使之从一种外在束缚的法规引申为一种内在自由的自身立法（自律），从而归结到道德上来。康德把外在法律视为引向内在道德的一个桥梁，并在其中运用了第三批判中的'反思判断力'的原理，使自然法则成为道德法则的一个'模型'（Typus），把传统道德建立于法律之上的模式颠倒为将法律建立于道德之上的模式，具有革命性的意义。"（邓晓芒：《康德论道德与法的关系》，《江苏社会科学》2009 年第 4 期。）

为"启蒙法哲学"。这又是一种开创了"现代性之流"的精神价值系统，因此我们也可以将其称为"现代性法哲学"。自由主义思想的背后是"人"的问题，这个"人"不是抽象的人，而是具体的个人。自由是要落实到具体的个人的身上，而不能只是抽象地加以表达。自由当然要体现人的生命和尊严方面，也要体现在人的财产权上，在财产权上凝结了人的自由和尊严。那个时候流行一种法权话语，叫作"私有财产神圣不可侵犯"。为什么财产能够是神圣的呢？这自然是因为有"人"的缘故，有尊严、有人格，才可能称得上神圣性，因此财产在本质上不是物化的产品，而是人的精神的集中体现。所以，一个人侵犯了另一个的财产，那便是侵犯了另一个人的人格尊严。如果我们不能把对财产的理解提升到真正的人的高度，那便是没有原则的，没有"原则高度"的财产权理解，就不可能洞悉财产权的本性。启蒙时代是一个卓越的时代，它在精神上开创了整个现代性的先河。即便在当代社会"启蒙"的"现代性"依然是一种"未竟的工程"。启蒙的法哲学在其精神价值上构造了后世的法治精神和诸多优良的制度，它与近代政治哲学融通而对现代政治制度产生了极强的构造力，是我们思考和把握现代性制度的根本性思想前提。

马克思作为启蒙后的哲学家，自然不可能不受到启蒙思想的深刻影响。以自由而言，青年马克思的思想中，自由是神圣的，是普遍的，是"理性的普遍阳光所赐予的自然礼物"。这种对自由与理性的理解显然是承接了启蒙时代思想家们的理解，把自由看作某种精神，这种精神是理解人本身，乃至制度等各种现象的根本前提。"自由确实是人的本质，因此就连自由的反对者在反对自由的现实的同时也实现着自由；因此，他们想把曾被他们当作人类本性的装饰品而屏弃了的东西攫取过来，作为自己最珍贵的装饰品。没有一个人反对自由，如果有的话，最多也只是反对别人的自由。可见，各种自由向来就是存在的，不过有时表现为特殊的特权，有时表现为普遍的权利而已。"①在这个时代的马克思观念中，自由是人的本质规定性，它本身构成对

---

① 《马克思恩格斯全集》第1卷，人民出版社1995年版，第167页。

现实世界进行批判的武器。启蒙思想家张扬了自由理性的本质规定性。自由应该是每个人的普遍规定性，而不能成为个别人的专利。一旦自由与金钱结合到一起，自由就失去了作为人的本质规定性的特权。把"自由"作为一种"自我意识"或抽象的"理念"，并用这种理念对现实的制度本身进行猛烈的批判，是此时马克思思想展现的一种方式。他曾这样批判当时的报刊制度："自由报刊的本质，是自由所具有的刚毅的、理性的、道德的本质。受检查的报刊的特性，是不自由所固有的怯懦的丑恶本质，这种报刊是文明化的怪物，洒上香水的畸形儿。"①自由是启蒙精神所公认的普遍价值，从普遍价值出发对具体现象的批判体现了马克思当时思想中"理念的力量"，理念若是一个时代的普遍法则，自然应该具有批判的功能。公认的卓越价值具有批判的本性，也具有批判的权利。"新闻出版自由本身就是观念的体现、自由的体现，就是实际的善；而书报检查制度是不自由的体现，是假象的世界观反对本质的世界观的一种论战，它只具有否定的本性。"②在马克思对现实德国制度的批判中，他将英法作为进步的样板，将启蒙所确立的"理念"作为普遍真理的前提，这便是马克思法哲学所具有的启蒙的现代性前提。③

尽管马克思在青年时代承继了一种卓越的启蒙理性精神，但在对各种现象和问题的分析中，马克思从一开始就体现了一种"现实的"指向。正是由于马克思对于现实的关切，抽象的理念批判才是可能的。抽象的理念批判与对现实的关怀始终都是统一到一起的，即便是在马克思中后期思想系统中，人本学的理念也并没有消失，而是获得了一种更加殷实的基础。因此，马克思不是抛弃了启蒙法哲学的思想理念，而是超越了这一重要的自由主义思想传统，他赋予了启蒙法哲学的价值系统以现实的生命力。马克思在《莱茵报》工作期间就表达了强烈的现实主义精神，批判的动力不是来自抽象的原

---

① 《马克思恩格斯全集》第 1 卷，人民出版社 1995 年版，第 171 页。

② 《马克思恩格斯全集》第 1 卷，人民出版社 1995 年版，第 166 页。

③ 关于马克思对启蒙运动所开创的现代性法哲学及其批判，参见武建敏：《马克思对现代性法哲学的批判与超越》，《法学杂志》2011 年第 1 期；武建敏：《马克思法哲学的经济学前提及其超越》，《河北大学学报》社会科学版 2011 年第 4 期。

则，而是由于他对现实的真切关怀。而在马克思对黑格尔法哲学进行批判时期，他的现实的、实践的立场有了更为明确的表达，① 这体现在他对"市民社会"的深刻研究之中，表达在他对"人的本质"重新规定当中。"对宗教的批判最后归结为人是人的最高本质这样一个学说，从而也归结为这样的绝对命令：必须推翻使人成为被侮辱、被奴役、被遗弃和被蔑视的东西的一切关系。"②对宗教的批判使得马克思回到了真正的现实世界，回到人所栖居的世界，这种现实的立场蕴含了一种真正伟大的实践关怀。一个对现实缺乏真切关怀的人，不可能生成实践指向的伟大思想。"人不是抽象的蛰居于世界之外的存在物。人就是人的世界，就是国家，社会。"③理念的批判固然重要，但随着马克思对市民社会和现实制度了解的深化，他意识到不能将对人本身的理解概括为抽象的精神规定性。尽管这一人文主义的向度是永远都不可能缺失的，④ 但现实的生活实践才是真正把握人及其各种价值系统的根本切入点，这自然是一种伟大的实践指向。

马克思不是一个学院派的学者，而是对现实有着深沉关怀的哲学家。除了对德国制度和意识形态进行实践批判之外，他还深入地研究了经济活动，正是在对经济学研究的基础上，他又一次超越了启蒙运动的"现代性法哲学"。启蒙运动的诸多理念和法权观念的强化是与经济的交换领域密切相关的。人们在交换领域当中能够充分地感受到自由、平等的理念所具有的现实价值，这便强化了启蒙思想家对这些法权观念的重视。然而在马克思看来，一旦我们对现实问题的认识深入经济活动的生产领

---

① 马克思在对黑格尔法哲学的批判中，深刻揭示了黑格尔思想所具有的神秘性，批判了黑格尔从国家到家庭和市民社会再到国家的精神演绎所具有的"逻辑学的、泛神论的神秘主义"。(《马克思恩格斯全集》第3卷，人民出版社2002年版，第10页。) 张双利论及道："其神秘性就在于，它不是直接从现实出发，而是借助于思辨的思维，把如此的现实当作现象，当作是由于那更加根本的精神的中介所产生的现象。"(张双利：《再论马克思对黑格尔法哲学的批判》，《哲学研究》2016年第6期。)

② 《马克思恩格斯选集》第1卷，人民出版社2012年版，第9—10页。

③ 《马克思恩格斯选集》第1卷，人民出版社2012年版，第1页。

④ 共产主义理想本身作为一种具有实践合理性的伟大制度设计，其本身就具有崇高的人文主义关怀，这同样体现在其对人的自由的理解和把握当中。

域，① 问题马上就变得不一样了。单纯的交换领域的自由在生产领域就变得不自由，交换领域为人们所信奉的平等的理念在生产领域当中也是难以实现的。马克思对"生产"的分析揭示了资本主义经济交换领域所具有的欺骗性，在这个意义上"生产"构成了一个批判性的概念，但这依然需要洞察力。当进入资本主义经济领域深处的时候，马克思运用了另外一个重要的批判性概念，这便是"资本"。通常的人们只是看到了"资本"所具有的升值的功能，却很难看到它的经济学批判的功能与作用。正是由于资本的运动规律，使得工人阶级变得毫无自由，他不得不出卖自己的劳动力，他也不得不以资本家开出的价码出卖自己的劳动力。正是由于马克思对"生产"和"资本"的剖析，使得马克思更进一步完成了对启蒙法哲学的法权理念的批判。马克思在一开始就不是一个纯粹的、单纯的启蒙主义者，他超越了启蒙主义的理念论，使自身的立场转向了现实的、实践的方向，这个重大变化构成了马克思法哲学实践观得以建立的基本前提。

二、马克思实践观：法哲学的革命

过去很长一段时间内人们对马克思实践概念的理解都是遵循了"哲学认识论"的基本理路，也就是把"实践"看作认识论的概念，看作认识的基础，从而仅仅具有认识论的功能。无论是"实践、认识、再实践、再认识"，还是"实践是检验真理的唯一标准"，在根本上都是一个认识论的概念，而不具有本体论的内涵，并未真正把握实践概念的深层次思想内涵。有学者在对马克思实践概念的文本梳理的基础上，作出了这样的概括："第一，马克思实践哲学的本质是生存论的本体论，马克思的实践概念本质上是'本体论解释框架内的实践概念'。第二，马克思扬弃了亚里士多德和康德关于两种实践的观念，把实践概念理解为一个涵盖人类全部社会生活的统一的概

---

① 马克思的实践概念包括了重要的"生产劳动"领域，此处他对于"生产"的重视，已经足以表明他的法哲学观所内在包含的实践转向。

念，这样一来，人的各种活动就不再处在离散性的状态下。第三，马克思把亚里士多德和康德的两种实践的观念改造为同一个实践活动、尤其是生产劳动的两个不同的维度。第四，生产劳动构成马克思实践概念中的基础性的层面。因此，对马克思的生产劳动概念首先应该从本体论而不是认识论的角度加以把握。如果也需要从认识论的角度来理解马克思的实践概念的话，那么这种理解必须以马克思的生存论的本体论维度作为自己的前提，否则就会迷失方向。"① 把实践概念仅仅局限在认识论的维度，马克思的法哲学就无法展开，也就不可能被称为"实践的法哲学"。马克思法哲学具有一种内在的实践观，正是在本体论的维度上才可能对其进行实践论的法哲学诠释，否则就不可能生成以"实践概念"为主导的法哲学系统。当然，这样的理解和马克思的整个哲学精神是关联在一起的。马克思的哲学之所以被称为实践哲学，也不是因为认识论意义上的实践概念作用的结果，② 而是由于本体论和生存论意义上的实践概念进行思想奠基的自然结果。这是理解和把握马克思法哲学的实践观所必须遵循的基本思想前提，也正是实践概念所内在具有的本体论维度，使得马克思的法哲学真正地实现了一种思维方式的革命。

在马克思以前的哲学思维形态中，唯心主义和唯物主义处在一种对立化的状态，"两极思维"是许多哲学论辩的重要原因。诸如中世纪"唯名论"和"唯实论"的论争，就是一种对立化的思维所导致的理论结果。即便是在法哲学领域中，也在某种程度上存在着这种对立化的现象。即令是在启蒙时期的思想家当中，也存在着"理念论"的法哲学和"环境论"的法哲学的并存现象。尽管在两者之间并没有引发激烈的学术争论，但也足以说明在人们的思想世界中对问题的认识存在着根本相异的思维方式。马克思在《关于费

---

① 俞吾金：《如何理解马克思的实践概念——兼答杨学功先生》，《哲学研究》2002 年第 11 期。
② 这里当然主要是牵扯到了对生产劳动概念的理解。我们可以看到，不仅国内的诸多研究者，而且还有像阿伦特和哈贝马斯对马克思生产劳动的理解都难以摆脱认识论解释框架的束缚。参见俞吾金：《如何理解马克思的实践概念——兼答杨学功先生》，《哲学研究》2002 年第 11 期。

尔巴哈的提纲》中宣布了新世界观的诞生，他以实践概念中介了传统唯物主义和唯心主义之争，确立了新的哲学世界观的思维方式。[①] 在这篇经典文本中，马克思不是简单地调和了唯心主义和唯物主义的对立，而是彻底消解了两者的对立。正是这个实践概念所具有的本体论意蕴，才使得消解唯心主义和唯物主义之间的对立成为可能。这是一次重要的哲学思维范式的革命，也是一场法哲学领域的变革。马克思划清了自己和旧唯物主义的界限，并为新唯物主义或者说历史唯物主义奠定了思想前提，这自然乃是实践概念的意义。尽管人们一般不将黑格尔归入到启蒙的法哲学当中，但黑格尔的法哲学无疑具有启蒙主义的卓越精神。他关于抽象法的研究充分表现了黑格尔所具有的启蒙精神，无怪乎在马克思的观念中德国哲学已经与时代同步，黑格尔用哲学把握了真正的时代精神。马克思对黑格尔是承接的，但也是批判的。马克思对黑格尔法哲学以及整个德国意识形态进行了深刻的批判。由于马克思彻底的实践论立场，使其能够真正地揭示黑格尔思想唯心主义的本性。马克思不仅完成了对黑格尔的批判和超越，而且也完成了对黑格尔主义者的批判。在这里，实践论立场的介入是根本性的，从概念辩证法向实践辩证法的转向，从意识哲学到实践哲学的超越，从观念批判到实践批判的飞跃，正是实践概念所具有的批判与超越双重功能的体现。这真正完成了马克思"实践的法哲学"的理论奠定工程。

　　众所周知，亚里士多德的实践哲学在西方哲学史上具有奠基性的作用，他的实践概念对后世社会产生了巨大影响。而马克思的实践概念具有与亚里士多德思想的契合性，普遍与具体的关系问题便是他们之间的一个重要融通点。在亚里士多德看来，人类的行动中固然存在着普遍性法则或者说普遍的原理，我们可以将其称为"形式"，而现实的行动或实践本身则往往是充满复杂性的，它缺乏人们所期待的那种确定性，这可以看作是现实世界中的"质料"。当"形式"遭遇"质料"的时候，我们自然不可能用形式化的普遍原理吞噬具体生活世界的多变性，而只有实现两者之间的协调平衡，才可能

---

① 参见《马克思恩格斯选集》第 1 卷，人民出版社 2012 年版，第 133 页。

作出恰当的选择①。这是亚里士多德实践论思维方式的重要切入点，是实践概念所呈现的辩证法属性。而马克思在关于普遍与具体的关系问题上与亚里士多德保持了内在的一致性。"在将来某个特定的时刻应该做些什么，应该马上做些什么，这当然完全取决于人们将不得不在其中活动的那个既定的历史环境。"②这当然是马克思实践哲学所表现的辩证思维，也是马克思对实践概念最为深刻的具体主义思想的阐发，这当然更多地凝结了马克思对普遍主义和理念主义的批判。马克思在任何情况下都反对教条主义的思维倾向，反对将原则和生活对立化的倾向，反对把具体生活抽象化的理论导向。这种哲学立场，对于深刻诠释马克思的法哲学具有重要价值。

尽管马克思本人并没有明确表示自身的法哲学是"实践的法哲学"，但他的法哲学及其整体理论所具有的实践意蕴，正是我们诠释他的法哲学的实践主义原理的根本出发点。我们不能仅仅根据马克思只言片语的法律话语去诠释他的法哲学思想，而必须深入他的整个思想系统中全面揭示其法哲学思想的真实意蕴。马克思不是书斋中的学者，而是以实践为导向的思想家，其法哲学也就必然表现为一种实践的转向，这是对历史上任何抽象话语的法哲学的反对。因此，实践概念不仅赋予了马克思的哲学以批判性的功能，同时也赋予了马克思的法哲学以批判的属性。马克思的法哲学不仅是对以往意识法哲学的批判和超越，而且是对于任何抽象原理的批判，是对用抽象原理解决现实问题的理论的批判，也是对用抽象原理解决现实问题的行动的超越。这就必然使他的法哲学具有一种辩证法的属性，而辩证法本身也是批判的。同时也使得他的法哲学具有一种情境主义的特征，这是在普遍与特殊之间所表现的一种内在于实践的思维方式，是实践论思维方式的一种法哲学应用。而这种实践主义的思维方式意味着实践智慧的登场。实践智慧本身就是一种融通性的思维，它将自然地超越理论与实践的对立。也只有站在实践智慧的立场上，才能实现哲学思维方式的彻底转变，以及法哲学思维的真正革命，

---

① 这是亚里士多德实践概念所透视的普遍与具体的关系问题，由此必然导向实践智慧。参见苗力田主编：《亚里士多德全集》第八卷，中国人民大学出版社 2016 年版，第 29 页。

② 《马克思恩格斯选集》第 4 卷，人民出版社 2012 年版，第 541 页。

这仍然需要深度的研究和探索。

　　顺应着普遍与具体的实践哲学理路，深刻把握实践智慧的思想意蕴，在此基础上将为我们呈现理论与实践关系的辩证法状态。过去人们习惯于用"理论联系实际（实践）"的话语表达自身的所谓辩证法追求，然而这是有问题的，这种思维的前提仍然是在理论与实践相分离的框架内让理论去联系实践，这在根本上仍然属于马克思所批判的"意识哲学"。在我们的法哲学领域中也是如此，人们常讲"理论和实践"的辩证关系，最终却总是用理论淹没了实践，或者用实践淡化了理论，这都是一种对立化的思维方式。根据亚里士多德和马克思对普遍与具体问题的深刻阐释，只有站在真正的实践辩证法的立场上，才可能实现思维方式的彻底变革。亚里士多德反对理论在具体语境下"指手画脚"，马克思也反对用理论裁剪现实的实践，其哲学理论就是要在实践中消解自身，只有消解了自身，才能彻底地实现自身。马克思思想中具有一种情境主义的智慧特征，他反对对共产主义作具体的设计，普遍的原理只能是粗略的，而不可能是精确的、不变的，不变的理论会演化为一种教条主义而失去其对实践的积极功能。"理论可以引导人类的实践，但不是机械地决定在每一情况下应该做什么，因为实践本身总是具体的，需要具体的实践知识。理论虽然提供了实践的指导原则，但不能取代具体的实践知识。"①这种实践知识当然就是实践智慧本身。它既包含了理论的元素，也包含了实践的原则，但它在本质上是实践的，是面向问题的，而非抽象的、原则化的普遍知识。实践智慧的运用本身就是情景化的，特定的语境是进行有效判断的前提，是实践智慧恰当地解决问题的前提保证。实践智慧趋向于对问题的恰当而有效的解决，其中自然包含了目的性的引导。实践智慧的运用与技术之知的运用是完全不同的，技术之知的应用是可普遍化的、可重复性的，而实践智慧的应用则是具体的，它虽然具有一种经验借鉴的属性，但从根本上讲它是一种具体化的智慧范式。

　　根据实践论的法哲学范式，法的基本问题应该是普遍与具体的关系问

---

①　邵华：《马克思与实践智慧》，《马克思主义与现实》2013 年第 3 期。

题，而实践智慧范式的引入，彻底地在思维方式上消解了普遍与特殊的对立，使其走向真正的融通。实践智慧也是一种融通式的智慧。马克思的法哲学是一种革命性的法哲学，但他并没有去具体地分析微观的法哲学问题，然而他却以其卓越的智慧为我们透彻地把握法及法哲学的本性提供了思想的引导。到底是从抽象的法权去理解和建构法哲学，还是从实践主义的立场去架构法哲学的理论体系，这是马克思思想所揭示的重要问题，也是我们今天需要认真反思和把握的深刻问题。实践论的思维方式，应该构成马克思主义法哲学的基本思想前提。然而要想真正地实现思想的彻底解放和变革，我们还需要引入一种彻底的经验主义立场。在真实的理论与实践的关系当中以及普遍与具体的关系当中，若没有"彻底经验"的立场，对问题的理解和把握可能会显得空泛。因此，重新诠释马克思主义法哲学，必须借鉴世界上各种思想流派的具体原理，在有效融合各家思想所长的基础上真正地实现理论的融通，其中彻底的经验主义就是其宝贵的思想资源。由于彻底经验主义与法本身的内在契合性，也使得马克思主义法哲学在实践论基础上建构自身的时候，很容易将其有机地融入自身的思想系统当中。迈向一种融通性的实践智慧，是马克思主义法哲学实现与中国文化传统及世界各种思想理论对接的基本前提。不要再沉迷于教条主义的幻想当中，要用行动诠释真正具有自主性的法哲学的诞生。

三、马克思的实践立场：法哲学人本学向度的回归与超越

青年时代的马克思的法哲学充满了人本学的色彩，这自然是深受启蒙思想锻造的结果。随着马克思对市民社会和经济领域研究以及现实实践活动研究的深入，他澄清了自身早期法哲学中的"意识哲学"的元素，而实现了实践论的法哲学转向。然而，马克思并未抛弃他早期法哲学思想中的"人本学"维度，那种理念的法哲学中所蕴含的关于人的一切合理性在新的基点上获得了崭新的发展，这可以被理解为在回归中超越的过程。这个新的基点就是实践概念，或者说就是马克思的实践哲学。实践概念不仅具有认识论的维

度，而且还具有本体论的维度。在单纯的认识论维度中，我们所能看到的只是实践概念所具有的"生产劳动"中所包含的"人与自然"的关系，① 这样实践概念容易导致对人的主体性的强调。而在对主体性的强调过程中，真正的"人本身"可能恰恰就给丢失了。征服自然和改造自然以便为"人"服务，成为了这种实践所具有的根本特质。这让人们产生了诸多的理性的狂妄，这种狂妄可能表现在一切方面，在自然面前的"耀武扬威"传递到了人类社会，改造和征服社会也就成为了那些所谓理性的人的坚定信念，法治领域的构造主义或许也与这样的狂妄是息息相关的。对实践概念的误读，牵累了人类自身的存在，让人类迷失了自身的存在方向。理性的狂妄必然导致人类行动的僭越，当然这也是理性的僭越。超越实践概念的认识论局限性，这在马克思的哲学中早就已经完成。但由于我们习惯于将哲学思维局限在物质本体论的"得意洋洋"当中，而遮蔽了马克思思想本体论的生存论和实践论的维度，这是一个必须获得澄明的问题。

实践概念的本体论维度是关于人本身的存在问题。"生产劳动"固然包括了人与自然的关系，并因此使得人的实践活动表现出对于自然的改造活动，但如果缺失了人的向度，人类改造自然的活动就会演化为一场灾难。这就自然要在"生产劳动"中引申出"人和人"的关系，人的关系内在地包含在生产劳动当中。关于实践的本体论问题，同时也是关于人的存在的本体论问题。在 20 世纪特定阶段的中国哲学话语中，哲学家们所强调的是"认识论"、"逻辑学"和"辩证法"的统一问题，这个统一性问题成为了哲学研究中最为根本的话域。关于实践的本体论问题被搁置了，人们反复陈述的"物质本体论"实际上是与人毫无关系的问题域。于是，能够体现"人文关怀"的人本身的问题被淹没了，关于"人的尊严和自由、人的权利和责任、人的

---

① 在马克思的思想探索中，人与自然的关系依然是人类实践活动的前提，但是缺失接受的合理控制和调节的关系。"这个领域内的自由只能是：社会化的人，联合起来的生产者，将合理地调节他们和自然之间的物质变换，把它置于他们的共同控制之下，而不让它作为一种盲目的力量来统治自己；靠消耗最小的力量，在最无愧于和最适合于他们的人类本性的条件下来进行这种物质变换。"（《马克思恩格斯文集》第 7 卷，人民出版社 2009 年版，第928—929 页。）

关系和异化等则完全被边缘化了。与此相应的是，本体论、政治哲学、伦理哲学、法哲学和宗教哲学方面的研究也被边缘化了"①。在这样的前提下，马克思的法哲学仅仅成为表达"法的阶级性"的简单话语。除此之外，再没有任何更深层次的法哲学思想，至于人的自由与权利，以及自由与责任等重要的法哲学话题被抛弃了。马克思主义法哲学成为了某种工具性的存在。只要我们对实践概念的理解不能摆脱"生产劳动"的"物化"局限性，就不可能彻底地实现思维方式的革命，而将对法哲学的沉思放到对"人本身"的哲学思考当中。"实践概念"在马克思的整体思想中，天然地具有"人本学"的向度。实践概念本身的"人学向度"是向法哲学、伦理学和政治哲学敞开的思想系统。只有立足于"人学向度"的实践概念，才可能建构其真正符合马克思思想风貌的法哲学、伦理学和政治哲学，真正地属于人本身的存在问题才能够放置到法哲学、伦理学和政治哲学的思想体系当中，这样的法哲学将不再是阶级工具的抽象叙述，伦理学将不再是毫无意义的道德说教，政治哲学将不再是抽象的教条主义。我们对于马克思法哲学的研究没有终结，而是刚刚开始，一个崭新的具有"人学向度"的法哲学将逐步呈现在人们的面前。关于自由与责任及权利问题的深沉思索，将引导中国法哲学、伦理学和政治哲学向纵深扩展，一个向其他各学科敞开的马克思主义法哲学系统必将日益成熟。我们应该将马克思基于实践概念的"人学""生存论"向度作为基本的思想前提，这是一个原则问题。我们需要深入马克思的文本学研究当中，去创造马克思主义法哲学的敞口的思想系统，马克思的任何一个文本都处于敞口的状态。

马克思在对"劳动"实践的探讨中，揭示了"异化劳动"的本质，洞察了"私有财产"的本性，我们也可以从中"观照"到马克思法哲学的人文关怀。在既往的马克思主义法哲学研究中，人们很少去触及这个重要的理论问题。马克思是一位历史唯物主义者，他对私有财产决不是简单地否定和抛弃，而是一种合理的"扬弃"。首先他对一定历史条件下的私有财产制度是认同的，

---

① 俞吾金：《如何理解马克思的实践概念——兼答杨学功先生》，《哲学研究》2002 年第 11 期。

这个认同的理论前提就是他的历史唯物主义哲学。马克思曾经认为人类社会的发展分为三个历史阶段，即前资本主义社会的人的依附性阶段，资本主义社会以物的依赖性为前提的人的独立性发展的阶段，未来社会中真正的人的自由得以实现的历史阶段。当马克思表达这种思想的时候，他实际上已经认同了在人类社会发展的第二个阶段上私有财产的合法性。他明确地论及了对"物"的依赖性，这当然也应该包括作为私有财产的"物"的存在，否则我们就不可能理解作为对这个问题进行分析和把握的前提的"资本主义社会"本身。即便是在马克思对"私有财产"的法权分析中，我们也不是简单地看到马克思对资本主义制度的厌恶，而是能够深刻地体会到关于"人的独立性"问题所折射的人文主义关怀问题。这是一个超越于一般道德立场的关怀，是一种超越于一般的道德实践的理论认知，他站到了真正的人的高度。这一"原则高度"构成了马克思法哲学思想向度的重要内容。

然而，这还不是足够的理论认知，在真正的实践论"人学"的基础上，马克思开启了对于私有财产的法权的批判和超越。在未来的共产主义社会中，理应实现对"私有财产"的扬弃，真正让人占有人本身。私有财产的发展推动了人的独立性的实现，让人从依附性的存在获得了独立性的发展，但是私有财产的存在同样难以消除人类社会的不平等。只有扬弃私有财产本身，才可能真正实现对人本身的占有，人的自由——真正的自由的实现才是可能的。马克思的法哲学不是仅仅停留在对于法权本身的反思和评判的基础之上，而是要站在一种更为深邃的历史唯物主义哲学的高度，站在人本身的高度对其进行判定，这样所生成的对于私有财产的认知，才可能是完整的。无论是马克思的法哲学，还是亚里士多德的法哲学，其实践概念都强调了"实践"概念所具有的向着"人本身"的深刻属性，但是马克思是站到了真正的人类平等主义的立场对于"人本身"的把握。而亚里士多德则并非一种真正平等的关怀，那些奴隶们只能去从事缺乏"实践属性"的"制作活动"了，甚至连"制作活动"都没有资格参加，而只能从事繁重的体力劳动。马克思实践概念的人文关怀高于一般意义上道德实践所具有的"人学向度"。

正如亚里士多德的实践概念具有一种道德伦理实践的维度，从而使得人

类的活动成为真正向着"人本身"的活动一样，马克思的实践概念同样具有
一种价值牵引的基本维度。亚里士多德的实践概念的逻辑发展必然走向实践
智慧，而马克思实践概念的逻辑发展则必然是融通了实践智慧的实践合理
性，道德伦理维度的介入是导致实践概念呈现一种总体性、合理性风貌的重
要根据。任何时代的法哲学都需要认真思考合理性问题，我们用实践合理性
指称这种融合了实践智慧的合理性。马克思所处的时代已经出现了科学技术
的发展问题，马克思认为在他所处的时代，每个事物都有它自身的反面，都
体现了对自身的否定性，技术的胜利恰恰是以道德的败坏为代价，人类越是
控制自然，就越是成为自然和自己的奴隶。"甚至科学的纯洁光辉仿佛也只
能在愚昧无知的黑暗背景上闪耀。我们的一切发明和进步，似乎结果是使物
质力量成为有智慧的生命，而人的生命则化为愚钝的物质力量。现代工业和
科学为一方与现代贫困和衰颓为另一方的这种对抗，我们时代的生产力和社
会关系之间的这种对抗，是显而易见的、不可避免的和毋庸争辩的事实。"①
这是生产劳动内部的技术生产力与人的存在本身的对抗。一旦生产劳动缺失
了道德价值维度的牵引，缺失了对人本身的幸福的关怀，那么生产劳动就沦
为奴役人自身的一种外在力量。科学技术——这种直接体现人与自然关系的
生产力，一旦匮乏了实践理性的引导，就会滑向人类自身的反面。按照这样
的理论逻辑，马克思主义法哲学面对技术理性的扩张给人类造成的景象，需
要站在实践理性（实践智慧、实践合理性）的高度牵引任何技术行为的无限
性发展，让人类保持一种真正合乎理性的存在，即实践合理性的存在。因
此，人本学的价值论维度是马克思主义法哲学的实践转向真正走向完善的思
想根据，实践概念的这种引导作用是实践的法哲学能够获得成立的重要前
提。或许，一些原本重要的法哲学概念，在法律实践主义理论范式下，需要
获得新的诠释。人的自由、权利与责任，作为法哲学的重要思想内容，也应
获得崭新的诠释。

　　按照实践概念所蕴含的思想原理，马克思并没有抛弃启蒙运动的现代性

---

① 《马克思恩格斯文集》第 2 卷，人民出版社 2009 年版，第 580 页。

价值，自由和权利的问题依然是马克思主义法哲学的题中应有之义。然而，马克思主义法哲学对自由和权利的诠释是在一种真正的实践辩证法的基础上所作的一种诠释，无论是自由还是权利都不是一种抽象的存在，我们不应该将自由或权利看作是一种本位的存在。在实践概念所能蕴含的可能性解释中，它们是与责任的原理有机地统一到一起的，① 所谓矛盾的主要方面或主要矛盾的理论依据，只不过是一种泛化的辩证法的运用而已。一种匮乏义务和责任的自由主义解释模式，根本就不符合马克思主义法哲学的精神旨趣。马克思本人从未讲过所谓的自由及权利本位的任何话语，权利本位的主张者无非是将启蒙法哲学的精神与所谓矛盾思想融合解释的结果。"只有在共同体中，个人才能获得全面发展其才能的手段，也就是说，只有在共同体中才可能有个人自由。"② 当然这个共同体不是抽象的集体，抽象的集体是一种虚幻的存在，它最终将消灭个人的自由与权利；但个体的自由和权利若是离开了共同体，也就不会获得任何现实的可能性，一个在共同体当中不去承担责任的个体，根本就不配拥有任何形态的自由与权利。自由的权利本位是对启蒙运动所创造的自由主义思想的误解，真正的自由主义同时也内在蕴含了崇高的责任关怀和义务精神。在人类的实践活动中，自由、权利与责任是不可分割的，自由本身就是一种责任，权利本身同样是一种责任。在一个国家责任感匮乏的民族当中，大讲权利本位是一种危害，是对原本自私的唯我本性的扩张，其所导致的结果不是法治国家的全面提升，而是一个民族集体责任感的滑坡。基于实践概念的马克思法哲学的人本学是一种人类的生存智慧，在实践智慧范式的引导下，我们才可能真正对自由和权利及责任有一个合理化的理解和把握。"权利的时代"的提法同样是有问题的，它在思维方式上与权利本位具有同样的危害性。只有用实践概念去把握自由与权利，才可能

① 对权利的理解一旦缺失了实践论的立场，往往会导致某种理念论，这就需要一种实践主义权利观的诠释方式。只有实践辩证法的理论介入，才可能摆脱任何貌似辩证法的所谓本位论，因此实践主义权利观需要我们认真对待。关于实践主义权利观，曾与钱弘道一起做过探讨，但仍然需要进一步的研究和深化。参见钱弘道：《以实践为师》，《浙江大学学报》（人文社会科学版）2016 年第 4 期。

② 《马克思恩格斯选集》第 1 卷，人民出版社 2012 年版，第 199 页。

真切理解自由与权利的责任属性，法治国家建设需要个体的国家责任感。在新时代法治的建设中，我们要生成真正属于中国自己的法哲学，而坚持马克思主义的实践论原理是完成创建中国法哲学的理论前提。

四、基于马克思实践观的法哲学宣言

在人们对马克思法律思想的解读中，形成诸多共识性的判断。比如关于法的阶级性的本质性判定以及对法的社会物质生活条件决定性论述，都是在历史唯物主义视域下对法哲学所作的重要贡献。然而当我们采取实践立场对马克思法哲学加以把握的时候，则会在整体阐释中生成对马克思法哲学的崭新认识，从而使得马克思的法哲学呈现了鲜明的实践主义属性。这一关于法的实践主义立场不是从马克思关于法的只言片语获得的，而是在对马克思整体思想的诠释中所体察的思想。

（一）马克思的法哲学并没有否定启蒙运动的思想成果，而是完成了对启蒙法哲学的超越与扬弃，使得启蒙法哲学在实践哲学视域中获得了新的生命力。众所周知，欧洲近代启蒙运动创造了一个价值系统，比如自由、平等、权利、尊严等价值构成了思想整体，塑造了自由主义的知识传统，对人类社会产生了深远的影响。我们可以将这些价值称之现代性价值，而正是现代性价值支撑了现代法治的合理性。在马克思所处的时代，启蒙法哲学的传统已经不仅仅是思想的表达，而且也转化为了欧美政治的实践形态。马克思不可能否定启蒙运动，因此他对自由给予了高度评价，并将法与自由内在地结合到一起来理解法的本质。早期马克思对自由的启蒙法哲学的肯定并没有随着马克思思想的发展被抛弃，而是在实践场域的展开中被赋予了社会历史的属性，从而更加丰富了关于法的自由的思想理论。马克思对启蒙法哲学的继承是与他的人学思想密切相关的，也是与社会历史实践的发展历程结合在一起的。马克思并不是抽象地谈论自由，而是在实践场域中去把握自由，从而揭示了人本身从依附迈向独立再走向自由的历史发展进程。当然，马克思的自由决不能被归结为个人主义自由观，人的自由要在共同体中才能获得完美的实现。但是,这个共同体不是剥离了个体的抽象共同体,而是珍视个体尊严的共同体。这便意味着个人与他者、自由与责任的内在统一立场的确立,同样需要在实践中才能获得更好的理解。

(二)马克思法哲学的实践观在思维方式上具有革命性价值,并因此具有重要的方法论意义。马克思之前的哲学存在着两极思维的倾向,要么从唯物主义角度看待世界,要么从唯心主义角度理解世界,主观与客观、经验与理性在理论论争上处在一种对立化的状态。而马克思从实践概念出发,彻底地清除了传统哲学的对立,从而实现了思维方式的根本变革。这是实践概念所具有的卓越价值,其方法论意义不证自明。从实践立场看待法律现象,可以摆脱在法律理论和法律实践中所存在的各种错误倾向,从而对问题给予合理的理解和把握。比如在关于法治行动问题上采取实践论立场,则我们便会认真反思构造论的问题,从而在主客观统一的视域下理解法治发展。我们也不会把法律的发展归结为某种必然性,而会看到偶然性所具有的重要意义。在这个意义上看,马克思法哲学的实践论意味着法哲学的辩证法立场的确立。真正的辩证法是实践的,只有在人类活动的意义上才能够更为深刻地理解辩证法精神。法律实践的辩证法操作本身就是实践智慧的呈现。"法作为实践智慧"与"法作为辩证法的呈现"是一个意思。

(三)马克思法哲学的"实践"具有情境化特质,它拒斥一切抽象的教条主义。马克思并没有对实践概念进行微观的分析,但在他对于实践概念的历史把握中,揭示了实践概念所具有的场景化特质。在特定的场景下,我们到底应该做什么,应该怎么做,这完全取决于"历史环境"。实践本身是具有问题意识的,它必须解决在特定场景下应该怎么办的问题,否则人类活动就会变得盲目。在马克思看来,实践是一种自由自觉的活动①,其间充满了创造性。但创造性的展开不能离开社会历史条件,因此人类实践必然意味着

---

① 实践作为自由自觉的创造性活动自然地意味着创造美好生活的立场,生活立场同样是法哲学诠释的重要根据及实现法哲学转向的存在论根据。有学者在探讨马克思实践论思想中论及了人类"好生活"问题。参见吴宏政、王晓帅:《马克思政治哲学的实践论转向》,《浙江学刊》2020 年第 4 期。

主动性与受动性的统一。在特定情境和历史环境中展现自身的创造性，正是人类实践的辩证法属性。法律生活固然存在着诸多普遍规则，但问题的解决从来都拒绝抽象理念的绝对化。我们珍视普遍法则的实践功能，但又要考虑到实践语境的具体性，从而在普遍与具体之间才能做到"视域融合"。普遍与具体的融通，以及在特定语境中对问题的恰当解决，这都展现了"法作为实践智慧"的意义。

第四章 DISIZHANG
实践观点与历史贯通

　　即便当实践显得是为未来所决定，也就是为某个计划或规划的明确的和明确提出的目的所决定，作为令人得以应对不可预见和不断变化的局势的战略的产生原则的惯习所产生的实践是由暗含的对局势后果的预见所决定的，换句话说是为过往的局势的生产原则的产生条件所决定的，以便实践总是趋向于复制最终产生了实践的客观结构。

——布尔迪厄

法律实践主义作为一种法哲学理论，它必须表现出对传统法律运行及其现代转化的良好判断力，也必须具备对传统与现代之间恰当关系的把握能力。这是任何一种法哲学都应该表现出来的洞悉事物内在本性和运行机理的卓越智慧，这种智慧既是理论智慧，又是实践智慧。任何先在的知识形态都不可能有助于我们正确恰当地理解传统与现代之间的矛盾与困惑，只有深切地体验当下，才能够更好地认知和表达传统。我们本身自然地生活在传统之中，传统的实践流动与绵延构造了我们自身的存在。我们需要沉入到这种生存论的体验当中，才能更好地理解在法律世界中的传统与现代之间的恰当关系，也才能在法律实践上做出正确的选择。法律实践主义内在地包含了生存论的维度，抛开了自我的存在便不可能把握我们所生活于其中的世界的本相。

第一节　传统法的实践主义及其现代转化

中国传统法乃是指存在于传统中国社会的法，但它又不是单纯的立法文本，同时还包含了古代司法、法律意识形态等诸多方面，在某种意义上与法律文化具有概念上的契合性，因此它是一个整体性的概念。传统法有着自身特有的风格，无论是在法律意识形态领域，还是在立法活动中，抑或在司法活动中都有着区别于其他法系文明的个性化特征。正是因为这种个性化，中华法系才不易从历史上消失，而是在现代社会依然顽强地宣示着自身的存在。中华法系作为一种传统，不是强硬的文本，而是鲜活的现实，流动的文明从未在根本上中断，中断的只是文本，文本并非当然地就是传统。中国传统法有着自身卓然独具的思想世界。传统法在历史演进中保持了自身"实践本体"的基本立场，建构了实践主义的法哲学风格；而以"实践本体"为依托，中国传统法充分显示了自身的辩证法风貌，这是一种实践论和生存论意义上的辩证法，它趋向实践智慧的至高境界；实践面向的传统法内在地蕴含了"彻底经验主义"的立场，这是理解和把握中国传统法的实践智慧和合理性问题的基本切入点；同时在传统法中也存在"法律实质主义"的思想倾向，虽然它有着自身的问题和缺憾，但同样需要认真对待。基于实践主义的法哲学立场，在当代社会实现中华法系的创造性转化和创新性发展，谋划新法系建设，是中国法治建设的重要任务。

一、传统法的实践本体论关怀

但凡一种法文化，都会包含某种根本性的元素。经历了启蒙运动的欧洲法文化带有一种更为顽强的理性主义精神，其背后的支柱是"理念"，故此可以将其称为"理念"的本体论，它追求普遍主义、科学主义和理性主义，作为支柱的"理念"实际上就是某些价值的"绝对化"和"普遍化"。中国传统法作为一个文化系统，当然也有自身的最为根本的要素，也就是它的"本体论"，而这种本体论可以被叫作"实践本体"。这一本体论表达体现在中国古人的法律思想当中，表现在立法活动当中，在司法活动中也有具体的表征。此处所论及传统法是思想与现实、文本与实践的统一，而不是单纯法典化的法律形态。而关于传统法的实践本体论，则同样是在"统一性"的原则下所论及的本体。实践与生活世界是统一的，作为本体它是构建法的合理性的根基。

中国传统法背后的主导性理论形态是儒家哲学，而儒家哲学的本体论乃是"实践本体"，这是一种基于生活世界本身的本体论立场。儒家哲学不是抽象的理论体系，而是实践理性的表达，实践理性乃是以"实践"为本体论依托的理性形态。实践理性与作为知识探求的纯粹理性不同，它是立足于生活实践的人类理性，而不是追求知识论原理及人类知识的终极根据。尽管儒家哲学并不否认"上天"的本原性存在，但"上天"在儒家那里是被世俗化了的，"天"也总是同人类生活实践中的"理"浑然相通，"天理"其实就是"人理"，它的基础在生活世界，而不是彼岸世界，"天"只不过是被用以论证属人世界的"理"的一个合法性根据。儒家所讲的"仁义礼智信"都是生活化的，是人类实践理性的重要表现形式，人类正是通过这些"德性"表达自己的现实理性态度，其"实践本体"的意向是十分明确的。

牟宗三在与康德哲学的比较中阐释了儒家的本体论关怀，他将道德实践作为儒家本体论的维度，诠释了一种实践智慧本体论指向。有研究者论及了牟宗三对儒家哲学本体论研究的意义，"牟氏在建构本体论时所采纳的康德自律道德学说与作为其根本精神的儒家实践智慧之间存在着张力，但其在基本精神上指向实践本体论的理论思考为现代中国哲学的本体论建构展示出一种可能的方向"①。在这个意义上，儒家哲学"实践本体"的基本指向是道德实践，这也恰恰与亚里士多德关于"实践"概念的基本原理构成了良好的契合性关系，当然也与康德实践理性的道德学说关系密切。但是，儒家哲学的本体论毕竟有着自身的特别性，即便多种哲学形态都可以被称为"实践本体"，儒家的"实践本体"也是个性化的，比如它的辩证性、实用性以及与实践智慧的高度融通性，都是自身特色的表现。当然，这是共性中的个性化"实践本体"。

在中国传统法的操作层面上，儒家思想已经全面渗透到法律运行的过程当中，构造了中国法文化的思想世界。儒家哲学的"实践本体"也正是中国传统法的本体论依托，传统法不从超验的世界为自身确立合法性根基，而是从生活世界中奠定自身的存在论基础。中国传统法之文本世界的创立根源于生活世界，这个生活世界是中国人生活实践的基本状态。儒家化的生活实践内在地要求与其相适应的法文化风貌。从中国历代主要法典看，传统法充分

---

① 吴倩：《"实践智慧学"的本体论探索——试析牟宗三对中国哲学根基的重建》，《齐鲁文化研究》2010 年总第 9 辑。

反映了中国古典社会生活世界的内在要求，原则和规则的设定都与人们的生活实践保持了高度契合性。而中国古代司法的生活化和实践化意向也是十分明确的，情理结构的司法裁决风格正是中国古典社会生活世界的内在表达。情理化是一种实践合理性，是"实践本体"的中国式司法表现方式，在中国历史上对中国古代司法的合理化事业做出了重要的贡献。传统法的"实践本体"不是一种外在的"知识牵强"，而是内在于生活的自然表达。

　　中国传统法内在地包含了一种"道德实践"，也即"道德实践"的本体论。为了成为一个受人爱戴的官员，法律操作者必须磨炼自身的道德，这可以看作个体的内在性道德实践。按照儒家的道德原理，官员们必须"诚心正意修身齐家治国平天下"，这是一个近乎完美的道德实践过程。在贤哲政治的法治范式下，从理论上讲帝国的统治者要求每个官员都要修炼道德。这个理念的前提是"徒法不能以自行"①，而为了保证正义的实现，就必须要求官员们具备良好的道德素养，不称职的官员在法律操作过程中只能消弭法律的正义感。在作为官员的道德训练完成之后，道德的立法化和司法化才能具备可靠的依托。《唐律疏议》正是关于立法的"道德实践"的最好注解，它所贯彻的"德礼为政教之本"的理念完成了中国法的文本中之"道德实践"。但是，立法的"道德实践"仍然不是完全展开的"道德实践"，"道德实践"只有在司法审判中才可能获得最为根本的实现。于是，我们看到法官们秉承儒家化的道德立场从事审判活动，在历史上最为"与民相亲"的司法领域展现了卓越的道德智慧。尽管从思想意识形态的角度看，法官们好像是在贯彻儒家道德精神，但实际上法官们更是在保持与生活世界的契合性，生活实践中

---

① 这里做个补论。孟子所言这句话的全文是："离娄之明，公输子之巧，不以规矩，不能成方圆，师旷之聪，不以六律，不能正五音，尧、舜之道，不以仁政，不能平治天下。今有仁心仁闻，而民不被其泽，不可法于后世者，不行先王之道也。故曰：徒善不足以为政，徒法不能以自行。"（《孟子·离娄上》）在这句话的下面还有一句："为政不因先王之道，可谓智乎？是以惟仁者，宜在高位，不仁而在高位，是播其恶于众也。"（《孟子·离娄上》）治平天下单纯依赖善心法律是远远不够的，还必须有"道"、"仁政"及"仁者"的在场。对于辅助君王的大臣们，孟子提出了重要的思想："事君无义，进退无礼，言则非先王之道者，犹沓沓也。故曰：责难于君谓之恭，陈善闭邪谓之敬，吾君不能谓之贼。"（《孟子·离娄上》）这是一个极其高明的判定，这恐怕是"贤人之治"政治哲学的奥妙所在。

的"道德实践"构成了司法领域中"道德实践"的本体论基础。只有当立法者和法官以及执法者在法律实践中完成了"道德承诺",才可能实现自身行动与本体世界的融通。

也许，对于有些人而言，这其中有某种"道德说教"的色彩，但一个真正具备"德性"的个体，则能从其"道德实践"中获得审美的乐趣。美学视角的介入平和了道德的说教，提升了"道德实践"的审美价值，同时也使得司法活动显得亲切自然。审美活动总是一种柔化感人的力量。审美活动需要"情"的在场，而在中国传统社会中"情"与"理"及"德"都是统一到一起的，无论是"情本体"的判定，还是"理本体"的说法，抑或是"德本体"的表达，其最为重要的"本体论态度"都是一种实践的立场。在传统司法活动中，"情""理""德"都是在场的，而它们都是根植于生活世界的"实践期待"，它们是"实践本体"的表现，而其本身并不能被称为"本体"。我们同时需要在实践理性的意义上理解和把握"情""理""德"，并将其融通到"彻底的经验主义"[1] 的感受当中，"实践本体"在具备了"纯粹经验"的维度之后，会获得更为扎实的思想支撑，其本体论的担当也就不会显得"空泛"，同时也具有了更为深刻的"生存论"意蕴。

坚持"实践本体论"的解释立场，便于把握中国传统法在其运行过程中所呈现的"文化意识"状态，这种"文化意识"贯穿在精致的思想形态、社会民众的普通观念、国家的立法活动及司法活动当中，它是一种无形的力量，表现了传统法所具有的完美化的统一力量。而这样的"文化意识"的生成需要运用"实践本体论"的立场加以把握，作为渗透性的"文化意识"植根于生活世界和人们日常生活实践当中，它在远古先民的生活中就已经开始显现，具有某种"民间化"的经典 [2] 为我们呈现了此种生活实践及其"文化意识"的原初状态。随着文化的"精致化"，原初的"文化意识"同样深刻

---

[1] 关于"彻底的经验主义"的思想论证，参见 William James, *Essays in Radical Empiricism,* Anodos Books, 2017, pp.19—21.

[2] 《诗经》算是"民间化"经典的典范了，而《尚书》《春秋》等都不是远离生活世界的理论抽象，远古时代的中国经典就呈现了"实践本体"的意向。

地保留在了精致的文化世界和普通的世俗世界当中，无论是在"国家"还是"社会"，"大传统"还是"小传统"当中，植根于生活实践的"文化意识"毫无例外地发挥着其文化和观念的构造功能，这是一种"实践本体论"的解释立场。传统法中上下相通的"文化意识"的背后是"实践本体论"，这种基于"实践本体论"的"文化意识"自然贯穿了一种"实践世界观"和"实践合理性"，它乃是社会上下评价一种法文化形态是否具备合理性的"本体论"基础，是评判古典司法活动合理化的文化基石。在"文化意识"上，中国法呈现了一种高度统一的基本风貌，这也是中华法系卓然独具的总体性风格，理解了基于"实践立场"的"文化意识"，也就把握了中华法系的整体风貌和基本特质。

二、中国传统法中的辩证法与实践智慧

中国文化的辩证法是生活取向和实践取向，而绝非知识取向和科学取向，这就意味着中国法辩证法的总体精神是生活化的、是实践主义的，当然也可以直接说就是生活辩证法或实践辩证法，它必然表现为一种生存论的基本原理。中国法所表达的是中国人的一种生存智慧，而生存智慧是要把握"用怎样的方式"解决"人类社会问题"的思想形态，这本身是一种生活实践取向的智慧与策略。在这种解决问题的过程中，中国法表现了自身的实践智慧原理和基本的运行风格及价值取向，而当我们在理解这些特质的时候，自然会逐步养就一种实践辩证法的立场。传统法中有一套辩证法系统，更鲜明地表达了一种实践智慧的基本原理，或者说辩证法本身就是一种实践智慧，① 这在传统法的运行中是一个十分凸显的现象，当然"文本"本身的设

---

① 辩证法与生存论和实践智慧的融通，使得辩证法的面貌焕然一新，构成了知识诠释的重要思想范式。关于辩证法与实践智慧的问题，参见王南湜：《作为实践智慧的辩证法》，《社会科学战线》2003 年第 6 期；王南湜：《辩证法与实践智慧》，《哲学动态》2005 年第 4 期；黄志军：《走向理论智慧与实践智慧的辩证法》，《学术研究》2015 年第 10 期；黄志军：《实践哲学视野下的辩证法》，《现代哲学》2015 年第 2 期；孙正聿：《毛泽东的"实践智慧"的辩证法——重读〈实践论〉〈矛盾论〉》，《哲学研究》2015 年第 3 期。

定已经显示了中国传统法的实践智慧。传统法所呈现的实践智慧与整个儒学思想是关联在一起的，在某种意义上讲它是"礼"与"德"的文本化和司法化，"礼"与"德"都有鲜明的实践指向，在儒家的思想体系中杜绝了"礼"与"德"的绝对化和片面化，直接表现了一种辩证法的精神。即令在某些方面有些"绝对化"的理学家朱熹，在谈及儒家礼学的时候也常常显示出合理化的"实践智慧"原理。"儒家礼学有着较强的实践性，朱熹出于应对佛老的挑战和纠正当时学界重空谈义理而轻道德实践的流弊的需要，更为强调儒礼的实践特质及其在日常生活中的应用实践。"① 这种实践面向自然是"实践本体论"的一种表达，它必然要导向实践智慧，生成中国礼法实践的智慧原理，而这种智慧原理乃是儒家辩证法实践取向的表现。

儒家的辩证法不是抽象的知识体系，而是面向问题的实践智慧，这就使得中国传统法形成了自身的辩证智慧学，而不是一套僵硬的法律教条体系。儒家哲学的精神是反对教条主义的，传统法的精神同样是反对教条主义的，由于"文化意识"的构造作用，它一向拒斥"法条主义"，"法条主义"和"教条主义"属于同一种思维方式。中国文化所表达的辩证法是以问题为导向的，这可以用普遍与具体的关系加以说明。中国先秦时期有个逻辑学家叫公孙龙，他提出了著名的"白马非马"的逻辑命题。公孙龙对"白马非马"作出了多种解释与论证，② 他的分析自然十分有道理，也具有良好的解释力，更为重要的是道出了哲学逻辑学中一般和个别的关系问题，显示了中国文化的独特个性。在一般和个别的关系上说，"白马非马"是在强调个性，强调"白马"的个性"白"，在这个意义上"白马"不能被毫无原则地包括在作为普遍性的"马"当中，"马"作为抽象的概念，它并不是一个实体，若是将"白马"归属于"马"，则泯灭了个别事物的"特殊性"，消弭了"个别"的"个性"。公孙龙的思想契合了整个中国文化的整体风貌，这是一种强调"具体"和"个别"，凸显"问题"导向的文化形态。这正是中国文化辩证法精神的根本着

---

① 冯兵：《儒家实践智慧的礼学演绎——论朱子的礼学实践观》，《哲学研究》2016 年第 1 期。
② 公孙龙的具体论述，参见《公孙龙子·白马论》。

眼点。正是这样的文化特性，决定了传统法的辩证指向是"具体问题"，而非普遍主义法条体系的构建。尽管我们有着发达的唐律系统，但这个系统也以它的"解释学运用"而获得美誉，这便是《唐律疏议》，《唐律疏议》是实践性的，它在中国法律文化中的卓越地位恰恰说明了传统法的实践面向和智慧导向。

在总体性的思维方式上讲，传统法不是立法中心主义，而是司法中心主义，这自然是强调"具体问题"的结果，这是一种境遇主义的思想表现，也是实践智慧得以生发的基本前提。在那种以造就知识为己任的文明中，不可能生成实践智慧的基本原理。在古典司法行动中，礼的普遍法则及道德一般原理和法律普遍规则的运用，都会受到特殊情境的检验，这些普遍法则并不当然地发挥作用，在实践合理性检讨之前，它们并不会自动地发挥作用，这当然是问题中心思想的一种表现。在具体世界当中，一种情境往往包含了各种各样的"情"，"情"是一种柔化刚性法则的文化心理要素，但中国古典司法所支持的"情"并不是所谓"因私之情"，而是一种基于合理性期待的"情"，是民众的普遍"文化意识"所支持的"情"，是可以与"理"交融到一起而并行不悖的"情"。朱熹曾讲过"情"的意义。"在朱熹看来，'因人之情'的情感原则与'经权相济'辩证智慧，是儒家礼学在生活实践中得以有效运用的方法论基础。其中，'敬'与'礼宜从厚'是其情感原则的基本内容，'时'与'中'则是构成经权'相济'原则的核心要素。朱子对礼的实践性特质的重视和对礼学实践原则的讨论，为儒家的实践智慧提供了一个情理并重的理论样本。"① 这种智慧是否为方法论，朱熹当然并未明说，但它一定属于世界观的理论范畴，而在人们把握了这种世界观之后的实践运用当中，世界观自然就会呈现方法论的价值，但我们没有必要从方法论的知识策略上去理解朱熹乃至整个中国古典时代的实践智慧原理。

辩证法与实践智慧是内在相通的，辩证法的最高形态就是实践智慧，这是辩证法实践取向的必然理论结果。有人认为："马克思主义的哲学革命实

---

① 冯兵：《儒家实践智慧的礼学演绎——论朱子的礼学实践观》，《哲学研究》2016 年第 1 期。

现了辩证法自我拯救，使当代辩证法的发展走向'实践智慧'。"① 作为一种
自觉形态的辩证法知识或许是在今天才可能走向"实践智慧"，但作为一种
实践智慧的辩证法运用则在中国古典司法中早就获得了自身的对象化力量，
它比单纯停留于"知识形态"的"实践智慧"更为高明。古代法官坚持情境
主义的基本立场和态度，在众多的纠纷解决中显示了自身独特的实践智慧品
质，它包含了"卓越"、"慎思"、"德性"、"批判"、"反思"与"创新"，这
些品质是古代司法中实践智慧的重要构成要素，它们构成了古代司法中实践
智慧的象征，在经典判词文本中彰显了自身的存在价值。辩证法与实践智慧
是内在相通的，甚至可以说就是"一回事"。但在中国法的整体运行中，作
为辩证法的实践智慧仍然需要"人"的在场，"贤人之治"的政治理想正是
中国法文化的实践智慧赖以存在的政治生态基础。作为传统法内在元素的实
践智慧同样具有一种普适性，没有普适性就不能体现中国法文化对世界法律
文化的贡献。"一般与个别"这一哲学逻辑学问题的相通性，决定了当代社
会同样无法逃离"实践智慧"的法哲学设定，这也是"实践智慧学说"能够
迈向世界的一个重要缘由。

三、中国传统法：经验、合理性与实践智慧

从文化意义上去理解中国传统法，则它在总体上呈现了一种理性的风
貌。理性是与"巫魅"相对应的，尽管传统法在某种情境下也会使用"鬼神
之术"的法律技艺，但那只不过是要通过作用于人的心理世界的恐惧感使得
审判顺利进行的实用理性，很难说法律操作者就真的信仰这种"实用理性"
中留存的"神明裁判"。理性是与非理性相对立的，传统法在根本上是反对
非理性的，它植根于现实的理性精神创造了一个可以包容诸多问题解决策略
的道德世界，这个价值世界是传统法理性精神的重要表现。在这里，运用合
理性的概念把握传统法应该比理性的概念更为合适，因为合理性的概念中还

---

① 刘丽红：《辩证法形态演进的当代审视》，《学术探索》2015 年第 3 期。

包含了理性之外的某些元素，比如道德、情理等元素。人们对合理性概念的理解是不一致的，有人从价值目的论上考察合理性问题，有人从真实性上考察合理性问题，有人从程序上考察合理性问题。[①] 每种文化形态对合理性的理解都会存在各种各样的差异性，在中国法文化中"合理性"往往被看作一种道德合理性，但在法律的具体运行中也不尽然如此，因为倘若缺失了真实性的司法合理性，便很难获得人们的良好认同。中国法文化对程序主义合理性是不大看重的，但也并非对程序置之不理，一旦对程序的破坏达到了让道德都无法容忍的时候，对程序的维护就成为了一个合理性的方面。因此，中国法文化中的合理性是个综合性概念，有时甚至还包含了直觉以至于情感，不可以用固定的套路去把握中国法文化中的合理性问题。

中国传统法中的合理性问题不是传统法本身的合理性问题，而是在探讨传统法所包含的合理性问题。理解中国传统法中的合理性问题，我们需要理解其所隐含的本体论依托。传统法的本体论是"实践本体论"，这是一种生活世界的基本立场，而"实践本体论"中蕴含了一种更为深层次的本体论问题，这便是经验的问题。在中国传统法的本体论深处，凝结的是一种彻底的经验主义体验，这是一种生存论的本体论立场。也就是说，传统法中的"经验本体"不是一种知识论意义上的经验主义，而是一种生存论意义上的经验主义，而这种生存论的经验主义一定是彻底的、纯粹的经验的思想表现。无论是思想家，还是立法者，抑或是法官，他们在生活世界中都有一个"经验主义立场"，这个经验的原理不是某种抽象的原则体系构造的，而是现实的生活体验所激发的思想状态。生存论的经验是法律思想的根基，是立法者制定法律文本的观念前提，是司法官裁决纠纷的合理性依托。生存论意义上的经验主义关涉的是人自身的存在状态，包含了多重意义上的道德生存经验、交往生存经验以及审美生存经验等，这是传统法赖以存在的本体论前提，自然也就会成为中国古代的官员解决法律问题的原始出发点，深层把握的经验

[①] 有人也曾论及合理性的另外原理，即"形式上自洽的'可信原则'"和"有关可信度的'比较原则'"，对合理性问题的探讨又加深了一步。参见陈嘉明：《理解与合理性》，《哲学研究》2017 年第 9 期。

是传统法"解决问题"的合理性根据。一个对自身的文化时空没有深层经验体会的法官，当然不可能合理地解决其所面对的任何纠纷和问题，脱离了"彻底经验主义"的立场，就易于产生各种形式的"教条主义"。中国古代官员缺乏所谓法律的"专业化"训练，但这并不妨碍他成为一个出色的裁判官，用经验累积的生存论智慧解决问题远比"专业化"的训练更符合"合理性"的本性依托，过度的"专业化"容易构造一大批的教条主义者。教条主义者不是在推进法律事业"合理性"的提升，而是用外在于"经验"的抽象理性去"解构"现有的生活世界，"彻底的经验"是克服"抽象理性"的思想武器。

中国传统法的"生存论经验"作为一种本体论的依托，并非只是在生存论及其道德实践和审美经验中确立自身的合理性，它本身也具有一种认识论的功能，从而使得传统法自然表现出一种"真实性"的合理性维度。中国传统法中有一种制度设计，即"五听辞讼"，便是一种基于经验主义立场的决策模式。从表面上看，"五听辞讼"是一种单纯的认识论维度的制度设计，因为它的目的是为了查明案件真相；但从深层上讲，"五听辞讼"同样具有一种"经验本体论"的生存论依托，"五听辞讼"的智慧是法官生存经验的展现，"察言观色"原本就是人们的一种生存经验，任何人都不是在某种理性法则的指引下刻意地修习"察言观色"的本领。生存，并经验，这就是人的最简单的存在法则。古代的一个官员出门"巡视"，在道边遇到了一位哭泣的妇人，官员走到近旁询问原因，得知这个妇人是因为丈夫的离世才如此哭个不停，于是官员便安慰了妇人几句，这个妇人就回家了。但是就在这个官员与妇人短暂的交流中，官员大胆地得出了一个结论，即妇人杀害了她的丈夫。于是让官差尾随妇人，果真捕获了案件真相，妇人及其奸夫都被判处了极刑。官员的"经验"是存在论的，是他生活生存阅历的"升华"，这是个根基问题。但他能够捕获真凶，乃是一种"本体论的应用"。经验的运用为传统法中的合理性增加了一个重要的维度，即真实性的维度，在"生存论经验"的本体关怀中，我们看到了真善美等多重维度对传统法中的合理性问题的构造。

经验蕴含了人们对实践智慧的追求，生存论经验本身就孕育了实践智慧。实践智慧依赖于经验，却又要从经验中超拔而出。生存论的经验为人们提供了恰当生活的存在前提，离开了对经验世界的反思，便不可能生成任何恰当生活的合理化形态。坚持理性主义的方略并不必然导向任何形态的恰当生活，恰当生活是一种原发于生活实践的经验化生活，而这种恰当生活正是一种实践智慧，实践智慧的思想范式本身指向的就是恰当的生活。实践智慧所包括的一切要件，乃是恰当生活的需要，恰当的生活是一种有德性的生活，是一种慎思的生活，是一种反思的生活，是一种卓越的生活。中国传统法作为一种实践智慧，它以生存论、实践论的经验为依托，追求一种慎思的生活，展现了一种有德性的生活的美好价值。这种生活本身是恰当的，是合理的，是生活在传统社会的人们所愿意"享受"的一种生活。在生活世界中，谁若是偏离了这种生活的经验，就会付出惨痛的代价，而法律世界的操作者也要有意识地把人们的生活引导到"恰当生活"的合理化选择当中，这是中国法文化中的一种符合"实践智慧"的方略。中国法文化中的"情境主义"使得合理性很难成为一个知识化的标准体系，而必然呈现一种实践智慧的总体特征。合理性的维度是多方面的，但无论哪个方面都有一个实践智慧的问题，而实践智慧也有某些合理性所难以容纳的元素，比如"人"的要素及"贤人之治"的问题，不过这依赖于我们的思想诠释，能否体察其间微妙的关系，是决定这两个概念如何理解的一个基本前提。合理性原本就是由人操作的事业，实践智慧可以提升法的合理性。中国法中的合理性不可能跨越实践智慧而获得实现，正是实践智慧的思想登场使得合理性问题不再是一个单纯的知识问题。

四、中国传统法中的法律实质主义

中国传统法在总体上呈现了一种实践主义的基本特质，其中道主义的实践智慧足以弥补法律知识及运行中不同程度的片面化倾向，而在实践上获得"视域融合"，切实地解决法律世界中的各种问题。但是，在传统法的具体运行中同样存在一种实质主义的思想元素，这是一种根深蒂固的传统，渗透在法律生活的方方面面。在古代法律运行过程中，官员们总是习惯从结果的合理性角度考虑对问题的解决方略，要专门考察解决问题的实质性结果的可接受性程度。如果从司法审判的角度看，就是考察具体个案的"实质正义"，而对审判过程则可以在所不计，只要结果能够获得社会民众的普遍接受，过程是否符合合法性原则却可以不加考虑，这种思想方式的结果自然是忽略对程序理性的架构。恐怕千百年来中国法所表现的程序主义的匮乏就与这种思想有着密切的关系，然而这却是一种能够为人们所谅解的法律文化现象。无论是传统中国，还是现代中国，法律实质主义都构成了人们思想方式和行为方式中潜移默化的内在元素。法律实质主义当然是有积极价值的，它有利于具体正义的获得，但并不能避免冤假错案；而法律程序主义尽管未必能够必然地实现每个案件的公平正义，但它却可以防止冤假错案的产生。这是我们在研究中国法文化的过程中应该重视的基本问题。

法律实质主义的盛行与整个中国文化的观念状态是密切相关的。在中国文化的实际运行中，实质主义是一种能够为人们所接受的文化现象，这在中国政治社会的运行以及民众的观念中都是一个基本事实。中国古代政治具有某种结果导向的思维理念，"胜者为王，败者为寇"的结果主义法则构成了中国政治评价系统的一个重要原则，"窃国大盗"也会成为圣明的帝王。尽管中国古代社会从来都不缺乏道德，但道德价值并没有进入"行为过程"的程序设定当中，人们对那些成功者的评价也往往是从结果的角度加以评判，至于过程的合理性则很少在考虑范围之内。相反，那些运用"诡计"而获胜的行动者却往往被视为有"谋略"的人而获得赞美。这种实质主义渗透到了社会生活的各个领域，在人们的观念中转化为一种心理事实而挥之不去，以至于发展到现代中国依然是人们难以消除的观念状态。社会主义建设是以追求公正平等为价值取向的伟大事业，公正平等是社会主义的核心价值，但在社会生活中却出现了许多破坏公正的唯利是图的现象，缺乏了原则牵引的过度功利化是实质主义文化的某种表现。结果主义的普遍化对人类正义事业的价值体系是巨大的破坏。实质主义文化有着更多的灵活性，灵活性的过度操作是对社会价值体系的破坏，这就需要实践智慧的范导。传统中国的法律运行中浸染了实质主义，现代中国的法律运行中也难以摆脱这种文化的渗透和构造。要求精神病鉴定的程序理性是可以被忽略的，重要的是司法审判的结果正义，或者说是结果的社会可接受性。当某个"罪恶滔天"的杀人犯一定要"被杀"的时候，实质主义一定会占据强势地位并为严厉的刑罚寻找各种支持的理由，而一切符合法律程序要求的提议便会被抛弃。这与我们所看到的辛普森案件的程序理性是完全不同的。弥漫性的文化状态滋长了法律实质主义的文化精神，法律实质主义则又加剧了文化状态的结果主义，这种现象在当代中国社会顽强地存在着。

以儒学为中心的中国文化在总体上具有"实用理性"的特征，这也是中国法文化呈现"法律实质主义"特质的重要缘由。[1]"血缘、心理、人道、人格终于形成了这样一个以实践（用）理性为特征的思想模式的有机整体。它之所以是有机整体，是由于它在这些因素的彼此牵制、作用中得到相互均衡、自我调节和自我发展，并具有某种封闭性，经常排斥外在的干扰或破坏。"[2]实用理性是中国文化各要素纠结为一个整体所表现的总体性特质，它固然有着自身的优越性，尤其是它面向现实行动的基本精神值得认真对待，而与此相关的"知行合一"的思想原理对于塑造中国文化的实践风格都具有重要价值。然而，这种理性所导致的中国文化的过度"实用性"却也是一个不争的事实。中国传统法的确具有一种面向现实生活的精神特质，不盲目崇拜抽象法则体系的实践风格更是其卓越价值的体现，但它的"实用性"气质也是十分明显的，以至于在今天的法律运行中依然在强调"大局意识"和"社会效果"，这或许还具有某种公共的精神价值，而个案本身的"功利化"则

---

[1]　俞吾金在分析实用理性的时候，对其局限性进行了深入的剖析："把有用性提升为实际生活的根本原则，一方面体现出中国人的精明和讲求实际；另一方面也表明他们过于关注眼前利益，极易坠入急功近利的窘境。由于夸大了鼻子底下的利益，反而疏远了对长远利益的考量。"实用理性关注的是人类行动的当下结果，而不是长远的规划与设计。参见俞吾金：《从实用理性走向实践智慧》，《杭州师范大学学报》（社会科学版）2014 年第 3 期。当然，实用理性有得有失，我们不能只是看到"其得"，并且要看到"其失"，在此基础上融入新的思想元素，使其真正迈向实践智慧。

[2]　李泽厚：《中国古代思想史论》，人民出版社 1986 年版，第 30 页。

可能会演化为对中国法治的负面影响。但我们也没有必要过分地谴责中国法文化的"实用理性",因为在中国古代社会中存在一个以"情理道德"为主导的"文化意识"世界,这个世界是牵制古代法"实用理性"过度蔓延的重要力量。这个价值主导的世界构成中国人文化心理结构的重要方面,是人们思想和行动的"前见",多数情况下官员们都是无法逃离的。然而,这个牵制的力量总是要依赖于"人"的卓越,因此,"贤人之治"、"实用理性"和"法律实质主义"凝结为了一个文化的整体,构成中国法文化的一个基本特征。①

　　法律实质主义是中国法文化的一个总体性精神,但这并不意味着传统法在任何情况下都表现出实质主义的风貌。在中国法文化的思想深处,也在某些方面存在着某种强化"程序"及"过程"的思想原则,但这也不意味着中国法文化中就具有了程序主义的基本特点。在中国传统婚姻制度中,程序的观念是根深蒂固的,所谓"六礼"的程序礼节是不可舍弃的。我们也能意识到古代社会中的各种"繁文缛节",这也是在强调过程和程序,也许设计者并不是从程序理性的角度考虑"礼节",而是为了维护某种等级化的秩序,或者为了强化某种道德价值,但无论如何它也表征了中国文化对程序理性和过程原则的容忍,而这一文化容忍现象恰恰说明了在当代中国有限地接纳程序主义的可行性。程序主义的必要性已经无需争论,而论证其可行性则必然要考虑中国实质主义与程序主义的紧张关系。在中国法治建设中用程序主义取代实质主义未必是一个优化选择,在文化实践上也是难以做到的,因此我们应该采取一种中庸的立场,但这依然需要实践智慧的登场。在传统中国文化前提下,彻底地消除实质主义的文化传统是不可能的,绝对地克服文化实质主义在法律中的表现而让法律实质主义退出历史舞台也是不可能的。也许,坚持中庸主义的立场,整合程序理性和实质理性才是一种优化的实践

---

① "实用理性"的判断自然是中肯的,却不能说是优点,而法律实质主义更多与实用理性保持了内在的契合,同样不能说是优点。这里就需要一个现代转化问题,正如俞吾金所论及从实用理性向实践智慧迈进那样,实质主义也需要向实践合理性或者说实践智慧迈进。理论的转化说着容易,关键是要在现实性上完成法律实质主义向着法律实践主义的现代转化,克服传统法文化的有限性和狭隘性。这在很大程度上涉及对一个民族文化心理结构的现代转化,是个相当巨大的综合系统工程。

方略，但这种实践选择也未必就能成为现实，一种渗透性观念的深刻影响程度是难以预料的。但坚持一种中庸主义的态度，应该是一种较为合理化的选择，中国法文化的实质主义也可以在一定程度上认同程序主义的"适中性"建构。

五、中华法系的现代转化问题

中华法系的复兴是当代中国法治建设必须认真对待的问题，但这并不意味着应该在当下全面地恢复中华法系，这是不可能做到的，也是没有必要的。我们所论及的中华法系的复兴实际上是一个创造性转化和创新性发展问题。现代中国法律文化已经糅合了一些西方法律文化的元素，无论在思想还是文本方面都具有一定的西化烙印，当下中国的时代精神和特征已经和古代社会相去甚远，难以把存在于过去社会的一种法系文明完全承接到现代社会。现代社会所面临的问题繁多，已经同古代社会有了巨大的差异，既然"问题"已经发生了变化，那么再按照传统法系的套路解决现代社会的问题便显得不合时宜。当代法律文化走向现代性发展道路已经不可避免，完全用传统方式解决现代性问题是不可能的。那么，我们为什么还要倡导中华法系在当代社会的创造性发展呢？这是要让中华法系作为一股文化传统力量融入新时代中国法系的构造和运行当中，从而完成中华法系的现代性转换及创新性发展。在中华法系的深处隐藏着诸多宝贵的文化思想资源，其间存在着许多能够被现代社会认同的元素，它们不仅可以与现代法文化形成良好对接，也可以弥补现代法的某种缺欠。

很多人认为，现代中国法系是大陆法系，这是一种片面化的判断，仅仅从文本出发去判断一个法系的归属是一种只看现象而忽略本质的思维方式，判断法系的归属还需要从法律运行的角度加以把握，甚至应该主要从法律运行的角度进行判定。我们注意到，在现代中国的法系构成中既有大陆法系的浓厚色彩，也具有英美法系的某种元素，当然还具有传统中华法系的重要特质。大陆法系和英美法系的中国化是我们主动吸收的结果，当然我们之所以在主导方面吸收大陆法系而非英美法系的原因可能很复杂，便利性或许应该是一个主要的考虑，这是后法治发展国家易于采取的方略。那么具体到中华法系的现代性延续问题，更多的是一种不自觉的承接，在某种意义上讲是承接了中华法系的整体运行方式。很多人认为传统的中华法系在总体上要被抛弃，但是可以吸收它的一些精华元素，而抛弃其糟粕，这种想法是极其幼稚的一厢情愿。中华法系作为一种传统的力量，不是任何人想抛弃就可以抛弃的。我们可以抛弃它的文本，但却无法抛弃它的思想方式和运行方式以及它的基本精神，传统以一种顽强的精神力量加以延续的正是这样的一种内在于文化中的理念性元素，而并非所谓用文字显现的表象文明。这也正是在当代社会实现中华法系的创造性转化和创新性发展的可能性依托，如果现代社会没有任何中华法系的元素，我们便不可能实现中国法系的创造性转化和现代发展。

中华法系内在地蕴含了一种实践主义精神，表现了面向生活实践的基本立场，在本质上契合了法的本性而具有重要的实践合理性价值，这使得中华法系的现代转化成为一件有意义的事情。也正因为这种合理性，推动中华法系的现代发展才显得具有必要性。中华法系从一开始就不是文本中心主义的套路，而是一种司法中心主义的文化运思方式，从司法中心的角度看待法律比从立法中心的角度看待法律具有更为深刻的实践合理性。立法所见是一个普遍的规则世界，而司法所见则还包含了规则的运用，而"规则如何运用"是地地道道的实践问题，其所展现的乃是法律运行的整体风貌。以中华法系的司法中心为基点，在当代中国确立法律实践主义的思想范式，既是面向传统的回归，也是面向现实的创造性转化与创新性发展。法律的活力不在于文本，而在于实践，司法中心的基本立场正是这种实践本性的自然表达。在现代中国法学研究中，"实践法学"的研究已经成为一股潮流和重要力量，许多法学家都鲜明地意识到这一"实践转向"的重要性。这是法学思维范式的一次重要变迁，而中华法系在其发端处就已经具备了这种思想要素，只是我们这些年的学术研究没有认真对待自己的传统资源。

传统法文化与法之本性具有内在的契合性，并与经历了"规范法治"困惑而发生"实践转向"的当代法治具有高度的吻合性，这自然增添了中华法系的现代性价值，为中华法系的创造性转化与发展奠定了重要前提。在中华法系的深处内在蕴含的"实践智慧"的思想范式正是滋养现代中国法律文化的重要元素，由"实践智慧"所奠基的是一套法哲学体系和法律文化体系，[①]这是一种高度契合法的实践本性的思想方式，对现代中国法系的谋划具有重要的理论和实践价值。当代中国的法系建设，除了自动发挥作用的文化力量之外，人们的主动建构也是不可避免的，而在法系的"主体性建构"行为中，自觉地以在传统中华法系中具有牢固基础的"实践主义"作为思想指引，既可以实现与现代中国法研究中的"实践转向"的契合，也可以获得与古希腊所开创的"实践学"传统的对接，同时也能够保持与英美法"实践导向"的融通。正是由于中华法系"实践主义"思想与现代社会法律文化、法的本性以及西方法律文化之间的契合性，使我们深刻感受到了复兴中华法系在思想理论基础方面的可能性。

当然，我们很难在今天依然使用传统法文化中的概念词汇，这是语言现代化的一种无奈结果，人们已经习惯于现代语言的运用，现代语言为当代法文化建构了它的主导概念系统。然而，语言的形式化变迁并不影响传统与现代法文化的契合性，更不影响法之本性的古今相通性，面向传统的继承与转化必将为现代法治建设奠定深厚的文化基础，并增加现代法文化的合理性元素。中华法系中所蕴含包括"实践主义"在内的思想理念的现代转化，需要现代法学家认真挖掘其内在的思想理路，并在现代语言中完成创新性发展的理论使命。这其中还包含了传统法哲学与马克思主义法哲学的对接性问题，如果传统法哲学缺乏与马克思主义法哲学之间的思想契合性，那就很难在马克思主义意识形态下完成传统法文化的创造性转化与创新性发展，因为作为法文化之灵魂的法哲学对法文化的运行与发展具有决定性的作用。而儒家法哲学与马克思主义法哲学之间，无论在理性形态，还是法哲学思维等诸多方

[①] 关于法作为实践之知和实践智慧的概括，参见郑永流：《实践法律观要义——以转型中的中国为出发点》，《中国法学》2010 年第 3 期；郑永流：《重识法学：学科矩阵的建构》，《清华法学》2014 年第 6 期；武建敏：《实践法学要义》，《河北法学》2009 年第 1 期。

面，① 都具有良好的契合性，这便使得传统法文化（中华法系）与马克思主义的当代法文化的融合成为可能，也为中华法系的创造性转化和创新性发展奠定了良好的思想前提。

尽管中华法系的制度要素在现代社会中已经缺失了自身的存在地位，但这并不意味着传统法律文化的任何制度元素在现代社会中都已经毫无价值。尽管现代人的思想深处是传统化的，但在进行文本制作的时候往往认为中华法系已经过时，从而不对传统制度文明作认真对待并深入挖掘，这是一种极其错误的观念。在现代中国，不仅中华法系的哲学思想方式在今天还在事实上构造着现代中国法律运行的诸多方面，而且中华法系的许多制度元素在今天同样具有现实的合理性。现代大陆法系依然是罗马法的延续和发展，为什么我们却要对传统制度文明"弃之如敝屣"？我们不能否认，传统中国的法律制度中多数已经不能在现代社会中实现创造性转化与发展，比如"八议""官当"等不平等的制度元素，无论如何我们都是要抛弃的，即便这些制度元素在现代社会以另一种形态还在表现着自身的存在，我们也要想方设法地消灭它们。但是对于那些能够维护和推动新时代价值发展的传统法律制度，我们需要认真梳理，结合历史和新时代的特点分析把握其所具有的实践合理性，为实现其创新性发展做好基本的准备工作。在过去很长时间内，我们忽略了对传统法律制度的继承，没有理性的继承自然也就无所谓创造性转化和创新性发展。在新时代法治建设过程中，我们已经明确了对传统的继承和创造性转化及创新性发展的基本理念，这就需要对传统法律制度进行认真研究，挖掘其合理性元素，并实现在新时代条件下的创造性转化。

我们以婚姻法为例作个分析。很多人认为现代婚姻法体现了婚姻自由的原则，是一部好的法律；而传统婚姻制度则体现了对自由的限制，并且也是不平等的，是等级化色彩浓厚的法律制度，在现代社会毫无价值。然而，果

---

① 儒学与马克思主义的比较是一个十分有趣的话域，而两种法哲学形态的比较也颇有意义，关于该问题的初步论述，参见武建敏：《实践法哲学：理论与方法》，中国检察出版社 2015 年版，第 198—209 页。

真如此吗？当由于离婚自由的无限度膨胀而给现代社会造成一系列麻烦和问题的时候，我们就必然反思所谓婚姻自由的问题，当然即便未有如此繁多的离婚现象，现代婚姻法也是需要批判和反思的。婚姻在本质上是一个"伦理的实体"，① 这种共同体的本性在于婚姻的不可离异性，这是由婚姻的伦理本性所决定的。传统中国的婚姻制度正是体现了一种伦理主义的文化特征，尤其是"三不去"的设定更是彰显了伦理共同体的美好价值。婚姻法的制度设计中理应谋划"离婚之不可能"的规范，这是符合事物本性的一种举措方略。也许，我们未必要将古人的"三不去"作为今天的"三不去"的标准，因为时代已经发生变化，但特定情景下"不准离婚"的设定却是当代中国法系谋划中的制度建设必须认真对待的问题。无论传统社会，还是现代社会，婚姻作为伦理共同体的本质是不会改变的，这就使得我们继承传统婚姻法的合理规定具有了牢固的思想基础。传统婚姻制度的创造性转化与发展会促进我们踏实地迈向婚姻伦理主义的基本立场，这与责任的观念是内在统一的，泛滥的自由会吞噬人们的良知，当然这或许并不是真正的自由，真正的自由同时意味着责任。

现代人比较认同的是传统中华法系中"存留养亲""亲亲相隐"等制度的合理性及其现代传授，而对刚才所论及的"离婚自由"的限制则多不赞同，这种现象的发生是因为对婚姻共同体的理解差异性所导致的。过去我们一直都将"情感"作为一个标准去把握，然而伦理的本质规定性并不是"情感"，而是一种责任和担当。按照马克思主义的理解，婚姻在本质上所具有的是伦理的属性，因此必须按照伦理的法则而非情感的法则对待婚姻法的制度设计。以"情感"为前提的离婚自由是有问题的，同样没有把握事物的存在本性。我们同样不能将婚姻和爱情混为一谈，婚姻的法则需要符合伦理的

---

① 马克思反对在婚姻问题上的所谓幸福主义和快乐主义的观点，"结婚者的任性应该服从婚姻"，婚姻乃是伦理与责任的共同体。"对个人愿望的宽容会变成对个人本质的严酷，变成对体现为伦理关系的个人伦理理性的严酷。"（《马克思恩格斯全集》第 1 卷，人民出版社1995 年版，第 349 页。）依据马克思主义的婚姻法哲学思想，承继传统中国婚姻制度的合理性是一件顺理成章的事情，当然这里有一个现代转化的问题。

本质规定性，而爱情则可以依赖情感作出判定。① 立法者，乃至所有的法律操作者必须在复杂的世界中洞悉事物的本性，并将其转化为一种法律的文明存在，这是在当代中国法系及法治建设中操作者所必备的一种素养。一个拥有实践智慧的操作者将更有可能挖掘出传统法系中能够为现代社会所认同的文明要素，并将其创造性地转化为当代法治文明的组成部分，我们应该始终承认人的差异性所造就的社会各方面出现差异性的基本事实。

传统中华法系中存在诸多运行中的文明要素，这些要素不是以某种制度化的方式存在，但却构成了中华法系的内在组成部分。混合法②是成文法和判例法相结合的法律运行方式，尽管它没有书写在某一种具体的制度当中，但却构成了传统司法的行为方式。这是一种与中国哲学思想和文化及司法的本性相契合的法律智慧，它符合中道的实践智慧，是理性主义与经验主义的融通结合。它既包含了从一般到个别的理性思维，也包含了从个别到个别的经验思维，理性思维与经验思维的并用正是司法本性的内在表达。混合法的现代转化与创造性发展将有效地生成新时代中国法系所具有的混合属性，同时也会切实推动混合法系建设的成功发展。古代司法中法官的判词写作方式同样是中华法系文明中的运行性特质。古代法官不是从法律条文出发写作判决书，而是采取了情理化、道德化、审美化的写作方式，这体现了传统司法运行中的实践智慧。这种判词所展现的司法论证方式，尤其需要在现代司法论证中实现创造性的转化与发展。我们固然不能照抄照搬古代判词的原始文本，但今天的司法中同样面临生活世界的情理表达、道德价值的宏观牵引和法律审美的语言表达，我们需要大胆地改革当今判决书的写作方式，将传统司法中的论证方式及其所展现的"实践智慧"创造性地转化并运用到现代判决书的改革当中。我们不能轻视传统文明中的任何元素，我们就生活在传统

---

① 我们可以从伦理的角度理解婚姻，则婚姻具有不可离异性，这与伦理的本性符合；而从道德的角度理解爱情，则爱情是充满自由的，这与道德的法则是契合的。伦理意味着责任，道德内在地具有一种自由的本性。在婚姻的伦理共同体当中，即便没有爱情，也不意味着可以离异；而在爱情当中，若是没有了情感（两性相爱的情感），则必须终止爱情，否则就是不道德的。在不同的领域，需要坚守不同的法则，我们永远都不能为爱情立法，却必须为婚姻立法。

② 关于混合法的论述，参见武树臣：《中国法的源与流》，人民出版社 2022 年版，第 322—332 页。

当中，吸取传统智慧是我们的任务和使命。

中华法系中当然存在一些以某种无形的力量而延续至今的传统，[①] 这也是能够使得中华法系融入现代中国法系建设中的一股现实性力量，增加了中华法系现代性转换及创新性发展的可能性。传统中华法系习惯于从道德角度看待法律问题，道德审视构成了法律合理性的重要维度，而在现代社会中人们依然习惯于一种道德立场的评判，尽管有时道德会受到情绪化的左右而给法律造成伤害，甚至道德情绪的渲染会使人们变得毫无顾忌，但道德的立场依然是不可抛弃的，"以德治国"与"依法治国"的结合便是传统法律文化之道德立场的一种创造性转换和创新性发展。当然，我们依然需要警惕道德的情绪化。法律分析的道德立场自然是深受传统法系影响的结果，但我们却很难对其做出"好"与"坏"的评价，或"精华"与"糟粕"的判定，道德与法律之间应该保持一种良好的"度"的关系，道德一旦过度膨胀就会被非道德的力量所利用，从而对法律的合理性事业造成负面效应，然而这个"度"的把握依然需要"实践智慧"的登场，传统法系的创造性转化和创新性发展同样需要实践智慧的范导。另外，法律实质主义、权力中心主义、实利主义等传统法系的运作特质都在不同程度上构造了现代中国法系的样貌，而成为现代中国法系的一个组成部分，尽管有些元素具有明显的负面倾向，但也很难绝对地加以拒斥，传统永远都是一种"在场"的要素，任何人都不可能加以抛弃，这也是我们不得不认真对待中华法系的重要原因，中华法系的创造性转换是现代法律人必须完成的一个使命。

那么，在新时代中国要建构怎样的法系文明呢？在这里提出建构当代中国法系的任务，是要激起人们的理性自觉，正确合理地分析当下中国的法律文化事实，在此基础上建构出一种具有实践合理性的中国法系。这个中国法系是新时代的中国法系，这是相对于传统而言的；同时这个中国法系理应是混合法系，这是世界化所导致的必然结果。当然，这个新时代的中国法系一

---

① 人们总以为自己可以抛弃传统，而另谋现代化发展道路，然而希尔斯认为在生活的习惯中，人们一直在接受传统的做法，这是个不争的事实。参见龙晓添：《何为传统？——希尔斯论"传统"的本质与特征》，《广西师范大学学报》（哲学社会科学版）2015 年第 5 期。

定会与传统中华法系具有连续性，这是传统之本性发展的必然。传统中华法系与美国法律文化之间有一定契合性，其背后的哲学基础有着重要的相似性，而它们在运行方式方面也有某种程度上的吻合。中华法系以一种无形的力量在发挥着对新时代中国法系建设的渗透和影响，而随着"全民"英语学习的加强，美国法文化也将对新时代中国法系的建设发挥作用。至于大陆法系对中国的意义，或许在其便利性考量的背后，还保持了与中国所强调的唯物主义和科学主义精神的契合性，在作为混合法系的新时代中国法系建设中，大陆法系依然会发挥影响，百年来中国法治近代化及现代化过程所形成的与大陆法系的内在紧密关系是不能忽略的。同时我们也要看到大陆以法系为主导的法治现代化模式内在包含的不足和缺欠，立法主导的法治发展模式对中国或许隐藏着一种深层的伤害，当有人将立法作为自身的功绩去对待的时候，立法本身已经失去了严肃性，也许还存在许多我们难以言明的深层次危险。但无论如何，就目前而言大陆法系对当代中国法律文明的影响是较为深刻的，在短期内当代中国法系建设还会强化大陆法系的影响，最起码从看得见的法律文明的角度看，大陆法系在中国新法系建设中还会占据主导性地位。但随着人们理性自觉精神的提升和对传统认知的深化，以及人们对英美法律文明认知的加强，在未来的中国法系建设中到底"谁主沉浮"，是个很难预料的问题。也许，中华法系、大陆法系、英美法系，三种力量势均力敌；或许，三种力量有主有辅；实践的逻辑是充满偶然性的，而偶然性及其构造结果是很难准确把握的。但无论如何，这三大法系都面临着一个创造性转化及创新性发展的问题，而中华法系将会以一股重要的力量在新时代中国法系建设中发挥巨大作用，① 同时实现自身的新时代转化与发展，再塑中国法系新文明。

---

① 希尔斯认为，现代人要珍视传统，现代与过去有着非常复杂的关系。有时候抛弃传统看起来很容易，但若想实现"知识重建"却是非常艰难的。参见龙晓添：《何为传统？——希尔斯论"传统"的本质与特征》，《广西师范大学学报》（哲学社会科学版）2015 年第 5 期。在法系建设问题上也是如此，抛弃中华法系看上去很简单，但建构一种全新的行之有效的法系却是异常艰难的，固有的、深藏的传统都会"不甘示弱"，顽强地表达着自身参与新法系建设的冲动。

第二节　古代司法中的实践立场及其理论的现代表达

实践智慧作为一个重要的哲学概念，同时是实践主义法哲学[1]分析和研究法律生活的理论和方法。经亚里士多德、马克思、伽达默尔等伟大思想家的阐释，实践智慧本身成为一种理论，而真正的理论本身同时必然意味着一种方法论。当这个纯然西方的概念被"引荐"到中国，诸多研究中国文化的学者便用这个概念分析中国的历史传统，[2]表征了实践智慧概念所蕴含的思想意蕴与中国文化之间所具有的高度契合性。甚至可以说，实践智慧正是一种地道的中国理论，只不过这个名称是舶来品。虽然法学界对实践智慧的概念还没有引起足够的重视，但实践智慧本身与法律生活及法治之间的契合性、相通性却是一种内在的关联，至于实践智慧与中国古代司法活动之间就更是表现了原汁原味的统一性。古老的"法"字蕴含了中国古代法律文化的秘密，体现了一种司法中心主义的思维方式。由于司法与法之间的内在统一性，古代司法中所蕴含的实践智慧也正是中国法内含的实践智慧。古代司法的实践智慧包含了道德维度，道德作为实践智慧的内在元素乃是司法活动的引导性价值；古代司法的实践智慧还包含了经验的维度，经验作为实践智慧的组成部分，构成了古代司法活动娴熟技艺的基础；古代司法的实践智慧具有辩证法属性，无论是在普遍与具体之间，还是法律与道德及情理之间，古代法官解决问题的方式都充分表现了实践智慧的辩证法属性。从司法观照法本身，则作为实践智慧的法反对法条主义，倡导

---

[1]　实践主义法哲学也可以被称为法律实践主义，它是中国法哲学建构应当着力打造的理论形态。法律实践主义坚持理论与实践的内在统一性，注重理论谋划的实践合理性，倡导"做事"的朴实风格，而实践智慧概念正是沟通理论与实践的统一性的核心概念。法律实践主义强调"实践"、"实践合理性"及"实践智慧"的思想气质，在中国古代司法中也有自身良好的存在根基，传统司法所呈现的基本风貌正体现了实践主义的思想意向。

[2]　运用实践智慧概念研究中国文化的代表性文章有陈来的《论儒家的实践智慧》(《哲学研究》2014 年第 8 期)、杨国荣的《论实践智慧》(《中国社会科学》2012 年第 4 期)，从中可以看到实践智慧与中国哲学的内在契合。

情境主义，肯定人治主义的合理性，表达了鲜明的价值论立场，同时主张行动的自主性。

一、古老"法"字的实践立场与司法实践智慧

在当代中国法学界的学术话语和知识体系中，法是被作为规则看待的，作为规则的法概念成为了人们架构法学理论和法律体系以及法学学术与法学教育的理论前提。这个前提曾经发挥了非常重要的历史作用，它对于改革开放之后中国法学的迅速发展以及中国法学教育的崛起发挥了重要的构造价值，但随着法学研究的深入以及人们视界的开阔，作为规则的法概念理解已经日益暴露出其内在的问题。尽管当下法学界仍然在主导意向上坚持法的规则学说，但已经有日益增多的学者开始反省这样的认知前提，他们从实践、行动、实践智慧等维度重新审视法概念，力图注入法概念的实践元素。法在本质上并不是规则，而是一种动态的实践过程，是一种实践智慧。这样的判定不仅契合法作为法的实践本性，而且契合中国文化对于法概念的基本解释图景，同时也保持了与当下中国法治实践深化发展相吻合的时代要求。

在对古老的"灋"的诠释中，中国学术界有着多种多样的阐释图景。尽管不同的阐释图景包含了相异的解释策略，但人们都认识到了中国古代社会的"灋"不是象牙塔内的知识构造，而是与生活世界保持着内在的统一性和契合性。毫无疑问，"灋"字是由三个部分构成的，即"水"、"廌"和"去"，而无论这三个部分中的任何元素，都是与法律实践活动息息相通的，而决不是一种知识的构造。"灋"字本身无非就是对法律实践活动的表达。中国的古代法文化并不是"立法者中心"的法文化，这和今天有着很大的区别，今天学界的研究无疑体现了"立法者中心"的基本立场，但这是有问题的，当前正在悄然发生变化，即从"立法者中心"的立场向"司法者中心"的转变，这不仅与中国古代"灋"的观念相通，也与"法治体系"概念的提出具有重

要的关联性。① 司法中心主义的思维方式是一种实践论的思维方式，是一种中介化的思维方式，古老的"灋"字所蕴含的恰恰是法的实践指向和司法指向。只是到了近代中国，由于西方科学与理性精神的输入，使得人们忘却了自身的历史传统，满足于单纯的知识构造而忽略了法的实践本性，由此所架构的法学理论及其法律实践都是有问题的，这是一个值得认真反思的现象。

至于"灋"字的三个构成元素，均体现了法的实践本性，并且这个实践的主体就是法官，因此，法在中国古人那里实际上所表现的乃是一种"司法决策"，这自然是一种司法中心主义的思维方式。"水"本身并不像许慎所讲的乃是"公平"的象征，所谓"公平"的解读无非是一种直观思维的表现，并无多少理据。"水"实际上是一种惩罚，是对那些触犯了公共生活准则的人的制裁，是一种放逐的惩罚。"古代'法'字中的'水'，并无公平之义。其本义是消除犯罪和确保平安，是强制性行为规范的符号。至于公平、公正之义，是战国法家为了以平民之'法'取代贵族之'礼'而给'法'字新加上去的'添加剂'。"②"廌"字本身就是法官的图腾，无论将"廌"看作任何一种动物，其象征意蕴均与法官相通。王充在论及"獬豸"时说道："一角之羊也，性知有罪。皋陶治狱，其罪疑者，令羊触之，有罪则触，无罪则不触。斯盖天生一角圣兽，助狱为验，故皋陶敬羊，起坐事之。此则神奇瑞应之类也。"③ 断狱司法可以说是"廌"的最根本的思想意蕴，于是法被看作司法中心思维方式之呈现也就顺理成章了。"去"字则表现了"弓矢相离"，实际上是证据不符合的意思，④ 这是"去"字本身的证据学意蕴。由此可见，无论是"水"还是"廌"抑或是"去"，其本质意向均指向法官中心，因此

---

① 中国法学学术的转向是当下中国法学发展的内在欲求。理论法学的研究已经出现"实践转向"的重大发展；部门法学则会发生一种"解释学转向"，将自己当作"立法者"的部门法学研究范式其实并无多大的理论价值，至于实践价值对于大多数的部门法学家而言根本就难以企及，只有实现部门法学的"解释学转向"或者"司法转向"才是部门法学发展的合理化路径，但是这里的解释学并不是知识论意义上的解释学，而是实践论的解释学，即实践诠释学。

② 武树臣：《中国法的源与流》，人民出版社 2022 年版，第 38 页。

③ 《论衡·是应》。

④ 参见武树臣：《中国法的源与流》，人民出版社 2022 年版，第 39 页。

可以说司法的实践指向本就是中国法律文化的思想指向。

法的实践智慧正是法的实践本性的思想表达。任何智慧的生成都不可能是单纯的知识构造的结果，尽管亚里士多德区分了"智慧"和"实践智慧"的概念，而将"智慧"看作一种纯粹的知识理论探求，① 但在中国人的话语体系中，智慧本身是一个实践性的概念，实践智慧是一个非常契合中国文化思想意向的概念。正是人们在断狱司法活动当中，才会不断地养就自身的实践智慧，并逐步形成了实践智慧的思想综合体。司法中的实践智慧是一种思想方式，也是一种实践方式。作为思想方式，实践智慧是法官对司法合理性的一种判定方式，一项司法裁决是否合理，关键要看是否满足了实践智慧的基本要求；作为实践方式，实践智慧就是法官进行司法裁决的方式，不管法官是否意识到实践智慧的贯彻，实践智慧作为法官的实践方式，其本身就是一种司法决策方式。实践智慧体现了理论与实践的统一，思想与行动的契合。在中国古代司法运行过程中，实践智慧是在场的。实践智慧在古代法官的思想和行动中，表现了一种综合性的意蕴，但若是将其加以分析，则可以从道德维度、经验维度、辩证智慧等不同的维度加以诠释，而在总体上古代司法中的实践智慧则表现了中国古人的司法艺术，这是解读传统司法的重要方式。

二、道德的维度与实践智慧

实践智慧内涵着道德的维度，它具有一种伦理德性的基本意向。一个具有实践智慧的人，必然是一个具备伦理德性的主体，否则就不可能被称为具

---

① 那种纯粹的理论探求的智慧可以被叫作"理论智慧"，它旨在探求普遍性的知识，并用普遍性的知识去解决人们的认识和实践问题，这样的智慧或许可以说具有"神性"，这样的智慧固然非常高贵，却并不具有实践的本性。"人自身属于动变世界，人的行为本身就是一种自为的动变，指导行为去应对动变的世界以求取相对稳定的幸福，需要一种特殊的智慧，即实践智慧，这是一种纯粹人性的或属人的智慧。"对实践智慧的深入探求正是亚里士多德实践哲学的要旨所在。参见徐长福：《走向实践智慧——探寻实践哲学的新进路》，社会科学文献出版社 2008 年版，第 187 页。

有实践智慧。"明智在于深思熟虑，判断善恶以及生活中一切应选择或该避免的东西，很好地运用存在于我们之中的一切善的事物，正确地进行社会交往，洞察良机，机敏地使用言辞和行为，拥有一切有用的经验。记忆、经验和机敏，它们全部或源于明智，或伴随着明智。"①明智自然便是实践智慧，这是对实践智慧的一个经典判定。在此，实践智慧所具有的道德维度是非常明显的，同时这里所显示的实践智慧与伦理德性之间的关系应该是内在的，而不是外在的、偶然的连接。这种对实践智慧的认识是与对实践概念的把握相一致的，实践概念在实践哲学的意义上具有伦理道德的基本维度，这与我们过去对实践概念所作的认识论的简单化理解是存在根本差异的，一种不具备善的合理性的所谓行动在本质上是不能被称为实践的，而缺乏了善的合理性引导的实践智慧也往往会偏离真正属人的方向，甚至给人类创造灾难。

实践智慧概念是属于西方哲学的，但却是分析中国文化的基本方法，而在对于中国文化的实践智慧探求中，实践智慧所蕴含的道德维度更是突出显明，乃至于是中国文化之所有表现层面的根本特征。陈来在谈到儒家的实践智慧之时，强调指出："儒家的实践智慧始终是强调以道德为基础，从不脱离德性。"②儒家的实践智慧不仅仅体现在儒家哲学元典的论述当中，更为重要的是体现在中国古代政治法律的实践活动当中，其间司法中的实践智慧可谓是其重要的特色，古代司法的实践智慧中所蕴含的道德维度是显而易见的。这同时也与古人赋予古老的"法"字以伦理学意蕴密切相关。"法"的另一种写法是"灋"，"灋"字不仅包含了适可而止的实践智慧，同时其本身也体现了先民们在生活实践中的伦理智慧，其"文身"所包含的伦理禁忌就表现了先民们实践智慧的伦理之维。"古老的'灋'（法）字是中国古代法所内含的伦理精神的一个古老记号。"③法、道德与实践智慧是一致的，正如同说法和道德都是实践理性一样，法与道德同样可以被看作实践智慧，不过这并不是知识论和逻辑学意义上的定义。

---

① 苗力田主编：《亚里士多德全集》第八卷，中国人民大学出版社 2016 年版，第 460 页。

② 陈来：《论儒家的实践智慧》，《哲学研究》2014 年第 8 期。

③ 武树臣：《仁·太极图·灋（法）——中国古代法哲学探源》，《法学杂志》2015 年第 9 期。

　　古代司法的道德之维可以说源远流长，它以儒家哲学为支撑，深刻地影响和塑造了中国古代的司法智慧。孔子断狱常将道德情理放到司法决策的首要地位，凡是有违伦理道德大义的事情，即便符合事实真相，孔子也要以其卓越的道德智慧采取别样的司法对策，而其最后的结论却又令人信服。这便是一种实践智慧。在孔子做鲁国大司寇的时候，有父子两人到他那里打官司，孔子不问是非曲直，径直将两人关进了牢房，最后两人在牢房里幡然悔悟，孔子便将他们放了回去。这自然可以解读为孔子的息讼思想，但若根据这个案件之后孔子所发的议论，实在又是一个非常经典的实践智慧道德化之范例。在这个判例中，季桓子认为孔子应该以杀戮的方式教民孝道，孔子的一番言论却更让人感受到他卓越的实践智慧。当冉有将季桓子的言论告诉孔子之后，孔子感慨道："呜呼！上失其道而杀其下，非理也。不教以孝，而听其狱，是杀不辜。三军大败，不可斩也。狱犴不治，不可刑也。何者？上教之不行，罪不在民故也。夫慢令谨诛，贼也，征敛无时，暴也，不试责成，虐也。政无此三者，然后刑可即也。《书》云：'义刑义杀，勿庸以即汝心，惟曰未有慎事'。言必教而后刑也。既陈道德以先服之，而犹不可；尚贤以劝之，又不可，即废之；又不可，而后以威惮之。若是三年，而百姓正矣。其有邪民不从化者，然后待之以刑，则民咸知罪矣。《诗》云：'天子是毗，俾民不迷。'是以威厉而不试，刑错而不用。今世则不然，乱其教，繁其刑，使民迷惑而陷焉，又从而制之，故刑弥繁，而盗不胜也。夫三尺之限，空车不能登者，何哉？峻故也；百仞之山，重载陟焉，何哉？陵迟故也。今世俗之陵迟久矣。虽有刑法，民能勿逾乎？"[1] 孔子的智慧是大智慧，他不是着眼于一事一理，而是从全局的总体性给出问题解决的策略。诚然，刑罚的效果是很有限的，[2] 道德教化才是治理国家的最为根本的策略，司法中的道德教化自然是其重要的环节。在这种情况下，司法的道德化不仅为一

---

[1]　《孔子家语·始诛第二》。

[2]　在孔子的观念中，"法律固然可以规制人的兽性，却无力改变社会成员的内在品质"。参见 YuFan Stephanie Wang, The Triumph of Confucianism: How A Subjugated Legal System is Failing A Generation of Chinese Women and Girls, *15 Cardozo J.L. & Gender 691* (2009)。

个具体的纠纷找到了合理的解纷方式，而且在深层的意义上解决了司法纠纷的前提问题。

从汉代一直到清朝末年司法运行的道德智慧，都是一个比较普遍的现象。在历史发展中，复仇的个案一直是人们关注的焦点，从关于复仇的诸多案例我们能够看到大多数司法官员表现出了民间化的道德意向。尽管复仇本身是国家法律所禁止的，但在儒家经义上却有一种模棱两可的倾向，似乎所采取的乃是一种平衡的智慧。而无论法律的规定如何，法官们的决策基本体现了对复仇者的同情与赞美，甚至有的法官不惜个人受到法律的制裁，也要将复仇者放跑，可以说是司法道德化的典范，而其中民间社会对复仇的大力强调与支持在一定意义上又鼓励了司法官员复仇道德化之意向。当然，儒家经义强调对待复仇的中道智慧，也算是一种实践智慧的体现，其间自然贯彻了道德化的理念，否则，若是单纯地依照法律，则那些复仇者早就被关到大牢了。在复仇当中，自然是包含了一种道德化的意向，不仅蕴含着孝道伦理，更为重要的是内在地蕴含了国家社会得以延续和发展的原始正义，在国家公权力的扩张力不能及的地方，复仇就会成为一种自然的现象，司法官员的支持不仅是道德的要求，也是国家正义的需要。

明清时期是历史上判词文化发达的时代，而其判牍的道德智慧也达到了十分高妙的境界。张船山有判词曰："审得即墨县解送王小山杀人一案，本府一再审问，觉有不类。再四开导，始知为卖命顶凶者。真正杀人凶手，实为屈培秋。今已提到正凶，供认不讳。查杀人者死，律有常刑，所以惩凶匿傲邪辟也。若有钱可以买代，则富家子弟，将何所顾忌？皇皇国法，是专为平民设，而非为富豪设矣。有是情乎，有是理乎！千金之子，不死于世，此本乱世末流之行为，而非盛世圣朝之所应有。屈培秋以口角细故，用刀杀人，其罪已不可逭，而又不束身司败，以二百金买人一命，蔑视王法，殆无是过。夫使二百金可买一命，则家有百万可以屠尽全县。以一案而杀二命，其罪更何可恕！须知前一杀尚出于一时愤懑，或非居心杀人。后一杀则纯为恃富杀人，有心杀人。误杀者，可免抵；故杀者，不可免也。屈培秋应处斩立决，并于行刑前，先杖二百；王小山顶凶卖命，依律亦应杖责。姑念出自孝心，为养活父母计，应从宽免责。王小山父王桂林，贪图二百金之缴利，至将亲爱之子，付诸刀俎之下，不特犯国法，且无人情。依律应处无故杀害子女罪减等，杖二百，流五千里。姑念其子小山，孝弟性成。初次审问时，即哀哀籲请，勿累父母。并愿以一命牺牲，不累堂上泪随声下，满堂为之弹指。今果按律惩处，不几大伤厥心，本府为爱护孝子计，一体准予免责。薰蚊虻以烧艾炷，恐坏罗帷；剔蚯蚓于兰根，虑伤香性。治恶僧须看佛面，挞疯狗还念主人。全孝子之心，捐顽父之杖。即墨县令审案糊涂，办事昏聩，姑念事出无心，免于惩办，从宽详请撤任。”①这个判例可以说是情理道德运用的典范，陈述的情理化和语言的道德化自然造就了结论的合理化，这样的实践智慧不仅合理地解决了纠纷，而且宣示了司法的目的性追求，保持了与儒家意识形态的高度契合性。②

道德当然是一种智慧形态，道德原理的运行机制可以恰当地解决法律生活中的诸多问题。道德智慧不仅包含了对问题的恰当判断力，而且还为问题的解决提供了一种合理性论证。道德作为实践智慧的有机组成部分，其在古代司法运行中的重要价值表现在：保障司法纠纷的解决能够有利于促进人类的善的实现，这就是儒家伦理道德的全面贯彻；保障道德化论证的引进能够使案件本身的解决方式更加合情合理，令人真正地信服；通过整体性道德考量，保障个案公正；通过道德论证，实现道德教化之目的；通过道德介入，使得古代司法审判始终与意识形态保持良好的契合性。古代司法中实践智慧的道德指向并不是人们的外在利益的获得，而是一种真正的道德境界的提

---

① 高潮主编：《古代判词选》，群众出版社 1981 年版，第 101—102 页。

② 很多人认为，在中国儒家法学思想中，相比西方给予了妥协以更高的价值认同，认为中国人把以权利为基础的主张看作对基本伦理原则的背离，很多外国学者也是这么认为的。参见 Justice Robert F. Utter, Tribute: Dispute Resolution in China, *62 Wash. L. Rev. 383 (1987).* 但实际上并非如此，妥协并非毫无原则，任何妥协都不可能背离儒家的“义”，其间的道理自然在情理之中。儒家的确讲求妥协，但若是由于妥协而造成了人们自身权利的失序，那么就不会产生真正良好的秩序，儒家哲学是一种度的哲学，倘若妥协背离了基本的度，那么就不会是对儒家伦理道德的维护。至于中国传统诉讼中争斗的一面，更是让人看到了“利益”的挣脱，当然这个“利益”并不是“权利”。“利益”的争夺也必以符合情理及义的原理，方可获得人们的认同，突破了边界自然就会受到谴责了。

升，那或许才是一种真正意义上的道德幸福。相比于古代司法，今天的司法已经缺失了道德的维度，即缺失了司法实践智慧的道德维度。当司法被一种功利主义和经济至上所控驭的时候，司法的灵魂和法律的精神就会受到严重的损伤，这应该是当代中国法治谋划所需慎重考量的问题。

三、经验的维度与实践智慧

任何情况下谈及实践智慧，都不可能离开经验的维度，尽管有时候使用"经验智慧"的概念给人一种缺失了价值维度的感觉，但除此之外"经验智慧"也是颇能反映实践智慧的本质精神的。当我们一般地讨论智慧的时候，自然不是在论及亚里士多德的理论智慧，智慧是一定要有经验前提的。当我们称赞一个人有实践智慧的时候，那一定是在赞美一个经验丰富的实践主体。一个满脑袋四书五经却无任何经验累积的人，最后只能演变为教条主义者；一个头脑中装满了法条，却无实际的司法经验的人，一定不会成为一个优秀的法官，充其量只能是一个法条主义者。但经验决不是狭隘的经验主义，它是实践中的训练，更是训练中的提升。无论是经验智慧还是实践智慧，都只属于那些有准备的头脑。很多人虽然也经历了岁月，但并不当然地就是拥有实践智慧的人，实践智慧是内在的素养，某种意义上具有天生的成分，有一些人注定了不可能成为有实践智慧的人。因此，有的人注定了不能去做法官，有的人注定了不能去做政治家，有的人注定了不能去做教师，否则就一定会破坏司法公正事业和伟大的政治追求以及崇高的育人事业。经验构成了实践智慧的一个重要维度，但绝不是单一的维度，经验是与道德德性元素一起发挥作用的，一个有经验的人并不当然就拥有实践智慧，这是事物的本性所决定的自然结果。

古代中国司法是以经验主义哲学为根基的，在传统司法的整体运行中经验发挥着巨大的作用。我们知道，司法哲学的最为根本的问题是普遍与具体的对接问题，这就决定了理论的重要性，同时又预示了经验的基础性地位。中国古代法官当然是有理论的，这个理论就是儒家哲学或者说儒家伦理学，同时古代法官的经验又对一个案件的合理解决发挥着至关重要的作用，经验的价值是基础性的，它糅合到了实践智慧当中塑造了司法的合理性价值。古代司法中有一个流动的传统，即"五听辞讼"，它体现了经验在司法中的贯彻。察言观色的本领不是一个年轻人可以娴熟地驾驭的，只有那些有经验的法官才可能通过察言观色，洞悉事情的缘由和案件的真相。"严遵为扬州刺史，巡行部内，忽闻哭声，惧而不哀，驻车问之，答曰：'夫遭火烧死。'遵疑之，因令吏守之，有蝇集于尸首，吏乃披髻视之，得铁钉焉。即按之，乃伏其罪。"① 这里关键的问题在于"惧而不哀"，遵循着这一察言观色的考量结果，居然破获了一起杀夫案，由此可见，经验乃是中国古代法官的智慧。若是一个年轻的法官，可能就不会从妇女的脸色和哭声中把握"惧而不哀"的状态，自然也就难以捕获案件的真相了。任何一个案件都有一个具体的场景，在这个具体的场景中不仅需要法官把握案件的真相，也需要法官能够在具体的情境中选择最为合理的"理论"或"原则"对案件作出合理的解决，这依然需要经验的在场，面对同样的事实，有的法官会倾向于教条主义或法条主义，有的法官会运用实践智慧对问题采取一种实践合理性的解决进路。黄霸、薛宣、沈括、庄遵、曾国藩、胡林翼、张船山等，都是这样的法官，他们的断案是一种实践智慧的进路，其间包含了重要的经验之维，② 古代中国司法中内在地包含着一种拒斥法条主义的思想倾向。

古代司法之所以呈现一种经验指向，这是与中国古人的思维方式密切相关的。中国文化与西方文化不同，它不去探求生活世界之外的抽象世界，其知识探求的指向就是生活世界本身。而生活世界乃是一个时间、事件及实践的延展过程，在这个过程中经验是重要的维度，在时间中累积经验，在事件中提升经验，在实践中培育经验。儒家学派尤其注重现实的经验智慧，它的问题指向本身就是经验性的，而不是思辨性的。儒家伦理学是指导法官判案

---

① 杨奉琨校释：《疑狱集 折狱龟鉴校释》，复旦大学出版社 1988 年版，第 10 页。另外该书第259—260 页中列举了诸多案件，均体现了古代司法官员"察言观色"的高超技艺。

② 关于古代司法中的经验问题，参见武建敏：《传统司法行为及其合理性》，中国传媒大学出版社 2006 年版，第 52—59 页。

的理论前提，这个理论不是抽象的理论体系，而是以经验为前提的对生活世界的关怀。即便是儒家所塑造的法官在情理化和道德化的司法论证中，其论证展开的方式也是经验性的，生活世界的经验使得他们深刻认识到伦理道德在实践延展中所发挥的重要的作用。在这个过程中，经过时间的积累，经验的元素逐步具有了一种先验的属性，[1] 但即使是相对先验的心理存在，其根基仍然是生活世界的经验，也正是因为如此，古代司法中的解纷方式才能够获得生活在经验世界的人们的认同，并在人们的认同中逐步获得合法性身份。

古代司法经验指向的形成与传统中国人们的受训方式是具有内在联系的。中国传统教育是以儒家为蓝本的，其中涉及经史子集，而其中不仅仅是"史"体现了经验训练的价值，即便是其他的元素也都具有经验性规训的功能。比如，《春秋》作为经书，实际上也是史书，其间不仅具有微言大义的义理构成，而且《春秋》故事又恰恰是经验的事件，那些习得了《春秋》的人不仅获得了义理的原理，也受到了经验的洗礼，于是经验思维的养就也就顺理成章了，董仲舒就是这个方面的典型，其"春秋决狱"恰恰是经验主义思维的集中表达。至于那些儒家哲学家们的论著，当然也贯彻了经验规训的思想指向，无论是《论语》还是《孟子》，其义理的阐发往往都有一个经验的依托。古代法官的经验思维正是由于传统教育的规训方式构造的结果，尽管教育与规训并不是唯一的方式，但毫无疑问发挥着重要的作用。经历了漫长的教育和规训的文人们，一旦有机会步入官场并掌握了司法权力，其漫长受训中所养就的经验思维就会自动地发挥作用，使得中国古代司法活动呈现一种经验的取向。经验的元素同道德元素一起糅合到实践智慧当中，共同塑造了传统司法行为的合理性。

由此可以看到，传统中国虽然没有专门的法官教育和选拔机制，但古代的选官制度在总体上所具有的经验维度，恰恰契合了司法的本性，这是一种

---

[1]　李泽厚曾经谈及经验变先验的道理，参见李泽厚：《历史本体论》，生活·读书·新知三联书店 2002 年版，"序言"第 1 页。

值得现代社会借鉴的传统。司法在本质上是经验的，它需要一种"在场的体验"，[①]教育的训练应该以经验模式让人们去适应"在场的体验"的司法本性。当代中国的法学教育以及法官遴选方式，缺失了一种经验的维度。我们培养的法官大多数成为教条主义者或法条主义者，在思想上不去探寻经验元素的合理性，更缺乏感悟经验智慧的理论基础。近代以降的中国更多汲取了科学和理性的精神，忽略了对生活世界本身的深入探求，更忽略了对传统中国社会生活世界之实践智慧的深入挖掘，这在法学界和法律界是一个十分普遍的现象。让司法回归生活世界，让司法回归实践智慧，让司法回归经验世界，正是谋划当代中国司法合理性的根本前提。我们的司法一直处在迷茫的状态，走向实践智慧是摆脱迷茫的基本路径。

四、辩证的维度与实践智慧

实践智慧本身就具有一种辩证的向度，或者说实践智慧本身具备真正的辩证法品性。实践智慧从不将自身偏执到某一个方面，它所强调的是实践性、中介性、主体间性，实践智慧最忠实地表达了对于事物本性的忠诚，最真实地体现了对生活世界的关怀，最辩证地申明了解决问题的基本策略。实践智慧真正地具备了辩证法的本性，完美地实现了人自身对自身生活世界的介入，这是一种真实的关于人的生活的实践智慧的哲学立场。辩证法与实践智慧的统一性，哲学界也从不同的角度进行过论证。"理论范围内的辩证法与实践智慧结合起来就是实践哲学的辩证法。事实上，两者也是不容分开的，我们在考察理论范围内的辩证法时，实践智慧的元素已经被意识到

---

① 美国实用主义的诸多思想家即秉承了这样的理念，这一思想深刻影响和塑造了美国的法哲学。威廉·詹姆斯是实用主义哲学的奠基人，他的思想全面影响了大法官霍姆斯，实用主义哲学的经验指向、偶然性思维、亲历性原理对我们思考司法哲学具有重要的学术价值。关于詹姆斯的哲学思想，参见其《心理学原理》（江西教育出版社 2014 年版）、《彻底的经验主义》（上海人民出版社 2006 年版）、《实用主义》（商务印书馆 1979 年版）。詹姆斯的哲学对法哲学的意义是巨大的，我们应该从中汲取对我们有价值的思想元素，这些思想元素不仅具有理论价值，并且会具有强大的实践功能。

了；而自觉形态的实践智慧则是理论辩证法发展的一个结果。"① 这里所讲的实践智慧是与理论辩证法相通的，但其实实践智慧本身就是辩证法，辩证法就是实践智慧，而辩证法与实践智慧的统一性在中国古典思想中表达得尤其充分。但有学者似乎认为传统中国的实践智慧是一种"非理论的实践智慧"，"我们称之为中国古代哲学的东西，事实上正是一些非理论的实践智慧。而这种实践智慧的复兴不是简单地回到古代实践哲学，而是必须使之现代化，将之转换成为一种现代实践智慧"②。这话自然是有道理的。我们不可能回到传统的实践智慧，传统的实践智慧一定会在"视界融合"中获得整合，但不能因此就将传统实践智慧看作"非理论的实践智慧"，而将传统的实践智慧与辩证法看作某种低级阶段的智慧形态。传统的实践智慧是古人自觉运用的智慧，同时它又是以古汉语的形式表现最为充分而不受科学化玷污的智慧形态。

古代中国司法正体现了实践智慧的辩证法品性。法律生活的中心问题是司法问题，这是一个普遍性与具体性的辩证关系问题，法官就是要在普遍性的一般原理和具体的情境之间做出恰当的决策，这是一个合理化的过程，是辩证法的实践智慧的运演过程。中国古代的法官既不用普遍性去裁剪具体性，也不以具体性而弃普遍性原理于不顾，总是力图在普遍与具体之间寻找恰到好处的解决问题的策略。在清代曾经有这样一则判例，有个老太太王赵氏，其女名叫王金凤。老太太先是把闺女嫁给了牛谋儿，婚后不久牛谋儿为了养活其妻及妻母，就出外经商去了。正是在这个期间，有个叫马玉林的人先是诱奸了王金凤，之后王金凤屈从嫁给了他。但过了没多久，牛谋儿回到了家里，发现真相就告到了官府。法官先是将王金凤判给了牛谋儿，但刚走出大堂，牛谋儿就痛打了王金凤。于是法官觉得不妥，最后作出判决，将王金凤交给"官媒另行嫁卖"，并且只允许当地人娶其为妻，其目的在于能够

① 王南湜、谢永康：《后主体性哲学的视域——马克思唯物主义的当代阐释》，中国人民大学出版社 2004 年版，第 182 页。
② 王南湜、谢永康：《后主体性哲学的视域——马克思唯物主义的当代阐释》，中国人民大学出版社 2004 年版，第 182 页。

赡养王赵氏。① 关于"一女二嫁"的问题，在《大清律例》中是有明确规定的："凡逐婿嫁女，或再招婿者，杖一百。其女不坐。男家知而娶者，同罪。不知者，亦不坐。其女断付前夫，出居完聚。"② 法官将王金凤判给了牛谋儿，应该说是非常符合法律的普遍原则和规则。并且这位法官大人也完全可以按照这个判决结论，终止这个案件的审理。但是这位法官却并没有如此，当他看到牛谋儿对王金凤痛下狠手的时候，意识到刚才判决的问题性，于是就调整了自己的裁判。为什么？这就是对于情境的考量，对于具体案件本身的个别性的分析。倘若牛谋儿因王金凤另嫁之事一直耿耿于怀，那或许会造成更大的悲剧。法官的判决也很有意思："只准本地农商娶买，仍须将其母一同养赡。"其实清朝的法律并没有类似的规定，但其结论却俱符合事物的普遍原理。这个判例可以看作是普遍与具体之间辩证智慧的重要体现。在这里，单纯的普遍性的片面性得到了克服与消解，同时人们并不感到对具体情境的考量而损伤案件背后的普遍原理，这依然是一个符合儒家情理道德之普遍原理的优良裁定。

实践智慧在司法运行中就是发生在普遍与具体之间的智慧，研究中国哲学的杨国荣颇得实践智慧之要义。"以实践智慧沟通一般原则与特定情境，意味着扬弃以上二重偏向。一般原则若停留于自身而不落实于具体情境，便往往不仅具有抽象的性质，而且容易衍化为超越的教条，在此形态下，其现实性的品格也每每难以得到体现；特定情境中的问题如果仅仅以经验的方式来解决，则常常也会呈现自发性和盲目性。当一般原则运用于特定的情境时，一方面，原则本身通过引导人们解决特定情境中的问题，开始由抽象向现实过渡；另一方面，特定情境中的经验在一般原则的规范之下，也逐渐由自发、盲目向自觉的层面提升。在这里，实践智慧的特点既在于扬弃一般原则的抽象化与教条化，使之在特定的情境中获得具体的内涵与现实的品格，又表现为克服经验的自发性与盲目性，使之在一般原则的引导下获得自觉的

---

① 参见虞山襟霞阁主编：《刀笔菁华》，中华工商联合出版社 2001 年版，第 120 页。
② 《大清律例》第 104 条。

品格。"①既然古代司法中的实践智慧是发生在普遍与具体对接的特殊情境之中，那么实践智慧对于情境的依赖就变得非常重要，同时也意味着实践智慧必然要依赖实践主体的在场，在这个意义上无论是实践智慧还是辩证法，人都是在场的，离开了人以及人的活动，就既不可能有辩证法，也不可能有实践智慧。正是在传统中国司法活动中，有众多的高水平的法官，他们在漫长的儒学训练中培育了自身的理论素养，同时又在为官实践中训练了自身的经验智慧，他们具有深厚的文化内涵，正是拥有一大批这种高素养的法官队伍，传统司法才可能表现出卓越的实践智慧的辩证法品性。倘若古代司法被今天的法条主义式的法官所充斥，则不仅难以推动实践智慧的发展，也难以对问题的解决给出合理的方略。

在传统中国文化中有很多概念可以说都体现了实践智慧和辩证法的思想意向，而这些概念所内含的文化恐怕已经成为了人们文化心理结构的重要组成部分。比如"度"和"中庸"这两个概念，实际上都是中国哲学的重要概念，也是最能体现实践智慧与辩证法特质的概念。对于中国古代的法官而言，真正地把握了"度"和"中庸"，就是他们实践智慧的印证，就是他们具备辩证法素质的鲜明体现。在普遍与具体之间，既不能过度地迁就普遍性，也不能过度地迁就具体性，这既是"度"，又是"中庸"。"经权变通"也是实践智慧的表现，但"经权变通"本身也要坚持"度"和"中庸"的原则，否则要么伤害了"经"，要么伤害了具体情境中的人或事。对于中国古代的法官而言，其所要着力塑造的正是自己的"实践智慧"，只有实践主体的适格，才可能真正创造具有"实践智慧"特质的司法合理性之风貌。中国古代司法中有一种法体形式，叫作"判例法"或"先例法"。"先例法"也是实践智慧的体现和表达，一方面，"先例法"中的经验主义是实践智慧中经验维度的最好注脚；另一方面，"先例法"中的甄别与权衡正是实践智慧运用的艺术之体现，而权衡的过程既是实践智慧的展开过程，又是辩证法由自在走向自为的发展过程。古代司法的辩证法特质是传统司法中一个重要的特征，它构

---

① 杨国荣：《论实践智慧》，《中国社会科学》2012 年第 4 期。

造了古代法官的文化心理结构，在漫长的历史实践中充分展示了实践智慧的优良品质。

五、司法的法哲学表达：法作为一种实践智慧的现代诠释

古代司法实践的运行风貌所呈现的基本特质具有重要的法哲学意义，但这需要深入的理论挖掘。由此我们所获得的将不仅仅是关于古代司法中的法哲学问题，而且还是具有贯通历史与现实的普遍性理论问题。司法作为沟通法律的普遍世界与具体世界的中介，其本身最完整地表达了法的本性。在一定意义上，我们可以说从司法切入进而去理解法的本性，乃是一种符合事物本性的思想进路。从司法行动的角度加以分析，则法是可以被看作实践智慧的。关于这个问题，通过对古代司法中的实践智慧的把握，我们看到了法作为实践智慧的认知方式所具有的合理性价值。但我们必须清楚，从司法观法并将法看作实践智慧的目的，并不是要架构一套关于"法作为实践智慧"的知识体系，如果从知识体系的角度去理解实践智慧，那么可能恰恰背离了实践智慧的本义，因为实践智慧本身是非体系化的。①"法作为实践智慧"的认知是一种思想方式，是一种思维方式，是一种看待法律生活的方式。如果用更为哲学化的表达方式，那么，"法作为实践智慧"就是人本身的一种生活方式，无论是法还是法治，从实践智慧的角度看待，就都是一种生活方式。从司法看法，"法作为实践智慧"的判断是成立的；而"法作为实践智慧"在法哲学的层面上则需要较为细化的理解。

（一）法作为实践智慧，它反对教条主义或法条主义。教条主义或法条主义是把某种原则或规则抽象化，将其看作绝对的普遍真理，并用这种抽象

---

① 实践智慧本身往往充满着盖然性和偶然性，在一定意义上可以被看作是实践推理。参见 Eric Engle, Aristotle, Law and Justice: The Tragic Hero, *35 N. Ky. L. Rev. 1* (2008)。而在关涉实践推理的时候，人们也总是习惯于引用亚里士多德的理论加以强调。参见 Miriam Galston, Taking Aristotle Seriously: Republican-Oriented Legal Theory and The Moral Foundation of Deliberative Democracy, *82 Cal. L. Rev. 329* (1994)。实际上，亚里士多德区分了实践推理和演绎推理，其研究是当代人把握诸多领域问题的重要学术渊源。

化的原则任意裁剪现实生活的思维方式。这种思想方式在政治法律实践中是普遍存在的，尽管实践者也会高喊着"具体问题具体分析"的口号，但实际上那只不过是教条主义者的一个标签而已。从理论角度分析，这是一种立法中心主义的思维方式，其所关注的是普遍的规则世界的架构，而不是现实生活世界的合理性构造。法条主义思维影响下的法学理论往往也会找寻自身牢固的思想基础，这就是所谓的科学和理性，并在此基础上去架构自身的知识系统。科学与理性在从近代西方形成之后，给人类以伟大的信念的同时，也让人迷失了自身的方向，概念法学的膨胀结果让人们失去了对普遍理想主义的信心，珍视生活世界才是谋划法律理性的根本思想基础。中国古代司法从不期望架构一种所谓的普遍知识体系，在古代法官那里，法就是一种实践智慧，是人们对现实生活问题的合理化决策，这是一种行动的智慧。在当代法治实践以及法哲学理论构造中，我们就是要挖掘传统司法中的实践智慧元素，用一种切合于法的本性的思想架构我们的头脑，形成一种合理化的理论前提。

（二）法作为实践智慧，它具有情境主义的实践特质。法是发生在普遍性与具体性之间的"故事"，作为实践智慧的法虽然并不否定普遍性的价值，但它更为关注的是具体性，也就是那个具体的"情境"，实践智慧只能发生在具体的情境之中，在单纯的普遍性当中根本就不存在实践智慧。追寻普遍性价值并完成人类构造普遍知识的追求是理论智慧的事业，理论智慧是可以不关注人类的行动的，离开人的行动似乎人们同样可以通过理论智慧而获得普遍性知识，但由此而获得的普遍知识不具有实践指向。实践智慧则不然，它必须走向实践，或者说它本身就是实践的。作为实践智慧的法，强调的是对具体语境的把握，是要解决具体情境中的问题。因此，这是一种情境主义的法学思维方式，是一种问题中心的理论思考方式。法作为实践智慧，必须能够解决具体情境中的问题，并使其具备实践合理性的价值。[①] 因此，实践

[①] 实践合理性与实践智慧是内在相通的，实践合理性同样是遭遇具体情境时的决策问题，而实践情境中的决策总是同善的原则相关联。参见 Caryn L. Beck-Dudley, Edward J. Conry, Legal Reasoning and Practical Reasonableness, *33 Am. Bus. L.J. 91 (1995)*。

智慧既不能离开经验的维度，也不能离开道德的维度，否则就不可能对问题的解决拿出一个合理化的最优方案。公孙龙尝言：白马非马。这即是一个关于普遍与具体的辩证法命题。按照"法作为实践智慧"的立场，则我们强调的是那个具体的"白马"，而不是普遍的"马"，只有这样才能够解决现实的具体问题，这是一种实践主义或情境主义的思想策略。

（三）法作为实践智慧，它认可人治主义的合理性。实践智慧是主体在场的智慧，而非冷冰冰的逻辑演绎，这才是一种实事求是的实践论立场。在当代中国的法学话语体系中，人治是一个备受指责的概念，但其实关于人治概念的内容都是批评者自己添加上去的，甚至我们可以说人治乃是一个由学术界虚拟构造的敌人。其实，法律生活中是一定要有人治的，正所谓"有治人，无治法""徒法不足以自行"，说的正是这样的道理。在中国传统文化中，并没有人治的概念。在传统中国的学术文本中，人们强调的是贤人之治，它是中国古人的理想。我们将司法作为分析法的基本环节，那么在法律的普遍世界与具体世界对接的过程中，司法活动所需要的是贤人在场，倘若没有众多的贤人在场，恐怕司法的合理化事业是根本就无法实现的。而中国传统教育正是训练了一大批贤人，这正是"法乃是实践智慧"的精妙思想的结果，尽管那个时候并没有实践智慧的概念。古人的聪明才智正在于这种实践智慧，用实践智慧的眼光看待法治，则人治是法治的构成要素。人治并不是与法治对立的概念，其对立完全是人为的，法治内在地包含了人治的元素。这在儒家和古希腊圣者的思想体系中都是如此，在中国古代的司法实践以及当代美国的司法活动中均有鲜明的体现。

（四）法作为实践智慧，内在蕴含了价值论立场。实践智慧本身具有道德的维度，从实践智慧的角度看待法，则法律生活本身就会展现为价值在场的实践过程。古代中国的司法贯穿了儒家伦理道德的价值论立场，这个价值论立场本身不仅具有引导立场的功能，而且其本身就是实践智慧的内在元素，因为正是这种方向性的引导，使得法官对问题的解决具备了良好的价值合理性。儒家的伦理道德对于传统中国而言是一种几乎没有整理的思想立场，它向法律生活的渗透，在赋予法律以价值合理性的同时，给予了中国古代法以实践智慧的基本品性。法是为人类自身而存在的，它不是漂浮在宇宙中抽象的知识体系，而是人类自身安身立命的生活方式。法作为生活方式必须完成对人类自身的价值引导，尽管每个时代的价值体系不同，但"人作为人的价值和尊严"应该是每个时代的法所首肯的价值维度，贯彻了此种价值维度的法，其本身就是实践智慧，它能够真正地认清楚法存在的价值。法作为实践智慧，由于价值论的在场，使得法律生活中的诸多疑难问题都能够获得良好的解决。在一定意义上讲，法作为实践智慧并不是为了解决简单的案件纠纷，而是为了解决复杂的疑难案件，正是这样贯彻了价值论立场的实践智慧的法，才可能具有解决疑难的法哲学功能。

（五）法作为实践智慧，倡导行动的自主性。法是一种实践智慧，法治也是一种行动，这本身就是一种反对知识论的立场。将法看作实践智慧的观念，"反对科学主义使人丧失自主性和行动自由"[①]，而主张一种积极作为的立场。只有在实践中才能获得真正的智慧，这是实践哲学最为朴实的哲学观念。法作为实践智慧的核心价值就是实践，只有在行动中才能真正体现法作为实践智慧的基本品性，也只有在行动中才能不断使法获得提升和发展。古代法官的审判活动本身就是一种行动，古代法官们在行动中推动了儒家道德观的贯彻，在行动中实现了普遍性与具体性的融合，在行动中养就了自身的经验智慧，在行动中完成了对司法合理性的塑造。儒家文化倡导知行合一。"在儒家看来，不仅是德性所知，经典世界中的一切叙述若要通向现实世界，就必须由实践来完成，实践的智慧必须化为实践的行动。实践智慧作为'知'本身就要求把自身展开为'行'。"[②] 其实，实践智慧本身就是"知行合一"，而不是作为"知"展开为"行"，真正合理的理解应该是"知中有行，行中有知"。法作为实践智慧，必然强调法的行动本性，强调作为实践主体的人本身行动的自主性和创造性。正是在无数次的行动中，法的实践智慧品性才可能得以确立，法治的原则才能得以架构。

---

① 郑永流：《实践法律观应以转型中的中国为出发点》，载钱弘道主编：《中国法治实践学派》第一卷，法律出版社 2014 年版，第 192 页。

② 陈来：《论儒家的实践智慧》，《哲学研究》2014 年第 8 期。

第三节 传统与现代性法治的相遇、纠缠与整合

中国是后法治发展国家，法治先贤自然会将视角转向欧美去思考中国法治发展道路，这中间自然有成功，也有挫折与困惑。我们当然明白当下中国法治所追求的现代性法治，也就是说很多人所讲的法治现代化问题。然而现代性法治的展开不得不认真对待中国的历史文化传统，这便产生了"中国式法治现代化"问题。当下中国法治谋划的理想是确定的，法治现代性展开必须与社会主义法治国家实现内在融通。于是人们强调了现代化与社会主义两个基本维度，在法治领域自然就是社会主义法治现代化问题。社会主义是意识形态的方向，这是不可能动摇的，根本不需要争论。而现代性维度则必然要考虑世界范围内的法治样态，要把握近代迄今的法治精神世界，但我们要寻找法治中的现代化共性内容，而不是把西方法治看作唯一现代性法治加以仿效。西方法治形态在文化渊源上可以追溯到古希腊的自由与民主传统中，但其最为直接的思想基础并不在古希腊，而是近代启蒙运动思想家所开创的现代性传统。从近代中国我们就开始了对现代性法治的追求，虽然取得了一定的成效，但时至今日现代性法治并没有与中国法治实践完全融为一体，更缺乏一种文化心理结构上的有效支撑。现代性法治并没有将自身的根基植入中国的文化传统，传统与现代性法治之间的很多难题仍然没有解决，这就出现了传统与现代性法治的紧张关系。我们不能仅仅从文本上思考传统与现代性的关系，文本上的厘清并不意味着现实问题的有效解决。正视当下中国法治的存在语境，是我们思考中国法治现代性发展的基本前提。

一、当下状态：现代性与传统的相遇

世界化是当代社会的存在境况，而世界化的一个重要维度就是现代性的蓬勃发展，现代性的拓展表现在诸多领域当中。现代性是人类不可逃离的命运，即便现代性的扩张出现了很多问题，也不可能抛弃现代性而回归前现代

社会。后现代主义思想家对现代性进行了诊断，却并未开出医疗现代性的药方，现代性在世界范围内顽强地宣示了自身的存在力量。人类的发展过程不可能将所有问题消解，问题本身就是人的存在状态。人们习惯于将科学、技术和理性等与现代性结合在一起进行思考，科学与理性在生活世界中的扩展表现了人的本质力量，人作为人的价值得以凸显。在中国，人们刚刚尝到了现代性的甘美，马上就遭遇了现代性的困惑。但无论如何，在其现实性上讲现代性是不可跨越的。现代性给人类造成诸多困境的同时，也意味着人类再也难以摆脱现代性，现代性使人类踏入了一种必然性的命运。人似乎处在一种"现代性摆布"的状态，看似高扬了人的主体性，实际上却是陷入了"理性牢笼"。现代性包含了"祛魅"的维度，理性化的构造遮蔽了生活世界的特殊性元素。沉淀在生活世界和文化心理结构中的特殊性无奈地趋向普遍性，科学理性的精神似乎具有了高于一切的力量，普遍性代表着"正确性"侵吞了人们的自在性。任何肉体的挣扎和心灵的呐喊都无济于事，自在的特殊性日益沉沦。大众似乎表现了某种欢呼，沉湎在现代性的物质喧哗中忘却了自身的存在家园。

对于以科学和理性①为基石的现代性，民众表现出了极大的热情，似乎认为它们属于无差异的普遍性。同时，人们也在科学和理性范围中表现了自身卓越的能动性，主体性的扩张显示了现代性的巨大能量。单纯地从科学与理性维度加以理解，则现代性似乎是不需要传统的，科学与理性的现实有效性充分显示了自身的自主性。人们在思想文化和观念心理等诸多领域的"传统元素"对于科学的现代性和理性的逻辑而言无法构成一种抑制力量，在纯

---

① 此处所言科学理性主要是指近代化的科学理性，这与近代科学的样态是息息相关的。近代科学在把握世界方式问题上是存在缺憾的，由此所生成的现代性及现代性法治自然需要反思，或许实践智慧才是我们的出路。"近代科学采用'假说—演绎—证明'的方式取代了古希腊'自上而下'地理解和阐释世界的方式，使得理论哲学统摄实践领域，实践成为理论的应用，实践智慧成为仅为实现目的的手段，并且与道德无关。"（陈莹：《古希腊实践智慧的意义转换和解释学重建》，《哲学动态》2022 年第 9 期。）我们在中西思想史上都能够观照到实践智慧把握世界方式的重大意义，它克服了理论和实践的分野，消解了传统与现代性的分化，融通了主观和客观的对立。

粹的科学理性领域中传统并未表现出与现代性的对峙，似乎现代性与传统是毫无关系的。即便是传统中看上去具有抑制现代性发展的文化元素，在科学和理性的现代性面前并没有表现出自身的消极作用。当有人从历史典籍中搬出"天人合一"的话语体系并力图说服人们改变现代性扩张给人类造成的问题乃至灾难之时，所谓"天人合一"的传统显得苍白无力。传统中似乎并没有真正限制现代性扩张的元素，所谓传统生态观或许仅仅是文本体系中的生态观，却并没有植根于人们的文化心理结构当中，而没有扎根于人们之心理结构的知识其实很难说是一种真正的传统。倒是流动着的实用性、利益化的文化作为一种传统，携手现代性在当代中国进行了一场功利化角逐。在这个意义上，以科学和理性为基础的现代性在中国的扩张与发展是需要传统配合的，但这种传统并不能让国家与社会的行动真正走向合理化。契合了传统的现代性元素便会高歌猛进，传统与现代性在某些领域中握手言欢。在法律领域中当然也存在科学与理性的力量，法律的科学化、方法化、逻辑化、理性化自然便是科学理性的知识表达，科学化和逻辑化的法学学术形成了一种重要的学术力量。以科学化和逻辑化为目标的法学学术似乎并没有受到来自传统的牵制，与科学技术领域中的学术一样在知识创造上生成了丰富的法学知识体系。也许这种知识缺乏实践上的合理性，但在纯粹知识上无疑形成了自身的科学秉性和逻辑风格。

现代性不仅包含了科学理性的精神，而且还包含了一系列与人的存在境况息息相关的价值元素。欧洲近代社会充满了原创性，启蒙运动在高扬了科学与理性精神的同时，也创造了一系列重要的现代性价值理念，比如自由、平等、博爱、民主、尊严、人格、人权、自由意志、私有财产、罪刑法定等，① 这些价值是政治的，也是法律的，是社会的，也是属人的。我们必须

---

① 当然现代性法治所包含的价值理念除了这些元素，还有诸多其他的重要元素。A. V. Diley 曾经描述了这样的法治要素：法律反对专断权力的至高无上性、所有人和所有阶层及其同政府官员之间一律平等、宪法与整体法律的融合等。参见 *The Rule of Law*, Edited by Ian Shapiro, New York University Press 1994, p.121。Diley 所描述的要素自然也是中国的现代性法治追求所必须认真对待的，并且这些元素也已经成为中国法律人所高度认同的法治之基本要素。

承认，这些价值理念的生成与科学、理性是内在相关的，科学理性的精神可以看作这些价值理念的基础，缺乏科学理性精神，自由的原理就难以获得发展。现代性价值系统表达了以"人"为中心的思维方式的确立，以这些价值为基石的法治可以被称为现代性法治。人是现代性价值的"原则高度"，是现代性法治的原则高度，没有"人"的自由而全面的发展就不可能生成现代性法治。启蒙运动所开创的价值系统在现代社会得到了广泛的传播与认同，在一定范围内构造了人们的文化心理结构，成为人们思考问题的起点。当代欧美国家的法治正是一种以现代性价值为基础的现代性法治，它真正张扬了人的主体性价值，使人获得了独立性的发展，并且让人感受到了一种前所未有的人格尊严。现代性法治已经成为现代人的思维方式和行为方式，中国同样踏入了现代性法治的发展当中。但中国必然会形成与西方不同的现代性法治，也可以说是中国式的现代性法治。中国的现代性发展必须接受马克思主义的引领，同时又需要与传统形成良好的对接，在法治实践的当下性中获得自身的规定性。

以启蒙现代性为依托的现代性法治主要是欧洲文明发展的结果，尽管与中国文化中的人文主义元素存在融通之处，却与更多的中国传统发生了冲突，两者之间的紧张关系不是存在于历史想象当中，而是存在于现实的中国法治实践之中。传统与现代性法治的紧张关系是由现实性的实践产生的，现实的实践就是我们的当下性存在状态，现代性法治正是在此同传统相遇。现代性法治与传统的困境是在包含了诸多传统元素的当下中国谋划法治发展的必然结果，而不是在观念上的任意构造。只有将现实中国的法治实践作为思考传统与现代性法治纠结与整合的基本切入点，才能够对问题的解决提供良好的思路。"看得明白"是一切行动策略合理化的基本前提。尽管现代性价值体系具有明显的人文主义特征，却无法从传统中国文化的人文主义获得思想支撑，也就是说这个价值体系在中国传统中缺乏有效的存在根基。现代人可以将现代性价值的概念"转动"，但却难以在心灵世界中被肯定。匮乏传统支撑的价值概念系统原本就难以在实践中获得良好认同，概念的转动只是形成了空洞的话语，而"空转"的语言不是内生性的，它缺乏本体论上的有效支撑。尽管道家的自由令人神往，儒家的自由充满了道德神圣感，但无论是道家的自由还是儒家的自由都不是现代性精神意义上的自由。启蒙自由观所揭示的是"人作为人的尊严"意义上的自由，是"人之所以为人"的自由，它具有深刻的政治哲学的思想根基。诸多现代性价值也都与这种自由主义的精神实质保持着密切的关联，正是这种自由主义的价值体系决定了现代性价值与现代性法治所独有的特质。这不仅仅是启蒙现代性的价值，同时也是马克思主义的重要元素，马克思主义所论及的"人的自由全面发展"既包含了"人的尊严"，也包含了"人对自身的真正占有"。这种思想价值的生成需要一个实践上的长期磨合过程，它将在与传统的博弈中确立自身的独特价值，将自身融入中国文化当中。

从事物本性上讲，现代性法治的发展自然不需要中国的任何传统。但问题的关键在于中国的现代性法治发展是在当下中国语境中进行的，这就必须考虑传统的问题。事实上，中国的某些传统构成了现代性法治发展的障碍，① 现代性法治很难从中抽身而出。从近代中国就已经开始了民主型法治的探索，② 而这种民主型法治在总体上可以归入现代性法治类型当中。但即使到了今天，实质意义上的现代性法治在中国依然没有获得全面的对象化效果，无论在体制设计还是在制度谋划，抑或是在人的观念改进等方面都是如此。这是一个值得我们深思的问题，这一问题揭示了传统对现代性法治的抑制作用，正是从这个角度我们可以说现代性法治不需要传统。假定存在某个

---

① 现代性与启蒙是结合在一起的，从其固有属性上看恰恰具有反传统特质。然而现代性法治的展开正是在传统中进行的，这就决定了两者之间关系的必然性和复杂性。然而在现代性启蒙被"深深地卷入神话"之际，认真对待传统或许是其获得自我超越的可能性路径。关于对现代启蒙的反思问题，参见［德］马克斯·霍克海默、西奥多·阿多诺：《启蒙辩证法——哲学断片》，渠敬东、曹卫东译，上海人民出版社2020年版，第1—40页。

② 贺麟：《文化与人生》，商务印书馆1988年版，第49页。贺麟认为在传统中国存在过两种法治类型，一种是法家的法治，它是一种功利主义的法治类型；另一种是诸葛式法治，它是一种植根于道德情理的法治类型。在传统中国实际流动的法治则是一种儒法法治类型，这是一种综合性的法治类型，它契合了中国古典社会的文化心理以及社会结构，并具有实践合理性。而民主型法治（现代性法治）则是伴随着西方在近代对中国的多方面入侵，才开始成为中国法治追寻的梦想。但由于中国实践语境的特殊性以及与西方的差异性，使得现代性法治一直与中国实践固有的多种元素处在一种磨合的状态。

没有任何传统的时空，人们完全可以按照法律理性的建构原则创造一个现代性法治国家。然而，世界上几乎所有的现代性法治谋划都是在某种传统基础上展开的，这同样是现代性的宿命。我们既然确立了在中国推进现代性法治的使命，[①] 那么现代性法治就不得不需要传统，因为它不可能逃离传统。即便从现代性自身而言不需要任何传统，但其在现实的生长中也必须面对传统的牵制，最后现代性法治发展的时空延展状况可能是由传统说了算的，尽管并非总是如此。当然，这并不是要排除主体性的形塑力，现代性在传统语境中依然可以进行某种程度的构造，但其构造的过程中也必然会遭遇多样化的传统，于是传统与现代性法治之间就免不了相互纠结、磨合，或许最后能够形成一种妥协的法治类型。而这种法治类型既具有现代性法治的基本特质，又具有传统的中国元素，同时还有当今中国主体构造者加之于法治建设的诸多元素和色彩。或许当代中国法治谋划与实践所形成的将是一种既不同于欧美，也与传统存在重要差异的法治类型。中国法治的现代性发展自然是中国式法治现代化的展开，它是多样化构造的结果。在以中国实践为基础的现代性法治谋划中，没有任何人可以对中国法治前景作出一种必然性的判定，任何法治谋划都需要实践的整合。法治的根基不存在于任何知识性话语和人们的观念当中。只有理解了"实践"概念的思想内涵，才可能进行良好的现实谋划，任何谋划的合理性在归根结底的意义上讲是由实践所决定的，合理性只不过是实践的合理性。

二、难以选择的存在境况

人们对事物的判断总是有立场的，但却习惯于在抽象世界中给事物设定出一个标准，并从这个标准出发作出各种评判。这固然是无可非议的，但却

[①] 我们的法治谋划当然是以中国自身的实践语境为前提的，但同时也具有与西方法治相通的共性。中国的法治与西方法治一样，都体现了对人本身的关怀，马克思主义的人学理论正是中国现代性法治谋划关切人的自由发展的思想基础。可以说，中国的现代性法治策略是共性与个性的统一。

是有问题的。现代中国人在对待自身文化传统问题上，往往习惯于将传统文化分为"精华"与"糟粕"，做出划分之后的取舍自然也是明确的，尽管在很多情况下确定的意向性选择并不意味着会产生切实的效果。人们固然对精华与糟粕的划分标准和取舍有不同的意见，但总是会采取这种二元化思维对待自身的文化传统。"精华"与"糟粕"的区分未必是恰当的，就如同日常生活中"好"与"坏"的区分可能是错误的，这自然是一种对立的思维方式①，贴上标签之后似乎就心安理得。很多时候现实世界中的诸多领域并不能用"好"与"坏"的标准加以衡量，并且"好"与"坏"也总是在不断变化，我们现在认为是"好"的东西可能随着时间的推移变为"坏"的东西，这就如同一个"好人"会变成一个"坏人"是一样的道理。这是实践论的辩证法思想，而静止地看待事物则只能算是一种教条主义。"精华"与"糟粕"其实也面临着这样的问题，每个时代的构建者对历史之精华与糟粕的评价都是不同的。在过去我们曾经过度批判"儒家"，但现代却是"认真对待儒家"，认同程度之高前所未有。实践语境的变化改变了人们的诸多观念，创造了一种新的话语系统，这种话语系统在对待历史文化传统上与旧有的知识系统有着本质的区别。这里依然是一种实践论的立场，实践论的立场是一种务实求真的立场，是一种辩证法的思想，其本身充满着实践合理性的卓越价值；实践论是一种克服两极对立而具有中介性的思维立场，它克服了人们思维中的单纯主观性，而坚持实践中多种元素交互作用的辩证法思想，辩证法在一定意义上就是实践智慧，这即为我们在法律理论建构和实践谋划中所坚持的基本立场。

在对待传统问题上人们习惯划分出精华与糟粕，同时会表达出一种意

---

① 我们要在辩证运动中把握和评判事物，而不能从某种固定的教条对事物作出判断。"我们生活于其中的世界是不断地发展变化着的，要使我们的理论能够正确、合理地指导实践，就必须不断创新它以适应于这种变化。所谓理论创新，就是以新的观念恰如其分地把握事物的本质。但事物并不是直接地呈现其本质的，要恰如其分地把握事物，就必须通过辩证的方法。辩证法作为一种能够全面地把握事物的方法，其实质就是通过概念的从'两极到中介'的辩证运动来全面地把握事物。"（王南湜：《从两极到中介：理论创新的辩证法》，《光明日报》2009 年 6 月 9 日"理论周刊"。）

向：继承历史文化传统中的精华，抛弃其糟粕。这听上去自然是没有问题的，表达了现代人对于美好事物的追求，但这是一种设想中的美好，实际的历史传承并没有那么简单，历史的延续与发展并不是历史中的个体通过自己的想象力构造的结果，尽管个体在某些情况下是可以创造历史的。精华抑或糟粕，都会作为一种传统在历史实践中发挥其作用，从而展示自身的现实性存在价值。我们知道，"仁道"是一种优秀的历史文化，[1] 无论是"仁者爱人"，还是"克己复礼"，抑或是关于达到"仁"的境界的美德追寻，都是值得我们今天传承的历史精华。"仁道"的原理对于我们思考当代法哲学的内在论依托同样具有重要的现实性价值。但当我们将其宣布为"精华"加以承继的时候，却面临着现实生活中缺乏"仁道"的事实。明知其为精华，却难以践行，这不是认知理性的匮乏，而是实践理性的缺失。当我们在架构一种理论的时候，必须正视人性的复杂性。传统中国的"人情化"元素固然有着自身的优越性，但对法治而言却是一种糟粕。尽管我们采取诸多办法消除法治化中的"人情"元素，可终究还是难以战胜"人情化"的袭击，"人情"是现代性法治发展不可逃离的存在语境。精华与糟粕的判定未必是有问题的，但判定后的措施往往并不能真正地承继精华且抛弃糟粕，一厢情愿的学术选择并不就是历史的选择。无论好坏，现代性法治都存在于由中国历史发展到今天所生成的传统当中，这个传统就是现代性法治谋划的存在语境。我们到底

---

① "仁道"作为中国历史上重要的思想理念的确是优秀的，它乃是文明社会的基本价值原则。杨国荣在解释仁道的时候，认为孔子的仁道原则包含了两个非常重要的方面，一个是人作为被尊重的对象，另一个是人作为仁爱的主体。"为仁主要是履行道德规范，在孔子看来，人不仅仅是被尊重、被爱的对象，而且是给人以仁爱的主体。作为道德之主体，人蕴含着自主的力量：为仁（道德行为）并不仅仅是被决定的，而是主体自身力量的体现（由己）。"又言"由己和由人之分，在某种意义上表现为外在强制与内在自主的对峙，以由己否定由人，意味着将主体从外在强制中解脱出来，而这一过程又与意志的作用相联系"。（杨国荣：《善的历程——儒家价值体系研究》，华东师范大学出版社 2009 年版，第 20 页。）杨国荣的分析很有道理，从中自然可以看出"仁道"作为传统的精华特质，但其实虽然我们习惯上称其为传统，但它并不是真正流动的传统，或许只有在王守仁那样的大儒身上能够彰显仁道的主体性，至于民间百姓之多数群体自然是与"仁道"无缘的，这时候我们说"仁道"就不是一种真正意义上的传统。

能够采取怎样的行动，也许只有历史才会给出一个说法。我们很难对传统进行"揉捏"，一味地进行建构，却未必能够达到我们的目的。看清楚世界的状况，是行动的前提。

现代性法治所遭遇的传统，不应被理解为纯粹文本所建构的话语体系，而是一种鲜活的历史存在，是从过去传到当下依然在控制着人们的思维方式和行为方式的那些元素。传统是一种流动的形态，而不是静止的文本。"'传统'指什么？'传统'是指某种过去了的东西吗？如果以为仅仅是如此，这肯定是一种错觉。真正过去了的东西，即对现实的生活不再起作用的东西，那么，它虽然也是一种文化，甚至是价值连城的古董，那也不称其为'传统'了。'传统'虽然产生在过去，但必然是仍影响甚至决定着今天生活的东西。这种东西，既可能是行为准则、思维方式，也可能是价值取向等等。"①传统是实际的现实存在，而不是一种不再发挥作用的历史文献。传统是流动的，它构成了我们生活的基本前提，自然也就构成了现代性法治建设存在的基本语境。既然传统乃是历史上传到现在还控制着我们的那些东西，它自然就构成了现代法治谋划所依托的实践语境的组成部分，传统是实践的内在元素。传统中的"思维方式"会牵引现代法治的发展，甚至构造现代法治的基本形态。传统中的"价值趋向"和"行为准则"会与现代性法治产生冲突，使得现代性法治产生困境。在传统与现代性法治之间存在一个自然博弈的问题，建构主义者可以在文本中表达自己的解决方案，但却难以在现实中有效消解两者之间的矛盾。

现代性法治原本是西方的传统，②如今要在中国推广建设，③自然就会出

---

① 朱德生：《传统辨》，《北京大学学报》（哲学社会科学版）1996 年第 5 期。

② 现代性法治自然是近代启蒙运动所开创的传统，但与古希腊罗马乃至中世纪都有着或多或少的关系，这自然也是一种传统力量的表达。现代性法治对中国而言属于外来文化，却又不得不面对，其与传统的关系尤其需要深入勘察。勘察不是一种文本性的学术工作，而是一种思想工作方式，我们要在生活中面对现实性开展工作。

③ 当下中国特别强调"中国式现代化"，这无论在理论上还是实践上都颇有道理。中国法治自然也面临一个现代化的问题，而现代化的核心是现代性，而现代性的展开过程会遭遇各种矛盾和困境，这要求我们在推广现代性法治的过程中能够做到"辩证觉解"。参见贺来：《中国式现代化的实践智慧品格》，《哲学研究》2022 年第 12 期。

现认真对待中国传统的问题。在当下的传统元素中，有的是合理的传统，它们依然存在于人们的观念当中，并且在法律的实际运行中依然发挥作用，比如法律的道德化意向在诸多司法判决中都有所映现，即便在法律文本中没有明确的规范，法官们也会根据实质性推理的需要使得个案的解决具有良好的道德合理性。最高人民法院所提用社会主义核心价值观释法说理，恰恰体现了传统的力量，这是一种根深蒂固的传统思维方式。有的元素大体上可以被看作是消极的传统，但它依然存在于人们的头脑当中，并且在很多方面转化为具体的法律制度和法律之操作机制，比如传统的法律之权力中心主义和行政化思维在现代法治运行中都有所表现，它们与现代性法治之间存在着某种紧张关系，甚至与现代性法治的根本指向还是相冲突的。有的元素也可以被看作是合理的传统，但它仅仅存在于人们的观念世界，具有观念上的合理性，在具体的法律制度及规范中却并没有对此给出一个明确的说法，比如"亲亲得相首匿"①的传统就具有良好的观念依赖，并且其本身也具有道德合理性，但现实的制度一直以来对此持有一种"敬而远之"的态度，不过这并非绝对，它已经用一种为现代性法治所能接受的方式体现了自身的存在意义。

传统是人们存在的家园，无论传统的好坏优劣，它都可能对人们的现实生活和法律运行产生各种各样的作用。传统"如影随形"，时刻"伴随左右"。不管我们有着怎样的主观愿望，力图让好的传统发挥作用，而不让坏的传统发挥作用，但坏的传统依然会发挥作用，甚至坏的传统发挥作用的方式要多于好的传统发挥作用的方式，同时坏的传统所触及的时空也要比好的传统更加广泛且深远。民间有说法"学坏容易学好难"，坏的传统更容易为人们所延续。传统在现代性法治追求中的作用是多元的，而不是单一的，好的传统

---

① "父子之亲，夫妇之道，天性也。虽有患祸，犹蒙死而存之。诚爱结于心，仁厚之至也，岂能违之哉！自今子首匿父母，妻匿夫，孙匿大父母，皆勿坐。其父母匿子，夫匿妻，大父母匿孙，罪殊死，皆上请廷尉以闻。"（《汉书·宣帝纪》）。这是从"天性""仁心"的根基处所进行的论证，加之以历史文化的连续性发展，亲人之间的"相匿"也就成为了人们的心理结构，这便是真实的传统。

与坏的传统都会对现代性法治产生一种自在构造的作用。主观上拒绝坏的传统的想法是好的，但这要拿出一种切实的方略。坏的传统并非不可能消除，但一定是一个漫长的过程，在这个过程中主体性的介入与构造是必然的，但其作用的大小是无法主观强求的。既然我们已经踏上了追寻现代性法治的道路，那就应该义无反顾且百折不挠，但其间一定要认真对待传统，在行动中寻求最为合理的方略，以增强现代性法治进程的合理化。

三、传统在当下的作用方式

传统不仅是历史的，而且是当下的。不理解传统的当下性，就不能真正理解传统的本性。传统是人的存在语境中的内在构成元素，并与其他各种文化元素一起参与了实践形态的塑造。传统作为实践的内在构成性元素，它作用于实践的方式，自然是非常复杂的。主观性的设想并不能随意增减传统的能量释放，它有着自身独有的发挥作用的方式。传统到底怎样发挥作用？传统是否可以被现代人主观设定并由现代人决定传统发挥作用的方式？主观设定的传统是否能够切实地达到其所要追求的目的？现代人似乎习惯于从自身的主观架构去思考传统的问题，并动辄将自己的主观愿望加之于传统的现代设定当中。人们总是人为地对传统进行取舍，却很少观照传统本身的作用方式，这自然就牵涉可行性问题。实践中固然有理性发挥作用的方式，但它又充满复杂性、偶然性、多样性、断裂性、片段性、异质性，传统正是在这种存在语境中发挥作用的，人运用传统的主动性和受动性是同时存在的，然而其中诸多运行的细节却无法获得明确的把握。

传统会自然地作用于现代性法治进程。在中国传统法文化中有积极元素，它们存在于人们的文化心理结构当中，这些元素会对现代性法治发展起到促进作用。比如，传统法文化体现了鲜明道德化意向，"道德法律化"与"法律道德化"是中国法文化的一个基本特质。传统法典的道德化是明显的，而古典司法的道德化同样是鲜明的。这是一种传统，是一种历史连续的心理惯性。古代立法者和法官原本就生活在一个价值世界当中，他们在其成长过程中接受了儒学训练，这构造了他们心灵世界中的道德法则，道德合理化的追求便成为了人们心理活动的习惯以及行为的习性。这种道德化意向在总体上是好的传统，它让法律文本更具有价值合理性，使得司法裁判深深植根于现实生活的土壤当中，与生活世界中人们的价值观念保持良好的契合性。这自然是古人的习惯，但也是现代人的习惯。现代中国的法官会在一些案件中播撒道德的智慧，通过道德的嵌入使得司法判决的合理性得以提升。道德化思维是构造中国人的思维方式。在当代中国，最高人民法院明确提出用"社会主义核心价值观释法说理"，①这正是传统道德化思维的现代表达，体现了传统的"贯通性"。这是一种有益的道德化传统，但在当代司法过程中的运用却不够充分，多数案件并未显现道德论证的意义。道德是实践的内在维度，它为人们的行动世界确立合理性根基。但由于多年法条主义的浸染，往往在道德论证面前停步不前，这是一种未曾展开的传统，但总体上是一种有益的传统。在这种情况下，传统发挥作用的方式还不是一种"自由自觉"的创造性活动，而只是一种自在的、自发的运行方式，其合理性往往被局限在狭小的范围当中，不能充分展现自身的卓越价值。

有的传统会对现代性法治具有消极作用。这个消极影响的扩展也是一个自在过程。传统法文化中具有"实用理性"的倾向，缺乏程序正当性，常考虑结果而不重视过程。这与欧美形式理性传统大相径庭。这是根深蒂固的传统。传统中国如此，当下社会还是如此。这种传统的影响力不仅作用于人们的头脑世界，还渗透到了人们的行为方式当中。比如，尽管我们从理性上认识到了刑讯逼供的危害性，并且法律中也加以禁止，但在实际中就是无法消除刑讯逼供的现象。办案人员缺乏程序合理性的观念，以庸俗的实用主义为办案的指导原则，于是冤假错案的产生也就在所难免，甚至在很多情况下有人利用程序合理性之匮乏的状况人为地制造冤假错案，败坏了司法公信力。

---

① 这在当代司法运行中具有重要意义，也可以说，社会主义核心价值观具有了法源的功能。"立足时代、国情、文化，处理好天理、国法、人情的关系，养成运用社会主义核心价值观强化释法说理的习惯和能力。"（杨建文：《推进社会主义核心价值观融入裁判文书释法说理的时代要求和养成之道》，《法律适用》2022年第10期。）

我们不能否认，在有些情况下通过非正当程序的行为可以获得案件的真相，但在很多情况下这个实质性的目的是无法达到的。这种传统的影响是自发的，是人们头脑中的观念自然而然的对象化展现，即便是伟人也难免陷入庸俗实用主义的泥潭当中而难以抽身。与缺乏程序合理性的观念相似的传统还有很多，我们之所以难以逃离，就是因为它们以一种潜移默化的方式构造了我们的头脑，于是好像只有向传统投降。然而，人毕竟是人，人的魅力就在于在认识清楚了传统的作用方式之后，能够谋划出一种新的方略，最大限度地消除传统的副作用，使得现代性法治进程更加合理化。

在中国法律文化中也有许多是中性的元素。这些中性的元素虽然没有价值上的优劣，但往往对现代性法治有着积极的促进作用。在古代中国有着非常重要的判例法资源，这在先秦时期就已经成为了司法运行的事实，并且也有着深厚的思想支撑。先秦之后判例法与成文法携手并进，共同塑造了中国法律文化中重要的传统资源，即混合法。而这种混合法并不单纯地是一种历史的存在，即便是今天，在现代性法治的追求过程中依然发挥着重要的作用。很多法官不仅会运用成文法进行审判，并且也会在合适的情境下运用判例对案件作出良好的判决，这在一些法院都是有实际效果的。这样的传统根植于我们的历史文化当中，同时又在人们的思维结构中具有良好的合理性依托，于是现实的混合法运行就成为了一种自然而然的状态。这里没有强迫，也没有以价值判断为前提进行取舍，它只是自然地在发挥作用。这也是传统的力量。或许我们可以说，正是因为我们不作价值论上的判定，混合法才能够更好地在现代性法治中充分展现自身的存在意义。

由于人的自由自觉的创造性，传统也会以主动性的形式对现代性法治发生塑造作用。人们在描述现代性的时候，往往赋予现代性一种扩张的属性，[①] 也就是说现代性本身就意味着强大的主体性。这样的认识大抵是合理

---

① 现代性固然凸显了人的价值，张扬了人的理性。但这种与启蒙并生的现代性同启蒙一道面临着重重困境，现代性同样在对科学技术、理性真理的追寻中，丢失了对"意义问题"的关切。参见［德］马克斯·霍克海默、西奥多·阿多诺：《启蒙辩证法——哲学断片》，渠敬东、曹卫东译，上海人民出版社 2020 年版，第 3 页。

的，现代性既然以科学主义和理性主义为存在基础，那就一定会表现出面向现实的创造性，于是构造好像就是现代性的自然结果。现代性法治在西方或许还可以具有自然而然的发展属性，毕竟它在西方社会有着良好的存在根基，但也免不了构造，现代性民主制度的设计本身就体现了一种主体性的精神。而至于像中国这样的后法治发展国家，若是希图谋划和发展现代性法治，就一定免不了理性的建构，理性的建构是现代性谋划不可或缺的维度。但既然是在中国进行现代性的谋划，那就不能逃离中国的传统语境，传统已经融入现实的实践当中，并与实践中的诸多元素交互作用，参与到了现代性法治的谋划当中。在当代中国的现代性谋划中，我们应该自觉地发掘传统中合理的元素，在论证之后通过多样化的举措和方略推进到现代性法治的谋划当中。也许我们的判断是错误的，但我们却无法摆脱合理与否的思考方式。我们需要沉入到生活世界当中，对法律世界作出合理性判定，并在此基础上为现代性法治的谋划作出某种贡献。

尽管构造主义存在各种问题，但在传统与现代性法治之间，我们还是要极力发挥积极传统的现代作用，有意识地将这些传统植入现代性法治的运行当中，使得传统能够实现自身与现代性法治的融合。人作为主体毕竟具有一种构造的能力，人作为主体，他总是要进行设计，在他挖掘了传统并认清其合理性之后，自然就要将其对象化到现代性法治的谋划当中。中国法律文化中尚有许多制度性的元素，有的制度已经注定只能是一种历史的存在，而不可能延展到现代性法治中继续发挥作用，但有的制度无疑在人们的观念世界中还具有明显的合理性价值，认真挖掘这样的传统并将其植入现代性法治的谋划当中是今天法治决策者的使命。无论是传统中制度形态的"法文化"，还是思想形态的"法文化"，抑或是习惯形态的"法文化"，其中都包含了重要的合理性价值，将其经过创造性转化，使其成为现代性法律文明的构成元素，则会在现实合理性的意义上推动中国法治的发展。如果现代性法治文明的谋划尽失传统，那就一定不是好的法治形态。中国式法治现代化的谋划必须有自身的传统维度，而这种传统的维度无疑构成了"中国式"的重要内容。

四、传统与现代性的交互融合：一种实践论的立场

传统是流动的，因而是内在的，同时也是行动世界的根基。这是理解传统的根本切入点。没有人能够摈弃传统而获得所谓全面发展，传统是现代人的生活方式，[①] 我们生活在传统所塑造的世界当中。无论是日常化生活样式，还是精致的精神生活样式，只要在中国人生活的地方，都会受到传统的深刻影响和塑造。传统同样是一种文化形态，文化往往通过传统表现自身。传统在当代生活实践中生根，实践的运行机制中永远也不可能匮乏传统的元素，传统本身就是实践的内在元素。在现代性法治中，人们总要面临多种选择和决策，设计者希望人们能够根据所谓普世的法治观念、原则和规则设计自己的行动，从而实现其正当性。好像无论怎样的选择，只要在文本世界中有了良好的根基，那就是一个合理的行动抉择。但实际的情境往往并不是如此，法治的规则并不必然地成为人们进行选择的前提，人们的选择总是充满着习惯性，这就是实践的机制，是一种实实在在的行动决策。法律生活中大量问题的解决并非依靠法律，而是依靠习惯与传统，不尊重传统便不会有好的现代性法治。

传统与现代性的遭遇，或许在国家有意识的构造行为以及知识群体的创造行动中，往往是现代性取得胜利。现代性与权力及知识的合谋，自然易于获得成功。知识的构造与规则的创建是一种主观见之于客观的活动，而当创制者头脑中被现代性所浸染，那便会创造属于现代性谱系的知识体系。当代社会多数人浸染了现代性的价值理念，即便是普通人，也会在无形中接受所谓的现代性知识。当知识群体被委以重任而参与决策活动，并能够有幸去创制规则的时候，现代性就会渗透到规则当中，而表达为对人们在现实世界的

---

① 真正的传统往往是观念化的、心理化的、习惯化的，它是心灵世界和行为世界的统一，在这个意义上传统自然便是人们的生活方式。对待生活化的传统，与对待文本化的传统应该采取相异的态度。生活化的传统不仅存在于过去，而且存在于当下，同时还会存在于未来。我们当然地生活在传统当中。关于传统的详细研究，参见［美］爱德华·希尔斯：《论传统》，傅铿、吕乐译，上海人民出版社2014年版。

一种要求，当然这些规则本身也是一种现代性知识。传统与现代性同时存在于现实的实践活动当中，两者之间的碰撞是必然的，传统往往以其顽强的保守性①抵制现代性的扩张，而现代性也会以其强大的理性构造精神去改造传统。于是传统与现代性在实践活动中展开了一番较量，这就好像是一场"战争"，比如保守派与革新派的"战争"，保守派未必一定输给革新派，即便是革新派获得了胜利，也往往要保留很多保守派的思想主张，更何况保守派胜利的先例在历史中也是存在的。传统与现代性的撞击是在实践中进行的，彼此的取舍也往往非常复杂，而非理性单一决定，情境的多元化因素往往发挥重要作用。这正如一场城市拆迁改造工程，很多市民不愿意被拆迁，他们有着浓厚的乡土情结，但城市拆迁被贴上了"现代化"的标签，现代性扩张也就有了充分的理由。由于其凶猛的扩张，人们只好屈服于现代性的"淫威"。一般的所谓"现代性"拆迁好像可以实现传统与现代性的和解。但若是为了所谓的城市发展而拆掉了"古董"，那就会遭到传统强有力的抵抗。

在传统与现代性的纠结过程中，很难在两者之间作出一个绝对性的倾向性判定。"谁胜谁输"不是一个知识问题，而是一个实践问题。因此，恰当的态度自然是用实践论立场对事物作出基本判断。诸多传统并不与现代性法治价值精神相冲突，这种情况下传统对于现代性法治便是一种有益的补充和有效的推进。现代性法治自然不必要对所有传统大加攻击，从而否定一切，这不仅无法推进现代性的发展，还可能使现代性成为保守的人们及普通民众的敌人。这就会损伤现代性的尊严，现代性的法治发展也会因此而受到抑制。传统是一种强大的力量，在日常生活中的作用十分凸显。"事实上，日常的实践活动在社会关系上更为成功，故更为无意识，因为产生实践活动的潜在行为倾向的生产条件与这些行为倾向的运行条件相差不多：潜在行为倾向和结构的客观适配保证了对客观的要求和紧迫性的顺应，而这与规则和对规则的有意识符合没有任何关系；同时还保证了表面上的合目的性，该合目

---

① 保守性未必是不好的，很多情况下恰恰代表了一种合理性。我们不是经常说"法律的保守性"吗？保守性具有稳定性的美德，这在法律世界中是极其重要的。尽管革命会改变法律，但法律的本性却并不维护革命。

的性丝毫不意味着对客观达到的目的的有意识设定。"①潜在的行为倾向是一种传统，是历史的流动文化。从这样的视角去分析，则这种潜在的行为倾向是实践的一个有机组成部分，一种本就属于实践的传统往往比充满了构造性的现代性规则在实践中更易于发挥作用。"社会学从来没有像在规则用语完全不适用的场合，亦即在对社会组织的分析中那样多地使用规则用语，而在社会组织中，由于客观条件在时间流逝过程中保持恒定，所以在对实践活动的实际决定中，规则所占的份额非常有限，主要部分由习性的自动性来承担。"②在当下实践状态中，无论与现代性法治相互融合的习性，还是与现代性法治相对立的习性，在一定阶段内都是难以改变的。任何突兀地改造传统的现代性谋划，都可能受到重创。

从现代性立场对待传统，人们往往习惯于通过现代性的扩张去改造传统，甚至消灭传统。而从实践哲学的立场上，则必须改变那种绝对的主体性扩张的思路，而用一种中道的辩证智慧认真对待传统与现代性的纠结与整合。现代性的自我膨胀是许多反对者所要批判的对象，我们要考量一种实践论的、主体间性的思想立场，用一种宽容的精神包容传统的诸多元素，有时甚至是"错误"的传统也应该包容。对于植根于人们的文化心理结构且已经成为身体习性的传统，现代性是很难将其整合的。尤其在价值上与现代性并没有冲突的传统，往往会持久地展示自身的影响力和构造力。现代性自然也就没有必要去消灭它们，哪怕是激进的改造也是多余的，因为这样的传统与现代性可以有效实现"视域融合"。在中国，传统已经在早期意识形态的扩展下实现了不同程度的改变，有的传统则已经消灭。历史证明，国家主观地改造或消灭传统对人类的实践是有危害的，尤其对一个民族的精神世界和信仰世界是一个致命的打击。在现代性法治谋划中，我们要用包容的现代性精神认真对待传统，使得传统不仅成为人们实践的构成部分，也自觉地成为现代性法治的宝贵资源。传统作为实践的组成部分就自然被整合到了现代性法

---

① 〔法〕皮埃尔·布迪厄：《实践感》，蒋梓骅译，译林出版社 2003 年版，第 231 页。
② 〔法〕皮埃尔·布迪厄：《实践感》，蒋梓骅译，译林出版社 2003 年版，第 231 页。

治的谋划当中，我们所期待的现代性再也不是一个"嚣张"的现代性，一种"飞扬跋扈"的面孔上现出了"温婉的笑容"。现代性糅合了传统，我们崇拜它的力量，更赞美它的宽容，卓越的宽容精神消弭了现代性的"暴戾之气"。这有助于构造一种恰当的法律生活。

在传统与现代性的交互活动中，我们也能发现某些冲突的元素。价值论的冲突往往是本质性的，而在法治精神的理解上也存在重要区别，传统价值与现代性价值在两者的冲突性中是主导性的。传统与现代性之间会在实践中不断进行博弈与较量，这自然是一个较长的历史展开过程。在传统与现代性法治的较量和博弈中，传统往往控制"民间社会"，现代性则控制了国家；传统控制了文化心理，现代性控制了理性思维；传统控制了日常生活，现代性控制了制度谋划。以传统法治的"实质理性"和现代性法治的"程序理性"的角逐为例，① 我们观察到了在普通民众观念中传统"实质理性"力量的强大，甚或构成了对法治精神的破坏。尽管在知识精英的立场上张扬了程序理性的现代法治精神，但在实际的法律运行中仿佛并不总是体现和表达程序理性的精神，程序理性往往被实质主义的习性所破坏，这就是现代性法治的困境。无奈与沮丧总是缠绕着"趾高气扬"的现代性，让它不得不有所收敛。然而，从实践合理性角度出发进行分析，无论以何种方式对程序理性设计的破坏，都是对法治的不尊重。如果这种元素持续地亵渎法治精神而得不到制裁的话，那就会以增量千万倍的方式去破坏法治的秩序，践踏法治的尊严。法律必须有严厉的制裁，谁破坏了程序理性，谁就要为此付出代价，使其与对法治的破坏形成恰当的比例关系。这是一个实践的问题，也是一个主体性建构的问题，同时也是一个整合的过程，主观的构造与传统之间的博弈和较量在中国现代性法治的谋划过程以及实践延展中将会长期存在，对于现代性

---

① "实质理性"和"程序理性"的差异主要在于注重结果还是注重过程的差异，"实质理性"蕴含了结果主义，却也并非毫无原则，其所追求的可接受性往往体现了一种社会认同。而"程序理性"则强调过程的合法性，程序上出现了问题，则结果上便不会被认同。法的现代性发展是不断趋向形式理性（程序理性），但在中国法律现代性发展中，我们却必须认真对待实质理性的问题，不能完全否定实质理性的现代意义。

之胜利的展望只能是一个遥远的期待，然而，我们依然期待着！

从实践思维角度把握传统与现代性的较量与博弈，而不是从主体建构的单一角度分析，我们同样无法预料传统与现代性之间会出现怎样的整合结果，也无法预料谁能够取得真正的胜利。这是一个交互作用的过程，传统必将被保留，问题的关键在于是何种程度的保留；现代性终将更多地展现自身的存在力量，否则便不会存在法治现代化问题。① 或许这是一种力量大小的角逐，或许是一场合理性的选择，或许是主观强制的构造，无论是怎样的情境，我们现在都难以给出一个固定的结论。传统与现代性之间的整合过程是在实践过程中加以展开的，这也许是一个没有结局的实践延展过程，只能存在某个实践阶段上的相对结果。但我们依然相信，不论是一种怎样的实践过程及其结果，人在法治追求中都将日益获得尊严，同时人们也将更加团结。当然这还只是一种信念，不管它的合理性程度到底有多大，我们都必须坚持。无论是在法律实践主义的理论体系还是在其拓展领域中，"主体性维度"都是我们"一以贯之"的基本立场。"人"是对传统与现代性进行比较考察的合理性前提，离开了对人本身的把握，人类的实践活动就丢失了自身的"原则高度"。②

人总是要有理想的，生活在"传统"中的人们也是有理想的，这样的人们既希望保留传统社会中的合理化成分，又希望在法治实践中不断地实现自身的飞跃与发展，这是由人的理性本质所决定的，无论是个体还是群体都无法逃离这样的思维方式。既然人们都有理想，那就一定会出现对于法治的谋划和设计，法治谋划中自然就会遭遇传统与现代性的问题，于是我们就要甄别，就要进行各方面的论证，尽量地让合理化的传统在法治实践中得到延

---

① 如果说我们可以使用法治现代化这个概念的话，那么其核心必然就是现代性问题。法治现代化必须完成法律的现代性转化，人的自由与独立、人的尊严和全面发展、程序理性等都是法的现代性的重要内容，自然也就是法治现代化的基本着力点。

② 现代性问题固然可以从多重角度加以分析，但"人"则是不可忽略的根本性尺度。而在中国现代性问题上，有人主张"中国现代性以实现人的自由而全面发展为价值诉求"，由此克服"资本逻辑困境"和"理性悖论"。（陶立霞：《论中国式现代化道路彰显的中国现代性文明形态》，《中国社会科学院大学学报》2022 年第 10 期。）

展，而同时也适度限制现代性的扩张，在一种平衡当中实现我们美好的追求。谋划是一种运思，是一种思想的实践①，谋划之后就不需要怯懦，而是一定要行动。法治本身就是一种行动，法治有着自身的行动原则，我们不能偏离法治的行动原理，这也是实践的规律。法治实践有着自身的规律，但它并不是一种所谓的必然性发展道路。在法律生活领域中真正的、纯粹的、逻辑的必然性是不存在的，相反它充满着偶然性、断裂性，甚至是任意性，哪怕是一位伟人的想法也可能改变法治的命运，这也说明了法作为实践智慧维度的合理性。法治实践不是科学意义上的实验，②它是一种行动，是人追求法治的行动。尽管在行动中不存在绝对必然性，但却有着自身特有的运行机制。法治行动是多种元素的交互作用过程。传统与现代性、主体与客体、现实与理想、中国与西方、法治与人治、精华与糟粕、中体与西用等矛盾双方相互作用、相互构造、相互推动、相互抑制、相互争夺，到底哪个方面会获得充分的胜利，这是由实践双方或多方的势力与具体情境所决定的，这样的实践论才不是任何一种决定论。在法治发展过程中，流动的传统在默默地发挥着其内在的作用，在秩序的生成中传统的习性发挥了建基性的作用。这是一种基本事实。然而生活在传统中的人们却往往忽略了传统的作用，他们对传统甚至不抱有任何同情的态度。也许我们不能精确测量传统在现代法治中的比例，但忽略传统无异于无知。在这个传统被高度肯认的时代，我们要认真辨析传统的价值，用切实的行动谋划传统在现代性法治发展中的卓越意义。这或许意味着传统的命运将发生变化，它将从自在状态走向自在自为的存在状态，于是传统本身具有了某种主体性意蕴。

---

① 关于"法律的思想实践"，参见姚建宗：《中国语境中的法律实践概念》，《中国社会科学》2014年第6期；姚建宗：《论法律的思想实践及其实践理性原则》，《河北法学》2022年第2期。

② 统治行动中的"实验"是实践理性意义上的"试验"。关于"试验"，参见钱弘道：《中国法治的一块试验田——兼及中国法治实践学派的宗旨》，载钱弘道主编：《中国法治实践学派》第一卷，法律出版社2014年版，第12页。

第五章 DIWUZHANG
实践主义与思想拓展

　　方法论本身并不能在任何意义上保证其应用的创造性。生活中的任何经验都可以证明，存在着运用方法论而毫无成果的事实，那就是，把某种方法用到并非真正值得认识的事物身上，用到还没有成为以真问题为基础的研究对象的事物身上。

——加达默尔

　　法律实践主义作为一种法哲学理论，它同时呈现一种方法论意义，这充分体现了理论与方法的融通性。方法并不是孤立的知识系统，它很难构成独立的话语体系，方法只有依靠理论才能够获得良好的延展。在理论与方法之间，理论是在先的，而方法是在后的。卓越的理论自身就蕴含了一种方法论指向，这同时意味着理论向着多个不同方面的思想拓展。法律实践主义作为一种法哲学体系，它会生成自身的法律解释学、法律修辞学、法治理论及法学教育理论等，这意味着理论的展开和思想的拓展。这样的法哲学理论自身体现了理论和实践的统一性，这不是简单地说理论和实践辩证统一，而是说理论就是实践，实践就是理论，两者之间是"二而一""一而二"的关系。

第一节　理论转向：法律实践主义解释学

　　就其本性而言，法律解释的真谛是"在场"的法官的解释。法官的解释是典范性的法律解释，它发生在普遍与具体之间的关系场域当中，具有鲜明的实践意向和问题导向。解释问题是司法哲学的根本问题。真正对法官解释发挥作用的不是方法论，而是世界观，这预示着法律解释的本体论立场。司法哲学的世界观是实践世界观，无论是法律解释，还是司法决策，在根本上都是实践世界观基础上的"视域交融"。以法官为中心的解释理论必然导出实践主义法律解释观的基本立场，这种解释理论以实践哲学为基础，在根本上是对科学主义解释观的反对，这意味着法律解释理论的实践转向。随着中国法治实践的推进与展开，中国法学研究已经在不同研究领域展示了自身的"实践论转向"，实践哲学视域下的法律解释学研究理应获得崭新发展。近些年中国法学的解释学研究呈现较为强劲的态势，这不仅体现在一般性法律解释学的研究当中，而且也表现在部门法学的解释学研究当中，其"实践论转向"的意图是十分明显的。但由于受到科学主义和唯物主义及逻辑主义的影响，法律解释学多侧重于"方法论"的研究。①

中国法律解释学研究尚未打通与实践哲学的通道，更未夯实自身的实践哲学基础，我们需要在实践哲学的基础上建构具有中国特色、中国风格、中国气派的法律解释学话语体系。实践主义法律解释学的话语体系可以从马克思主义实践哲学获得有力的理论支撑，也可以从儒家实践哲学那里确立自身的传统根基，同时也能够从西方多种形态的实践哲学当中汲取思想素材。法律解释学不是技巧之学，乃是具有实践面向的法哲学。如果我们将民法典的出台作为中国进入后立法时代的标志，则后立法时代的法学研究不可能再将主要的学术精力花费在文本世界的构造方面。法的运作行为中包含着更为深刻的思想意蕴，同时也是新的法学世界观和新的法学理论及法学话语体系产生的前提依赖，而这种新的法学世界观可以叫作实践世界观，新的法学理论则可以被称为"实践法学"、"实践法哲学"或"实践主义法哲学"，新的法学话语体系则是实践导向的法学话语体系。法律解释是法哲学的根本问题，这一理论之所以可以被确定为根本问题不是由于其所谓的"方法论价值"，企图将法律解释问题"方法论化"的知识欲求是一条事倍功半的学术路径。

---

① 实践主义解释观隐含的分析对象包括法理学之法律解释学和部门法之解释学当中的方法论取向，这是中国法律解释学的主流。实践解释观坚持了实践哲学的理论原理，贯彻了实践主义的基本立场，其中也融入了一种彻底经验主义的元素。或许这样的学术探求具有一种前提反思的效用，这种尝试也许未必能够切中事物的本性，而只是对方法论进入的整体性考察。前提反思未必牵涉对具体学术观点的批判，观点的批判并不是最佳的学术操作方式。我们也必须承认，在"方法论解释学"中也包含了某种重要的"实践主义"的思想判定，其司法中心主义的转向即是一种实践论的表达，只不过它要强调转向中的"规范"和"方法"。

也许在静态化的"立法解释"和"司法解释"中需要认真对待方法论问题。无论"立法解释"还是"司法解释"与立法活动没有本质的区别，其中或许存在类似于立法技术方法的所谓解释方法。但典型化的法律解释样态并不是立法解释或者司法解释，而是法官的解释。法官解释所蕴涵的根本性理论意向是个世界观问题，而不是方法论问题。[①] 在关于法官解释的理论把握中，实践主义是其根本立场。[②]

一、法官解释的关系场域：在普遍与具体之间

尽管在法律解释的现实体制中着重强调的是立法解释、司法解释及行政解释，但法官解释在法律运行过程中着实发挥着根本性作用，甚至在某种意义上具有构造法的功能。不管人们是否承认法官解释存在的合理性，以及是否在理论上认可法官解释权的存在，法官的解释实践都是一个不争的事实。从直观上看，司法解释好像是法官的解释[③]，但实际上并不是如此。司法解释在根本上与立法解释的本性是一致的，均属于抽象解释的范畴，它的解释主体不是鲜活的个体，而是由抽象的机构作为解释的主体。无论从理论还是

---

① 理论是先于方法的，世界观是根本性的，方法论则是附带性的，合理化的世界观是方法论的逻辑前提。离开世界观而构造方法论的学术举措是学术的迷途，也是实践的灾难，它极有可能导向教条主义。参见武建敏：《实践法哲学：理论与方法》，中国检察出版社 2015 年版，第 225—236 页。如果我们的自主性法律理论建设不够成熟，任何方法及方法论的建构都是很难成功的，理论与方法论相比永远都是在先的。中国必须有自己的法哲学，这样的法哲学必须植根于中国的文化传统及当下的实践语境当中，方法论的过度强调是本末倒置的表现。当然，真正的理论一定蕴含了方法（论）。

② 实践主义是实践导向的法哲学的基本立场，它向不同方向的扩展会在相应的领域形成各自的理论架构。实践主义向法律解释领域的拓展，所形成的乃是实践主义的法律解释观。以此为基础，或许我们可以重新架构当代中国法律解释学的理论话语体系，同时改造当下的法律解释体制。

③ 中国"司法解释"是脱离了"解释语境"的解释，它背离了法律解释学的"彻底经验主义"立场。"彻底经验主义"要求"在场""亲历"。参见 William James, *Essays in Radical Empiricism,* Anodos Books 2017, pp.19-38。"彻底的经验主义"是避免任何形式的教条主义的思想前提，这里的经验是整体性的而非分裂的，是存在论的而非知识论的。这也是架构整个司法哲学的重要理论前提。

实践上讲，司法解释的运用依然是一个不断被解释和重构的过程，在解释的再解释实践中固有的解释也许会妨碍对于原有的法律文本的恰当理解。司法解释经常遭到立法者的反对，立法者认为司法解释侵犯了立法权。司法解释并不是由"穿着法袍，戴着法帽"的法官的解释，因此司法解释往往会贯彻一种科学化的解释原则。缺乏了"亲历性"的司法解释也会被人们看作是"具体性"解释，但由于缺乏了具体案件存在的基本语境，司法解释难以真正摆脱自身的抽象化属性，这样的司法解释和立法解释在根本原则上仅仅存在着解释主体的差异性，而在其抽象性表达的意义上并没有根本性区别。

　　基于实践主义立场的法律解释主体只能是法官，即只有"在场"的法官所做的法律解释才是真正意义上的法律解释，远离具体案件的实践语境和场域就不可能产生充满合理性的法律解释实践，最多只能算是一种缺乏"实践语境指向"的理解和说明。"在场"的法官即是真正参与了审判具体案件的法官，他所需架构的不仅仅是法律的普遍世界，而且也包含了对具体世界的构造。"在场"的法官将自身植根于现实的生活实践当中，这是法律解释的存在论基础。现实的生活世界本身是法官解释无可逃离的存在语境和时空场域，任何远离生活世界的理性构造与科学设计都是有问题的，过度的想象和设计更接近教条主义。以这样的分析为起点，会自然地导出普遍与具体的关系场域问题，这是理解法律解释的基本前提。

　　法官作为解释主体面临着两个世界：一个是普遍世界，即法律规范所构成的文本世界，这是一个静态的世界；另一个是具体世界，即需要有法官加以解决的现实的纠纷世界，这是一个充满着复杂性和偶然性的世界。法官的职责就是要在这两个世界之间进行总体性协调，实现普遍性与特殊性的视域融合①，创造一个令人满意的新世界。在通常的情况下，法官运用法律文本世界的规范就足以解决其所面对的纠纷问题，这个时候并不能绝对地说没有

---

① 普遍性与特殊性的视域融合需要判断力，判断力是沟通两个世界的能力。这个思想在康德那里得到了明确的阐释，而在康德之后的西方哲学中也会时常触及判断力的统摄意义，"规定性判断力起着把具体实例和直观'归摄'于普遍规则的作用"。（高申春、张健：《从胡塞尔现象学看康德的规定性判断力》，《现代哲学》2019 年第 4 期。）

法律解释，只是在这个情景下的法律解释过于简单而仅仅是对文本世界的应用性说明，以至于我们可以说文本包含了现实。在这样的案件中普遍性与特殊性之间的统摄关系是十分简单的，并不存在法律解释的疑难问题，也很难说其间蕴含着丰富的法理学问题。在诸多情境下具体世界的问题并不能由文本世界的普遍性简单地推导而加以解决，中间的过程极为复杂，法律解释问题也是一个重要的疑难问题①。法官的解释是在现实的生活世界的基础上发生的，生活世界所蕴含的实践原理及其价值体系不可能不对法官的思维与行动产生影响和构造力，我们可以将关于行动的实践原理中蕴含的价值系统看作法律规范之外的另一种普遍性存在方式。在疑难案件中，法律解释往往是个实践合理性的问题，而不是一个是否与文本相符的问题，与文本相符的客观性诉求在这个世界上没有任何可验证的绝对标准。即便在形式上需要文本的论证，这种文本论证本身也往往要符合实践合理性的原理，实践本身的原理恰恰是文本合理性的现实基础，同样也是法律解释的现实根据，若是缺乏了对实践本身的把握便不可能产生良好的法律解释。

我们知道，普遍世界并不能完全地包含现实问题，更难以以自身的理性存在合理地解决所有的疑难问题。人类在行动世界中自然会生成许多普遍性原理，普遍性原理的生成并不是为了自身的设定，而是为了能够解决具体世界的特殊性问题，但是那些关于"行动的全部理论"作为普遍性却不可能做到精确不变，"粗略性"恰恰是它们的属性。在"实践的逻各斯"中并不包含"确定不变"的东西，具体行动的逻各斯同样如此。我们需要在恰到好处方面"尽力而为"。② 我们可以将法律的文本世界看作"行动的全部理论"，

---

① 一切重要的司法哲学问题都和具体与普遍的关系问题相关，法律解释正是在这个意义上可以被确认为真正的司法哲学问题，以法律解释为基础的法官造法也就必然要产生。就像习惯于普通法的英国法官总是要对法律进行创造性的、主动的解释，进而可以说对法律的创制承担着一种责任。参见 Jonathan T. Molot, An Old Judicial Role for A New Litigation Era, *113, Yale. L. J. 27 (2003)*。这种状况生成的根本原因就在于普遍与具体的矛盾关系的事实。

② 这里所揭示的是人类行动中普遍性与特殊性的关系问题，当然也是实践智慧的问题，在法、伦理及政治领域中都牵涉这样的基本问题。参见［古希腊］亚里士多德：《尼各马可伦理学》，廖申白译注，商务印书馆 2003 年版，第 38 页。

这个抽象的世界并不能完全解决现实法律运行中的具体问题，行动世界有着行动世界的运行机制，这个行动机制中包含了深刻的偶然性元素，现实世界的任何偶然性问题都无法通过抽象的规范设定一劳永逸地加以解决，然而这恰恰深化了法律解释的存在理由，法律解释必须超越简单的统摄性而对疑难问题拿出恰当的解决方略。

当法官面对具体世界的问题而需要解决的时候，在复杂的情况下法律文本世界好像不会发挥太多有益的作用。我们不能将文本世界仅仅看作是一种参考，法律文本毕竟是解决纠纷的合法性前提，任何时候都必须认真对待，这是法律的内在规定性要求。但在复杂情况下对文本的解释必然会面对实践合理性的问题，法官必须在特定的实践场域中对复杂问题作出恰当的判断，否则就不能恰当地解决问题。这里固然存在某种抽象的普遍原理，抽象原理本身在未进入实践状态的情境下无可指责，但任何抽象的原理系统在复杂性语境中的运用都可能导致教条主义。普遍原理和具体场域对接的过程便是一个实践合理性问题，实践合理性需要经验的润滑和滋养，否则就会陷入抽象思维的泥潭当中。当然，这里的经验不是知识论上的经验，而是存在论上的经验，这是一种彻底的经验主义立场。法官面对的是一个特定的场景，这样的情景不能被装进一般文本的框架之内，这就需要法官能够在具体的语境中创造性地解决纠纷，从实践自身的合理性出发作出良好的判断，具体解释中的判断要比理性认知有用得多。这里自然有一个实践智慧的问题，法官的恰当解释的生成一定需要实践智慧的登场。从某种意义上说法官解释就是实践智慧的操作，而实践智慧与"人"是统一的，"人"的在场及其彻底的经验体悟是法律解释不可或缺的重要维度。这一思想与"法作为主体的实践"是相契合的。无论在怎样的情景中，法治的运行都不可能离开"人"，科学理性主义的法治观是人类对自身缺乏充分认识的结果。实践智慧的登场意味着人的在场，人的在场意味着对法治的实践合理性诠释。当然，在这种情境下解释的游离或许就在所难免，法治不可能是没有漏洞的数学演绎。

法律解释的核心问题不是对于抽象的文本世界进行理解和说明。"在法学领域，法律条文的抽象普遍性和个别案例的复杂多样性构成了从古至今法律解释的核心，当代法学诠释学强调诠释学的应用不仅是按照普遍的法律条文来判决具体的案例，而且更重要的还在于通过具体案例来补充和修正法律的抽象性。"①如果法律解释仅仅是对普遍的文本进行理解和说明，或许就需要强化所谓的"立法解释"和"司法解释"。尽管实践主义的解释观并不否认"理解"和"说明"的存在，但在传统法律解释学的"理解"和"说明"并没有强调面对"个别案例的复杂多样性"场域所从事的解释活动的重大意义。脱离了实践场域的"理解"和"说明"本身也是抽象的，仍然需要进行再阐释，这个再阐释是在具体而复杂的语境中对法律文本世界的"理解"和"说明"。那么，法律解释的核心问题是什么呢？是普遍世界与具体世界的对接问题，是实践合理性的论证问题，因此法律解释本身就具有重要的论证功能。

法官解释所蕴含的司法哲学的世界观不是静态的"物质化"世界观，而是动态的、辩证的实践世界观。它是两个世界的融合，因此可以说是一种融合论的世界观。在这里，世界不是静止的，恰恰相反，世界是运动变化的，这一动态的世界观构成了我们为法官的解释确立合法性的一切理论根基的最为重要的前提。这也就决定了法律问题并不是单纯地依靠法律自身的设定就可以解决的，而必须在法律所赖以存在的生活世界以及法律本身所构造的精神世界中寻求合理的解决问题的路径。法官的行动中所蕴含的法律解释不可能是单纯的对于抽象文本的解释，而必然也包含着对于现实的案件事实的解释，同时还包含着在法律之外却对解决法律问题有帮助的诸多因素的解释。这是一种综合论的解释学场域，而在这个场域中各种对象与视角的融合可以被看作是一种"视域融合"。它很简单，但也很深刻。真正的理论不是复杂的，而是简单的，最简单的就是最深刻的。在实践合理性的视域下，方法论的法律解释路径还是忽略了解释学的实践场域。它对解释学充满了美好期

---

① 洪汉鼎先生为"诠释学与人文社会科学"丛书所作的总序言，参见章启群：《意义的本体论——哲学诠释学》，上海译文出版社 2002 年版，"总序"第 3 页。

待，但在疑难问题面前却显得力不从心①。"方法论的解释学"往往将自身局限在对文本世界的解释当中，并从中制作出一系列的解释学方法②，随后又将这些方法作为知识论前提，运用到对文本进行解释的法律解释活动当中。但这种解释学"运用"所采取的理性主义往往可以被看作是主观主义的一厢情愿，想法固然美好，却并不契合法律解释的本性状态。这种"方法论的解释学"路径是与"科学主义世界观"相一致的，具有导向教条主义的危机。"教条主义"在法学领域中的重要表现便是"法条主义"。法律解释学的方法论构造在根本上缺乏实际的效用，它是一种基于科学和理性精神所构造的精致的知识系统。法律解释的发生过程并不是一种"方法论的自觉"，毋宁说是一种直觉，它甚至是一个浑然不觉的过程。然而与传统唯物主义训练相连的科学主义依然根深蒂固，但我们在理论探讨和实践运用中需要避免科学主义的纠缠，才能真正克服教条主义。也只有克服了科学主义世界观的弊端③，才可能架构我们真正有用的新世界观，这也是一个过程的两个方面。

二、法官的解释：世界观抑或方法论

在法律解释学的研究中，占据主流地位的是将法律解释学作为法学方法论进行研究，这样的思想倾向力图构造一系列的法律解释方法，并且认为这些法律解释方法能够真正促进解释的正确性及合理性的实现。这当然是一种

---

① 一种方法架构模式的成败，不是从知识论的视角进行评价，而是要从实践的"有用性"立场进行分析。方法论的解释立场仅仅是一种知识论的构造，与司法运行的实际风貌（经验本性）并不契合。

② 当然，法律解释方法也并非完全立足于法律文本，比如价值解释的方法就很难说是局限在文本世界的方法。我们并不赞成把价值解释看作一个方法，它在根本上依赖于世界观的状态，而如果将其作为方法对待，它则有可能导向教条主义。把某种价值当作教条而忽略语境基础，就很难生成真正合理的解释结论。

③ 物质世界观在本质上是一种科学主义世界观，它不考虑生活世界的复杂性而对世界作出了知识化的论断，用这样的世界观立场引导人类实践是很难成功的。我们需要培育一种实践的立场，它是马克思实践唯物主义的重要思想。人们一旦陷入了某种思维范式，就是很难改造的，自以为是科学的理性架构，却往往背离了真正的科学精神，在人类生活世界中真正的科学精神必须与实践精神融合到一起。

知识论的运思模式，或许并不符合法的本性，法的本性是法在自身运行过程中所表现出的存在属性，而当我们从理论上加以概括的时候则关于法的本性的思想可以被理解为一种"走向实践智慧"的学说。企图构造法律解释方法体系的理想无疑是积极向上的，这是一种难得的学术态度。任何学术都是要有理想的。但如果这种倾向所创造的方法论体系对司法活动缺乏实践价值的话①，则这种学术努力无疑是要受到质疑的。没有几个法官在解释活动中主动地按照方法设定的程序和步骤从事司法活动，司法本性的彻底经验主义已经预设了法官解释的活动方式，方法论只是满足人类自身的知识虚荣所进行的理性构造而已。法律解释是实践活动，而非知识活动。当一种流行的见地不断传播，它的势力就会增大，也自然会影响和构造人们的头脑，以满足人们的虚荣心。法律解释的方法论化就存在着这样的问题。方法论意义上的法律解释学背后有两个强大的支柱，即科学和理性。科学和理性是近代西方被无限张扬的两个思想维度，在那个时代人类的"科学能力"的确得到了前所未有的发展，"理性能力"也获得了更多的确认。甚至人们还对科学和理性充满了"迷信"的色彩，可以说科学和理性构成了西方启蒙运动时期的时代精神。当然，我们需要明确的一个基本要点是：近代的科学和理性是以知识论为前提的。②

科学和理性的精神对于一般意义上的解释学的发展起到了重要的作用，

---

① 这并不是说"方法论解释学"没有任何意义，其设计十分美好。这种解释学坚持以法律的内在稳定性为思想前提，谨慎地坚守着解释活动的基本法则，尤其对当下中国并不成熟的法治具有重要价值。但是，在缺失"适格主体"的前提下，越是精密的方法系统就越是容易出问题。"方法论解释学"立场的初衷未必能够获致，这也是我为什么一直强调"人"的在场的主要原因，同样是我赞同并坚持"法是实践智慧"的重要原因。"法是一种实践智慧"的判定最早由郑永流提出，这是实现中国法哲学范式转移的重要思想根据；尽管我同他对此理解和诠释存在差异，但基本旨趣是相通的。解释学操作与法治工作一样是个系统工程，忽略了主体存在的系统很难有序运转。

② 或许有必要建构一种"解释学科学观"。有学者触及这个问题，"通过实践哲学之思，消除了有关科学的不变性、绝对性和神话性，多元的、非确定的解释学科学观已然展现，掌握知识和能力真正变成了自我掌握，知识和行动最终成为了与人的存在性意义相关联的问题"。（张能为：《知识、行动与实践——伽达默尔论知识、行动何以是实践哲学的》，《学术界》2021年第2期。）

但正是因为科学和理性的精神使得诠释学倾向于一种方法论的构造，企图通过方法论构造实现诠释学的科学化和理性化，进而认为诠释学的科学化和理性化可以达到一种所谓正确的标准①。然而，阐释学的发展在胡塞尔之后的海德格尔那里却发生了一种重要的变化，科学意义上的诠释学开始走向存在论或世界观意义上的诠释学，伽达默尔将这种思想系统化为一种哲学诠释学，从而实现了诠释学思维方式的根本转变。"人的亲在是有限的、历史的、具有时间性的，因而其理解活动也总是表现出有限性、相对性和历史性的性质。人的理解是对人自身存在的规定和创造，也是存在本身的意义显现。这样一来，在海德格尔这里，就将人的理解与人的存在同一起来，进而将理解与哲学的本体存在同一起来，解释学遂变成了一种探讨存在意义的本体论解释学，解释学不再是解释的科学，而是与作为人的亲在的本质特性的解释的过程有关。"②人的理解活动不是为了获得一种方法论体系而达到自得其乐的境地，理解活动在本质上是要解决人自身的问题，解决其自身的生活实践的问题。

　　人的理解是人的基本存在方式，这是一种本体论的见地，而不是方法论的基础。如果从这样的本体论前提出发，则一切诠释学的方法论企图都是不可能成功的。即便通过知识论和逻辑学的努力获得了某个方法论体系，则这个方法体系依然是缺乏实际效用的。恐怕没有法官会在自身进行解释的过程

---

① 基于科学主义的解释学承担了一种确定性、正确性和客观性的学术使命，然而这却是解释学所无法承受的负担。在解释学哲学领域中，伽达默尔认为客观性是永远不可能达到的，而赫施则认为客观性可以经验地获得，这算是两个偏向性的主张。作为伽达默尔的学生，弗兰克则坚持了一种中间主义的路线，"弗兰克重新诠释了施莱尔马赫、萨特、拉康等人的洞见，选择了一条折中之路，即将诠释的客观性看作一个只能被无限地接近的假设"。（佘诗琴：《伽达默尔解释学的核心悖论——弗兰克的一种视角》，《文艺研究》2018年第5期。）而在对法律解释学的研究中，有学者提出了"功能主义法律解释论"的问题，力图克服法律解释学中"客观性的困扰"。（陈辉：《论功能主义法律解释论的构建》，《现代法学》2020年第6期。）

② 张能为：《理解的实践：伽达默尔实践哲学研究》，人民出版社2002年版，第13页。关于"解释的科学"本就是一种"理性的僭越"，只有在本体论的意义上对解释问题给出了基本判定，才可能有真正意义上的法律解释学。但无论怎样，这个法律解释学不应该是科学，它在本质上是一种哲学，是实践哲学之一种，是司法哲学之一种。

中明确地告诫自己运用某种方法以达到解释的目的①，方法论系统更多的是一种事后的裁判论证力量，其所展现的乃是一种"马后炮"的功能。另外，这里对方法论的解释学的反对，并不是要反对方法论的存在②，但方法论的存在是以理论为前提的，也可以说是以某种世界观为前提的，没有理论的完善与发展和世界观的前提存在，就不可能真正理解和把握方法论的存在属性。但这并不是说有了世界观就一定会有方法论的知识体系，但毫无疑问世界观本身往往具有方法论的功能。方法论往往隐含在世界观当中，或许并不需要将其知识化，知识化是人类追求确定性的一种方式，却有可能陷入自我欺骗的泥潭。有世界观的存在，才会有方法论的登场，这一切都是一个自然的过程。③

方法论的解释学是人类理性的迷途，海德格尔让人类迷途知返，从人的存在的有限性出发对解释学的方法论构造给予了重创，伽达默尔更是鲜明地表达了在理解的实践问题上不想提出任何方法论的建议。④ 哲学意义上的解

①　若是某个法官在启动解释活动之前告诫自己要遵守某种解释方法，则其行动本身便包含了难以摆脱的主观性，没有人能够预设自身在解释活动中的方法。把某种知识论设定作为解释活动的前提，恰恰忽略了解释活动的存在论属性，甚至会把生活本身肢解得七零八碎。

②　近现代西方所呈现的解释学的两种风貌，正在被一种日益融合的方式所把握。"在西方诠释学的发展进程中曾出现过两种形态的对话理论：以施莱尔马赫为代表的方法论诠释学对话和以伽达默尔为代表的本体论诠释学对话。两种对话的宗旨分别在于作者原意的重建和理解意义的创造。这两种诠释学本身的限制暴露了对话的局限性：前者缺少意义的发挥，后者缺少方法的约束。完善的对话理论应该扬弃这两种诠释学理论，兼善原意的释读与意义的阐扬两个向度，且以德行作为价值诉求。德行诠释学视域中的对话乃是诠释学对话理论在当代语境中的发展新方向。"（王骏：《论诠释学对话：方法、本体与德行》，《哲学分析》2018 年第 1 期。）这里的"德行"构成了一个"中介"。但在解释学应用上本体论始终发挥着一种核心的牵引功能，尤其在法律解释中方法的约束很难成为法官行为合理化的根据。

③　我们可以做一个假定，某个法官熟练地掌握了解释学的方法论系统，如果将其作为知识论的解释前提，则方法论需要该法官的理性运用，这在操作上是很难成功的；但如果方法论是法官从自身的经验世界获得，即从他自身的"存在论"自然地表达为方法论，则方法论的应用将是一个悄无声息的过程。只是当法官需要言说的时候，方法系统就会有一个良好的呈现。然而法官的经验世界并非一个知识论的存在，而是生存论的体验，这是法官展开自身的基本前提。此时的经验是一种本体的存在，对于法律解释和司法哲学的整体理解需要有一种"彻底的经验主义"立场，这是一种完全不同于近代经验论的哲学立场。参见 William James, *Essays in Radical Empiricism,* Anodos Books 2017, p.3。

④　参见洪汉鼎：《理解的真理——解读伽达默尔〈真理与方法〉》，山东人民出版社 2001 年版，

释学具有普遍性的世界观意义，理解问题本身蕴含了一种世界观的立场，一个人的世界观的状况决定了他对世界的解释的状态。世界观具有一种本体论的意向，甚至从某种意义上说世界观就是本体论。由于受到了辩证唯物主义的影响，我们在思考很多问题的时候更愿意使用世界观的概念。时间久了总感觉世界观与本体论好像是两个不同的东西，本体论应该是更加哲学化，而世界观的日常化却比较突出。一个法官的世界观蕴含了人的生活世界的本体论意向，也必然决定一个法官的解释立场，以至于决定法官解释的结果，并进而决定一个司法结论的制作过程以及结果本身。如果一个法官的世界观是以公共利益为中心的，那么他对法律的解释的结果就会自然地被这种公共利益的世界观所决定。这个方面的经验我们可以在卡多佐对"帕尔默案件"的探讨中获得充分的感受，他在此强调了拒绝从谋杀中获得好处所包含的公共利益比对所有权的法律保护和强制更为重要。① 这种解释受到了卡多佐的世界观的影响，这在卡多佐对 Hynes v. New York Cent. R. Co. 一案的司法意见中可以充分感受到。② 虽然卡多佐也强调了哲学方法、历史方法和社会学方法在司法中的作用，但那却是以本体论理解为前提的方法序列，并不是一种具体技术操作意义上的所谓解释方法。

　　法官不是脱离现实生活世界的圣徒，也不是不食人间烟火的隐居者。法官就生活在当下世界中，他的存在方式就包含了他的世界观，他的世界观一定是他做出司法决策的根本前提。他也许事后会想到某种方法，但那仅仅是一种思维的整理而已，法官的在场必然意味着世界观的在场。世界观的前提作用，并不必然要导出世界观教育的合法性。世界观是在生活世界中逐步生

　　第 193 页。当下法学界关于解释学的研究中，方法论的主张是占据主导位置的，这好像与法学界炽烈的方法论热度有关。其实学术并不需要"热点"，它只需要面向生活世界的"用心"与"投入"。

① Richard A. Posner, *Cardozo: A Study in Reputation*, The University of Chicago Press, 1990, p.26. 将公共利益的考量作为看待世界的一种方式便是一种世界观的立场，这在西方有着很悠久的传统，古希腊的哲学家们对此给出了明确的阐释。

② Hynes v. New York Cent. R. Co., 231 N.Y. 229 (1921). 当然，卡多佐的世界观总体上可以被看作是实用主义的，这是一种与我们始终坚持的实践世界观相契合的思想立场。实践世界观包含了某种实用主义的立场，比如它们都具有某种与认识论层面迥然相异的"经验主义"立场。

成的本体论立场，而世界观教育往往并不能真正地获得成功的意义。至于用教条主义的方式进行世界观教化则只能是南辕北辙，很难在人们的内心世界生根发芽。认真地对待生活世界，深切地感受生活世界中的惯习，是养就合理化的世界观的根本前提保证。不恰当的教化往往会摧毁教化的目的。我们并不否认教化的意义，但并不是任何人都有承担教化的能力。

法官的解释是在普遍世界和具体世界之间发生的理解行为，他的理解行为在事实上也并没有刻意地寻找所谓方法的支撑，他不会在解释一个法条或问题的时候首先去选择方法，选择解释方法的行为并不能达到解释的目的。方法对于法官几乎没有多大的意义，方法论的解释学仅仅是"事后诸葛亮"，也缺乏突出的理论建树。知识论的方法化与方法论的知识化早已随着认识论哲学的终结失去了自身的实践合理性价值，在实践理性的时代高扬方法论的旗帜是对法的本性的认知缺憾之表现。更何况中国文化传统并不支撑所谓方法论的知识论构造路径，法对于中国古人而言就是实践理性，是实践智慧，而绝不是所谓的方法。痴迷于方法之架构是受到了哲学认识论影响与构造之结果，认识论向着解释学的转向在最初表现为方法论的解释学。

法官的理解行为是基于自身的存在状况而进行的解释活动，方法论的系统化学习并不能有助于法官克服自身的有限性存在，而达到一种所谓的解释真理状态。正是由于法官的解释行动不是求助于方法论的支撑，而是求助于自身，即他的生存状态，法官的存在体验就成为了诠释学的本体论前提。这可以被理解为一个世界观问题，与其说对法官的解释活动真正发挥作用的是方法论，毋宁说是世界观。世界观是一种关于人自身存在的精神状态，也是人的生存体验的理论表达。它才是一切解释所呈现之不同风貌的根本性缘由，方法论意义上的解释学是对"人民法官"和"人民法院"的理性要求，但这就像"以事实为根据，以法律为准绳"一样属于难以实现的"高难度动作"。尽管我们反对单纯的方法论架构，但却并不反对方法论本身。方法论往往是与世界观并生的现象，有怎样的世界观就有怎样的方法论，卓越的理论本身都蕴含了方法论的维度。但若是将方法论知识化，那就一定是错误的学术决策。如果人们所依据的世界观出现了问题，则其方法论就不可能是正确的，由于"机械唯物主义世界观"的错误，这种世界观向法律领域的方法论运用就一定会对人类的法治实践产生巨大的戕害。

　　法官的解释不仅仅是对法律文本世界的解释，而且也是对案件事实的解释，并且还包含了对这两者的融合是否契合的合理性阐释。这样的一个复杂的解释过程决不是方法论的解释学所能够应对的问题，法律解释学中设定的任何方法都难以满足法官的目标追求，除非目标本身在预先设定中与解释方法保持了主观上的契合①。法官的世界观决定了法律解释的风貌，而不是法官的解释方法构造了法律解释的风貌；真正构造一个判决结论的是法官的世界观（本体论的在场），而不是法律解释的方法论；检测法官的解释前提是否合理的标准是世界观问题，而不是方法论问题。在哲学解释学的意义上，理解活动是一个沟通的过程，也可以说是一个"视域交融"的智识性探寻过程。在法官的解释中，法官作为解释的主体，也是一个沟通的主体，法官不仅要与法律文本进行沟通（包括立法者），而且要与案件进行整体性沟通（包括案件当事人），甚至在把握了所有这些因素的前提下还要与自身进行沟通（自我说服的过程），这将是一个整体性"视域交融"过程。这种诠释学实践过程可以说给法官提出了极高的要求，若是不能实现良好的视域交融，那就不会有好的判决。然而视域交融总是会存在的，只是交融的境界有诸多差异而已。法官解释的"视域交融"是一个创造性的过程，是法官基于自身对司法的发展所作的创造性贡献，但这一贡献的前提是"实践智慧"问题。法律的任何发展都不可能离开向着"实践智慧"的通达，法官解释的合理化也仰仗于"实践智慧"，这也是实践论的世界观所期望达到的最高境界。在世界观或本体论的意义上去理解法律解释，则法治一定是无法和人治完全分开的，法治并不反对人治，这是法作为实践智慧的理论结果。中国传统法律文

---

① 我们对方法论解释学并没有贬低的意思，相反这些解释学者真正体现了对人类自身理性的确认，以及对人类自身命运的关切。解释学大师施莱尔马赫的思想中恰恰包含了方法论的建构与解构的双重意蕴。（金惠敏：《后现代性与辩证解释学》，中国社会科学出版社2002年版，第53—73页。）这或许为日后的方法论解释学与本体论的哲学诠释学的对立做好了铺垫，又或许真正的解释学应当是本体论与方法论的辩证交融。若真是如此，本体论的维度一定是前提性的。

化正具有这样精妙的实践智慧，反倒是现代人的思维被格式化了，实践智慧是克服两极对立思维的理论前提。

三、实践世界观的解释立场

哲学的运思方式会有自身的世界观问题，尽管它未必使用世界观的概念。司法哲学是在法律的普遍世界和现实的具体世界之间寻求平衡的智慧之学，它作为哲学的一种形态当然有着自身的世界观问题。不管司法哲学的研究者和司法活动的实践者是否采用世界观理论对待司法活动本身，世界观问题都是司法哲学不容忽视的重要"话域"。法是一种实践理性，当然也可以说是一种实践智慧，这种判定深刻地道出了法本身的实践本性。但这里的实践概念并不是时下法律界所理解的概念，它不仅与理论是内在统一的，而且意味着一种中介化的思维方式，同时包含了善的欲求。实践不仅是在一般意义上的与理论相对应的概念，实践概念的提出在哲学上更是一种"新世界观"创建的标志。实践概念是对旧唯物主义世界观和唯心主义世界观的克服和扬弃。从实践论世界观的立场出发，关系到世界观之核心的是人和世界的关系问题。实践论所倡导的不是客观决定论，也不是主观决定论，而是主客互动论，因此在思维方式上具有一种哲学革命的价值[①]。实践世界观又不仅仅关涉看待世界的思维方式革命的问题，同时它也是一种从人们的生活实践或生活世界出发为人类自身的各种行动寻找理由的思想形态。至于法官的司法决策（内在地包含了法律解释）的合理化不仅需要根本性思维方式的前提性引导，也需要各种体现价值追求的世界观的在场，否则就难以有司法决策的合理化。无论如何，世界观都是一个先在的前提问题，它是一个法官面对具体个案之始就已经存在的立场。

法官的解释面临着一个世界观问题，解释的结果既不是由单纯的法律文

---

① 马克思的世界观是实践世界观，这在他的天才性文献《关于费尔巴哈的提纲》中得到了明确的表达。参见《马克思恩格斯选集》第 1 卷，人民出版社 2012 年版，第 133—136 页。

本所决定的，也不是单由案件本身及其赖以存在的"实践语境"所塑造，当然也不是由法官从自身出发主观构造的结果。当然，我们必须承认，在很多情况下解释表现为一种法官的主观性，法官的主观性在实践智慧的范导下将融入实践合理性之中。解释的实践是一个"视域交融"的过程，这个"视域交融"过程正是一种实践世界观的体现和表达。生活实践乃是任何解释的主体论前提，因此实践世界观同时又意味着一种语境论，这是对任何案件的解释都无法避开的前提。实践世界观是一种植根于生活世界的世界观，法官解释的"视域交融"正是实践基础上的多维度互动表达，其中法官个人的经验作为存在论本源自然会对解释实践产生某种构造功能。我们不能由于实践世界观对个人经验的强调而对法官的解释形成主观主义的认知结论。旧唯物主义的世界观和唯心主义的世界观都仅仅注意到了问题的一个方面，而没有认识和把握到实践概念的变革意义。"从前的一切唯物主义（包括费尔巴哈的唯物主义）的主要缺点是：对对象、现实、感性，只是从客体的或者直观的形式去理解，而不是把它们当做感性的人的活动，当做实践去理解，不是从主体方面去理解。因此，和唯物主义相反，唯心主义却把能动和方面抽象地发展了。当然，唯心主义是不知道现实的、感性的活动本身的。"[1]这正是马克思哲学所实现的世界观变革，它标志着实践世界观的形成，实践世界观构成了人类解读诸多问题的理论依赖。

按照实践世界观的原则，司法过程的性质既不是单纯的法条主义演绎，也不是单纯的构造主义扩张。法律文本世界的规则仅仅是影响司法决定的一个重要维度，法官的主观世界也仅仅是作用于司法结果的一个难以抛开的要素。司法决定既不是构造的结果，也不是机械主义的演绎结果，而必然是一个多维互动的平衡性结束。卓越的法律解释者既不是旧唯物主义者，也不是唯心主义者，而是实践主义者。实践乃是多元化的运行状态，多维化的思想

---

[1] 《马克思恩格斯选集》第1卷，人民出版社2012年版，第133页。马克思所批判的两极对立的思维方式在社会生活中的各个领域频繁出场，给人们的思想造成的混乱。在当下这个伟大的时代，真正有成效的变革所依赖的思想基础乃是实践哲学，它是对于任何教条主义的克服。法学领域中也是如此。

方式是实践世界观的必然表达。马克思之前启蒙时代的法哲学是一种理性主义的法哲学，那时的人们对自己可谓是信心百倍，因此他们极力鼓吹法典化以期实现一劳永逸的美好理想。但是马克思的实践世界观恰恰是对这种狂妄的理性主义的彻底反对，这种世界观可以使人们清晰地认识到司法运行的过程是多维互动的实践过程，是多要素视域融合的建构过程，而绝非由某种单一性元素所主导的实践过程。法律诠释学作为司法哲学的核心问题，鲜明地表达了实践世界观的基本意向。实践世界观作为一种哲学世界观实现了人文社会科学领域思维方式的彻底革命，给人类的实践活动提供了重要的理论参照系。司法运行过程作为最重要的法律实践活动，只有贯彻实践世界观，才能理解司法过程中出现的诸多疑难问题，也才能够为司法活动本身的合理化运动提供良好的理论依托。

实践世界观是一种人的"在场"的世界观，人本身就是实践的构成部分或者环节，甚至是主导性要件，它与脱离了人的机械化物质世界观有着本质区别。当然，人的"在场"并不是一种主观性的表现，而恰恰是一种"实事求是"的立场，"实事求是"是实践论的，决不能站在马克思所批判的旧唯物主义立场上加以理解和把握。人的"在场"不仅仅表现在人本身是实践的一个环节，而且还意味着人是实践活动的最终决策者，这个决策者的任何决定永远都无法逃离自身状态的影响。因此，实践世界观需要迈向实践的最高境界，这就是实践智慧，实践智慧无法脱离主体而存在，没有"缺席"主体的实践智慧。但它决不是主观性的表现，实践智慧超越了人的主观性而获得了客观性的保证，但它依然需要主体的"在场"。在人类的实践活动中，实践智慧将创造真正属人的善的世界。然而，当下社会活动中的实践智慧正在日益消失，实践智慧的式微正是实践世界观弱化的表现，实践世界观内在地要求实践诠释学的诞生。实践诠释学将以一种真正实践论的态度考察人们的生活，帮助人们思考什么是可行的——什么是合理的——什么是恰如其分的"实践问题"，而对这些问题的考量和解决正是一个实践智慧的问题。实践诠释学视域下的司法过程不是一个是否能够给各种各样的法律问题提交标准答案的过程，而是一个能够让司法过程合理化以及如何让司法过程合理化的问题。这不仅需要各种知识的累积，更重要的是实践智慧的登场[①]。

实践世界观是马克思实践哲学的基本思想原理，又与古希腊思想和美国实用主义哲学具有思想的契合性[②]。同时实践世界观的坚持也可以从中国儒家文化的思想谱系中发现其良好的根基。毫无疑问，儒家有着自身的法哲学，儒家的法哲学的思想前提就是实践世界观，而在以儒家为主导的传统司法运行过程中所体现的合理化追求及其论证方式，正是实践世界观的一种表现方式。古代法官的解释正是一种实践世界观的司法表达。当代法官的解释并未从传统中汲取良好的思想资源，科学主义的解释观与中国文化的总体精神是不相契合的。实践世界观的解释学立场是我们架构当代中国法律解释学理论的基本前提，这里所作的仅仅是一种尝试性的探求。实践世界观以实践哲学为基础，不仅是法律解释的世界观，也是司法哲学的世界观，又是整个法学的世界观。从这种世界观出发所架构的是中国自身的自主性法律理论，即实践主义的法哲学，或者叫法律实践主义。从实践世界观的视域去考察法律解释，则应该生成法律实践主义解释学，它是基于实践立场的法哲学原理的内在构成元素。这应当是具有中国特色、中国气象、中国气派的法律解释学，但这需要深入的研究和挖掘。

四、实践主义的法律解释观之要点

法官解释在根本上是一个世界观的问题，即人的存在论问题。我们所坚

[①] 关于法律解释学的实践智慧问题，洪汉鼎先生指出："法学诠释学试图运用一种亚里士多德所说的罗斯博斯岛的营造师的弹性规则，这种规则不是固定不变的，而是与岛上石块的形状相适应的。普遍的规则需要运用，但规则的运用又无规则可循，这里需要培养一种特殊的实践智慧。"洪汉鼎先生为"诠释学与人文社会科学"丛书所作的总序言，参见章启群：《意义的本体论——哲学诠释学》，上海译文出版社 2002 年版，"总序"第 3 页。

[②] 参见武建敏：《实践法哲学：理论与方法》第三、五章，中国检察出版社 2015 年版。亚里士多德对"实践概念"的诠释本身就包含了一种实践主义世界观，而实用主义哲学则深刻地强调了实践中的"经验"规定性，尤其是詹姆斯更是赋予了"经验"以本体论的地位。所有这些理论元素对我们深化对实践世界观的把握都有重要的启迪。

持的是一种实践世界观的基本立场，遵循实践世界观的思想逻辑，则自然会生成一种实践主义的解释观。实践主义解释观是对浪漫主义和教条主义及科学主义解释观的反对，它在哲学上以人类思想史上多种多样的实践哲学形态为基础。无论是亚里士多德的实践哲学，还是马克思的实践学原理，抑或是儒家的道德实践学说，都能够构成实践主义解释观的理论根基，这些理论从不同的维度对实践主义解释观给予了良好的理论支撑。至于从胡塞尔到海德格尔，再到伽达默尔的哲学解释学，其本身就应当被判定为实践主义解释学，当然这还需要去作完整的论证。胡塞尔的"生活世界"，海德格尔对于生存论的强调，以及伽达默尔对实践智慧的深切体认，无疑使得哲学解释学在本质上可以被称为一种实践主义解释学。哲学解释学能够贯彻到法律解释的实践领域，同时成为坚持实践主义法律解释观的重要哲学依托。当然，我们不能将自身的法律解释观局限在任何一个固定的理论状态中，而是要以开放包容的态度向所有的理论和实践"敞开"。实践主义法律解释观不仅将自身奠基于实践哲学的理论基础当中，更为重要的是它以司法行为的"生存论"和"经验主义"本性为依托，这是一种切入法律本性的实践主义立场。

（一）实践主义法律解释观反对普遍主义的技术化策略①，而主张情境主义的解释立场

如果说对于一般意义上文本的解释或许还存在某种普遍主义倾向的话，那么在法官的解释活动中将某种法则普遍化是十分有害的倾向，单纯的普遍性导向教条主义的可能时刻存在。尽管法官的解释不能抛开普遍规则，但普遍规则决不能限制法官对于实践合理性的探求。在法官解释中，只有"具体

---

① 法律解释的技术策略将人们局限在思想的牢笼当中难以自拔。尽管我们反对解释学的普遍技术化策略，但这并不意味着在解释活动中就没有普遍性存在的余地，普遍性依然会作为重要的解释维度进入视域融合的场域中与其他要素交互作用，从而影响和构造解释实践结果的生成。但我们反对将某种解释方法或技术普遍化的解释学倾向，没有任何解释法则可以在解释实践中获得绝对真理的地位。在一定意义上说，解释学问题是个有限性问题。

情境"才是最为根本的，在"具体情境"当中普遍与具体走向了"融合"，这是一种实践辩证法的展现。单纯的普遍主义解释策略是当下中国解释体制的基本架构方式①，在本质上它肇始于近代西方所开创的科学主义和理性主义传统。科学与理性给了人类以充分自信心，让人类充分地展示了自身的本质力量。在科学理性的推动下，人们在感受自身卓越力量的同时，也陷入了自我狂妄的泥潭。如果说在纯粹科学的领域中坚持普遍主义的立场是正确的话，那么在生活实践的领域中的普遍主义却易于导致教条主义，科学主义与旧唯物主义的结合使得现代人尝尽了教条主义的苦涩。即便是在充满着学术反思精神的今天，普遍主义与教条主义对各个人文社会学科的控制依然是十分突出的，法学领域中的诸多原则充分体现了这样的思想理路，这样在法律解释活动中贯彻普遍主义的方法论立场也就不足为怪了。然而，法律的解释在根本上要以"亲历性"为前提，没有"彻底经验主义"的立场贯彻，就不可能切实地把握解释的具体性，这就决定了情境主义的立场才是符合事物本性的立场，才是真正具有实践合理性的基本立场。实践合理性的立足点是具体性，而不是普遍性。当然，情境主义并不否认普遍性，只是普遍性要在情境中得到实践合理性的验证而参与到各要素的视域融合当中发挥自身的良好作用。因此，情境主义的解释立场体现了基于实践的辩证法精神，辩证法不是概念游戏，而是人类存在的实践智慧。

（二）实践主义法律解释观呈现了一种生存论的解释学立场，它是对于抽象的本质主义思维方式的反对

实践解释观是现实性的、生活化的、实践性的，它反对任何抽象的本质主义思维。抽象的本质主义思维是一种从生活实践的外部干预现实的生

---

① 或许对于普遍性的强调也是一种不负责任的表现，将行动的错误归结给某个固定的普遍法则，这是缺乏法治担当的一种表现。法条主义就是一种匮乏担当精神的体现。从解释学的角度理解的知识与从认识论的角度理解的知识是不同的，我们更需要从行动和实践角度理解和把握各种普遍性知识。"知识的问题本质上是一个关于行动意义理解的实践哲学问题。"（张能为：《知识、行动与实践——伽达默尔论知识、行动何以是实践哲学的》，《学术界》2021年第2期。）

活本身的一种思维方式或哲学形态，在根本上背离了生活世界的本性，违反了生活实践的具体原则。在实践哲学的意义上，真正的本体只能是"个别"，个别永远内在于生活实践当中。实践解释观在本质上是生存论的，它以人的现实的存在为解释的基点，生存论的原理同时意味着具体解释的合理性。洪汉鼎在谈及海德格尔解释学的时候讲道："海德格尔不是在与世界对立的先验自我中，而是在特殊在者即此在的'在世存在'中寻找此在的内在结构，即不是在孤立的自我中，而是在具有特殊存在类的在者中去寻求存在的意义，当时把这一倾向称之为人类学的指向，用海德格尔自己的话来说，就是生存论的指向。"① 按照这样的理解，实践主义解释学必然地具有一种生存论的维度，而生存论的解释立场在根本上又必然坚持具体情境的整体性，因此实践主义解释学同时表达了一种整体主义的思想进路。法官的解释正是在具体情境中实现了法律的普遍世界与具体世界的"视域融合"，而这一融合的过程正是现实的人的生存论的展现过程，其间摈弃了一切绝对主义的思想方式，真正体现了对人自身的存在论关切。

（三）实践主义法律解释观具有一种经验主义的哲学取向，并同时凸显了直观、判断、体验与感受的解释合法性

任何解释主体在从事解释活动的情况下，其自身的内在结构都会对解释的结果产生影响，而这个解释的结构很多学者将其称为"前理解"，"前理解"又分为"前有"、"前见"和"前把握"。任何解释都是从"前理解"开始的，离开了"前理解"，根本就不可能从事认识和解释活动。②"前理解"是每个解释主体中必然的"前结构"，它是在一个人经验生活的过程中不断累积而

---

① 洪汉鼎：《诠释学——它的历史和当代发展》，人民出版社 2001 年版，第 190—191 页。
② "前理解"可以被看作理解得以可能的条件，如同"前结构"是认识得以可能的条件是一样的道理。康德在探讨"知识何以可能"的时候，并没有使用"前理解"的概念，但他关于图式的表达与解释学的"前理解"在根本上是相通的。人们的头脑中必然要有相应的结构，否则人就无法认识和理解。当然，在"前理解"的结构中，除了那些使得理解得以可能的条件之外，也必然存在产生误解的元素，这在大多数情况下是很难区分的，于是实践智慧介入就具有了重要的解释学价值。

形成的，这决定了解释活动不可或缺的经验维度。如果说理性主义高扬了必然性和普遍性在解释活动中的存在价值的话，那么经验主义则让人们充分认识到了在解释活动中偶然性、片面性、情感、想象力乃至某种焦虑的重大作用。法律解释活动不可能是在理性主义指导下的科学认知活动，解释就是解释，解释不是认识，解释是实践，认识不是实践。法律解释活动中一定存在着诸多被人们所忽略的元素。单纯依靠理性的推导所从事的解释活动，过多地依赖着人类的理性主义传统，具有将解释活动认识论化的嫌疑。任何解释都是具体的人的解释，这就决定了包括法律解释在内的所有解释活动都必然具有"个性化"的特质。作为解释主体的法官的直观与感受，乃至他所经历过的具体事件都可能在一个具体的案件解释活动中发挥构造的功能，从而决定解释的结果和裁判的结论。个性化、具体性与彻底的经验主义立场是相契合的，或者说个性化和具体性本身就意味着一种彻底的经验主义，这是法律解释活动必须认真对待的问题。在司法活动中，解释的结果和裁判的结论并不是预先确定的，而是在解释实践中逐步生成的，其中各种实践元素都在发挥作用。而就其总体而言，法官解释的过程或许可以被界定为一个判断的过程①，而判断是以经验主义为前提的，经验与判断是法律解释的永恒主题。

（四）实践主义法律解释观是一种实践哲学的解释立场②，它强调"实践智慧"③的重要价值

任何解释活动都是语言在解释实践中被不断展开的过程，也是思想被揭

---

① 苏力论及了解释中的"综合性判断"问题。参见苏力：《解释的难题：对几种法律文本解释方法的追问》，《中国社会科学》1997 年第 4 期。

② 实践哲学的解释立场不以客观性的追求为其理想，它的理想在于获得解释学的真理。人类在共同体生活中的对话与交谈有利于真理的获得，但这种真理并不是客观的真理，而是以实践合理性为基础的真理。这样的真理一定要包含着善的维度，包含相应的理想、信念和价值。正是依靠这些信念和价值，"人就可以过着一种受到引导的生活，即选择一定的生活方式，择善而从之"。（严平：《走向解释学的真理——伽达默尔哲学述评》，东方出版社1998 年版，第 205 页。）

③ 实践智慧构成了法学界的一个重要理论立场，郑永流、王申、姚建宗等都在不同程度上参与了这一理论立场的构造与表达。参见郑永流：《法是一种实践智慧：法哲学和法律方法论

示的过程。尽管解释活动中充满了片面性和谬误，但解释的目的却在于获得真理。解释学的真理不是客观真理，而应该是能够让生活于不同"视域"背景下的人们所可接受的真理，这就产生了实践智慧的问题。实践智慧为解释活动确立了一种辩证法前提，为解释主体提供了良好的关于法律解释实践的思维方式和基本思想前提。实践智慧作为生存论的辩证法，同时又具有一种道德牵引的功能，这在法律解释活动中显得尤其重要。法律解释活动虽然充满了各种断裂与误解，但解释实践的逻辑要求解释活动必然符合价值论的引导，否则就会将人类的正义事业抛到脑后，这将是对法治事业的最大戕害。实践智慧的解释学立场不仅确立了法律解释活动的本体论前提（一种强调具体性、个别性却又不抛弃普遍性的生存论意义上的本体论），并且把握了法律解释活动的目的论方向。

（五）实践主义法律解释观反对符合论的解释立场，而是具有创造性的根本特质

符合论原本属于认识论范畴，在解释活动中对符合论真理的追求是以一种认识论思维对待解释学的结果。解释是一种实践。任何实践活动都不可能是完全被动的行为，单纯的被动性并不具有良好的实践价值。凡是可以被确定为"实践"的行动都应具有创造的秉性，实践是人的本质力量的展开过程。解释作为一种实践活动，是主体不断谋划自己，从而让自身获得合法性的过程。法官的解释活动是一个充满创造性的实践过程，正是在这样的解释实践中，法律进一步获得了自身的生命价值，解释实践的生命力体现了人的存在论的本质力量。未被解释实践架构的法律，并不能完成自身作为文本的使命，只有在解释实践中的运用才显示了法律文本自身的卓越价值。法在其本性上不是静态的文本，而是主体的实践，法律解释本身同样是主体的实践。正是由于实践活动的主体力量，法律解释才可能使自身获得生命的价值。充

文选》，法律出版社 2010 年版；王申：《法官的实践性知识与智慧导向》，《法制与社会发展》2011 年第 6 期；姚建宗：《中国语境中的法律实践概念》，《中国社会科学》2014 年第 6 期。

满创造性的实践主义解释观也不会因为对创造性的强调，而丢失了自身的实践合理性，合理化是对创造所可能引发的失序的牵引力量。解释实践的创造性与解释的实践合理性是内在统一的。正是由于解释实践具有实践合理性的引导和规制，解释的实践才不至于滑入片面性的泥潭。然而，这种对解释实践创造性的合理化规范依然具有主观性，但这种对主观性的把握恰恰是真正的实践精神的一个环节。事实上，包括法治事业在内的任何人类行动都不可能没有主观性，主观性作为个体选择的前提构成了法治行动的一个要素，但是主观性必须走向客观性才能夯实自身的合理性。被投入法治实践中的个体的选择在很大程度上决定了法治的命运，"迈向实践智慧"理应是中国法律解释实践逻辑的自然表达。

第二节　作为实践智慧的法律修辞

修辞学的含义并不是固定不变的，人们对修辞本身的理解也存在着诸多差异，正是这种差异性丰富了修辞学的内容，开阔了修辞学的视野，深化了修辞学的思想世界。修辞学的根基存在于生活世界，人的生存论需求奠定了修辞学的合理性，人的交往行动世界的拓展推动了修辞学的产生与发展。修辞学是实践的学科，而非科学的知识，作为生活智慧的修辞学并不遵循任何科学的规律。法律修辞作为修辞学的一种形态，既具有修辞学所具有的共通属性，又具有自身的特殊性。法学乃是一种实践之知，而法则是一种实践智慧，作为实践智慧的法的修辞理当呈现实践智慧的思想风格。① 法律修辞固然无法离开逻辑的牵引，这是法律内在秩序的需要。但修辞毕竟是修辞，它具有超越于逻辑的审美诉求。法律修辞具有情境主义的基本特质，而在特定

---

① 以实践智慧为基础是实现法律修辞学研究迈向法哲学、生成自身理论风格的重要根基。俞海涛注意到了法律修辞理论的实践转向，但这绝不是技巧化的操作，而是关涉修辞学思维方式的转变问题。参见俞海涛：《修辞理论的实践转向及拓展研究——第十届法律修辞学会议述评》，《河北法学》2019 年第 9 期。

的情境中修辞本身必须处理普遍性与特殊性的关系问题，这将意味着实践智慧的登场。基于实践智慧的法律修辞具有经验的内在规定性、向善的品质及中道辩证法的属性，这是法的实践本性所预示的法律修辞的重要属性。正是由于实践智慧的修辞学立场，中国法律修辞学的建构需要返向传统，探寻历史深处的法律智慧形态，认真挖掘传统中国的法律修辞资源，推动当代中国法律修辞实践形态的完善与发展。

一、法律修辞：理性与情感

在把握法律修辞的同时，需要对逻辑有个基本的交代。逻辑到底是一种怎样的知识呢？在日常生活中，人们对逻辑的理解是多样化的，也是宽泛的。但是在对法律修辞进行研究的前提下，若是探求逻辑的问题，就不应该将逻辑作泛化的理解，重要的也不是分析逻辑与修辞或者法律逻辑与修辞的一致性，而是要充分分析它们之间的差异性。逻辑的确是一种推理，但并非所有的推理都可以被称为逻辑，逻辑乃是必然性的推理。在逻辑的世界中，当前提 A 存在的时候，结论 B 就可以必然地获得，即 A ⊢ B。逻辑有效性推理的要求在于前提的正确性，在确保前提正确的情况下，遵循逻辑法则所导出的结论就一定是正确的。如果在人类的知识世界中，到处都是这样的逻辑知识，而生活本身又总是能够被逻辑所控制的话，那么修辞便不可能产生，人类的生活也会变得枯燥乏味。然而，在人们的生活世界中，逻辑的力量是非常有限度的，而在人们的知识世界中，逻辑更多的是表现在科学世界当中，因为科学是要探讨永恒不变的事物，其中必然性乃是其最为重要的法则。而在其他的知识领域，纯然的逻辑则是非常少见的，至于法律世界中是否存在必然性逻辑的问题，是个值得认真探讨的问题，这同时关涉法律修辞学在法律及法学中的位置。

在法律世界中貌似存在一个三段论的推理形式，即作为大前提的 M—P 和作为小前提的 S—M，将必然地导出 S—P，但这个三段论逻辑在法律中的运行并非是必然性的。即便假定存在一个正确的大前提和小前提，那么结论也未必是必然的，因为当法官在运用大小前提进行推论的时候，实际上都会对大前提和小前提进行解释，而这种情况下大小前提根本就不是其原本假定正确的大小前提，法律解释的介入决定了法律推理本身所具有的复杂性，简单的逻辑思维不可能构成法律世界的主导法则。法律推理并不是在真空当中进行，各种偶然性元素都在影响和构造着法官的思维活动，法官的解释和推理是错综复杂地交织在一起的，即令是法官本人可能也难以条分缕析地确定自身的思维规律性。然而，这并不影响法官的行为的完成，理论的问题在法官的行动中能够自然而然地完成，法官的推理与解释都只是他的一种生活的习惯，也可以说是一种职业习惯，理论本身已经被消解在了法官的习惯性活动当中。有学者在解释维特根斯坦的时候有过这样的一个论述，维特根斯坦"对习惯的偏爱并非是为了某种哲学论证的需要，相反，他正是要让人们离开哲学的理论反思，把眼光落在人们赖以存在的语言活动之上，而习惯则是人们从事各种语言游戏的主要标志。当然，维特根斯坦偏好习惯概念，并不意味着他因循守旧。他强调的是习惯的活动特征和参与精神"[1]。这里的"习惯的活动"是极为重要的，因为在维特根斯坦看来，"一切理论上的矛盾或悖论都只有在人们习惯性的活动中得到解决"[2]。在很多情况下，法学家所探讨的理论往往充满着争议和矛盾，而在法官的行动世界中所有这一切都是可以化解的，只有实际的行动才可能消除理论的混乱。

逻辑与数学及科学具有更多的一致性，但在法律世界中对逻辑的偏爱则并不符合法律世界的本性。法并不是一种科学理性，而是一种实践理性，是人的行为世界的理性，而行动世界的理性则使得法自然地趋向实践智慧，法作为实践智慧不可能支持关于法的科学主义和逻辑主义主张。法律修辞属于实践之知的范围，是实践智慧的表现形态，而不可能以单纯的理性构造自身的合理性基础。尽管我们不能说法律修辞是反理性的，但它却是对理性所内

---

[1] 叶秀山、王树人总主编：《西方哲学史》（学术版）第八卷（下），江苏人民出版社、人民出版社 2011 年版，第 544 页。

[2] 叶秀山、王树人总主编：《西方哲学史》（学术版）第八卷（下），江苏人民出版社、人民出版社 2011 年版，第 544 页。

在包含的局限性的一种反思，但它本身仍然是理性的，是一种认识到自身有限性的理性，这种理性是与情感相互融合的理性，我们可以将其称为合理性，或者叫作情感合理性，它是情理交融的合理性形态。中国古代社会的情理法典型地呈现了法律修辞的意义，情理法并不追求什么理性的逻辑，而是充分表现了法律修辞的基本风貌。情理法中法律修辞不是以理性为基础，却又决不逃离于理性之外，它依赖于情感的操持，但又不把情感作为唯一的合理性基础。合理性并非是一个理性的概念，而是一个情感与理性相统一的概念。而具体到法律修辞活动当中，我们也很难说到底是情感作为合理性的主导，还是理性作为合理性的主导，情感与理性在法律修辞的合理性塑造中会因为情境的差异而扮演不同的角色，它们在参与法律修辞的合理性塑造中所占有的比重也是有差异的，很难确定情感与理性之间的本体选择，这或许正是法作为实践智慧的根本属性的表现。

法律修辞的重要目的是说服他者，它会采取语言或非语言的符号化方式完成自身的使命，而说服他者的过程往往不是单纯地依赖理性的牵引，而同时需要强化情感的引导力量。理性发挥作用的方式会直接作用于人的认知机能，使人对修辞活动作出某种真理性判断，有时也会调动人们的正当性判断能力。修辞是一种实践，解释也是一种实践，修辞实践与解释实践是密切缠绕在一起的。① 人们在理解一个事物的过程中，理性的力量是不可低估的，那么期待着他者有着更好理解的修辞活动自然也需要借助于理性的力量，否则修辞就会缺乏人类共识的牵引而导向修辞的滥用。滥用修辞也可以被看作一种过度修辞，而理性的牵引意味着共识的介入，这是保障修辞行为自身具有合理性的重要力量。人类在自身的生活过程中，会就许多议题达成理性共识，这种共识的根基潜藏在人类的生活世界当中，是保障人类自身行动的确定性

---

① 解释与修辞都是面向实践的，这可以看作两者具有共通的本体论意向。在理论上讲无论是解释学实践还是修辞学实践都是为了达到澄明的状态，但在实际上两者都有可能会遮蔽某种意义，甚至对意义加以歪曲。有学者论及"恶意的诠释、解释"，并认为这种解释是一种"诠释暴力"，而"诠释暴力是权力暴力的后续和扩展形式"。（晏辉：《诠释的现象学考察与伦理学批判》，《哲学分析》2021年第1期。）

和稳定性的前提依托。法律修辞作为一种言语实践，它不仅需要与人类的理性共识具有契合性，而且也需要与法的本性具有内在的融通性。法的确定性属于法作为法的内在规定性，否则法就不能满足人对自身生活确定性的需求，而法律修辞作为法律世界的言语行动需要满足法的确定性期待。理性共识的在场可以有效地维护法的确定性，将法律修辞放置到一个合理性的时空中加以检讨，从而使其呈现中道主义的实践风格。但理性共识的介入同样是适度的，否则就会消弭掉法律修辞中的修辞功能，于是我们需要转向情感合理性的探讨。

人们普遍地有一种观念，认为在解释活动中不应该保持情感，然而这是不可能做到的，情感本身就隐藏在我们的一切活动当中，在属人世界中反对情感原本就是说不通的。既然解释实践中都蕴含了情感的立场，那么作为说服性事业的法律修辞就不可能离开情感的操持。"情感提供了一种视域，通过这种视域，世界被看作有趣的、有价值的和能够被解释的。借助这种功能，我们得以与事物相符合、与他人相一致。人的情感因此必须被理解为某种能够给出和使我们聚焦于'知道如何'的源始理解的'寻视的解释'的东西。"[①] 这个被看作"有趣的世界"需要"有趣的解释"和"有趣的言语"，单纯的理性话语让人厌倦，枯燥的逻辑演绎让人乏味，世界原本是生活化的、有趣的，而长时间的单一理性教导和逻辑控制却让人遗忘了生活世界的"乐趣"。修辞学的现代兴起正是人们对单一理性主义话语不满的表现，而法律修辞则是在法律领域对单一理性话语体系的反思。法律修辞内在地蕴含了一种生活化的指向，情感的在场正是法律修辞生活化的一种表现。"为了以恰当和正当的方式激起和引导人们的情感，演说者（我们用这个词更一般地泛指在任何具体情况中具有修辞能力的人）必须懂得情感的种种可能性。这种修辞能力活动于当下的直接性、此时此刻此地的生存空间、有关'知道如何'的生存和实践指向的世界。"[②] 法律修辞同样发生于特定的情境当中，而

---

① ［美］沃尔特·约斯特、迈克尔·J.海德编：《当代修辞学与解释学读本》，黄旺译，商务印书馆2018年版，第11页。

② ［美］沃尔特·约斯特、迈克尔·J.海德编：《当代修辞学与解释学读本》，黄旺译，商务印书馆2018年版，第11页。

在此情境下修辞学使命的完成则仰赖于实践智慧。也可以说，法律修辞就是实践智慧的呈现方式，也许我们可以进一步将法律修辞理解为生存论的实践活动，它超越了单纯言说的实践意义，直接面向人本身的存在揭示法律修辞的生存论价值。

二、法律修辞的情境主义

尽管立法修辞也是一个受人关注的领域，但它并不是典型的法律修辞形态，立法修辞更多遵循的是理性法则，它所表现的修辞学特征偏向于规范化话语体系的构建，因此缺乏修辞学所应有的审美意蕴。立法活动的目的在于创造一个普遍性的规则世界，这个普遍世界的创建根植于人类的卓越理性，即便是一个法律概念的生成也需要仰赖人类理性能力的提升。立法当然是人类理性发展到一定阶段才可能产生的现象，它最鲜明地表达了法律的确定性和普遍性的立场，甚至表现了某种科学主义的立场，立法的科学化是许多立法家着力谋划的事业。但是，立法与司法不同，立法所谋划的是普遍性的建构，它对人类自身充满着自信，尽管这种自信存在某种盲目性。然而立法仍然是必须的。人类在任何领域都不可能将自身的理性呈现为完满的状态。人类不可能运用语言创制完美无缺的法典系统，立法同样需要修辞，而立法修辞在一定意义上恰恰为司法领域的修辞活动提供了一个广泛的空间。也许，正是在布满立法修辞的领域中，司法修辞才能更好地展现自身的风采。诚实信用原则的设定或可被理解为重要的立法修辞现象，这个原则不可能通过任何立法规范化的形式加以完善，而它的意义正在于克服了人类理性语言的有限性，而它的实现则在于情境化的解释和修辞活动当中，这正是一种修辞的力量，它深深地植根在人类的实践智慧当中。

这里所探究的法律修辞主要是表现在司法领域的修辞现象，它是发生于普遍与具体之间的一种人类行动领域。司法领域的修辞是典型的法律修辞形态，正如典型的法律解释只能是法官的解释那样。普遍与特殊的关系问题是司法哲学的基本问题，是法律修辞的基本问题，法律修辞必须能够处理好普遍性与特殊性的关系，然而法律修辞在本质上并不是普遍性的法律话语系统，而是依托在具体情境基础上所呈现的法律话语体系。在人类的行动世界中，普遍性法则固然是重要的，但当普遍法则被运用于具体问题的时候，并不总是能够恰当地解决人自身所面临的问题，因此，人必须能够学会在具体的情境中作出合理的判断，进行恰当的选择，① 这自然意味着明智的登场。这是一种"看情况该怎么办就怎么办"的智慧，是典型的情境主义思维的表现形态。法律修辞是在特定情境下的言说，它承载了普遍性的法则，但却不会局限在普遍法则的束缚当中，它的卓越与风采正在于对普遍性法则的创造性诠释，特定情境下的修辞是与特定情境下的解释内在统一到一起的。没有创造性的解释，也就难以生成具有卓越价值的修辞。然而修辞本身也是一种解释，是用情理化的言说所展开的更加符合生活世界的原生态解释，它没有刻意的知性分析。也许修辞性解释更能契合人们的心灵期待，也就更具有说服人的有效性。修辞本身就是说服性的，亚里士多德表明了这一立场。② 理解并非单纯理性的在场，情感同样参与了人们的理解活动，而修辞则需要情感的在场，特定情境下情感的交融会使得法律修辞有着事半功倍的效果。"修辞学的效力依赖于修辞学与实践和人的情感调谐领域保持联系。"③ 在具体语境下对于情感的驾驭能力正是一位卓越的言说者或解释者最具才华的表现。

在法律世界中的普遍性固然重要，然而特殊性才是我们最终所要面临的问题。在普遍性与特殊性之间，理性的普遍总是力图将特殊性纳入自身的逻辑范畴，但这种理性的冲动却总是难以获得实现，特殊性本身所包含的个性并不能通过逻辑的推导被普遍性所消解，就如同"白马"之"白"的个性永远都不可能被包含在"马"的一般性当中是一样的道理，因此"白马非马"成功地强调了事物的特殊性，对我们关于普遍性和特殊性的关系思考具有重要的启发价值。尽管法律修辞并不抛弃理性的普遍性法则，但它的立足点是

---

① Aristotle, *Nicomachean Ethics*, Hackett Publishing Company, Inc. 1999, p.19.

② 参见苗力田主编：《亚里士多德全集》第九卷，中国人民大学出版社 2016 年版，第 333—338 页。

③ ［美］沃尔特·约斯特、迈克尔·J.海德编：《当代修辞学与解释学读本》，黄旺译，商务印书馆 2018 年版，第 14 页。

特殊性，因此法律修辞学可以被看作属于"境遇法学"的思维范畴。法律修辞不是指向普遍性的知识系统，它本身并不构造任何普遍性、科学性的理性知识，它要在特定的情境中去处理情感的问题、道德的问题，同时也可能涉及对"意志"、"愿望"、"嗜好"和"冲动"的判断、把握与操持。"操心不能从这些东西派生出来，因为这些东西本身奠基在操心之中。"①"此在"处在特殊性的境遇当中，不得不"绽露为操心"，对特殊性中的各种要素作出恰当的判断，呈现给人们一个修辞学的篇章。在特殊境遇中的操持，也会日益磨炼操持者的智慧，时间久了法律修辞就成为了一种"上手"的状态。

法律修辞所面对的世界与任何一般性知识所面对的世界都是不同的，法律修辞也从不期望自身能够通过理性的努力构造一个完满自足的知识系统。法律修辞的对象世界是实践的世界，是人的充满复杂性的现实世界。伽达默尔这样写道："我发现我们没有认识到以下事实，即诠释学领域其实是诠释学和修辞学分享的领域：令人信服的论据的领域（而并非逻辑强制性的领域）。它就是实践和一般人性的领域，它的活动范围并不是在人们必须无条件地服从的'铁一般的推论力'发生作用的领域，也不是在解放性的反思确信其'非事实的认可'的地方，而是在通过理性的考虑使争议点得到决定的领域。"②诠释学和修辞学面临共同的领域，那是一个人性的世界，在这个世界不可能存在铁一般的逻辑法则，尽管理性依然重要，但理性必须考虑特殊情境中一切偶然性的杂多，在众多元素的争议中作出判断和选择。说话者会运用言说的艺术克服争议中的问题，这需要说话者对特定情境的特别把握力，否则便不可能创造一套有说服力的话语体系。因为涉及具体的问题，牵涉普遍和具体的关系问题，这便需要立足于具体的判断力，康德的判断力本身就是要处理普遍和具体的关系问题，在单纯的普遍知识中一般不采用判断力的说法。在我们对判断力的理解中，我们发现："一条法律的法学意义是通过案例才得到规定，而规范的普遍性从根本上说也是通过具体的事例才得

---

① [德] 马丁·海德格尔：《存在与时间》，陈嘉映、王庆节译，生活·读书·新知三联书店2014年版，第211页。

② [德] 加达默尔：《真理与方法》下卷，洪汉鼎译，上海译文出版社1999年版，第754页。

到规定。"①这便要求一种法学领域中视角转换，即从一种以普遍性规则为中心的立场转向具体案例为中心的立场，在具体情境中的解释和修辞将克服法律的普遍性所具有的缺点和局限性，从而达到一种合理性的高度。法律修辞与法律解释一样，都有一个境遇的问题，它们更多的不是依赖普遍的法则开展活动，而是依靠判断力解决其所遭遇的具体问题，这种能力是综合性的，又是灵巧的，是充满智慧的。

中国古代司法中的情理法典型地呈现了一种法律修辞的境遇主义特征，法官判词中所呈现的修辞意蕴是基于境遇主义的立场而展开的，法官的实践智慧在这个修辞学的展开过程中发挥了重要的功能。古代法官常以个别案例为基点，将法律文本世界的普遍法则、儒家知识系统中的伦理原则以及个别案件中当事人的欲求、情感及各种偶然性元素统合到他的判断力当中，制作出具有鲜明审美价值的修辞文本（判词）。在古代司法的情理法修辞行动中，法官表现了高超的语言驾驭能力，语言的美学意蕴获得了充分的展现；但古代法官的修辞决不是仅仅局限在对语言的把握中，而是更为深刻地表现了情感与生活世界源始性的契合，正是这种源始性的契合使得情理法中的修辞具有良好的可接受性，其本身就展现了法律修辞所具有的论证功能。情理法的修辞实践显示了以个案为中心思维方式的意义，"此在"在个案中的"操心"实现了普遍与具体的视域融合，各种理论的困惑与矛盾在修辞实践中都能够得到有效的解决，理论的问题原本也只有在实践中才可以解决。古代法官的情理法实践即为修辞实践，情理法的修辞实践成为了一种习惯，而习惯才是解决理论自身的矛盾以及理论与实践的矛盾的最为有效的方式，这当然要求实践智慧的登场。

三、法律修辞的三重维度

法律修辞是在特定语境下情感合理化的审美表达，它内在地趋向实践智慧，为人们提供更令人信服的可接受成果。实践智慧本身就是语境化的，它

---

① ［德］加达默尔：《真理与方法》下卷，洪汉鼎译，上海译文出版社1999年版，第740页。

发生于普遍性与特殊性之间，在纯粹的普遍世界中并不存在什么实践智慧。我们知道，亚里士多德是探究实践智慧的最为典型的思想代表，尽管在《荷马史诗》中便已经包含了实践智慧的"缘起"。① 按照亚里士多德所理解的实践智慧，实践智慧要与各种各样的人类事物打交道，必然要对各种具体事务中的问题做出回应。实践智慧要处理具体情境下诸多的繁杂事务，而在处理这些问题的过程中，行动者内在所包含的各种要素都会参与到对具体事务的判断当中，在此基础上生成人类行动抉择方略。法律修辞当然也是一种实践智慧的呈现，法律修辞并不单纯地表现为一系列的语言表达艺术，而是要参与具体事务的决策，甚至在某种程度上影响和构造着被抉择事物的整体可接受性。实践智慧在自身运行中包含了多种多样的元素，而这些元素同样体现在法律修辞实践当中。情感、推理、理性、直觉、意志、欲望，都可能展现在法律修辞的实践活动当中，然而实践智慧之所以被称为实践智慧，它自然能够使得各个要素之间协调统一，从而使得法律修辞呈现实践合理性的整体风貌。实践智慧对法律修辞会具有一种牵引的功能，它可以提升法律修辞的内涵，同时又可以防止法律修辞的滥用。面向实践智慧的法律修辞为自身确立了合理性的思想根基，它会在实践智慧的引领下日益完善和发展。从实践智慧的角度展开对法律修辞的分析是十分重要的，它会拓展法律修辞的理论空间和实践品质。

（一）经验的维度

经验的维度内在地包含在实践智慧当中，实践智慧自身所具有的诸多美德的生成难以和经验相分离，离开了经验积累过程中的美德训练，便很难形成实践智慧的美德系列。既然法律修辞可以被看作实践智慧，或者说实践智

---

① 刘宇：《实践智慧的概念史研究》，重庆出版社 2013 年版，第 31 页。米提斯是希腊神话中的重要人物，而在《荷马史诗》中"米提斯的意义十分接近 phronesis，即实践中的智能及知识，拥有者能够依靠它赢得实践的成功。这种智能之所以称为实践的知识，是因为它处理的是实践中所遭遇的各种不确定的异质性因素，它更多地依靠的是对具体事物的经验和敏锐的感觉，而非抽象的知识"。（刘宇：《实践智慧的概念史研究》，重庆出版社 2013 年版，第 32 页。）

慧的呈现，那么经验的维度自然就是分析法律修辞不可或缺的视角。现实中的法律修辞实践是不可能离开经验的，一个缺乏经验积淀的人很难做出任何成功的法律修辞学范例。因为法律修辞需要行动者把握具体的情境，在具体语境中对各种问题作出良好的判断，也只有在此基础上才可能做出为人们所认同的修辞学文章，而对具体处境的判断力所依靠的乃是经验的累积，一个缺乏经验的人在遭遇特定问题的时候往往会手足无措，更难以在此基础上做出"优美的文章"。经验的累积同时也是实践智慧的生成过程，经验面向着实践智慧而完成自我，这当然也是一个"操心""劳作"的过程，没有经验的"操持"便不会有实践智慧。然而，经验不仅具有认识论的功能意义，即所谓经验的累积可以提升人们的认识把握事物的能力，同时还具有一种本体论的意义，经验是与人自身的生活世界紧密相关的，经验本身代表了生活世界的整体，从完整的经验出发更能够分辨事物的合理性状况。彻底的生存论经验预示了实践智慧的整体美德，这样的美德实践自然会推动法律修辞实践的日益发展，它将自然地确立法律修辞审美意蕴的生活基础及生存论依托。

（二）向善的牵引

实践智慧是向善的，价值的牵引能够保障实践智慧操作的合理性。"明智在于深思熟虑，判断善恶以及生活中一切应选择或该避免的东西，很好地运用存在于我们之中的一切善的事物，正确地进行社会交往，洞察良机，机敏地使用言辞和行为，拥有一切有用的经验。记忆、经验和机敏，它们全部或源于明智，或伴随着明智。"[1] 这里的明智便是实践智慧（phronesis），正是这种向善的价值牵引使得人们的一切理性的或经验的活动保持了与人类目的性追求之间的契合性。实践智慧着重处理具体的事务，而具体事务中对善恶的判定同时彰显了实践智慧的卓越美德。法律修辞是特定情境下的实践智

---

① 此段论述出自亚里士多德：《论善与恶》，载苗力田主编：《亚里士多德全集》第八卷，中国人民大学出版社 1994 年版，第 460 页。

慧，它同样需要善的牵引。修辞的滥用是人类历史上时常会遭遇的现象，有的人利用修辞煽动诱导受众的情绪，以达到其所算计的目的。法律修辞中向善的牵引既是实践智慧的表现，又是保障法律修辞合理化的重要保障。法律修辞在具体情境中的运思需要有深思熟虑的参与，以便保障制作出好的修辞，而根据实践智慧的原理，深思熟虑必须有善的牵引，而不能是为了一个恶的目的，这便引出的"好的考虑"（good deliberation）的问题。"好的考虑"的介入，意味着法律修辞将会保障自身方向的正确性，因为"好的考虑"往往预示着"某种正确性"①。法律修辞相对一般修辞而言具有自身的特殊性，一个充满激情的诗人可能会写出布满修辞意蕴的诗篇，但一个单纯被激情所鼓舞的法官却难以创造出为人们所认同的修辞产品。法律修辞必须保障良好的法律修辞效果以及受众对修辞产品的接受，因此特定语境中的"老谋深算"往往是必须的，一个"老道"的法官所表现的卓越智慧及其驾驭能力正是这种"老谋深算"的呈现。在法律修辞实践中，行动者要做认真的"体贴"，而"体贴"就是"好的考虑"，就是要判断"何为得体""何为真理"②，这自然需要向善的牵引。

（三）中道辩证法

这里所说的辩证法不是某种客观意义上的辩证法，被理解为客观化的辩证法实际上只不过是一种规律或者现象，真实的辩证法是与人的生活世界密切相关的智慧形态，它在根本上是实践的、属人的，是人类智慧的至高境界。实践智慧就是辩证法，或者说辩证法就是实践智慧。在人们的现实实践过程中，辩证法超越了客观世界辩证法的狭隘性和片面性，而真正地与人的生活的通达及实践智慧有机地统一到了一起。在人类向善的实践活动中，辩证法表现为"中道"之大德，这是一种善于处理具体情境中问题的智慧。而法律修辞需要避免诡辩论，就必须依凭辩证法。在法律修辞活动中的辩证法

---

① Aristotle, *Nicomachean Ethics*, Hackett Publishing Company, Inc. 1999, p.94.

② Aristotle, *Nicomachean Ethics*, Hackett Publishing Company, Inc. 1999, p.95.

表现在对具体事务的处理中，但在处理个别问题而呈现修辞产品的过程中，并没有因为过度地强调具体情境中的偶然性而使得法律修辞活动具有太多的不确定性，这自然是由于普遍性牵引的缘故。这或许就是辩证法的最为根本的修辞学意义，它维护了法律的确定性，使得法律修辞在充满变动的具体情境中保持了自身的稳定性。而处理普遍性与特殊性关系的知识形态，便是实践智慧。在法律修辞实践中，这种处理具体问题的智慧则可以被称为"中道"，"中道"的辩证法在事物的普遍性与具体性、统一性与多样性、确定性与变动性之间保持了良好的平衡，达到了圆润融通的至高境界。当然，这是法律修辞实践的理想状态，而在现实的法律修辞活动中并不是都能够达到如此完美的状态，法律修辞呈现的景象是参差不齐的。修辞操作者的状态往往具有决定性意义，迈向实践智慧的法律修辞必然认真对待修辞操作者，这不得不使我们返向政治哲学而对"人治"采取一种较为积极的立场。

四、法律修辞：传统向度与实践智慧

法律修辞学的发展在西方表现出了强劲的势头，或者说法律修辞理论主要是西方学者呈现给学术界的知识系统，但这并不意味着在中国传统社会就没有或缺少法律修辞。恰恰相反，中国法律文化中蕴含了极为丰富的法律修辞元素，只不过中国传统的法律修辞强调的是"做"和"行动"，而不是"说"出一套法律修辞的理论体系。中国传统社会的法律修辞是原生态的法律修辞，没有受到任何"理论反思"的构造性影响，一切都在操作者的行动中呈现原汁原味的状态。传统中国的法律修辞是地地道道的实践智慧形态，[1] 修辞创造者并没有关于法律修辞的反思性认识，然而他们却在具体的法律实践中为人们呈现法律修辞的典范作品，官箴、家训、判词都具有鲜明的修辞学意蕴。尤其在传统司法文化中更是凝结了中国古人的情感与理性，表征了古

---

[1]　关于传统文化中的实践智慧问题，参见陈来：《论儒家的实践智慧》，《哲学研究》2014 年第 8 期；杨国荣：《论实践智慧》，《中国社会科学》2012 年第 4 期；武建敏：《法典的命运：古代法官的实践主义》，《吉林师范大学学报》（人文社会科学版）2017 年第 4 期。

代法官在特定场景中的判断力，呈现了浓缩了实践智慧的修辞成果。① 而当我们反思当下中国的法律修辞实践的时候，我们感受到的则是修辞风格的匮乏，牵强附会的逻辑运用并没有很好地表现逻辑的说服力，反而丢失了法律修辞的风采，这不能不说是传统的遗失。复兴中国的法律修辞，我们需要返向传统的合理性把握，同时在传统与现代的法律修辞实践基础上丰富与发展真正属于我们自己的法律修辞理论。

　　传统中国何以能够呈现典范性的法律修辞？尽管推动法律修辞发达的元素有很多种，但这好像只是一种笼统的"不犯错误"的陈述。事实上，我们却难以在单个元素和法律修辞繁荣之间作出某种必然性的判定，至于其作用的大小也无法做出具体的量化式把握。无论如何，我们都会相信法律修辞的操作者对法律修辞的繁荣起到了重要的促进作用，那么为什么古代社会会出现这样具有一定规模的法律修辞的良好主体呢？这恐怕是个政治哲学的问题。儒家的政治哲学所追求的乃是"贤哲政治"，而非"平民政治"，至于政治操作中的"民本"向度则是另一码事，何况"民本"正是贤哲们的理想作为。想象一下李世民时代的贤哲盛况，我们或许可以更好地理解"贤人之治"的意义。正是在"贤哲政治"范式下，古代社会显示了对"贤人"的高度重视与关切，科举考试基础上的选官制度算是一个选拔贤者的制度设计，它与"贤人之治"的理想是相契合的。尽管通过科举考试所选拔的官员未必都是"贤能"及"贤德"之士，但这样的人也绝不能说是个别现象，而我们必须明确是在这种选官制度所选拔的官员往往都是"很有文化的人"。这些"很有文化的人"对法律的理解自然不同于那些单纯地牢记法律的人，文化应该算是法律修辞的前提。古代司法的情理法，正是这样的文化个体所塑造的修辞典范，倘若古代法官都是一些懂法律却无文化的个体，则无论如何也不可能为世界贡献出情理法的修辞作品。

　　当我们今天在设想法治的时候，时常给古代社会贴上"人治"的标签，

---

① 关于古代司法判词的易于查询的文献，参见高潮主编：《古代判词选》，群众出版社 1981 年版；陈重业辑注：《古代判词三百篇》，上海古籍出版社 2009 年版；金人叹、吴果迟编著：《断案精华》上、下册，海峡文艺出版社 2003 年版。

然而古代社会是没有"人治"的，"人治"或许是现代学者为法治所树立的敌人，而这个敌人则是虚拟的，虚拟的设计乃是理念的构造，而单纯理念的构造则是典型的主观主义，因为这种构造缺乏了历史客观性的依托。倘如我们将"人治"理解为"贤人之治"，则无疑"人治"是中国传统社会的事实，"认真对待人治"便是要认真对待"贤人之治"。正是在这样的政治哲学范式下，才可能真正塑造出法律修辞的"贤人"，他们才是法律修辞的卓越贡献者。当我们今天在反对"人治"的时候，① 恰恰丢失了法治的担当精神，而陷入法治教条主义的泥潭 ②。把法治和人治相对立，是在思维方式上出现了问题，我们自以为这是符合"政治正确"的法律话语体系，殊不知它的危害乃是对法治精神的真正破坏。法律修辞是"贤人"呈现给人们的真善美结晶，对情感与理性的协调把控并非一般的庸人所可能为之，法律修辞内在地要求贤能主体的在场。"认真对待人治"是与法律修辞卓越密不可分的，我们没有必要抱着固有的思维模式而不懂得更新，只有超越自身的狭隘思维才可能推动法治的完善与发展。

　　传统中国法律修辞的本体基础是生活世界，在生活世界中包含了情感与理性、道德与伦理、主观性与客观性、欲望与教化、现实与理想的对立统

---

① 贺麟对法治与人治的问题，曾经做过这样的论述："法治的本质，不惟与人治（立法者、执法者）不冲突，而且必以人治为先决条件。法治的定义，即包含人治在内。离开人力的治理，则法律无法推动，所谓'徒法不足以自行'。故世人误认人治与法治为根本对立，以为法家重法治，儒家重人治，实为不知法治的真性质的说法。"（贺麟：《文化与人生》，商务印书馆1988年版，第46页。）贺麟是哲学大家，对中国哲学和西方哲学都有深刻的把握和体验，他拒斥两极思维而站在了中道圆润的辩证法立场对法治和人治的关系问题作出了精到的分析，值得我们法学界认真反思。

② 陈金钊提出了"把法律作为修辞"的主要论点。"'把法律作为修辞'是把法官从制定法仆人的角色中解放出来。过去有人从逻辑的角度贬抑法治，认为法官是在法律之下因而成了法律的'奴隶'，主体性得不到张扬。但是，'把法律作为修辞'时，法官等法律人则成了法律语词的'主人'，从而摆脱了奴隶的命运。'把法律作为修辞'可以克服法律的文牍主义，从而把法律人从法律奴仆的角色中解放出来。"（焦宝乾等：《法律修辞学导论——司法视角的探讨》，山东人民出版社2012年版，第56—57页。）陈金钊所反对的法律文牍主义正是法律教条主义的一种表现形式，当法律文本"捆绑"了法官的手脚，法官便很难再有创造性的工作。

一，所有这些要素在法律修辞中表现出融合通达的实践风格，这是中道主义精神的具体表征。然而，这并意味着法律的缺失，法律的刚性在生活世界中得到了调和，却又不失去自身的合理性。正是由于修辞实践与法律实践和生活世界的一体化，法律与情理得到了有效的沟通，获得了传统中国人的普遍认同。在古代司法修辞的可接受性自然离不开法官的"诚"，"诚"在中国文化中具有根本性地位，是一个人的言说能够获得认同的重要前提，法官的"诚"正体现在其用修辞的方式真诚地实现了与生活世界的高度吻合。无怪乎《易》中有言："子曰：'君子进德修业。忠信，所以进德也；修辞立其诚，所以居业也'。"①古代司法实践中语言的修辞固然具有良好的审美价值，典故、类比、夸张、排比的运用及简约化章法美的塑造固然激起了受众的心理愉悦，而与生活世界之内在结构的契合才是愉悦生成的生活根基，更是塑造可接受性的现实依托。古代的司法修辞不仅契合了生活世界的合理性，而且与儒家文化具有内在的融通性，求助于道德的修辞本身就预示着情感的在场，因为儒家道德内在地包含了情感，道德化论辩自然可以获得情感的支撑。在传统法律修辞实践中，中道主义的融通意味着实践智慧的登场，也体现了对立化思维方式的消解，人、法、情、理、德、礼之间相互通达、彼此抑制、相互牵引，共同打造了古代法律文化的修辞风格，是中华法系卓然独具的内在气质。在当代中国法律修辞学的深化研究中，我们需要返回传统，挖掘法律修辞理论建设的本土素材。而在当代中国法律修辞实践的培育和发展中，我们同样需要返向传统的素材，体会那种融理论于实践之中的修辞风格，不断提升自身的修辞实践素养，在修辞实践中习得修辞的技艺。我们亦须谨记法律修辞作为实践智慧的思想风格，它不仅是法律修辞理论"解蔽"的思想依托，而且也是法律修辞实践不断获得提升的美德依赖。

---

① 《易·乾·文言》。

第三节　基于实践主义的法治理论

　　关于法治的问题，已经存在着各式各样的理论，这种景象呈现一种法治多元化的知识图谱，但在众多的法治图谱当中有一种显性的法治理论，这是一种欧美法治中心主义的理论图景。作为后法治发展国家的中国，自然有很多人希图效仿欧美建构中国的法治，这是一种有着美好憧憬却无力实现的法治图景。欧美中心主义的法治立场遗忘了法治谋划的中国背景，将某种异域"理念"神圣化而对中国社会的现实性置之不理，正是一种"外部反思"的表现。这种立场听上去头头是道，却不能洞察现实法律生活世界的存在机理，因而不可能为中国法治发展提供具有建树性的知识支撑。于是，我们有必要改换立场，探求一种中国法治发展的新图景。当实践主义成为法哲学建构的前提思想之后，法治原理的实践主义诠释也就顺理成章。实践主义法哲学或法律实践主义作为一种法哲学理论，其本身自然就具有一种理论辐射的功能，实践立场的法治理论乃是法律实践主义的法哲学表达。一种思想原理的意义本就在于它不是停留在一个抽象的话语解说当中，而是要迈向对各种知识的诠释和现实世界的洞悉。以规则和权力为中心的推动型法治模式缺失了对实践概念及实践智慧的合理性把握，无法洞悉实践的普遍性和具体性之间的辩证关系，因此陷入了理性构造主义的无限性之恶。在深刻把握实践概念及实践智慧的基础上，中国法治谋划理应迈向实践主义的法治立场。实践是自身向善的活动，法治实践同样内在地包含着善的目的性欲求，而这种善的实现不仅依赖规则的普遍原理，更重要的是需要实践智慧的登场。实践智慧以慎思明辨的方式驾驭法之善的运行机理，而实践智慧本身也同样意味着对行动、事件和精神的珍视。法治实践是一个错综复杂的动态系统，主观性与客观性、必然性与偶然性、传统与现代性等诸多元素交织在一起，共同推动着法治的发展进程。

一、法治观念的实践转向

实践概念是一个重要的哲学概念、法哲学概念及伦理学概念，它内在地包含了独特的理论立场。但在人类思想史上对这个概念的诠释却是相异的，而现实中国学界对实践概念的理解则显得有些庸俗化，仅仅把实践看作是一个与理论相对立的概念一定是有问题的，实践概念本身就包含了理论，理论不是外在于实践概念的，它与实践之间是一而二、二而一的关系。过去很长一段时间人们往往把实践概念理解为哲学认识论的重要范畴，这是近代认识论的重要思维，但把实践概念解读为一个认识论概念也不可能真正把握实践概念的真实内涵。实践概念在根本上应该做一种生存论、存在论或者说本体论的诠释，只有站在本体论的维度，才可能真正实现一种思维方式的突破，彻底改观人们对许多问题的狭隘甚至是错误的理解。正是由于实践概念所内在蕴含的生存论意蕴，实践概念自然就会具有一种内在于生存论本身的善的目的性关怀，生存论的原理往往是与目的论的理念统一在一起的。关于实践概念的目的性维度，在人类思想史上的诸多思想家都给予了论证。亚里士多德对实践概念所蕴含的善的原理给予了充分的阐释，在他那里，实践及实践智慧不仅涉及个人的善，而且也与家庭及国家的善密切相关，因此人们必须关心政治法律实践中的人们的幸福问题，以及善的实现问题。① 当然，在亚里士多德的实践理论当中，这里所说的善，不仅关涉普遍的善，而且还关涉具体的善，而更为重要的则是善必须能够在对具体问题的解决中获得最为根本而彻底的表达，否则善就缺失了自身的着落，善的落实表现在善的具体化实践过程中。实践作为人类的行动，善的谋划始终参与其中，善的理念与实践相伴而生，共同推进人类社会的进步与发展。

法治作为一种实践活动，必须包含自身的善的目的性，否则法治也就难以具有自身的目的合理性。无论是传统法治，抑或是异域法治，还是现代中国法治，都内在包含了善的目的性表达。法治完善的一个重要维度就是要实

---

① 参见邵华：《马克思与实践智慧》，《马克思主义与现实》2013 年第 3 期。

现自身对于善的追求，并在实践中将其对象化。法治作为人类的一种实践形态，不仅应该贯彻一种善的原理，而且应该去追求和架构善的原理。其实，任何时代的法治都会有属于那个时代特征的善的价值系统，古代法治追求儒家价值系统，其善的原理呈现鲜明的儒家景象，正所谓"德礼为政教之本，刑罚为政教之用"①。这种善的原理不仅体现在立法的文本世界当中，而且贯彻到司法实践当中，乃至人们普通的法律意识也都浸染了这种儒家化价值系统的烙印，善的追求表现为法治的一个基本关怀。西方法治同样体现了对善的目的性追求与关怀，这不仅表现在一般性的善的原理在法律运行中的贯彻，而且真正的属人的善的理念同样渗透到了法治实践当中，对人本身的关怀成为了法治的一个内在理念和精神追求。洛克的思想呈现了一种对"人本身"的高度关怀，在财产权的设定当中，人永远都是一种在场的存在状态，财产权本身是与人的自由精神统一到一起的。那个时代精神同样体现在《法国民法典》当中，"私有财产神圣不可侵犯"是一个重要的善的精神的体现，它凝结了对个体人的绝对尊重，这自然是一种自由主义的基本传统，人作为人的价值被吸收到了法治运行的各个环节当中。这是欧美现代性法治建基的前提，当然它不能被毫无限制地推广到其他的民族国家。

　　当代中国法治建设作为具有中国特色的一种法治实践活动，同样不能离开对善的追求与关怀。我们对于善的追求，既要体现中国自身的特色，也不能忽略共性的善的贯彻。我们不能用特色去消灭共性，一旦用个性泯灭了共性，个性也就没有了普遍的善的价值，同样也不能用普遍的共性的善去消灭个性的善，善的共性与个性是统一在一起的。社会主义核心价值观是当前中国的价值系统，自然也应该贯彻到法治实践的运行当中，但社会主义核心价值观既不是单纯的个性善，也不是单纯的共性善，而是共性与个性的结合。自由、平等、民主、诚信、法治等诸如此类善的价值，本身就具有一种个性与共性结合的良好秉性。当我们讲自由的时候，不能只讲个性化的自由，而必然同时体现了世界范围内普遍的自由原理。如果我们只讲个性化的中国式

————————
① 《唐律疏议·名例》。

自由，却不能对普遍的共性化的自由做出自己的贡献，那就不可能真正地与他者进行有效的沟通和对话。当我们动辄以个性与特色去否定共性的时候，则法治也就失去了任何对话的可能性。中国法治实践中最大的善是人民性①，自由与财产等各种价值都要在人民性的统摄下加以理解，否则就不能把握中国法治行动的本质规定性。

当我们在探讨亚里士多德的实践概念并从中分析出一些关于法治的思想原理的时候，却一直没有把实践概念同亚里士多德的法治概念结合到一起进行分析，现在来看这自然是一种缺憾，是缺乏整体性思想视域的表现。我们可以作简约化的理论处理，亚里士多德讲的实践概念不是一个生产劳动的概念，它有专门的制作概念去代替实践概念的生产维度。在亚里士多德那里，实践主要是政治伦理的实践，当然法律实践在扩展性的诠释当中也需要纳入其中。在亚里士多德看来，法律或许具有属于政治的天然意向，要不然他也许就不会在其政治学当中去分析法治概念了。法学当然还不具有独立性，它属于政治学的范畴。即便我们没有直接的话语材料作为佐证，同样还是应该坚持认为在古老的政治实践中包含了法律实践，这是包含在政治学的整体精神当中的思想。亚里士多德法治概念具有相当简约化的特征。"人们认为政府要是不由最好的公民负责而由较贫穷的阶级作主，那就不会导致法治；相反地，如果既是贤良为政，那就不会乱法。我们应该注意到邦国虽有良法，要是人民不能全都遵循，仍然不能实现法治。法治应包含两重意义：已成立的法律获得普遍的服从，而大家所服从的法律又应该本身是制订得良好的法律。"② 一个强调实践概念的哲学家自然会特别突出"贤良为政"，这实际上与中国古典儒家的立场是一样的，因此在亚里士多德的观念中或许很早就注意到了法治本身的缺憾与不足。法治作为实践，其本身就包含了主体性向

---

① 这可以被看作是一种总体善。无论中西，现代法治均凸显了"人民"的善。欧美法治从近代就强调"主权在民""人民主权"。中国同样如此。张文显明确指出："习近平法治思想本质上是人民的理论，人民性是其最鲜明的品格。"（张文显：《坚持以人民为中心的根本立场》，《法制与社会发展》2021 年第 3 期。）

② 〔古希腊〕亚里士多德：《政治学》，吴寿彭译，商务印书馆 1965 年版，第 199 页。

度，法治就是"主体的实践"。然而亚里士多德还是倡导法治的，他关于法治的两个内涵的揭示同样是深刻的，与实践概念所揭示的善的原理是相契合的。"良法"本身的设定已经充分体现了善的原理的法治应用，法治实践的良善关怀本就是法治的应有之意。而"贤良为政"则能保障法律在其具体的运行过程中，真正地贯彻善的目的性原则，这或许也是亚里士多德在伦理学当中要大讲特讲善及美德的重要缘由。而当亚里士多德将实践智慧的概念呈现在我们面前的时候，我们则会更加充分地感受到"贤良为政"的善的价值。

从实践概念到实践智慧的理论发展，对于我们破除法治思想中的一些陈旧元素是极其重要的。对于实践概念的理论凸显，自然会导出实践理性概念，同时也会孕育而出实践智慧的概念表达。这是概念发展的逻辑，同时也是人类行动发展的现实逻辑，概念和现实的统一孕育了从实践概念到实践智慧的思想逻辑。实践智慧的概念中同样蕴含了善的原理，实践智慧本身也是自身向善的，这与实践概念保持了密切的关系。实践智慧相比实践概念，更加强调对于具体情境的把握，并能够在具体情境中恰当地解决其所面对的具体问题，因此实践智慧是趋向"卓越"品质的，法治自然也包含了对于"卓越性"的追求。而在解决具体问题的过程中，实践智慧必须能够实现对于善的追求，否则实践智慧也就失去了自身在特定情境中展现自身并实现自身的内在规定性。具体情境中涉及诸多善的要素，特定情境中的复杂性使得人们必须迈向实践智慧，才可能恰当地解决其所面对的特定问题。法治的运行无法离开特定的情境，在某种意义上说，法治就是要在特定情景当中实现的。在其中，实践智慧是一种必须登场的法治要素。实践智慧追求一种恰当的生活，而恰当的生活当然无法离开善的合理性依托。"实践智慧能将具体知识和普遍知识结合起来，在具体处境中通过对具体事务的感知来决定如何做才合乎总体的善。而且实践智慧和伦理德性（如正义、慷慨、友爱等）是紧密相联的。只有具备伦理德性的好人才可能有实践智慧，而且在具体的实践活动中，实践智慧以伦理德性代表的一般道德观念为出发点，同时考虑相关的事实，权衡轻重，做出正确的决定。"①由此看来，实践智慧与伦理德性是内在统一的。也只有具有实践智慧及伦理德性的人，才可能在具体的实践语境中恰当地解决问题，从而恰当地贯彻实践智慧之善的原理。这样所理解的法治，当然不可能是一种构造主义的法治②，而必然是一种情境主义的法治③。

普遍主义的法治理论所依赖的乃是理论理性，而具体主义的法治观则依赖实践智慧的基本原理④。法治观的差异在于对法治运行本身的认知和把握出现了差异性，有的人看到了普遍的立法，有的人看到了法律的具体运行状况。一种符合全貌的观点，自然应该是法律运行中所把握的法治观点，这便是实践的观点。把文本世界绝对化，这本身就是一种不折不扣的教条主义，然而法治教条主义者往往并不认为自己是教条主义者，当某种辩证法被用以进行诡辩的时候，便表明它在根本上就缺乏任何良好的辩证法属性。法治教条主义同样会打着辩证法的旗号，但却是彻底的"外部反思"。具体法治是一种基于法律实践主义的法治观，并不是所谓单纯对具体问题加以关注的法治观，仅仅对具体问题的关注是实践主义法治观的一个环节，所谓的"细节法治"也是同样的道理。环节与侧面，却并不是整体，不过我们需要重视环节与侧面，但要从整体上加以把握，不能放大对环节和侧面的描绘。

基于实践概念与实践智慧的理论前提，我们应该实现更为深层次的法治思想变革，这便是从人治与法治的对立思维转向融通式思维的一种根本性变革。在现代中国的法治话语中，一旦提到"人治"的时候，都是在贬义上加

---

① 邵华：《马克思与实践智慧》，《马克思主义与现实》2013 年第 3 期。

② 这并不表明法治就不具有构造性的特征，法治作为人类的实践活动自然少不了建构，但如果法治建构超越了必要的边界便背离了实践的本性。自治作为实践的重要构成部分，是法治构造的前提。人类行动的无限扩张恰恰会损害法律的尊严，法律需要坚持"有所为而有所不为"的行动原理。

③ 法治构造主义过度强调了普遍性的力量，而忽略了法治行动的"恰当性"。而法治情境主义则坚守普遍性与具体性相统一的辩证立场，这正是基于实践概念的思想立场。普遍性与具体性相统一的辩证法原理追求恰当性，中道原理是实践辩证法的固有属性。

④ 在普遍性与特殊性的辩证法问题方面，思想界往往会有不同的偏重。比如黑格尔更强调"普遍性"，而马克思的辩证法则是立足于"特殊性"。这里所谓具体主义并非抛开普遍性，而是强调了辩证法的特殊性立足点。

以使用的，认为"人治"是与专制、任意性等不好的概念联系到一起的。其实人治是现代学者所炮制的一个概念，尤其是"大众"在其中扮演了强化"人治"概念贬义性的角色。"人治"概念的大众化理解助长了教条主义思维的盛行，却好像无人承担责任。"大众"从来不需要承担责任。在那个两极思维盛行的时代，人们论及法治的时候，就会给法治找一个敌人，而这个敌人自然就是"人治"。"人治"虽然与人相关，人会说话，但"人治"不会说话，于是"人治"就只好吃了个哑巴亏。两极思维是一种毒害人们思想世界的理论，它把原本融通式的思想变为了对立化的形态，在中国当代学术发展中扮演了极不光彩的角色。但是，那些坚持两极思维的人并不能很好地意识到这个问题的严重性，两极思维好像构成了人们的某种行动逻辑。而实践智慧正是一个克服两极对立的重要思想原理。当亚里士多德论及法治的时候，把"贤良为政"作为一个重要内涵的时候，我们发现实践智慧的高妙已经消融了"法治"与"人治"的对立。亚里士多德的实践智慧本身就是强调主体在场的理论，实践智慧本身是有"主语"的。实践智慧的主体必须以其卓越的德性和智慧恰当地解决其所面对的法治问题。主体在场的实践智慧将彻底改造教条主义的法治观念，走向与人治主义的融通，"人治"与"法治"协同并进，最终会打造出一种抛开了片面性的法治理论，以及扬弃了"人治"与"法治"各自片面性的法治实践状态。

在特定的实践语境中，依据实践本身的主体性原理，我们还需要生成一种积极主动的实践观，强调实践活动的"原则高度"，这种"原则高度"在马克思主义实践观当中可以被理解为一种真正属人的思想原理。马克思主义内在地孕育了共产主义的发展目标，而在这个共产主义的发展目标当中，深刻地包含了对个体自由发展的尊重。这个思想原理同样是一种善的原理的表现。马克思的"实践"概念原本就蕴含了价值论立场，无论其对于实践概念的"革命性"表达，还是实践概念所指向的目的性关怀，都是马克思主义思想中的"善"的呈现。在社会主义法治建设当中，我们当然也要体现出对个体自由的尊重，而这种尊重蕴含在马克思主义的基本原理当中，在马克思主义思想传统中个体是前提性存在，"人"是具体的，而非抽象的。其实，马克思原本就有从人的立场对各种问题——包括总体性历史问题的分析和把握，马克思曾经在《1857—1858 年经济学手稿》中表述了人类社会发展三阶段的理论，即人的依附性历史社会阶段、以物的依赖性为前提的人的独立性发展阶段、人的自由的发展阶段。当然，马克思对人的历史发展阶段的理解是与实践论原理结合在一起的，而这种实践中包含了人类行动的一切条件。这种实践论的人学立场正是现代中国法治所要着力坚持的思想前提，中国法治的发展必须以"个人"为出发点①，人民不是虚幻的共同体，而是包含了无数个体的"至善"，它不能被抽象化，否则就会让个体成为某种"集体"的奴隶。人民性与个体性是辩证统一的，我们必须保持头脑的清晰。以人的自由为目的性追求和关怀，这是马克思主义基本思想原理在法治问题上的落实，也是实践概念真正所隐含的善的原理的中国表达。

二、基于实践辩证法的法治理论

实践概念的引入，本身就具有一种思维方式的革命作用，这当然是一种辩证法的精神。马克思作为倡导实践的伟大哲学家，既批判了费尔巴哈的唯物主义，又批判了唯心主义，而以实践概念为中介②让哲学获得了真正辩证法的境界。正是因为实践概念本身所具有思维方式的变革意义，或者说实践概念本身的本体论意蕴，才可能实现辩证法精神的真正落实。马克思确立了实践概念的哲学革命价值。在他看来，费尔巴哈及其以前的唯物主义和唯心主义是两极，都具有片面性，也都难以在自身内克服各自的片面性。这就必

---

① 当马克思和恩格斯讲"每个人的自由发展"的时候，自然是在凸显"具体的人"的基础性价值。法治的发展以"具体的人"作为出发点，表达的是法治发展的价值论立场。但"个人"从来都是与他者"共在"的，而每个人的自由也只能是与他者的"共在"，在他者中守护"自身"。

② "中介"本身就具有辩证法特质，是对对立化思维的克服，它保留了"两者"而又超越了"两者"。"中介"本身也意味着消除对立。"中介"与实践智慧内在相连，它在两极之间寻求中道，力图达到对事物本身的平衡把握。它力图克服主观与客观、唯物与唯心、普遍与特殊、自我与世界之间的矛盾，获得对事物"实践智慧"的把握，恰当地进入世界本身。

然需要一个新的概念，于是马克思运用了实践概念，[1] 克服了作为旧唯物主义的教条主义和作为唯心主义的教条主义，使得辩证法落实在了实践概念的基石之上，而这种辩证法也才可能真正具有革命和批判的功能，辩证法的否定性内涵于实践概念当中，它的延展正是实践本性的一种表达。

实践概念在哲学上的变革作用，同样给法治理论及行动以革命性的启迪。在法治的发展过程中，既存在某种作为唯心主义的教条主义，也存在某种作为传统唯物主义的教条主义，唯心主义的教条主义使自身表现为法治构造主义，内在地包含了从"普遍"到"具体"的普遍主义法治进路，这是一种极其具有危险性的主张，因为它无视一切"社会条件的总和"。而作为唯物主义的教条主义，则动辄大讲国情，对凡是要拒绝的一切都会拿出"国情牌"，在任何真正的改革面前，它都会说"条件还不成熟"，这种传统唯物主义貌似合理，实际上是极端不负责任的教条主义。这两种现象同时存在于中国的法治实践当中，在某种程度上控制了人们的思想世界，进而塑造了人们的行为方式。每一种教条主义都会给自己寻找某种理由作为支撑，然而，它们不懂得真正的实践概念所具有的重大意义，实践概念的革命性要求我们改造既有的思维方式，在法治行动中彻底地贯彻实践辩证法的思想原理，真正推进中国法治发展进程。不要以为只有唯心主义才会出现教条主义，旧唯物主义同样蕴含了教条主义的可能，这便是两极相通的道理。在中国法治建设中，我们需要认真分析各种现象，同时进行自我的反省，防止教条主义的盛行。在法治建设中，一旦不小心，每个人都可能掉进教条主义的泥潭当中，受教条主义的摆布而不自知。教条主义不是一种固定的知识系统，而是每个人都可能犯的一种思维错误。法治教条主义或许就存在于我们的心中，法条主义也是一种教条主义，法条主义是很多人心中的理念化的教条。只有深入理解和把握普遍性与特殊性的辩证法，才可能从思维的深处消灭教条主义的温床。普遍性与特殊性的统一性问题不可能在单纯知识的内部获得解决，而只能在现实的实践中才可能消除对立化的思想障碍。

---

[1]　参见《马克思恩格斯选集》第1卷，人民出版社2012年版，第133页。

从实践概念的角度看待法治，人类的法治不是一个孤立的现象，而是错综复杂地与其他诸多事物和现象纠缠在一起，因而法治实践是个复杂的系统工程。面对复杂性的纠缠，我们需要一种辩证法立场的切入。在实践辩证法的基点上，我们方可避免陷入任何一种片面性当中，主观性与客观性、必然性与偶然性、单一性与杂多性、现实性与理想性、主动性与被动性、传统与现代性，所有这些元素错综复杂地交织在一起，展现出了一种法治实践运行的辩证法场景。但是这种场景并不是固定不变的，而是经常处在一种变动不居的状态当中。也就是说，对于法治实践而言，这些要素本身是复杂多变的，它们在法治实践中的结合并不呈现一种绝对的确定性和规律性，其组合所呈现的状态仅仅具有一种粗略的规律性。我们也只能从这些要素的动态运行中掌握关于法治发展的某种或某些线索，而这些线索也就是那些呈现为粗略的规律性的东西。人类理性在任何状态上都是有限的，绝对的无限性是人类的理性所无法完成的，而人类的认知理性就更是这样的特征。没有节制的无限性本身便是一种恶，只有在与有限性的统一中才能表现出自身的合理性。规则设定的无限性自然也是一种恶，在缺乏对主体自身有限性洞悉的前提下便不可能发展出行动的合理性。即便是面对那些熟知的领域，人类也未必就能绝对地把握事物本身的规律性。作为实践理性的法治，或许更需要依赖的是人们的行动，以及在行动中所反映的某种确定性的思想逻辑。但关于法治本身的原理，我们永远都不可能把握到它的具体细节所呈现的精确性，总体性的认知结果已经体现了人类自身的认知能力，而那些细微的法治元素的运行机理，只能交给法治行动者在法治实践的过程中逐步地体察和消化。

以法治实践或法治行动中的必然性和偶然性为例，我们探讨一下法治运行的复杂性①。在过去对于必然性和偶然性的把握中，我们总是以为必然性是主导性的，偶然性是次要的，也时常运用矛盾的两个方面的思想对必然性和偶然性的关系进行阐释。然而，这是一种非常有问题的分析方式，事物的

---

① 近些年来学界强化了对于复杂性理论的研究。比如吴彤：《复杂性的科学哲学探索》，商务印书馆 2021 年版；苗东升：《复杂性管窥》，中国书籍出版社 2020 年版；毕道村：《现代化起源——用复杂性科学解密西方世界的兴起》，人民出版社 2021 年版。

发展过程是异常复杂的，尤其是人类社会生活的各个领域，其发展呈现复杂多变、变动不居的状态，在人类行为的诸多领域中根本就没有什么必然性可言。脱离了实践活动的复杂性，只能造就必然性的"教条主义"。在法治行动当中，必然性或许仅仅是一种总体性，在一个具有数千年传统的东方大国建设现代性法治是非常艰难的，需要经过漫长的发展历程才能取得一些效果，而在法治发展的过程中信念依然是重要的。或许我们只能做出这样的明智把握：我们决不能断言在中国这样的千年大国中就不能建设成功现代性法治，或许我们会突破各种各样的条件性的限制而最终在中国建设成功一个现代性的法治强国。我们无法预知中国法治发展的确切样态，但它一定不同于西方的法治类型，我们是在行动中谋划着自身法治发展的独特性。这便是人类认知的有限性，在法治运行过程中充满着复杂性，某种必然性的断言是难以做出的。复杂性面貌出现的一个重要原因便是偶然性的普遍存在，偶然性与复杂性是交织在一起的。

尽管在中国学术话语当中，人们会论及偶然性的意义，但却从未给予偶然性以应有的地位；而在西方学术界，偶然性随着对本质主义的批判而获得了更好的发展和更为充分的论证。罗蒂是一位具有明显的后现代倾向的哲学家，他对偶然性的阐释可以说是非常深刻的，甚至他还坚信人的想象力可以构成历史发展的动力，他强调了实践当中人的发展动力，这自然就易于摆脱必然性的束缚，当然罗蒂的论述好像有抛弃必然性的嫌疑，因此难免具有使偶然性绝对化的思想倾向。[1] 在法治行动中和在其他人类行动中一样，影响和构建法治发展的要素是多种多样的，这正是一种复杂性的表现。一个关键人物的情感、思想观点和想象力，都有可能作为偶然性力量在法治实践中发挥根本性的作用，乃至影响和引导法治发展的基本方向。一个政治人物，相对于历史发展条件而言，当然是某种偶然性，但这个政治人物的观点往往会在关键时刻发挥重要的历史构造作用，这在任何时代都是一种经常能够看

---

[1] 参见潘德荣：《偶然性与罗蒂新实用主义》，《华东师范大学学报》（哲学社会科学版）2005年第1期。

到的现象。秦始皇、汉武帝对于中国历史的构造，影响中国社会两千多年。不仅政治人物，其他领域的历史人物同样是一种偶然性力量，在历史实践中的某个时刻会发挥自身对社会的重塑价值。

我们没有必要忌讳偶然性的力量，偶然性与必然性的辩证法本就是我们合理化行动的保障，合理性的解读意味着不能总是有意识地为偶然性寻找必然性根据，从而将偶然性归结到必然性当中，最后必然性就吞没了偶然性的存在意义。在关键的历史时刻，历史人物往往发挥着决定性的作用，过去对英雄史观的反对有些过头了。中国历史上的法治融合了"贤人之治"的重要元素，这便是历史对于人物对历史本身构造作用的一种认同。我们没有必要拘泥在一种狭隘的思维方式当中而限制自身思想的开阔性，我们需要面对现实进行深刻的思想，从容而真实地把握历史本身的风貌，不要让某种不好的风气影响了我们的合理化判断。中国法治发展，需要立足于实践辩证法的基本原理。在实践辩证法的思想关怀中，这个世界上不存在一种可以支配一切的绝对力量，法治本身处在一个不断变迁的过程当中，重要的问题是我们要把握住特定时刻的"关键点"，从而推动中国法治的发展进程。但无论如何我们都要认真对待偶然性的力量，否则就不能理解和把握法治实践的运行机理。只有把偶然性放置到一个法治运动的合适位置，我们才可能真正窥视法治运行的内在风貌。

在中国当下的法治语境中，传统是一种巨大的力量。当现代性法治遭遇传统的时候，很难用现代性的扩张去消灭传统的渗透性影响和构造，传统顽强地宣示着自身的存在价值。基于实践辩证法的理论，传统是不可能通过"有意识控制"而被消除的，传统与现代性始终处在一种博弈的状态当中，因此珍视传统是现代法治实践必须具备的一个维度。而在这个过程中，我们既要窥视传统作为一种无形的力量所发挥的作用，也要有意识地吸收传统法治资源中的合理化元素，使其转化为现代法治的一个环节。在传统发挥作用的方式中，我们的确能够观照到一种必然性的力量，传统的影响、渗透与作用都是必然要发生的，传统作为一种文化形态自然会体现出文化的必然性机制。传统发挥作用的方式往往呈现一种隐蔽性的特征，因此也会显示出传统力量的持久性。传统当中当然有好的元素，但也有不好的元素，我们不能一厢情愿地拒斥坏的元素，而仅仅吸收好的元素，精华与糟粕是共在的，这便是实践的复杂性。如果论及制度建设，自然就可以从传统中吸取一些好的制度性元素，通过一种控制的方式使其发挥作用，但这里依然需要一种合理性的审查，而不能将貌似合理却并不合理的传统元素主动地纳入现代法治当中，尽管"主观的特殊性"是不可避免的。在早期中国法治建设当中，我们对传统是极其不客气的，抛弃了很多传统的优良元素，那时候人们想当然地认为传统是对现代性法治的一种抑制，直到现代还有人不把传统当回事。但实际上隐性的传统却以一种更为强大的方式作用于现代性法治建设，传统在根本上并不是文本化的，而是流动性的，我们本身就存在于传统当中，我们就是在传统中对现代法治进行各种谋划的。

尽管我们不完全赞同"法治构造主义"① 的法治理论，但却不得不认真对待法治发展中"构造性"的实存，当然所谓"构造过程"应该趋于合理化。只有经过合理化的检讨，传统才能够以一种恰当的方式发挥应有的作用。中国古代的婚姻制度，尤其是其所包含的离婚思想具有重要的合理性。婚姻自由不能在任意性的扩张下毁灭自身的伦理共同体的卓越价值，尤其是离婚自由是必须被限制的，也就是说离婚必须摆脱任意性②，这是传统婚姻法伦理

---

① 法治作为一种实践活动，不可能离开主体性介入，于是构造性也就在所难免。问题的关键在于不要陷入构造主义的思维泥潭，尤其在法治发展过程中则更要认真对待社会自身的自治性资源对于法治的意义，同时我们也要意识到并不是所有意欲构造的元素都能获得对象化效果。事实上，法治构造中的投入与产出是不成比例的，许多构造性行为往往是在做"无用功"，甚至会走向法治的反面。我们一定要看清楚什么对法治是有益的，什么是有害的，然而是否有益的判断并不那么简单，而是充满了复杂性。中国法治发展必须呼吁实践智慧的登场。

② 中国文化尤其是儒家文化立场如此，马克思的立场同样如此，他在《论离婚法草案》中对离婚的任性进行了深入的批判。参见《马克思恩格斯全集》第 1 卷，人民出版社 1995 年版，第 346—350 页。而黑格尔曾经说过："婚姻不应该被激情所破坏，因为激情是服从它的。但是婚姻仅仅就其概念说是不能离异的，其实正如基督所说的：只是'为了你的铁石心肠'，离婚才被认许。因为婚姻含有感觉的环节，所以它不是绝对的，而是不稳定的，且其自身就含有离异的可能性。但是立法必须尽量使这一离异可能性难以实现，以维护伦理的法来反对任性。"黑格尔认为从概念上讲是不能离婚的，但在实际上又是可以离婚的，但立法必

主义所给予现代婚姻制度的启示，现代婚姻法应当设定不可离婚的条件，这是一种基于伦理主义的共识。当代中国离婚制度是有缺憾的，总体上是有问题的，离婚的过度自由是对婚姻作为伦理共同体的一种亵渎。不能把"自由"作为一个抽象的理念去构建任何制度，看上去是正确的东西恰恰缺乏自身的生活根基，自然也就忽略了事物自身的合理性。婚姻法的传统并未体现在现代法治当中，这就需要以能动的主观性改造当下的问题，从而使主观性获得客观性的力量。当主观性与客观性遭遇的时候，在作为主体的合理化检讨之后，我们要运用主观性去改造现实，这在法治实践中也是不可忽略的。这自然是辩证法精神的表征。我们要认真对待传统，我们同样需要认真把握法治实践的机理，切不可被某种教条主义遮蔽了事物的本相。由于复杂性的存在，需要在特定的场景中"该怎么样就怎么样"，但这需要实践智慧的登场。

实践智慧的视角是实践辩证法的一个重要维度。在实践智慧的视角下，法治实践则必须考量某个具体的语境，这种语境论的原理自然是对任何教条主义和法条主义及构造主义的反对，实践智慧的法治观要求一种特定场景下游刃有余的智慧。在任何一种生产活动当中，普遍规则的运用往往是技术化的、工具性的，而其所生产的产品也是可以和规则相分离的，这里并不需要什么实践智慧，生产所表现的仅仅是一种制作活动。而在实践活动中则不然，实践之知的运用是本体论的，而非方法论的，更非技术化的，这里存在一个具体性的场景，这个语境自然地要求实践智慧的引导。"实践智慧则不同，它指导人的行为，作出良好的审思与选择，以使人获得行动的善和生活的好。实践活动自身就是目的，而没有超出实践自身的另外的目的。"[1]法治行动的具体场景需要在实践智慧的引导下，作出恰当的选择，拿出合理化的方略。实践智慧在法治决策中的作用，当然不是工具性的，而是目的性的。实践智慧是向着实践自身的，实践本身就是目的。坚持这样对实践智慧的理解和把握，实践智慧将超越任何法治行动中的诡辩和教条，而获得自身充分

须反对离婚的任性。参见黑格尔：《法哲学原理》，范扬、张企泰译，商务印书馆 1961 年版，第 204—205 页。深受黑格尔思想影响的青年马克思在婚姻观上与黑格尔是契合的。

[1]　朱清华：《再论亚里士多德的实践智慧》，《世界哲学》2014 年第 6 期。

的展示。慎思明辨是在思考有益的事情，是在判明在恰当的时机人们应该如何选择，这同样是实践智慧问题。任何一种法治实践都包含了一个场景性的问题，立法实践有自身的场景设定，司法活动也有自身的具体语境。只有超越对立而以实践智慧为引导，才能在具体语境中对问题作出恰当的解决，因此实践智慧的法治观在某种意义上会导向"具体法治"或"细节法治"，但这需要进行认真地梳理和诠释。然而"具体法治"同样不能被教条化，教条化的头脑会让任何事物教条化。具体法治必须在"普遍性与特殊性"的关系场域中加以把握，而这种场域并非单纯的方法论呈现，它在根本上是存在论的。实践智慧同样是存在论的，然后才有实践智慧的方法论，实践智慧本身体现了存在论与方法论的辩证统一。以实践智慧把握法治，则法治自身便会呈现辩证法的基本风貌。

三、行动、事件与精神的在场

人类生活在本质上是实践的，"全部社会生活在本质上是实践的。凡是把理论引向神秘主义的神秘东西，都能在人的实践中以及对这种实践的理解中得到合理的解决"[①]。在人类的知识话语中，的确存在着某些神秘化的理论，但这些理论的神秘性在人类实践的发展过程中都获得了良好的解决。但这并不意味着理论与实践是对立的，马克思是要向我们展示一种理论与实践的统一性，而非理论与实践的分立。理论是需要走向消解的，理论只有融入实践，才可能真正地实现自身。理论的使命不是停留在知识话语当中，而是迈向行动，在行动中实现自身，完成某种自我的存在使命。然而，理论如何融入实践，理论又怎样消解在实践当中，这并不是一个简单地从理论的普遍过度到具体实践的问题，这需要实践智慧的登场，实践智慧本身是克服理论的局限性而能够让理论融入实践的主体性存在。

任何一种理论系统的运用，既是一个实践不断实现圆满融通的过程，也

---

① 《马克思恩格斯选集》第 1 卷，人民出版社 2012 年版，第 135—136 页。

是一个理论自我消解的过程。然而倘若理论的把握者是一帮教条主义者，那么理论依然是无用的，普遍的理论永远也不可能在教条主义者的手中获得实践的发展。主体永远都是在场的，缺失了主体的维度便不能理解理论和实践的辩证关系。理论要走向实践，法治理论同样要迈向实践，这需要实践智慧的登场。法律是主体的实践，法治自然也是主体的实践，这不是定义判断，而是理论解说。任何一种理论都应该具有解释力，但又不能仅仅局限在解释力中，而必须超越解释而融入实践当中。马克思说："哲学家们只是用不同的方式解释世界，问题在于改变世界。"[1] 改造世界的过程即为实践的过程，它是理论消解自我的过程，是理论与实践融通的过程，理论与实践的张力只有在这个过程中才可能被消除。既往的构造主义的法治理论是一种单纯的普遍主义的理论，这样的理论本身缺乏一种实践的动力，它自身拒斥实践智慧的范导。因此，构造主义作为一种普遍主义的理论，必须受到限制，否则会导致理论与实践的双重混乱。理论自身的混乱来自实践的复杂性，而实践自身的混乱则来自理论本身的简单化。任何法治理论在实践当中都会受到限制，理论的受限性也是理论本身自我消解的一种方式，同时也是理论的目的获得实现的一种方式，更是承载着人的使命的实践向着自身获得更好的展开的一种方式。凡是最终背离人的价值尺度和事物本性的理论都会在"受限"中消解自身，自我消解同时是自我实现。

　　基于实践概念和实践智慧的实践学原理，法治当然是一种行动[2]。这不是一个简单的口号，我们需要满腔的热忱和努力用行动参与到法治进程当中。法治不可能仅仅在话语当中就获得实现，法治存在于人们的行动当中。正如我们说信仰也是一种行动，一个高喊着自身有信仰却从未显示信仰的行动的个体，永远都是一个没有信仰的人。一个高喊着法治口号却整天都在破坏法治的人，当然也是一个没有法治精神的个体。法治必须表现为行动，迈向实践智慧的法治是通过行动而不是口头说教实现的。在此列举几个事例做

---

[1] 《马克思恩格斯选集》第 1 卷，人民出版社 2012 年版，第 136 页。

[2] 这里需要明确的问题是，"法治是一种行动"的判断并非定义的逻辑，而是一种修辞的逻辑，其所强调的是法治的实践本性、法治的动态机制、法治的主体性驾驭等诸多行动的元素。

些分析。一个要学会游泳的人，整天抱着本"游泳技巧"的书阅读，但却从不下水，这样的人永远也不可能学会游泳。如果哪家的孩子报名在某个游泳班中学习游泳，但这孩子却从不下水，在这种情况下，估计教练会把那孩子踢到水里。游泳自然是一套游戏规则，游戏规则是要"亲历"才可能学会的。我们也可以以下棋作为事例分析的典范。无论是学习下象棋还是围棋，要想学会此类游戏，就必须参与到游戏当中。我们需要经常性地坚持下象棋，在下棋中学会下棋。也只有在下象棋的过程中，那些规则才能获得运用和实现，下棋的规则消解在了实践智慧的应用当中。这或许便是维特根斯坦所给予我们的重要启发。运用这样的思想理路，我们同样可以分析法治的游戏。法治当然也是一种游戏，这种游戏中包含了大量的游戏规则。要想学会法治的游戏，就必须参与到法治行动当中，只有在行动中才可能学会法治的游戏规则。

在中国法治谋划和发展策略问题上，我们应该坚持"法治是一种行动"的实践论立场①，其所强调的乃是一种行动的精神，但我们也必须明确行动的边界，在行动中把握"有所为有所不为"的道理，正是实践理性的内在要求。中国法治建设并不是少数人的事业，而是一个民族的事业，是整个人民的事业。不是少数人参与到法治游戏当中，而是所有的公民都要参与到法治游戏当中，否则法治便难以实现。当下的中国，很多人不依据法治的游戏规则做事，而是"蛮干"，在那种做事的行动中缺乏应有规则的牵引，使得实践过程表现出混乱的局面，失去了"原则高度"的引领，这当然不是良好的行动。这里所讲的"法治是一种行动"，包含了让每个人都按照法治的游戏规则做事的意向性，法治的谋划与发展内在地要求着人们参与到法治行动当中去②。在当下的法治实践当中，很多人学会了一大堆潜规则，并在行动中

---

① "实践转向"当然在法治行动之外还有更为广泛的意义，其主要价值还是存在于法治思维方式的把握当中。

② 当然，对何为法治的游戏规则人们也有不同的理解，按照现代法治的程序理性去行动固然属于法治游戏规则的范畴，而在遇到纠纷的时候寻求法律之外的解决问题的方式也同样是一种符合法治游戏规则的行动。遵循程序理性的理念去打官司是法治游戏，而将问题消弭于无形同样是一种法治游戏。法治游戏并不是必然地倡导"有所作为"，"无为而无不为"

按照潜规则做事。这当然不可能推动法治的发展，潜规则已经构成了对实践本身合理性的破坏，它根本不是对普遍游戏规则的变通①，更不是理论消解自我的一种合理化的表现形式，而是人类的"恶"在法治实践中对游戏规则的一种破坏。法治游戏规则的实践展开，必须使那些运用潜规则的人受到严重的损伤，付出巨大的代价，否则就无法医治法治的"伤痛"。持续性的反腐便是一种法治行动，它遵循了"法治是一种公开的游戏"的基本原则。法治是一种行动，是每个人的行动，是每个人的事业，它关系到一个民族的成熟，关系到一个民族的长久命运。让人们参与到法治当中，用实践智慧消解理论与实践的紧张。理论和实践的对立只有在行动中才能消除。当然，这其中同样需要一种能动的精神，只不过能动性在具体场域中是要受到限制的。

现在着重分析一下"事件"②，即法治实践中的典型事例。从更为广阔的意义上讲，事件本身也是一种偶然性，强调事件的发展作用也是对过度强调必然性的思维方式的克服，从而是从实践论的立场对法治发展的谋划和考量。在实践思维视域下"事件"与实践中诸要素相互交织，共同推动现代性法治的进程，这其中当然不能缺乏驾驭"事件"的人，对"事件"的谋划与主体相关，与实践智慧相通，这正是我们"探寻中国法治发展道路"并体现出一种"能动性"和"创造性"的认知前提。在中国法学界存在着一种文本主义的法治发展路径，这主要是从完善制度建设的角度对法治的谋划和设计，并力图在不断推进制度实现的意义上最终将中国建设成为法治国家。这

同样映现了内在的法治精神。我们不必用任何定义化的方式把握法治行动的概念，凡是对法治发展有益的举措都可以被称为法治行动。

① 真正的"变通"是要讲道理的，"变通"本身意味着一种合理性。比如柳宗元在《断刑论》中讲道："为仁必知经，智必知权，是又未尽于经权之道也。何也？经也者，常也；权也者，达经者也。皆仁智之事也。离之，滋惑矣。经非权则泥，权非经则悖。"柳宗元自然是在讲两者的辩证关系，那是实践中的辩证法结构，而其在论证中强调了"经"对"权"的牵引功能，这自然属于"变通"的合理性问题。

② 关键"事件"的法哲学分析，参见武建敏：《由"事件"引发的法哲学思考》，载武建敏主编：《河北法律评论》第1卷，人民出版社2009年版。该文是对武占江所论"事件哲学"的法哲学回应。参见武占江：《事件哲学论》，载武建敏主编：《河北法律评论》第1卷，人民出版社2009年版。

虽然也是一片好心，但难免是一厢情愿的想法。法治的发展是需要我们用心对待的，而不是用文本的思考代替对法治发展的实践论思考。在法治行动中，人们要善于通过"事件"去推动法治的发展，"事件"承载了实践智慧的使命。在一定意义上讲，法治的生成正是通过一个又一个的"事件"而完成的。我们不必总拿美国的"马伯里诉麦迪逊"案件和德国的"磨坊主案件"说事，中国自身的法治事件也足以表明"事件"在法治发展当中的卓越价值。

前几年"热火朝天"的聂树斌案件就是中国法治进程中的重要"事件"，当 2016 年通过法院而使得聂树斌案件沉冤得洗的时候，人们不应该仅仅停留在这个案件本身的意义上，更应该在一种总体性法治的视域当中把握这个案件的重要意义。在 2016 年胡云腾大法官所主持的审判进而生成的判决书中，并没有明言聂树斌没有杀人，只是纠正了二十多年前的错误裁判，也许聂树斌真的是杀人凶手，但法律不认为他必然是杀人凶手，这就是法治的游戏规则。不管聂树斌是否真的杀人，这个案件本身的法治意义都是十分巨大的。在这个案件中，正是众多律师及公职人员和普通民众的参与，才使得聂树斌案件持续地构成了一个法治"事件"①。法治是一种行动，人们的参与本身已经体现了行动的力量，而通过舆论的传播使这个案件几乎家喻户晓，同时这个案件给政法机构的反思也是十分明显的。我们有理由相信，类似的案件在当今法治实践中很难再次出现，尽管这未必是必然的。类似案件出现概率的降低便已经是聂树斌案件所呈现的"事件"意义。法治是一种行动，行动中包含了情感的力量。人们不能冷漠，情感的力量是推动法治行动的重要元素，也是人能够实现自我超越的动力系统，情感也会融入实践智慧当中而构成实践智慧的一个内在元素。通过驾驭法治"事件"而推动法治发展的原理，深刻地植根在实践智慧学的原理当中，这是实践智慧的卓越品

---

① 于欢案、龙哥案都属于典型的法治事件，对于法治发展都有着自身重要的意义。即便是普通的法律案件或事件也会对法治具有这样或那样的意义，公正的裁决会推进法治信念的生成，而不公正的事件则会破坏法治的信任机制。然而，对"法律事件"的分析却不能局限在这种一般性表达当中，"事件分析"是个哲学问题，我们需要结合实践理论、时空理论、自我意识和精神分析等加以把握，这里不过是提出了一个"事件法学"的命题而已。

质。同样，"事件"的卓越价值也内在于事物发展的偶然性机制当中，一个"事件"便是一个偶然的存在，那些参与法治行动的卓越的主体正是通过对"事件"本身的慎思而明确了自身的行动意向，有的情况下个别主体本身就足以完成"事件"所孕育的法治使命，有的情况下则需要个别主体牵引民众的力量，推动法治的发展进程。但无论如何，这都是一种行动的力量。行动中包含了"事件"，"事件"内在地蕴含在行动之中。但"事件"不可能是无主体的操作，而不同的主体会让"事件"呈现不同的意义。

法治的发展需要行动的力量，同样需要某种精神的嵌入，尤其是对那些引导法治发展的人而言。精神乃是一种卓越的力量，精神同样内在于实践智慧当中，属于实践智慧的动力系统及品质保证系统。中国法治数十年，恰恰忽略了精神建设，它应该包含在主体建设当中。我们更多地将法治工作的着力点放在了文本建设当中，我们制定了诸多的法律，以及大量的单行法规，却并没有充分认识到法治建设的系统性，反而是一味地贬低"人"的作用，这表现在人们总是把问题归结为"制度问题"的思维套路中，同样也表现在对"人治"的批判与诘难当中，而对"人治"的非反思性批判实际上无形中消弭了人在法治建设中的卓越价值。忽略了"人的建设"，也就自然地忽略了"精神建设"，"人"与"精神"在强大的"文本建设"中沉沦。而当一种法治建设缺失了"人"的在场，而全是普遍规则"显现"的时候，普遍规则的扩张性就无法得到克制，普遍性的"扩张性"由于"精神"的缺席难以受到节制。普遍性的过度膨胀是法治发展的"单向度"表征，而"单向度"的法治由于"人"及"精神"的缺席难以获得对象性意义。不能行动起来的普遍规则难以表现自身的有序性，无序化就会成为法治追求的反向发展。这种现象的存在将在对自身的辩证否定中催生一种新的法治思维的生成，实践自身便包含了否定性和自我发展的动力。在此基点上我们倡导的是基于实践智慧的法治观，它在一种融通"理论"与"实践"的视域中必然要克服规则中心主义法治观的有限性，并且能够做到认真对待作为法治动力系统的"人"及"精神"的卓越价值。当法治建设仅仅停留于"规则"的普遍性建设而放逐了实践智慧的时候，便会不断加剧自身的混乱和无序。实践主义法治观的核心概念是实践、实践理性和实践智慧，由此建基的法治理论还需要我们不断地诠释和论证。

　　法治是一种行动，是一个多要素交互作用的运行过程。在这个过程中，我们要珍视那些在以往被忽略的要素所发挥的作用，更要重视多种多样的偶然性元素对法治的伟大构造力量，并进而通过一个又一个的事件推动法治实践的培育和发展。个体的力量将不会被刻意融入群众当中去理解，偶然性也不会被必然性所遮蔽，辩证法也不会被决定论所取代，人们所看到的将是一个丰富多彩的法治实践过程。这就是关于法治思维的实践论转向。随着视角的转化，人们所观察到的法律世界以及他们的行动都将呈现别样的特质。正是这样的法律实践活动对传统具有强大的整合功能，传统作为实践活动的一个要素，会在各种充满想象力的偶然性活动中以及各种具有鲜明自身特色的具体事件中被逐步地解构或者重塑。尽管这个过程本身充满着偶然性，但正是由于偶然性的存在，才更显示了作为主体的人在法治实践中所扮演的重要角色。法治实践的过程是传统被不断整合和塑造的过程，也是现代性法治自我展示与自我消解的过程，更是人通过一个又一个具体事件创造真正属于自己的美好生活的过程。这种关于法治实践的运思，体现了中国法治思维的实践论转向，以及在此基础上进行法治谋划的行动原理。

第六章 DILIUZHANG
实践智慧与法学教育

　　无知者是不自由的，因为和他对立的是一个陌生的世界，是他所要依靠的在上在外的东西，他还没有把这个陌生的世界变成为他自己使用的，他住在这世界里面不是像居在自己家里那样。好奇心的推动，知识的吸引，从最低级的一直到最高级的哲学见识，都只是发源于一种希求，就是要把上述不自由的情形消除掉，使世界成为人可以用观念和思考来掌握的东西。

——黑格尔

良好的理论不是封闭的知识体系，而是充满了真切的对人的存在状态的关怀。同时，它必然蕴含着自身的行动方略，也包含了自身的教育理念。这一理念既是理论的，又是实践的。法律实践主义有着自身的理论架构，同时孕育了自身的教育理念。根据法律实践主义的理论谋划，则在法学教育领域中必然会突出强调"实践"概念范式的引领作用，然而这里所讲的实践并非一种单纯的活动，它还包含了丰富的理论内容和思想意蕴。以法律实践主义为基础的法学教育理念既是理论的，也是实践的，而实践智慧则鲜明体现了理论与实践的视域融合。这是一种实践范式的法学教育理念，其自身呈现了一种存在论的真切关怀。在当前的法学教育体系中存在诸多教条主义和形式主义的元素，而法律实践主义正是对这种抽象观念论的反对。法律实践主义的法学教育理论是从法的本性和法律知识的实践本性出发所架构的教育理论范式，无论是对于传统元素还是对于异域元素，都采取了一种开放性的理论态度，但这种教育范式在根本上是要建构当代中国自身的法学教育体系，这是法律实践主义的法哲学向着法学教育领域的开拓性发展。

第一节　迈向实践智慧的中国法学教育

当代中国法学教育的改革可以说是迫在眉睫，但法学教育的操控者缺乏对改革之引导性价值的思考，以至于法学教育改革的口号泛滥成灾而改革却并无实质性进展。法学教育中形式主义盛行却无法切中法的本质规定性，也不能遵循教育的规律谋划法学教育的"璀璨篇章"。法学家"全身心"投入所谓法学"科研"当中，而对法学教育采取了漠然的态度，满足于"法学知识"的构造却不能对法学教育产生良好的裨益。教育的本性不是"搞科研"，而是培养人才。天天高喊着"教改"的话语，却日益疏离教育的本性。法学教育中实践教学改革的呼声日益高涨，但改革者却并不懂得"实践"概念的内涵，在对"实践概念"普遍存在误解的前提下，不可能取得真正意义上的改革成效，也许在改掉了某种旧模式的同时，却增加了一种更需要改革的新内容。法学教育的改革是需要理论的，就像所谓"深化改革"一样，若是缺乏了理论的介入，那就只能是"盲目地过河"。"摸着石头过河"的时代已经过去了，昔日其所具备的合理性已经在今天缺乏了实践理性的思想根基，我们伟大的时代需要一种真正有用的理论嵌入现实的变革当中。法学教育的改革要坚持理论与实践内在统一的辩证智慧，走向实践智慧乃是当下中国法学教育改革的基本原则。①

一、"法是什么"与法学教育模式

法学教育模式往往与对法本身的哲学追问紧密相关。关于"法是什么"的问题是人类法律史上不断被追问的话题，而人们对这个问题的回答往往呈现不同的特质。"法是什么"的问题本身是一个法哲学的话题，但如果不将该问题作为法哲学话题去追问和回答，那往往会导致人们从一般知识理性的角度对此问题给出一个答案，这样的答案由于与常识之间的高度契合性，在法学知识架构中有着很大的市场，甚至主导了法律人的思维方

---

① 在这里贯穿了法律实践主义（实践法学或实践法哲学）的理论立场，可以看作是法律实践主义的法学教育观的某种表达。法律实践主义既有自身的理论系统，又有鲜明的实践指向。法律实践主义作为一种具有深刻理论根基的思想主张，它是"凝聚"与"发散"的统一，它既有自身的法哲学，也有自身的解释学，同时还包含了自身的法学教育观。关于法学教育的基本原理一定与对于法的法哲学沉思切相连，法律实践主义的法哲学必须完成自身向着法学教育发展的挺进，这是法律实践主义的教育关怀。

式，而人们的观念一旦被这种思维所控制，那么由这样的主体所推动的对象化行为也就必然会表现出与该种思维方式的一致性。人们对于法的最基本问题的认识，直接影响和塑造了人们的法学知识体系，并进而构造了人们的观念和行动；而关于"法到底是什么"的问题乃是所有法学基本问题中最为根本的问题，法学教育家们对这个问题的回答方式直接决定了法学教育的模式，有怎样的专业性认知就会构造怎样的教育。这好像也是"知行合一"，但若是"知"发生了问题，那么"行"就很难具备实践的合理性了。法学教育的设计需要以对法的合理认知为前提，但这个认知本身就需要具备实践合理性，否则按照某种认知形成的法学教育模式就一定是有问题的。

从中华人民共和国成立一直到 20 世纪 80 年代中期，法学界对"法是什么"的认识基本上停留在政治意识形态的阶段，突出地强调了"法的阶级本性"，以"阶级性"为前提的法学认知方式导致了法学教育的政治化。马克思和恩格斯的确有关于法的阶级性的论述："你们的观念本身是资产阶级的生产关系和所有制关系的产物，正像你们的法不过是被奉为法律的你们这个阶级的意志一样，而这种意志的内容是由你们这个阶级的物质生活条件来决定的。"① 中国法学界在很长的时间内，抓住马克思主义经典作家的这个表达，反复地强调法的阶级本性，这当然是与当时的政治形势相契合的。以这种对于法的本质的认知为前提，将其贯彻到法学教育中，那就冲淡了法学教育的"法"色彩，强调法学教育的"政治"色彩，法学教育本身所固有的专业性被淡化了，政治学专业与法学专业好像缺少了本质的区分。我们可以将这种法学教育模式叫作"政治模式"，它违背了法的本性，背离了法学的独立性品格，这样的法学教育培养的所谓法律人才，不仅无法推动中国法治的发展，而且还会破坏法治的尊严。在实际的法律运

---

① 《马克思恩格斯选集》第 1 卷，人民出版社 2012 年版，第 417 页。在此并不否认该论述所具有的合理性价值，在归根结底的意义上法的阶级性及其物质生活条件的决定性依然是法哲学批判的重要维度。

行过程中，法律被一个政治化和军事化的群体操控着，[1]由这样的"法律人"进行法治操作，很难在深层上有益于法治的发展，尽管在其现实性上具有诸多优点。错了就是错了，不要将责任向外部因素去归结，只有反躬自问才能让这种以政治斗争为中心的法学教育模式在中国法治实践中不再重演。

随着改革开放的全面展开，法学界认识到了"政治模式"的法学教育存在很大问题，动辄以阶级斗争的方式去理解法的属性以及法学的特性，是一种错误的认知方式和思维方式。虽然法律的运行总是与国家机器等"斗争性元素"不可分割，但法在本质上并不是"斗争"，国家机器无非是法律的最后一道屏障而已。数十年间，法学界占据主导地位的对于"法是什么"的认知依然被冠之以马克思主义法学的标签，但这已经不是一种"政治化"的认知，其间也不乏合理性的判断。"法是由国家制定、认可并由国家保证实施的，反映由特定物质生活条件所决定的统治阶级（或人民）意志，以权利和义务为内容，以确认、保护和发展统治阶级（或人民）所期望的社会关系、社会秩序和社会发展目标为目的的行为规范体系。"[2]这个认知并不能彻底摆脱阶级斗争时代对于法的本性的政治化理解，依然突出了法的政治属性，但这毕竟是一个巨大的历史进步。它强调了法的内容是权利与义务，明确了法所保护的社会发展目标，凸显了法的规范性本质。与这种关于"法是什么"的认知相关，我们所形成的必然是以规则为中心的法学教育模式，也必然是部门法得到重视的法学教育模式。我们可以看到，当代中国多数高校的法学教育是以讲授"规则"为中心的，部门法得到了如火如荼的发展，甚至有些法理学者和法律史学者为了职业生存，也无奈要讲授一门部门法学，尽管这也有一定积极价值，但却说明了部门法在法学教育中的主导性。我们可以将

---

[1]　司法职业的军人化有一个潜台词：法与军队都是国家机器，法律职业与军人职业是相通的。这是一种错误的认知倾向，之后人们用司法职业的专业化反对军人化，而我们现在则用实践智慧反对专业化和知识化。

[2]　张文显主编：《法理学》，高等教育出版社 2003 年版，第 58 页。这里关于法的定义实际上是个大杂烩，是多种主义和传统在作者头脑中的映现与表达。定义化思想是需要反思的。尤其是关于法的本质的认识，定义绝不是一种学术探求的好方式。

这种法学教育模式称为"规则模式"。

"规则模式"的法学教育也已经呈现出了很多问题，它的局限性也日益被认知。规则论的法学教育模式是一种以法条为中心的教育模式，大学仿佛成为了一个传授法条的场地，而法条实际上是不需要讲授的，法条乃是知识的层面，对于一个能够顺利考取大学的青年人而言，通过自学理解法条是绝对没有问题的，这样大学法学教育就显得有些多余了。规则论的认知模式不仅影响和构造了中国的法学教育，也构造了中国的法学研究模式，它使得大多数部门法学研究者总是从"完善规则"的角度进行法学研究，每个研究者都把自己当作"立法者"，但伪装"立法者"在根本上的所思所想难以契合法的实践本性。那么为什么研究者不将自己当作"司法者"呢？从立法者的角度和从司法者的角度看待法的世界，其思想的特质会表现出巨大的差异性。从司法者的立场看待问题，或许将转变我们对法的本性的认知，一旦研究者的思维方式发生了变化，那么法学教育就会突破既定的"规则模式"而发生更加符合法的实践本性的变革。中国法学教育中的"规则模式"往往转化为"法条主义"。与规则论相符合的法条主义的确成为了我国法学教育的主导模式，也成为了中国现实的法治实践所采纳的"主义"和"原则"。

然而，这种法学教育模式有"不负责任"的嫌疑。这里的"不负责任"可以从两个方面去理解。一是该种法学教育是对学生的"不负责任"。一个青年学生进入大学，无论学生本身是否真的对自己认真负责，也无论他们是否在道德上良好，大学都要对他们承担起教育的责任。当前的大学法学教育以满足对学生进行规则论的灌输为乐趣，忽略了法的人文属性和理论特质以及实践本性，用片面的知识和所谓的专业把学生培养成为一个"单向度的人"，这本身就是对学生的"不负责任"。二是该种法学教育是对法治国家建设的"不负责任"。在"规则模式"的法学教育支配下，青年人会养就"法条主义思维"，一旦他日成为法律人共同体的一员，就会在法律行动中演绎法条主义的知识逻辑。法在本性上并不是一个单纯的法条运用的问题，它包含了诸多实践合理性的问题域。"法条主义"本身就是一种"不负责任"的法律思维方式，司法行动中法条的运用逻辑就是法官们时时刻刻为自己的司法决策寻找法条作为依据，而不对案件本身进行深入的论证。法条主义不仅让人们变得懒惰，也让人变得不负责任，仿佛找到了法条依据自己就可以摆脱责任。若是我们培养的法律人都缺乏担当的话，那么又如何能够推动法治国家的成功建设呢？

"规则模式"的法学教育同时可以被理解为"知识模式"和"专业模式"的法学教育，在这种模式的引导下中国的现实法治实践呈现了规则化、知识化、专业化的发展样态，这对于中国法治发展克服泛政治化的法律思维方式发挥了重要的作用。但是，"规则模式"的法学教育模式的缺点也已经日益显露，"理论"与"实践"的双重缺失乃是这种教育模式的根本弊端。"规则模式"的法学教育常常将自己看作是"理论"教育，但这是对理论的误解，无论知识，还是规则，在根本上都不可能当然地称之为理论。理论一定蕴含了一种思维方式、论证模式和行动理念，同时还会有价值关怀，并且真正的理论本身一定是实践的。"规则模式"的法学教育将自身也看作理论教育，那是把知识当作了理论。"规则模式"的法学教育意识到了自身的"实践匮乏"，但它对"实践"概念的理解也是错误的，"实践"并不当然地与现实的活动等同，或者说是与理论相对应的另外一个领域，那样的思维是理论与实践二分的思维方式，在根本上讲既没有理解理论，也没有理解实践。由于我们对"实践"概念的错误理解，所以在既有"规则模式"下的法学教育所倡导的"实践教学"必然在本质上不符合"实践"的本性。以真正的"实践"概念为基石，"走向实践智慧"才是中国法学教育所要努力的方向，也是我们所要坚持的基本原则。

二、实践智慧与法学教育的原则

当下中国法学教育是非常强调"实践"的，但法学教育的设计者对"实践"的理解却并不到位，空喊着"实践教学"的口号，但其教学活动的延展却并不具有实践的真正本质，就更不用说去理解"实践智慧"了。法学教育的设计者依然是在"规则模式"的框架下去理解实践概念的，这就自然会把实践理解为与知识传授相对立的另外一个领域。在他们的头脑中，总是把学校教育看作是理论教育，而将参与现实的活动当然地看作实践教育，这是一种理论与实践二分的思维方式。表面上是在主张理论与实践的结合，然而其所隐含的思想前提却是理论与实践的分离。过去我们有一个习惯性话语"理论联系实际"习惯性究其根本也是一种二分的思维方式，它是首先将理论与实践分开，然后再提出用理论去联系实际，表面上看着很正确，但在根本上却是对理论与实践关系的误读。这种观念没有真正地把握理论与实践本身所具有的内在相通性，理论与实践内在统一的基本形态则是实践智慧。实践智慧是理解法的本质属性的一个基本维度，它会摆脱"规则论"的二分属性，真正在理论与实践内在统一的立场上谋划法学教育的基本模式。

　　法并不是静态的规则系统，规则论乃是一种立法中心主义的立场，而将法作为一种实践智慧应该更符合法的本性。法是一种动态的活动过程，它首先包括两个世界，即普遍世界与具体世界。普遍世界主要是指由规则所构成的法律世界，具体世界则是指由无数的个案所构成的事实世界，法的存在就是企图运用普遍世界的原理去解决具体世界的问题，这会是一个动态的裁判世界。按照形式主义法学的分析理路，规则是可以恰当地解决具体世界之纠纷的，这样法的运行便不再需要智慧，一个人只要在认知方面没有问题就可以胜任裁判工作，这样的法哲学主张自然就会强调规则教育，而忽略规则之外的人文思想及其实践智慧的训练。然而对法的理解远不能如此简单，普遍规则也并非就当然地可以解决具体的纠纷。亚里士多德在谈及公道的时候牵涉到了关于法的普遍与具体关系问题的认知。"法律是一般的陈述，但有些事情不可能只靠一般陈述解决问题。所以，在需要用普遍性的语言说话但是又不可能解决问题的地方，法律就要考虑通常的情况，尽管它不是意识不到可能发生错误。法律这样做并没有什么不对。因为，错误不在于法律，不在于立法者，而在于人的行为的性质。人的行为的内容是无法精确地说明的。"① 这里实际上已经指出了普遍性在法律实践中必然遭遇的困境，这个困境是不可能依靠所谓的普遍法律规则加以解决的。接着亚氏又谈道："公道的性质就是这样，它是对法律由于其一般性而带来的缺陷的纠正。实际上，法律之所以没有对所有的事情都作出规定，就是因为有些事情不可能由法律来规定，还要靠判决来决定。"② 按照亚里士多德的思想逻辑，一个具体的案件一定要根据具体的情境作出判定，而在这个情境中所产生的就是公道，就是一种实践智慧，实践智慧正是在普遍与具体的辩证关系中获得其明确价值的。

中国法学界关于实践以及实践智慧的认知已经悄然开始，这必将启动中国法学教育的改革，实践智慧会引导法学思维方式的改变，也必然会对人们的行动方式产生一种构造价值，至于法学教育模式的改进也会随着实践智慧认知的深入而得以改观。我们先看一些法学界对实践概念认识的程度，"法律实践即以实现公平正义为目的而建立和维护良好社会秩序的规范性活动，在内容上可分为法律的思想实践、法律的规范实践和法律的应用实践三种类型。作为法律实践的重要支撑因素之一，法律理论与法律实践之间存在着复杂的相互关系，并通过法律实践理性、法律实践智慧和法律实践观念的中介、载体和桥梁作用应用于法律实践之中，而人类理想法律生活的观念构思乃是法律实践思维和法律实践思维方式的内在使命"③。这可以说是对

---

① ［古希腊］亚里士多德：《尼各马可伦理学》，廖申白译，商务印书馆 2003 年版，第 161 页。人的行动原理的本质即在于此，这是我们运思法学教育之实践取向的重要理论基石。法学教育不能仅仅承担规则传递的知识化和专业化使命，精神的培育、德性的在场、理论的训练、智慧的养就以及面向人本身的目的性探索都是以实践智慧为范导的法学教育改革的应有之义。

② ［古希腊］亚里士多德：《尼各马可伦理学》，廖申白译，商务印书馆 2003 年版，第 161 页。公道不是抽象的，而是具体的。当然，公道并不是要抛弃普遍性，但它是面向具体世界的。

③ 这是姚建宗对"法律实践概念"及其相关重要话题的高度概括，其间蕴含了思考法以及法学诸问题的基本切入点，可以说在法学思维方式上具有一种变革的作用。同时他对"法律实践概念"也进行了细化分析，当须认真对待。参见姚建宗：《中国语境中的法律实践概念》，《中国社会科学》2014 年第 6 期。中国哲学界近些年对实践概念特别关注，涌现了一批研究实践哲学的学者，比如俞吾金、孙正聿、王南湜、徐长福、刘森林等，他们为中国实践哲学研究的繁荣做了很多工作，也为实践的法哲学的形成奠定了良好的哲学前提。

"法律实践概念"的第一次系统而深刻的阐释，与我们通常对实践的理解有着重要的差异。法学教育的谋划不应该以常识上对实践的理解为前提，而必须在学理梳理的基础上进行合理地建构。当然，我们并不能把法仅仅看作一种实践，还必须进一步去认知法的本质规定性。中国法学界也并非没有人认识到该问题的重要性，"这里将法不仅视为智慧，还看作实践智慧，参考了智慧的特征和当代实践哲学的主旨：提倡反思，反对科学主义使人丧失自主性和行动自由"①。实践智慧是实践哲学的核心概念，也应当作为实践哲学的法哲学的核心概念，在实践智慧范式引导下所理解的法会呈现不同于以往对法的认知风貌。"第一，法不是指预设的知识，而是形成于应用预设的法律的活动当中；法的具体此在形式，法律人将如何言说，总是存在于法律应用之中；第二，在法律应用中要联系具体的情境，要考虑个案事实及变化，随历史变迁而动；第三，要重视判断者的反思和自我调整能力，个人的经验，而非完全从预设的法律的规定性出发；第四，这一反思和自我调整的能力不是像知识那样，可以通过教育而获得，而是既不可学也不可教，是在法律应用中逐步获得的。实践出能力，'草鞋无样，边打边像'；第五，法律应用追求的目的为恰如其分，个别正义。"②这即是一种关于法乃是实践智慧的思想判定，是在行动中对于法的把握和理解，这种感悟如同法作为实践智慧本身一样也具有法哲学的深层思想价值。

法学界对于该问题的认识正在形成一种气候，一些学者强调了"实践"、"实践世界观"及"实践智慧"等概念的合理性，并且认同其中所包含的关

---

① 郑永流：《实践法律观应以转型中的中国为出发点》，载钱弘道主编：《中国法治实践学派》第一卷，法律出版社 2014 年版，第 192 页。尽管在若干年前也有学者用"实践智慧"概念去分析司法哲学的诸多问题，但却并没有明确地将法"看作是实践智慧"。（武建敏：《司法理论与司法模式》，华夏出版社 2006 年版，第 19—26 页。）在司法和法理层面上关注实践智慧的还有王申等，参见王申：《法官的实践性知识与智慧导向》，《法制与社会发展》2011 年第 6 期。

② 郑永流：《实践法律观应以转型中的中国为出发点》，载钱弘道主编：《中国法治实践学派》第一卷，法律出版社 2014 年版，第 192 页。

于法学思维方式的变革价值。当只有少数人将法看作一种实践智慧，即从实践论角度去理解法的时候，法学教育模式的改革可能还很难建立起一种共识，也难以在现实的法学教育中获得全面的对象化效果。当下中国对"实践"及"实践智慧"的认识正在加强，虽然真正消化这些概念还尚需时日，但实践智慧引导下的法学教育模式改革的契机已经蕴含在了当下中国法学界的思想世界之中。随着中国法治实践的深入展开及对法治实践产生的问题域的反复考量，将会引发中国法律人思维方式的革命，法学教育的变革也就在情理之中了。更何况，中共十八届四中全会《决定》中"法治体系"概念的提出，正是一种实践论思维的集中体现。法治体系是个动态的系统，其所凸显的是法的实践本性，而法律体系则是个静态的系统，其所强调的是规则中心的立场，从法律体系到法治体系的概念转换蕴含了一种思维方式变革的契机，也对中国法学教育转变自身的运行方式提出了挑战。当然，这同时也是一个机遇。在这样的前提下，谁首先尝试进行了法学教育的改革，谁就是中国法学教育和法治实践中的"英雄"，但这个"英雄"必须真切领会法的实践智慧品性，否则法学教育的改革只能流于表面，而无法深入事物的本性之中。走向实践智慧，乃是中国法学教育改革的基本原则和思想前提。

三、实践智慧与法学教育改革的进路

（一）实践智慧的人文属性与法学教育改革

实践智慧本身不属于科学的领域，科学关涉的往往是单纯的普遍性问题，它所追问的是必然性问题。实践智慧虽然未必拒斥科学，但却有着与科学思维完全不同的思维理念。如果说科学所考量的是一种普遍理性，是对外部世界到底是什么的一种追问，是一种规律性的探求，那么这种科学并不是哲学，哲学在本质上是一种人文主义的精神。实践智慧是实践哲学的核心概念，实践哲学的重要运思都与实践智慧密切相关，实践智慧本质上属于人文精神的范畴，它关注的是人本身的存在，具有一种理想性和目的论的关怀。① 当我们将法看作是一种实践智慧的时候，意味着同时接受了实践智慧的人文属性。在很长一段时间内，人们总是从社会科学的角度理解法学，并将法学看作社会科学的组成部分。虽然将法学单纯地界定为"社会科学"未必恰当，但它无疑属于"社会性"学科，这应该是没有问题的。当然，法学不仅仅是具有"社会性"的学科，它同样具有强烈的人文主义精神内涵，法学是一种既具有"人文性"又具有"社会性"的"人文社会"学科，"实践性"更是内在于其中的品性。就法学的属性而言，我们不应该将其归结为"科学"，即便"科学"前面加了定语"社会"也是有问题的，因为在法学当中并不存在科学领域中的必然性。对于一种缺乏必然性的学科而言，将其称为科学是不恰当的。

认识到了法及法学本身所具有的人文属性之后，以"实践智慧"为范导对法学教育的改革自然就会产生一个基本进路：增加人文学科训练的含量。② 当前的法学教育几乎是没有什么人文含量的，除了在一些名校法学院的学生可以接受该校文史哲的滋养之外，大多数法学教育单位都没有真正的人文学科的训练。这就忽略了法（即实践智慧）的一个重要维度，自然就不可能有适格的法学教育。任何教育模式的设定必须以对事物本性的认识为前提。按照所谓的社会"科学"的规律谋划法学教育必然使得法学教育失去精

---

① 实践智慧往往被看作是一种道德实践的知识，其本身自然包含了一种目的论的价值。参见 Francis J. Mootz, A future foretold: Neo-Aristotelian Praise of Postmodern Legal Theory, *Brooklyn Law Review, Spring 2003*。

② 当然，这同时意味着一种人文精神的训练。孙周兴认为大学教育中的人文训练是非常重要的，他认为人文精神的训练有三个方面："其一是'超越性'，就是说人要有理想，要有宏大的关怀，因为'人文'事关可能性，需要在不断回顾历史、朝向未来的过程中关注当下生活，所以必须有宏大的思路、开阔的眼界和高度的想象力。其二是'批判性'，就是说人要着眼于未来生活的可能性，对历史传统进行不断的重新解释，对当下现实进行强有力的反应。批判是通过否定而达成肯定。只有通过这样一种批判性的解释，历史才可能活起来，我们的生活世界才可能获得定位和定向。其三是'趣味性'，就是说通过人文训练和学习，人要过上一种有趣的、审美的、快乐的生活，无趣的生活是不值得过的。另外落实到人的能力上，学习人文学科就是要让人获致优美表达的能力，能够有趣地、优美地写作和表达。"（孙周兴：《欠改革的中国大学——一位哲学学者的教育理念和实践》，上海人民出版社2014年版，第41—42页。）这其间也包含了实践智慧的维度。

神的价值追求，失去批判反思的学科魅力，失去对人的目的性关怀，这样的法学教育已经控制中国太长的时间了。我们必须认真反思法学教育的现状，从一种人文学科的高度把握法及法学的精神魅力，在此基础上谋划与法的实践智慧品性相契合的法学教育模式。

（二）实践智慧的经验维度与法学教育改革

实践智慧不是专注于现实世界的普遍性，而是要关涉具体世界，它不以探求客观性为目的，而是时刻要与具体的事物打交道，并解决具体事物中的问题。正是由于要同具体事物打交道并要解决具体问题，因此它不可能将自身的能量集中到对于普遍本性的追求和把握当中，尽管这个普遍的事物对它也是有益的。"明智也不是只同普遍的东西相关。它也要考虑具体的事实。因为，明智是与实践相关的，而实践就是要处理具体的事情。所以，不知晓普遍的人有时比知晓的人在实践上做得更好。"[1]这自然是一种现实的经验的维度。法作为实践智慧，其本身也具有经验的属性，甚至在一定意义上说法的本质性上就是经验的。只要我们不是从静态的规则论立场去理解和把握法的属性，而是从现实的、实践的、动态的角度理解法的属性，那么法就一定具有经验的规定性。在很长一段时间内，法学教育界往往都是从一种理性主义角度谋划法学教育的模式，这才导致了"规则模式"长期占据大学教育时空。从实践智慧的经验论角度去分析，则"规则模式"是一种难以契合法之本性的教育模式。

经验与实践总是密切相关的，离开实践也就不可能有经验，而缺失了经验的实践就会匮乏几分"老道"与"成熟"。按照实践智慧的经验之维，法学教育的改革自然是要增添实践与经验的成分，于是判例教学和实践教学就要被合理地嵌入法学教育当中。这里的关键问题是能否满足实践合理性的要求。也有不少人提到过判例教学，但判例教学往往被人理解为在课堂上讲授

---

[1]　［古希腊］亚里士多德：《尼各马可伦理学》，廖申白译，商务印书馆 2003 年版，第176—177 页。

一些生动的案例。其实，真正的判例教学远不是如此简单，而是包含着非常深刻的对于法的本性的认知前提下的一种安置。判例教育决不是只讲案例，更不是哗众取宠地为了活跃课堂，而是要真正体现法的论证价值及法的阐释力。每个判例都应该成为一个论证的核心，以判例为中心的教学模式牵扯到各种元素对判例的构造，其中理论、道德、政策、先例、习惯等都可能成为重要的论证元素。判例是经验的连续，只有在人类法律经验的发展史中去把握和理解一个判例，才能够真正把握判例教学的精髓。至于实践教学，中国法学教育中看上去也是普遍存在的，但往往没有真正体现"实践"的功能，所以也难以起到累积"经验智慧"的作用，满足于"教学基地建设"和"实习"以及"模拟法庭建设"的实践教学并没有真正发挥"实践训练"的功能。无论如何，从实践智慧出发谋划法学教育，都应该将"经验维度"植入法学教育的运行机制当中。这是一个需要人的实践智慧的实践问题。

（三）实践智慧的道德之维与法学教育模式改革

实践智慧具有道德的维度，正如实践具有价值论的维度是一样的道理。"明智是一种同善恶相关的、合乎逻各斯的、求真的实践品质。"[①] 人类的任何实践活动都不可能没有善的引导，缺失了善的引导的人类行为是盲目的，并且有可能给人类造成灾难。正是实践及实践智慧所具有的道德维度，可以避免人类行为走向善的反面，滑向与人本身的生活和人类的公共事业相反的方向。我们在过去称之为"实践"的活动，很多情况下并没有增进人们生活的福祉，也没有促进人类道德的提升，甚至导致了道德滑坡和危及人类存在的现象，这既是对实践概念的曲解，也是缺乏实践智慧之道德考量的表现。将法作为实践智慧加以对待，是要赋予法一种道德的使命感，使法能够提升人们的道德。学习法的过程就是自身的道德境界不断提升的过程，是自身的

---

① ［古希腊］亚里士多德：《尼各马可伦理学》，廖申白译，商务印书馆 2003 年版，第 173 页。明智（实践智慧）所内涵的不是理论与实践的分裂，而是内在的统一。

责任感日益获得客观性的过程，是对人本身的目的性关怀日益内化的过程。法不是"以经济建设为中心"的意识形态，而是体现为对人自身的命运进行深沉关怀的实践智慧，实践智慧是法的存在方式。

从实践智慧的道德维度去考量法学教育模式的改革，就是要在法学教育中深刻贯彻道德教育的精神理念。任何一门法学课程都包含了重要的道德思想内涵，一个法学教授之道德哲学的素养直接关涉他对这门课的理解。当下法学教育的现状是道德被疏离了，不仅在课程中缺失了道德哲学的维度，而且在教育活动中也缺失了对学生道德品质的塑造。这对于法学教育质量的提升是一个重大打击，没有道德维度的教育本身一定是失败的。即便掌握了许多所谓的知识，那么知识的运用可能也会匮乏道德牵引，没有了道德的牵引，人类的目的性追求就难以获得落实，在法学教育中尤其如此。若是法学院培养的法律人在道德上是缺失的，那么就很难有公正的司法，就更不用说法治国家的建设了。然而，道德塑造是一个很艰难的过程，它需要教育者本身道德素养的提升，又需要教育者真正理解道德本身，但这都是不容易做到的。"明知山有虎，偏向虎山行"，这依然需要实践智慧的在场。①

第二节　法学教育中的理论训练

当代中国法学教育突出地强调了"实践教学"，但却并未领会"实践"的真谛，与理论的游离更使"实践教学"日益显示其片面性。理论训练的缺失使得法学教育显得幼稚且浅薄，沉浸在部门法的知识化学习当中却遗忘了背后的理论元素，只有少数人认识到了部门法的理论魅力。缺乏理论训练的

---

① 　实践智慧要求主体的嵌入和精神的在场，一个在思想上懒惰和道德上昏昏欲睡的人不可能深刻体会实践智慧的教育意义。实践智慧的登场并非一种概念设定，而是一种颇具现象学色彩的洞悉。无论对于法律教育，还是对于法律实践，实践智慧都是内在于其中的，"本质直观"的切入让实践智慧逐步澄明。

法学教育无法培养学生强大的思想世界，更难以有效提升法律实践的层次和水平。这就要求法学教师必须首先训练自身的理论素养，同时加大课程设置中理论课的比重。理论训练应该体现在每一门法学课程当中。法学理论教育内在地蕴含着一种精神教育，精神的嵌入将在最高层面上提升法学教育的质量，这也是中国法治建设所必需。

在当下中国法学教育中，"实践教学"成为了流行的话语，于是"教学基地"的建设、"实习基地"的创建以及"模拟法庭"的投入，成为了法学教育改革中的关键性举措。"实践教学"的时尚化遮蔽了理论的重要性，在这样的情境下没有人为理论教育的强化发出有担当的声音，更没有人在法学教育活动中率先推动理论的训练计划。很多人认为，法学是应用型学科，自然要加强实践教育。这种似是而非的判定听上去是没有问题的，但却是有大问题的。法学学科的确充满了"运用"的冲力，它要有一种社会担当的精神，作为实践理性的法学当然是面向实践的，但面向实践并不能逻辑地、必然地导出要强化"实践教学"，实践本身同样是理论的，那么我们为什么就不能导出强化理论训练的重要性呢？这种强化"实践教学"的思路有一个思想前提，就是它已经将理论和实践给二元化了，以这样的认知前提为切入点，则无论如何都难以真正实现理论与实践的内在统一。这里需要一种"知行合一"的基本立场和态度，无论是法学教育中的理论训练和理论回归，①还是实践教学的倡导，都应当真正地理解和把握关于理论与实践的内在论立场，法学教学中的理论训练贯彻的恰恰是一种实践理性的精神。

一、法学教育中的理论在场：多元化训练

当人们在强调法学教育中的"实践教学"的时候，仿佛是有个潜台词，即法学教育中存在着充分的理论教学。这从表象上看，具有似是而非的正确

---

① 此处之所以使用理论回归的概念，一方面是基于理论教育的应然性而言，另一方面则是基于20世纪80年代法学教育中对理论法学的重视。抛弃了理论的法学教育导向了功利化和应用化，将法学教育技术化是有风险的。

性，但这样的思想逻辑是很有问题的。究其实质而言，当下中国法学教育中的理论教育在总体上是缺失的。多数院校的法学教育在理论研究和理论教学方面是非常薄弱的，从课程设置到课程内容，理论都不是真正在场的。理论会培养人们洞悉事物本性的能力，法学教育必须认真对待理论。人们之所以觉得理论教学好像是很充分的缘由，恐怕是错误地把知识当作理论了，仿佛只要存在于书本上的东西就是理论性的，于是在大学里的法学教育就都变成理论教育了。知识和理论是不同的，两者最根本的区别不在于系统性的有无，因为无论知识还是理论都是可以系统化的，而在于理论本身充满着自主性，其自身蕴含着重要的方法论取向，而知识本身并不包含着明确的方法论指向。知识还有一个十分宽泛的理解，人们把知识与书本画等号的现象是普遍存在的，在这样的思维前提下不可能有对于知识和理论的合理把握。我国当前法学教育中的"理论缺失"需要认真分析，针对缺憾用行动解决其所存在的局限性，方为大学教育担当精神之体现。无论法学教育的具体样态如何变幻，理论训练都是其本体之根，丢失了"道基"，便不可能有好的法学教育。

法学教育的理论缺失表现在理论课程的缺失。法学教育体系中包含了许多应然的理论课程，法哲学、法理学、法律社会学、法律解释学、法律逻辑学、中国法律思想史、西方法律思想史、比较法学、民法哲学、刑法哲学等，都可以被称为理论课程，然而在这些课程中到底有几门是通过课堂讲授的呢？恐怕对于大多数的学校而言，只有法理学一门而已，再稍好一些的学校会有法律逻辑学和西方法律思想史，至于其他的课程恐怕就只能在硕士生或博士生阶段开设了。当然，即便在硕士生和博士生的法学教育阶段也有很多理论课是缺失的。课程的设计者天然地认为法学是应用学科，理论性的法学学科不是应用的，也是没有实际用途的。这种肤浅的观念在很多大学中都普遍存在。设计者的观念中实际上存在一种二元对立的思维方式，在他们的头脑中想当然地认为理论与实践是对立的，应用性的法学教育就不能讲理论，这不是一种我们所应倡导的"知行合一"的基本理论态度。按照"知行合一"的思想理念，理论的就是实践的，实践的就是理论的，① 不能理解这样的思想，便不能理解在法学教育体系中理论学科训练的重要性。

　　法学教育的理论缺失还表现在对部门法的错误认知。只要谈到法学，人们就普遍地认为部门法学是真正有用的，故此被称为"实践法学"②。人们把部门法学看作"实践法学"是不能真正理解"实践"的真正含义的表现，部门法学并不当然地具备"实践"的品性，部门法的知识远比真正有用的法哲学更为抽象，甚至教条化。实践不仅包含了一般的有用性，更为重要的是实践包含了目的性，而这种目的性恰恰是人本身为着自身而对自身行动的一种设计，所以任何实践都是真正地对于人本身进行反思的结果。我并不认为部门法就是真正有用的，其实真正的理论总是实践的，倘若我们在理论学习中感受不到理论的实践本性，那就一定是没有理解理论本身的属性。法学知识体系中的理论是对法的生活实践的反思和结晶，怎么可能不具有有用的价值呢？又怎么可能不具有实践的本性呢？正是基于一种错误的认识，有人主张削减法学教育课程设计中的理论内容，以至于我们除了开设教育部规定必须开设的理论课程之外，更为重要的法学理论课程往往被置于法学教育之外，倘若教育部没有核心课的规定，某些大学估计就要把法理学也删除了。荒谬的认识造就低劣的教育，低劣的教育造就"恶"的实践，法学教育应该认真加以反思。在中国的著名大学里，有的专家教授不去真正地认真反思法学教育，而单纯地做着所谓的专业化研究。没有对于法学教育的深切认知，又怎么可能做出一流的学术呢？只要看看当前法学家的普遍追求，我们就能够明白法学教育之所以落后的

---

① 正如王阳明所言："知之真切笃实处即是行，行之明觉精察处即是知。"（王阳明：《答顾东桥书》，载《王阳明全集》上，上海古籍出版社 2011 年版，第 47 页。）知与行的工夫本就是不可分离的，一旦分离了两者，知就显得空泛，行便觉得轻浮。"知行合一"才是最高境界，走向实践智慧便是有效地统一了"知"与"行"，用当下的话语就是做到了"理论"与"实践"的统一。

② "实践法学"概念在中国法学界的使用是比较混乱的，多数人往往从法的实用属性角度理解"实践法学"。但是，在少数人的观念中"实践法学"是一种法哲学理论，而不是指的应用法学。因此有必要将"实践法学"改为"实践法哲学"或"法律实践主义"。

原因了。① 我们必须在真切地反思法的本性的基础之上去运思当代中国法学教育模式。

正是基于这样的认识，法学教育必须加大理论课的成分，我们的法学教育中不是理论多了，恰恰是少得可怜，这正是需要我们认真加以变革的东西。其实理论课的有用性与法的实践本性，以及理论的实践性，这些问题都是变革法学教育的认知前提，但关键是要用心去体会，多读读哲学，尤其是亚里士多德哲学和马克思哲学还有哲学解释学，就会有比较清晰的认识了。尤其是那些掌握着法学教育变革话语权的人，更应该认真去消化这些理论问题，然后进行切实有效的改革。理论课程的开设不仅应该包括法学的理论，而且应该包括相关学科的理论。法学内的理论课程既包括理论法学的理论课程，这些课程是从各自的角度对法的一般理论和原理的探讨，也包括部门法学的理论课程，我们不能想当然地认为部门法学课程就缺乏理论，一个部门法学是否成熟的重要标志就是是否具有自主性的理论原理，比如民法学和刑法学，其理论色彩都是非常浓厚的。但需要注意的是中国法制史和外国法制史并不是真正意义上的理论课程，它们与部门法学更为接近。相关学科的理论课程主要有政治哲学、哲学认识论、道德哲学、语言哲学、哲学解释学，另外还可以开设相关的经济学、社会学等理论课程，学生可以根据自身的兴趣从中选择某种或多种交叉学科课程充实自己的理论结构。比如，如果学生对诉讼法感兴趣，就要好好学习哲学认识论；如果对法律解释感兴趣，就要认真研究哲学解释学和语言哲学，它们之间在理论结合点上存在着内在的关联性。法学教育中的理论训练是多元化的，单一化的理论训练同样是法学教育的失败。

---

① 中国的法学家更多地把精力投入专业研究当中，很少有人认真研究法学教育的理论和实践问题。不把握法学教育的真谛，又如何能够培养出卓越的法律人才？大学里的法学家首先是一位人民教师，因此必须在教学方面投入更大的精力，这样就应当认真研究法学教育的根本问题。我们需要掌握法学教育中理论和实践的双重现实性，在对法学教育进行真切的现象学洞悉基础上促进法学教育的发展。

二、法律教育者的理论构成：一个决定性因素

任何理论在法学教育中都是要由教师加以讲授的，但我们所观照的事实却是法学教师对理论课程的忽视，这种忽略是根深蒂固的。尽管在著名大学法学院开设了一定比例的理论课，并且也有着良好的师资，但这并不意味着那些大学中法学理论教育就一定是充分的。名校的教师也往往自谦地说自己讲授的理论课缺乏实践性，没有部门法有用。这种认识本身就是错误的，以这样的认识又怎么可能将理论课程讲好呢？法学理论课的老师并不需要太多的自谦，他更需要一种理论的勇气，缺乏理论的勇气是很难把法学理论课程讲得出色的，这是个主观前提问题，在一定意义上理论课程需要强大的主观性介入。法学教师的理论素养对法学教育是至关重要的，它具有引领性作用，若是透彻的理论分析在老师的话语中得到淋漓尽致的展现，就是一种思想的魅力。理论一旦内化就将转化为实践的力量，它是法律生活实践趋于合理化的重要根基。

我们要着重说明的就是，法学教师理论素养的缺乏是当代中国法学教育中不可争辩的事实。如果老师都不懂得理论，又怎么可能对学生进行理论训练呢？这是一个自然而然的逻辑。当然，我们能够看到，有很多论著充满了理论性，但那并不是真正的理论，因为理论必须经过消化转化为自己的理论，而当下法学界所运用的理论多数为西方的理论，并没有真正自己的理论。我们说一个教师理论素养好，也往往是他能够熟悉西方的诸多法律理论。法学教育所真正需要的不仅仅是熟悉他者理论的老师，更需要能够真正创造属于中国自己的理论的老师，只有这样理论才是真正有用的。很多人一提到理论，就说理论是抽象的，其实这是一种误解，真正的理论必然是具体的，中国自己的法学理论也必然是具体的理论。① 一个真正的理论高手一定要熟知当下

---

① 有用的理论总是具体的。任何将理论抽象化的行为都是教条主义的体现，这个问题在黑格尔哲学中关于真理的具体性表达得非常明确，而在马克思主义经典作家那里也充分表达了这个深刻思想判断。"具体之所以具体，因为它是许多规定的综合，因而是多样性的统一。"（《马克思恩格斯选集》第 2 卷，人民出版社 2012 年版，第 701 页。）列宁在《哲学笔记》

中国现实实践，也一定要熟知中国历史传统，还要深切把握中国历史上真正属于中国自己的理论，至于西方的理论，当然也要不断学习消化，以便真正地融合到我们自己的理论中，或者使其成为创造中国理论的一个维度。

　　真正掌握理论的法学老师是少数，这是法学教育存在问题的一个原因。我们之前的法学教育同样存在严重的理论缺失，缺乏理论思维会遮蔽我们对诸多法学问题和法律教育问题的深刻把握。我们也能看到，在中国的大学法学院中很多老师虽然理论素养不够深厚，但却很有想法，虽然这种想法还不能称其为思想，自然也不能称之为理论。想法的好处在于对学生可能会有启发，想法的坏处则在于可能会误导学生，因为很多老师谈的所谓想法实际上是片面性的感受，并没有真正的理论价值。想法好像还不如观点，它最多只能是理论的萌芽，它需要上升为理论，否则便难以承担教育的使命。倘若仅凭一句话就可能启迪人们的心灵，创造发展人类的教育事业的话，那理论家也就没有存在的必要了。但是有想法依然很重要，因为很多具有良好的理论素养的老师正是在有想法的基础上不断自我修炼，而成就了自己的理论素养的，这是值得深思的问题。但如果有想法的老师不去下功夫思想，就不会转变自身，更无法超越自我。由于思想和理论的匮乏，则能够真正超越自我的人少之又少，以至于我们的学术如此，以至于我们的教育如此，以至于我们的法学境况如此！一个缺乏理论和思想的共同体是没有前途的，一种缺乏理论和思想的教育是没有希望的。

　　也许正是由于人们认为法律是应用的，故此忽略了法的理论性，也就自然地忽略了法学教育中的理论教育。有的法学老师认为掌握了法条就掌握了一切，当然也有一些老师认为理论十分强大且重要，但掌握理论过于艰难，于是就放弃了对于理论的追求，转身将主要的功力放置到了对于法条的追

中也强调了真理的现实具体性："单个的存在（对象、现象等等）（仅仅）是观念（真理）的一个方面。真理还需要现实的其他方面，这些方面也只是表现为独立的和单个的（独自自在的）。真理只是在它们的总和（zusammen）中以及在它们的关系（Beziehung）中才会实现。"（《列宁全集》第 55 卷，人民出版社 2017 年版，第 165—166 页）。理论和真理在具体性的品性方面是相通的。

求。结果导致了一系列严重的问题，部门法中的法条主义、司法判决书的模式化可能都和我们轻视理论有着密切的关系。① 曾几何时，在我们这个国度中，理论是那么光鲜，那么灿烂无比，如今却导致了另一个极端。② 理论的无用性主张泛滥于法学的诸多领域，以至于人们只要谈及法学教育就必然要谈法学教育的实践性，而一谈法学教育的实践性，就必然要谈及所谓的模拟法庭等。如果模拟法庭也能叫作"实践"的话，那这个包含了自身目的性的概念，甚至于理念也就过于简单了。我们的民族发展呼吁理论的创新，民族的辉煌必然仰赖于中国自主性理论的创造，这其中就包括真正属于中国自己的法律理论。只有用这些理论去武装法科学生，中国的法学教育才有希望。一个没有理论的教育模式必然是盲目的、具有依赖性的，没有理论就不可能真正创造中国自己的法学教育模式。

　　法学教师自身首先需要强大的理论训练，不论是一般法学理论的教师，还是部门法学的教师，都需要掌握良好的理论，但这是一个系统而复杂的工程。理论并不是每个人都可以掌握的，理论的把握是需要天赋和思想功力的，同时，没有深入的研读过程也不可能真正地把握法学的理论系统。对于既有的法学教师而言，理论的自我训练是至关重要的，这是一个不可停止的训练过程。他需要研习哲学理论，而不是仅仅记住一个哲学语录。他需要领会真正有价值的理论，而不是对任何哲学都毫无反思地加以接受，一旦他接受了一种荒诞的哲学理论，就只能使得他对法学的理解和把握违反法的本性，这样的理论是抽象而无用的，庸俗化的哲学教育往往会毒害一个人的理

---

① 　实际上在法律的运行中真正决定着案件结果的往往不是法条或所谓规则。"是法官对案件事实的正确与公平的所思所想，而不是法律规则决定着判决的进程。"（*A Companion to Philosophy of Law and Legal Theory,* Edited by Dennis Patterson, Blackwell Publisher Ltd, 1996, p.270.）在一种合理性的意义上，法官的内在合理性世界要比法条本身更为直接地在构造着法律，法律在这个意义上是必然要经过转化的，静态的法条所无法发挥的作用只能由作为主体的人在其创造性活动加以完成。

② 　其实理论也要有所节制，理论毕竟是思想世界中美的表达，不可能也没必要获得任意性的扩张。并不是所有人都能把理论讲好，不擅长理论的人会将理论教条化，理论教条化的结果会滋长出许多恶劣的现象。思想和理论是不同的，思想对理论具有牵引作用，理论需要思想的方向性引领，卓越的思想又可以防止理论的泛滥。

论思维。他需要认真消化诸多的法学理论思潮，也可以仅仅把握其中的一种，但这同样需要深入的剖析。无论是法律实证主义，还是法律实用主义，抑或是法律实践主义，都需要切实把握其思想的机理，而不是一种浅显的知识性解读。这里主张一种法律实践主义的法学理论，它是一个理论系统，同时构造了自身的方法论。但对它的把握同样需要哲学的在场，这运用哲学原理去把握和论证这种法哲学。把握实践主义法哲学是需要体验的，理论都需要研习者的体验，需要心灵的在场，甚至还要用身体去感受理论的存在。部门法的理论同样是需要认真把握的，勇气、雄心、体验、观照、比较，都是非常重要的。法学教师需要习惯于理论表达。

三、精神教育：理论教育的重要维度

当代中国在任何一个阶段的教育中，在任何一个种类的教育中，都严重匮乏一种真正意义上的精神嵌入，而倘若一个民族失去了精神依托，则这个民族的存在必将危机重重。法学教育中匮乏精神教育的现象尤其突出，尽管法律或法学本身充满着精神魅力和精神基础，但几乎所有大学的教育者本身都忽略了法学教育体系中精神的熏陶。造成这种现象的原因可能很多，比如法学教师没有精神支撑，一心只为发表论文和申报课题；而法科学生学习法律的目的并不是要为建设一个法治国家而努力，却是为了能够挣到更多的钱，这距离法之本质属性相去甚远。当然，其间深层的原因或许是中国人天然的实用化情结，不去探究行动背后的精神价值，加之人们相对缺乏市场经济的内在品性，故此在市场经济下搞法学教育，就会导致法学教育日益功利化，这是个很难解决的问题。但我们必须解决这个问题，否则不仅法学教育没有希望，则法治建设也将成为虚幻的理想。我们必须在精神上淬炼自身，经过锻造而成的我们是现代性的个体，我们在与他者的共在中实现自身。我们所要建设的是现代性法治国家，法治国家必须有自身的精神基础。现代性下的"个人"是完成了自身从"小市民"到"公民"转换的"个体"，这种个体精神与现代性法治国家内在相通，构成了法治国家重要的精神基础。现

代法学教育同样需要珍视这种高贵精神，为实现人对人自身的真正占有作出自己的贡献。法学教育必须灌注一种精神的力量，然而这种精神不是浪漫主义的，而是现实性的，是与历史实践的现实展开内在呼应的。只有以现实性为根基的精神，才能保持其卓越的品格，并在法律生活世界中表达自身的存在力量。

法学教育所应有的精神是和法学中的理论性性能内在相通的，精神需要理论支撑，理论需要精神引领。只有我们把握了法的理论性能，才能够真切理解法的精神价值，进而理解和把握法学教育精神维度的重要性，否则怎么可能成就一个法学教育的精神化趋向呢？有一个现象值得我们重视，在法学家群体中具备理论素养的多数具有相当高程度的精神内涵，真正地揭示了法之理论特质的人必能明确法律之精神价值，进而将其贯穿到法学教育之中，并用自身之行动推动精神的培育和发展，这是一种难能可贵的工作，正是这种工作在培育着中国人的法治精神。法学教育为法条主义及法条注释学所困已久。当代中国法学教育欲挣脱无精神之状态，要摆脱法条主义之困，更要摆脱法条主义背后所隐含的功利化的利益驱动机制，否则就不可能真正造就中国人之法学精神，也就不可能真正通过法学教育塑造推动法治进程的精英栋梁。当然，这并不是说功利主义是错误的，人不可能摆脱功利主义的考量方式，然而真正的功利主义并不意味着唯利是图，而是体现了对个体价值和集体命运的真切关怀。

一种法学教育在塑造学生理论素养的同时所需要造就的被培养者的精神有很多：强烈的主体自我意识、摆脱自我功利化计算的超越精神、真正意义上的国家责任感、追寻法治精神的内在境界、与他人协作的共同体精神，如此等等。这些精神内在于法律的活动以及人类在漫长的知识累积中所造就的法学理论之中，更存在于世世代代为法治而不懈奋斗的人的行动之中。正是这样的精神创造了一个法治的世界，正是这样的精神在支撑着法治国家的法学教育。每每念及于此，一股股热流就会在全身涌动，这正是法治国家的真正精神。法治国家的价值基础所包含的都是一系列的精神理念，无论是自由价值中所展现的对于人本身的尊重的崇高精神，还是平等所蕴含的人学向度，抑或是民主所要表达的民意，都体现了真正重要的人类精神价值。这个价值的核心就是人的尊严，人的尊严是现代法的精神基础，也是现代法的精神表现，人的尊严要贯穿于法治生活的方方面面，这样体现了人的尊严的法治才真正具有一种生活方式的基本取向。"主体自我意识"的成熟自然是"人作为人"成就自身的重要标识，这意味着现代法"个体产品"的形成。但是这种个体精神从来都不是绝对的，而是与他者并在，与责任同行。法学教育不是培养"精致的市民"，而是塑造真正与他者共在的"个体精神"，它既体现了法治文化的现代性，又表达了法律现代性的辩证法。

在这里，我们尤其要强调的是法学教育中的去功利化问题。当代中国法学教育充满了功利化色彩，考试的功利化、职业选择的功利化、专业选择的功利化，所有这些都体现在了法学教育的整体运行当中。无论是教育者还是受教育者多认为这是天经地义的，这是一种极其可怕的情景。谋生的理由成为了拒绝精神的绝对理由。然而，难道具有高贵精神追求的个体就会在谋生问题上困难重重？而满脑子利益至上的个体反倒是如鱼得水？如果真是如此，则更说明了教育的悲哀，同时也必是时代的悲哀。在功利化教育氛围中，众多的法科学生缺乏真正内在的精神追求，各种选择往往以利益为导向。但我们知道，法治国家的谋划在一定意义上讲是要摆脱功利化的束缚的，当一个民族的法科学生完全沉浸在功利化的泥潭中的时候，则这个民族的法治建设一定是没有希望的。我们自然需要面对人性的复杂性，"人性之恶"当然会表现在法律世界当中，然而教育的使命必须面向"可能世界"而有所作为。人超越自身的有限性，才能真正体现出人作为人的尊严。法治需要精神的嵌入，需要精神的在场，尤其对于后法治发展国家而言，精神构成了法治国家架构的基本前提。大学不是知识的摇篮，更不是一个功利场，而是真正培养"人"、生成"人"的圣殿。① 大学就是要塑造青年学生的思想世界，大学就是要磨炼青年学生的精神世界，大学就是要把青年学生锻造为与众不

---

① 这样的大学自然是思想的圣殿，在那里有一批不计名利的人创造了大学精神。真正的大学总是同伟大的人物密切地关联在一起，比如维特根斯坦与剑桥大学，思想家与大学是双向塑造的。

同的人,大学就是要把青年学生提升为富有国家责任感的个体,大学就是要把青年学生淬炼成为充满行动力的"真人"。我们必须认识到,精神教育不是用一些"空转"话语反复诉说,而是抓住人心的启蒙。

第三节 法学教育中的实践训练

当下中国的法学教育不仅存在着理论训练的严重匮乏,而且在实践训练方面也有不足的。虽然法学界能够认识到法学教育的实践趋向,但是并不能真正地理解实践到底意味着什么,因此也难以真正地在法学教育中认真贯彻实践之维度,这就难免使得法学教育出现这样一种倾向:一方面高喊着要加强实践训练,另一方面却只是弄出了一些实践的花架子,因此从法学院毕业的学生多数既匮乏理论的感知力,又无法在具体的工作中得心应手地解决现实中的问题,尤其是不能对问题拿出漂亮的对策。按照法律实践主义的思想理路,真正的实践训练是不可能和理论相分离的,实践训练同时意味着理论的在场。只有理论在场的实践训练,才可能锻造人们洞悉真相的能力,然而现实流动的实践同样十分重要,在实践中摸爬滚打的结果不是与理论的疏离,而是与理论的真正融合,其所造就的便是实践智慧。尽管数年的法学教育并不能完成实践智慧的训练,然而教育是个无尽的过程,在这个过程中实践智慧处在不断生成的状态当中。

一、实践概念与法学教育

在中国社会的各个领域存在着这样一种现象:人们动辄会谈及理论和实践的问题,又会论及理论与实践的统一性,同时还会反复倡导理论联系实际。所有这样的话语给人的感觉是大家都理解了实践,似乎也理解了理论。人们总是以为理论是那种所谓抽象的知识,而实践则是具体的社会运行过程及其现实运行过程中所产生的各种具象。这样的说法其实很有问题。当人们这么说的时候并没有真正理解理论与实践的关系，当然也没有理解理论和实践的概念。正是因为我们在根本上并没有理解两者的关系，而总是将其当作一种知识话语进行无限的谈论与传播，简单的话语重复缺乏思辨理性的支撑，其危害性不言而喻。一旦原本颇有道理的话语变成套话，这种话语的言说者也就失去了反思的能力。这不仅不利于人们树立理论与实践相互统一的理念，反而会导致理论与实践的分野，现实的法学教育即是这个方面的明证。

由于法学界与其他领域一样多数人将实践看作是与理论相对立的一个领域，于是为了解决理论教育的局限性，就主张加强法学教育的实践性。这看上去好像是一种正确的逻辑，但却不是一种与内容相结合的逻辑，因此也就失去了自身的合理性依托。那么在他们看来什么是法学教育的实践性呢？他们拿出了一些举措：加大实践性课程的设立比重、定期开展模拟法庭的活动、带着学生到司法机关去实习，另外诸如加大国际性教育等。与此相应的就是削弱理论性课程的开设，将法哲学等与法律实践对立起来，与此对应的便是对部门法教学的重视。所有这些举措看上去好像都没什么问题，但在实践中并不能增强学生对于法的深刻理解，也难以使他们在所谓的实践活动中真正地增强实践能力。如果多开几次模拟法庭就可以提高法学教育质量，那岂不是简单至极？这是一种严重的对于法学教育之实践性的错误解读，按照这样的法学教育模式发展下去，则我国之法学教育很难真正表现自身的特色，也难以对中国的法治建设发挥真正良好的促进作用。

中国当下法学教育模式的形成有着诸多原因，其间历史和政治的原因自然是非常重要的方面，但人为的原因也是不可忽略的。中国法学教育之设计在事实上总是取决于若干所谓的专家，这些专家当然都很有名气，他们凭借着自己对于法学教育的理解设计了法学教育的基本模式。尽管每个学校会有一些区别，但并没有本质的差异，这就使得法学教育大同小异，各自没有什么特色。不同的教育模式会塑造相异的师资力量，不同的师资力量会培养不同的学生，而不同的学生会造就充满差异性的法治实践。人的力量在法律实践中扮演着非常重要的角色和功能，法学教育是人的思想操作，法律实践同样也是主体的操作，离开了对主体的多元化塑造，便不可能真正生成具有法学教养的操作者，又如何能够提升法治实践的操作质量。法律实践主义的法哲学中包含了主体性原理，该原理同样需要被贯彻到法学教育的设计和规划当中。不管我们在法学教育中如何地增加了所谓实践的因素，在其本质上依然是一种单纯的知识化和专业化的教育进路，甚至根本都不是理论化的教育进路，因为理论和知识是根本不同的。另外还有一种错误的认识，即把法理学看作是理论的，而将部门法看作是实践的，这种似是而非的见解误导了法学教育，误导了法律实践。法理学不仅是理论的，也是实践的，部门法不仅是实践的，也是理论的。难道民法学、刑法学、证据法学不具有博大精深的理论内涵？如果我们不能把握认识论和价值论的哲学，恐怕根本就不能理解证据法设定的原理。

我们必须清楚，当下的法学教育对于实践有着严重的误读，实践不是一种与理论对立的概念，而其本身就是一种理论。理论就是实践，实践就是理论。一个真正把握了理论的人，他的实践能力一定是很高的；而真正能够驾驭实践的人，必然具备理论的天赋。我们可以设想一下某些人物：霍姆斯作为美国联邦最高法院的大法官，他同时是一位具有深刻理论造诣的法哲学家，他还是早期美国实用主义哲学俱乐部的原始成员。另外，我们还可以想象卡多佐、波斯纳等卓越的思想家，他们同时是出色的实践家。而在中国历史上董仲舒的"春秋决狱"以及张船山、袁枚的判牍都充分展示了理论与实践的现实性统一。董仲舒的理论素养是卓越的，他是第二代儒学的重要代表，但他却能做出影响两千年的"春秋决狱"，"春秋决狱"正是理论和实践的智慧凝结。如果法学教育能够坚持这样的理解，那么理论和实践就不会有分野，两者就不会被人为地分开，并在分开之后高呼"让理论联系实际"。其实"理论联系实际"是一种错误的认识，理论本身就是实践的，它不需要联系实际。如果一种理论还需要联系实际的话，那就不是真正的理论；而如果实践本身缺失了理论之维，那就不可能真正实现人类之目的性关怀。

古希腊的亚里士多德在理解实践的时候，不是从一种所谓技术技巧的角度进行理解①，而是从人类的目的性角度进行理解，将实践看作一种向善的事业，所以实践在根本上是要关注于人自身之存在命运的。倘若实践远离人的目的，那就不可能真正地具备属人的价值。所以实践决不能等同于技艺的操作，技艺乃是一种匠人之学。教育不是技术的传承，而是思想精神的延续和发展。当下的法学教育总体上就是一些匠人在培养着另一些匠人的过程，而在根本上缺失了卓越理论的在场，更没有对于人类命运的深切关怀。中国社会在自身的运行中生成一些颇具特色的元素，比如天然的价值关怀，这就是深藏于传统之中的儒家价值系统，但我们也缺乏一些真正的具有终极性关怀的价值理念。如果没有对于人的命运的真切关怀，那么我们就不会懂得如何驾驭法律并使法律能够让人生活得更好，也不会懂得凡与人的生活世界的合理性具有深刻差异的东西不能被表达为法的价值合理性基础。而中国社会的价值追求也恰恰体现了中国乃是一种实践理性的文化传统，纯粹程序化的东西在中国的践行是艰难的，好像即使我们有着实践所真正要求的具备实践智慧的主体，恐怕也很难做到成功推动程序理性的构建。然而，我们依然要认识到程序理性的卓越价值，"实践"概念本身同样是包含程序性价值的，程序性价值的设定同样是法律实践的内在规定性，是法的精神价值的重要表达。实践合理性永远都是我们筹划法学知识、法律理论、法律实践，以及法学教育的根本性认知前提。它不是单纯的实质合理性，其本身内在地蕴含了程序价值和实质价值的统一性。这其中渗透了我们对理论与实践的合理阐释，更包含了一种关于实践的崭新话语体系，这是我们应该认真捉摸的理论问题。

二、法学教育中的判例训练

多数人认为加强法学教育的实践性就要加强案例教学，这自然是很有道

---

① 法学教育如果陷入技术之学和技巧之学，那必将是法学的沉沦，也必是教育精神的沦落。拾起法学教育的理论维度和精神向度，才是契合法学教育本性的基本理念。法学教育需要诸多能够将理论讲得透彻、把精神贯穿始终的教育者，他们比所谓的法学专家对中国教育和法治发展发挥更为根本的作用。

理的，因为案例作为沟通普遍世界与具体世界的桥梁，其自身就是理论与实践的统一，所以如果能够对法学教育中的案例教育多进行探寻挖掘，就会有利于法学教育的改进，真正促进法学教育的发展。当然，这样的认识并没有被人们真正地消化，因为多数人还是在固有的理论与实践二分的框架内对判例教学所作的理解。他们往往这样认为：加强判例教学，用生动的案例去讲课，有利于同学们真正地理解知识理论。这里并没有或者说缺乏一种实践的面向，因此也就不可能真正地做到理解判例教学的价值。课堂教育当然要遵循课堂教育的规律，生动的案例呈现了法律教育的鲜活性特质及与法律实践的融合，基于这样的原因法学教育需要强调对于生动案例的讲授与传播。案例包含了事实问题，也包含了法律问题，更包含了将两者加以融通的法律解释和法律论证问题，其间凝结了真正的法理学精神。讲好案例是法学教育必须认真对待的问题，它比通常的教学内容对教师的要求更高，更需要教师在理论和实践等诸多方面锤炼自身的素养。

在中国法学教育中，有一些老师很受学生的欢迎。为什么呢？因为这些老师能够结合案例进行教育，往往把一个案例讲得生动活泼，学生们也听得津津有味。然而，这样的案例教育是不是真正地具有一种培养人的功能呢？有的老师把课程讲得很生动，大量贯穿各种各样的案例，学生们听着感觉特别好，但是事过之后学生们发现除了当时心情的愉悦之外，其实没有什么特别有启发的收获。讲好判例需要教师拥有卓越的素养，理论素养与精神素养的并在是不可或缺的重要支撑，并不是每个熟知案例的老师都能把案例讲好。熟知未必是真知。拥有反思精神的学生意识到了问题的严重性，他们不是少年儿童，不需要轻松快乐的上课方式，他们是成年人，他们需要在思想理论中历练自身，通过锤炼自己的思想世界提升自身的素养。这样的学生当然是有思想的学生，也是真心想学一点东西的学生。他们都很真诚，年轻的心是不能欺骗的，尤其是对于渴望知识思想和理论的年轻的心，我们更应该投注我们的真诚，让年轻人的心灵更加完善。法学教育必须承担起这样的历史使命。法学教育所培养的法官正是要以心正心，推动我中华法系之复兴！

我们先分析一下判例。一个判例就是一种浓缩的法。普通法系有判例法之说，其实每个法系中都或多或少地存在着判例法的元素。判例本身不仅代表着普遍世界的合理性追求与关怀，而且体现着现实世界的复杂性，尤其是一个判例还体现了法官运用普遍世界的合理性追求解决现实世界复杂性的实践智慧。真正的或者说有价值的判例就应该是这样的，它能够承载普遍性和特殊性的融合汇通，能够在事实或法律的运用方面具有典型意义，能够在法律解释或法律论证或裁判结论上承载着思想的价值。我们能够从这样的判例中充分感受到法的卓越价值，同时也能够从这样的判例中体会到法的疑难性，又能够感受到人们在疑难中卓然独立，创造性地解决问题的勇敢和智慧。一个法学老师在课堂上讲授判例的话，可以从这样的一些前提出发进行讲解：一是案例反映的普遍世界的问题，二是案例反映的具体世界的复杂性问题，三是解决普遍世界与具体世界问题的实践智慧。如果我们的法学教师在课堂上是以这样的方式进行讲解的话，那么法科学生的素养应能够获得重要的提升。一个案例承载了法的整体架构及其内涵的精神要素。即令是英美法学教育发达之国家也未必尽皆在该方面体现出法学教育的卓越品性，但毫无疑问，英美法系中的教育者在该方面不仅有着明确的思想指向，而且积累了丰富的经验，他们总是力图将普遍与具体连接到一起，并且认真思考其中的复杂性问题。[1] 对于判例的强调，往往也表现在法理学研究中，美国的法理学在一定意义上看是"法官的法理学"。当然，他们还会特别讲授判例法思维，先例和待决案例的比较权衡都是他们所要把握的重点，其中同时会涉及某些方法，比如类比方法、归纳方法等，这些方法是和判例的运行连在一起的，其所呈现的是法的实践精神。

---

[1]　这自然体现了法学院的"实用性"及"职业化"特征，但我们并不能因此就忽略法学院的学术追求。"自从兰德尔与艾略特首次将职业法学院引入主流美国人文社科类大学，法学教育者就一直在职业化和学术化两条恶性竞争的进路之间挣扎。"（[英] 罗伯特·史蒂文斯：《法学院——美国法学教育百年史：19 世纪 50 年代至 20 世纪 80 年代》，李立丰译，北京大学出版社 2017 年版，第 390 页。）

在众多的判例法著作中有本叫作《先例的力量》①的力作，它对于判例的运行机理的分析可以说细致入微，是我们把握英美法系的重要著作。尽管我们没有机会去聆听这位作者的课程，但我们相信如果他在自己的课堂上讲授判例，则我们便能够欣赏到系列判例的连贯运动，那些判例的运动或许就构成了法律的发展过程。判例凝结了法的精神，讲授判例自然不是为了某种生动课堂的形式化追求，他们所追求的是内容和精神及思想的传递，而不是花里胡哨的形式主义。以此种判例为基础的教学是必要的，也是有效的，我们的法学教育需要贯彻这样的判例教育，这才是真正的"实践训练"。在"实践训练"中，理论永远都是在场的。尽管学生们并没有亲历案件的发生和审理经过，但判例的运行为老师所呈现，学生在这个过程中可以最大限度地感受判例中的"实践价值"，从而完成对自身的规训。这种训练自然会促进法科学生素养的整体提升，当然我们也可以明确地认识到这种"实践训练"不仅会提升学生的实践能力，同时还会提升其理论能力，这是真正的理论与实践的内在统一，这与我们所讲的"理论联系实际"是截然不同的。"理论联系实际"是外在的，而我们上述的判例教学是理论与实践的内在统一。如果说理论联系实际还需要去推动的话，则后者根本无需推动，因为两者本就是内在的结合。

加强判例教学是非常有益的，但要想实现其教育目的其实还是很困难的，因为我们有的老师还缺乏一种真正分析判例的能力和素养，这是一种高超的理论素养，理论素养不是规范化的素养，它是特定情境中呈现的一种智慧形态。有的人把案例教育理解为讲故事，讲述案件的发生过程，最后告诉

---

① Michael J. Gerhardt, *The Power of Precedent*, Oxford University Press，2008. 该书极为细致地描述了最高法院先例的存在模式、先例理论、黄金规则、非司法先例、先例的多样功能，典型分析了那些在美国司法发展史上难以被推翻的伟大判例，并且探讨了先例的未来。所有这些都让我们感受到判例的存在机理，这种存在机理正是判例法得以运行和发展的根本要旨之所在。中国虽然没有美国式的判例法，但其案例指导制度也具有相当的判例法功能，这种制度同样需要法学教育能够对各种案例（甚至干脆就叫作先例）进行认真的研究，不仅在学术专著中进行研究，而且要在教学中与学生们一起进行研究。一种没有突破精神的教育是没有希望的，不能在法治发展的道路上敏于探索，则难以将自身建设成为现代性法治国家。而现代性法治国家的建设，其中一个重要维度就是法学教育的改进。

大家法院的判决结论，这样的案例教学实际上是没有作用的。这样的案例根本就不需要讲授，学生完全可以通过自己的阅读熟知这些案例，老师要讲的应是学生所不知道的，或者说学生通过自己的学习无法掌握的东西，那永远是思想和理论的魅力，那永远都是作为一个老师真正的卓越品质之所在。老师这个职业之所以伟大就在于它始终贯穿着一种精神、一种理念，并且这种精神、理念可以真正推动时代之发展。我们时代的大发展需要精神的介入，具备精神魅力的师者可以真正承担起育我中华的责任。老师就是要用真诚的心灵世界塑造学生的精神世界，即便是一个判例也要使其呈现卓越的思想魅力和理论价值，我们要通过各种方式锻造自己和学生的精神世界。

　　法学教育的判例教学模式是重要的实践训练方式，在判例中典型地体现了理论与实践的完美统一。判例教学理应在三个方面多下功夫：一是加强传统中国的判例教学。中国历史上存在着大量的优秀的经典判例，这些判例典型地表达了中华法系的基本精神，正是从这样的判例中我们才能够真正地体会到传统中国法的运行风貌和特质，而其间所承载的法的理论和思想及精神同样需要我们认真挖掘。我们不要认为传统判例是历史上的东西，就想当然地断定它只属于历史，而不属于现实的实践。历史与实践又是一个重要的话题，两者在本质上是相通的，并且是内在统一的，深切地把握历史与实践统一的智慧是我们理解当代法学教育之实践性的重要理论基点。如果我们不能真切地懂得历史上的判例的运行，我们就不会懂得法文化的历史与实践，也不会懂得当代中国法文化的传统意蕴。传统从不是一种单纯的历史文化，而是一种动态的运行，正是通过对传统判例的了解我们才能够达到对传统法的实践性品质的理解和把握。加强传统判例的教学分量是法学实践教学必须解决的问题，这个任务可能要落到法律史教师的身上，但多数法律史教师乃是历史出身。他们虽然精通文献，却在把握法律本身的特质方面需要不断锤炼，他们往往难以在对判例的运行特质进行分析的基础上真正促进传统判例教学的发达。这需要理论的登场，法律史学家必须同时为法理学家，法理学家需要同时为法律史学家，在这种融合中才可能解决问题。问题自然也可以通过部门法教学加以解决，相应的部门法判例教学同样需要沟通历史，而传统判例恰恰凝结了历史法律文化的"实践精华"，对于把握法的流动着的历史至关重要。"人"是教学的中介，是沟通者，是创造者，卓越的教育者是提升法学教育质量的关键所在。

二是加强西方的判例教学。这听起来有些多余，因为那毕竟是异域的判例，而不真正地属于中国。但判例在西方国家，当然主要是英美国家，尤其是美国发挥着非常特别的教育作用。法官们写的判决主要是由司法意见构成的[①]，这些意见都是一篇漂亮的论文，充满了说服力和论证的风格[②]，经常地被学术界和司法界所引用。那些判例是法律运行中的法，它们是真正的法。如果我们要了解美国的法律，或者要了解美国的法律理论，而不懂得美国司法意见的话，恐怕不能说我们真正懂得了美国的法律文化。我们之所以要在中国法学教育中加大美国的判例比重，是因为美国的判例典型地体现了理论与实践的有机结合，通过对美国判例的了解可以提升我们对于法律之实践品性的认知，这种实践品性同时也是理论品性。但这里依然存在着一种问题，即我们的法学老师可能真正能够讲授美国判例的不够充分，哪怕是结合自己的课程讲一些美国司法史上的典型判例也是不容易做到的。为了加强真正意义上的实践教学，更需要老师们先做知识及理论上的储备，否则真正的实践教学是很难做到的。在无奈的情况下，也只有弄出几个花样，搞点类似于模拟法庭的东西伴装实践教育而已。

三是要对当代中国的判例进行认真研究，加强其在法学教育中的比重。中国社会同样有很多典型的案例，其中诸多案例都是对法律本身的挑战和丰富。在当下的法学教育中很多老师能够在课堂上讲授这些案例，但是存在一个问题，那就是这种案例教育还不是真正的判例教学，判例教学一定要结合法官的行为去进行，同时要认真把握其中的理论难题，否则就不可能真正达

---

① 美国大抵是从朗德尔担任哈佛法学院院长之后开始大规模推动"案例教学法"。"法律的基础是为数不多的一些原则，最快捷、最好地掌握这些原则的方法是研究体现这些原则的判决意见。"（[美]艾伦·法恩思沃斯：《美国法律体系》，李明倩译，[美]史蒂夫·谢泼德修订，上海人民出版社 2018 年版，第 17 页。）

② "法官必须提供支持其结论的富有逻辑的、合情合理的论证。"（[美]范吉尔：《联邦最高法院的观点》，廖春霞译，上海社会科学院出版社 2018 年版，第 46 页。）

到大学法学教育的标准。如果判例教学不结合法官的判决及其所呈现的精神维度和理论指向，就不会是一种批判性的法学教育。"热热闹闹说说笑笑"的案例教学不能真正提升同学们的法律意识和法律精神及法学教养，也无法真正培育那些充满朝气的年轻人的心灵世界。而如果法科学生的内心世界匮乏了一种精神，则中华民族之法治国家的美好追求就会受到严重的损伤。时代之重任寄托于年轻人，时代发展之责任寄托于大学教育之发展，法治国家之形成寄托于法学教育之合理化。一个充满智慧的政府应该把教育放到首位，这种优先发展的战略必将提升一个民族的整体水准。任何不重视教育的民族是没有希望的。我们的教育是在培养和塑造一个掌握着"普遍性"的教养阶层，这一主体性的展开会不断提升民族的品格。

判例作为一种法的存在方式，典型地体现了理论与实践的有机统一，加强判例教学既是加强理论教育，也是强化实践训练，这两者在判例教学中达到了合体之统一，具有良好的教育价值。① 判例教学之训练是一个经常化的过程，并且不仅仅要讲授，而且关键的还是要写作，应当让学生去写判决书。我们当前的法学教育中有一门课叫作"法律文书"，但这门课更多的是在讲形式化的东西，而且时间太短不足以真正训练学生的实践性思维。法律文书的课程需要与教学实习结合在一起，以一份有着鲜活内容的判决书作为结课方式。我们建议通过各种方式增强法学教育之法律写作的成分，美国就有专门的法律写作训练。如果我们现在难以在课程体系中专门开设法律写作课的话，那完全可以采取弥漫式的教学方式。每门课都可以进行写作，写作本身既是一种理论训练，又是一种实践训练，可以要求每门课都加强法律写

---

① 当我们在阅读美国法哲学著作的时候，也深感即使在深厚的法哲学理论中也内在地包含了一种实践面向，于是我们感觉到这才是法之实践理性的真正体现，在美国法学家的内心中包含着理论与实践内在统一的观念，或许他们从未想过理论与实践是可以分开的。比如在美国著名学者 Ronald A. Cass 的法哲学著作 *The Rule of Law in America*（The Johns Hopkins University Press, 2001）中，作者始终具备一种实践的面向，不仅详细分析了尼克松和克林顿两个总统判例，而且运用很大篇幅表达了法官中心主义的法学思维方式。正是这样的法哲学著作才使得我们深切感受到理论与实践的内在性统一，而不是高喊自由平等的抽象的政治哲学话语。

作成分。可能有人会提出疑问，中国法律史的课程怎么能够进行法律写作之训练呢？其实这很简单，那就是可以针对传统判例进行研究，在此基础上要求学生写出符合传统法律理论和观念及传统法律精神的判决书。历史上发生了大量的案例，这些案例在今天都有记载和传播，老师可以在课堂上讲授这些案例，学生们也可以独立研究这些案例，至于课程考查则完全可以让学生去分析一份古代社会的判决，或者站在儒家和传统法律的立场上撰写一份判决书。可能还有人说，法理学怎么能贯彻判例教学呢，加强判例训练呢？提出这样的问题正是对法理学"实践性"认识不足的结果。法理学可以说处处是判例教学的机会，不仅在讲授法律论证的时候可以分析判例中的论证风格，而且在进行判例教学的过程中还会涉及自由主义等各种理论问题 [①]，充分显示了法理学理论与实践的内在统一性。也许，在某种意义上说，法理学是与案例教学最为亲密的一个知识领域，只是我们还缺乏明确的认知，更缺乏实践中的把握。

三、法学教育中的时代性

时代性是几乎所有学科都要关注的问题，即便历史学也不能离开对于时代性的反思，历史情怀和现实情怀是统一在一起的。时代性本身就意味着现实性 [②]、实践性。法学教育必然具有一种深刻的实践面向，而这种实践面向本身就包含了时代性，所谓的时代性就是当下实践发展所呈现的根本特质和意向。如果某种知识理论没有对于时代性的深刻把握，就难以真正确立自身的实践价值。法学教育要始终贯彻时代性的基本命题和卓越使命，在任何一

---

① 美国判例中有诸多与自由主义相关的案例，其间既充满了自由主义的理论论证，也包含了某种对自由主义的反思和检讨。自由主义往往与其他多种主义相互关联到一起。参见［美］范吉尔：《联邦最高法院的观点》，廖春霞译，上海社会科学院出版社 2018 年版，第 70—71 页。

② 现实性本身意味着一种合理性，时代性同样表达了合理性的实践精神，因此我们不能将时代性理解为"时髦"。法学教育的时代性不是让教育沉湎在"热点分析""火爆案例""时髦话题"当中，而是要沉入我们所生活于其中的时代，把握其规律性，反思其问题，在肯定性与否定性的双重诠释中确立法学教育的独特风格。

个课程中都要从自己的时代出发，也就是从自身存在的实践语境出发去分析和认知问题，并在此基础上去开展法学教育。如果脱离了对时代性的深刻把握，那么在现实当中将不可能真正使得法学教育对问题的把握切中事物之本质。当然，时代性从来都不是与历史传统相对立的，我们凸显时代性的卓越价值并不意味着我们对于历史的疏离。恰恰相反，对于历史的深刻把握，是洞悉时代性命题的基本前提，时代性是人类历史发展中的时代性。

我们先从法学教育的内容上考虑时代性问题。法学教育最为根本的元素是其所传递的内容，这个内容是现实性的，要具备时代性的特质。时代性与现实性是内在统一的，其所体现的均是实践精神。法学教育的内容需要与当下实践保持内在的契合与融通。在这个意义上的时代性往往不仅包括了中国社会发展的实践意向，而且也包括了整个世界的实践意向。我们在理解时代性问题的时候，往往会忽略中国当下的实践意向，缺乏对于社会实践之基本状态的认知性把握和洞悉性理解。时代性问题需要理论分析。比如，人们对于废除死刑的问题，好像大家都认为这体现了一种整个世界范围的时代性，人们从内心世界中好像也都认同此判断，并且真诚地希望能够在世界范围内废除死刑，这或许将是世界范围内人权事业的伟大胜利。然而当人们将时代性当作这样的一种共性去理解的时候，其实恰恰忽略了中国自身的实践问题。这不是形式问题，而是内容问题，内容问题就要考虑实践背景。在中国当下的实践语境中包含了人们对于死刑的态度、情感以及废除死刑之后对整个社会的可能影响等，所有这些恰恰是包含在当下中国的实践情势之中的。对于当下实践的感知使得我们认为中国是不能废除死刑的，而且死刑必然还会存在一个相当长的时间段。如果中国现在废除了死刑，或许会演绎出一系列的社会问题。把废除死刑作为一个形式理念，然后推广到世界各地，这当然是唯心论和观念论的体现，是典型的外部反思。我们可以看看中国当下的实践中所自然展开的一切可能性，人们的情感世界中不会认同对于死刑的废除，从过去流动到现在的传统（既包括大传统，也包括小传统；既包括文本世界的意向，也包括人们的文化心理结构；既包括思想形态的认知，也包括具体的法律实践）不会支持死刑的废除，废除死刑的后果可能是犯罪的频繁增加，为非作歹之徒或将无所顾忌。中国社会具有重刑的实践传统，传统流传到今天即为今天之实践，并且是一种强大的难以彻底改变的实践力量。传统问题不是历史问题，而是现实问题，是实践问题。这才是中国法学教育在把握时代性问题的时候必须认真对待的问题。

从法学教育"形式层面"上讲，自然也应该强调"时代性"。对时代性的强调，意味着法学教育要跟得上时代的步伐，真正培养出时代所需的人才，同时让人才在法律实践中真正发挥卓有成效的作用。在法学教育中，为了跟上时代的步伐，几乎所有老师都使用了"多媒体"等法学教育"新形式"。同时，很多法学院都建设了一流的模拟法庭，乃至法学实验室。这些东西都是法学教育的形式化载体，当然也体现了时代的发展。但以这种"时代性"为基础的"实践性"其实并不是真正的实践性。形式化的过度扩张遮蔽了对内容的合理性把握，一旦教学中的形式压倒内容，那将意味着教育本性的丢失。多媒体的运用的确方便，它增加了某种实践性面向，比如可以播放律师辩护的视频或者法庭裁判的场景或者从事民间解决纠纷工作的录像，这就是这种实践性所包含的直观性。但是，这是真正的"实践"吗？当在老师的组织下模仿法院里的审判进行模拟审判的时候，是增加了法学教育的"实践性"吗？这仅仅是增加了法学教育之"实践性"的形式化趋向，并没有真正促进法学教育的实践合理性发展，无非是多花了一些钱财而已，增加了诸多新花样而已。不要对模拟法庭给予过高的希望，何况大多数院校的模拟法庭往往不能发挥其应有的功能。真正的实践必然是一种包含目的性的实践，是对人自身的一种关怀，并且必然要表达为实践智慧。实践是现实性的展开，它本身同样为理论，其最好的实现方式是长时间"实习"，这种"实习"和实际"工作"是一样的。正是这样的实践本性，才是我们理解法学教育的实践面向所包含的时代性的根本前提，否则不仅不利于法学教育的发展，反而会桎梏法学教育的真正精神。

法学教育为了跟上所谓时代的潮流，动辄在提出一些战略性的口号，诸如"卓越人才"、"双核"及"新文科"模式之类，好像都在追求"世界化"、"国际化"和"特色化"。标签化的泛滥正是形式主义的表现。如果自己不提点口号，好像就没有做事。但是，这是法学教育所应具备的根本指向吗？这是法学教育实践面向的真正意蕴吗？到底什么才是中国法学教育的实践面向呢？为什么就不能在法学教育改革中提出"本土化"战略呢①？难道对于中国而言，"本土化"不正是真正的实践吗？难道以"本土化"为基地兼顾国际化不应该是中国法学教育的真正理念性构成吗？也许我们这里所使用的"兼顾"一词并不恰当，或许用"融合"的概念表达更为贴切。本土化的法学教育本身也是国际化的，两者之间并不存在任何对立化倾向。我们已经习惯了构造一些话语，"国际化"正是这样的话语表现形态，但作为普遍性的法学教育则必须首先完成包含了国际化于自身的本土教育，才可能特别地将"国际化"作为一个重要的方向去培养这类专门人才。无论是构造法学教育的人，还是参与法学教育的人，我们从心底里明白，真正的实践本身就是本土化的，国际化自然会融入本土教育当中，于是本土化与国际化便融为一体，这样的法学教育才是有用的。我们强调法学教育的本土化，是在强化法学教育的实践论，法律实践主义的教育理念是以我们身处其中的实践状态为基点展开的。这样的本土化同时意味着国际化，我们追求自身的独特性，但独特性同时要实现与共性的融通。

---

① 在诸多领域中人们已经习惯于"中国式"的表达，本土化本身就是一种"中国式"。当然，本土化法学教育并不是对现代化的反对，而是与现代化教育的矛盾融合。在大学教育谋制中，我们需要处理好现代性与本土化的关系问题。参见李立国：《大学治理的"现代性"与"本土化"》，《大学教育科学》2023 年第 1 期。

主要参考文献

一、中文著作类

李泽厚:《中国古代思想史论》,人民出版社 1986 年版。

贺麟:《文化与人生》,商务印书馆 1988 年版。

王岳川编:《牟宗三学术文化随笔》,中国青年出版社 1996 年版。

高清海:《哲学的创新》,吉林人民出版社 1997 年版。

李泽厚:《论语今读》,安徽文艺出版社 1998 年版。

张恒山:《义务先定论》,山东人民出版社 1999 年版。

包利民、M. 斯戴克豪斯:《现代性价值辩证论——规范伦理的形态学及其资源》,学林出版社 2000 年版。

洪汉鼎:《理解的真理——解读伽达默尔〈真理与方法〉》,山东人民出版社 2001 年版。

李泽厚:《历史本体论》,生活·读书·新知三联书店 2002 年版。

张能为:《理解的实践:伽达默尔实践哲学研究》,人民出版社 2002 年版。

王炳书:《实践理性论》,武汉大学出版社 2002 年版。

尚新建:《美国世俗化的宗教与威廉·詹姆斯的彻底经验主义》,上海人民出版社 2002 年版。

章启群:《意义的本体论——哲学诠释学》,上海译文出版社 2002 年版。

金惠敏：《后现代性与辩证解释学》，中国社会科学出版社 2002 年版。

李幼蒸：《仁学解释学——孔孟伦理学结构分析》，中国人民大学出版社 2004 年版。

王南湜、谢永康：《后主体性哲学的视域——马克思唯物主义的当代阐释》，中国人民大学出版社 2004 年版。

王南湜：《追寻哲学的精神——走向实践哲学之路》，北京师范大学出版社 2006 年版。

武建敏：《司法理论与司法模式》，华夏出版社 2006 年版。

孙正聿：《哲学观研究》，吉林人民出版社 2007 年版。

徐长福：《走向实践智慧——探寻实践哲学的新进路》，社会科学文献出版社 2008 年版。

刘森林：《实践的逻辑》，社会科学文献出版社 2009 年版。

杨国荣：《善的历程——儒家价值体系研究》，华东师范大学出版社 2009 年版。

叶秀山、王树人：《西方哲学史》（学术版）第八卷（下），江苏人民出版社、人民出版社 2011 年版。

徐向东：《实践理性》，浙江大学出版社 2011 年版。

俞吾金：《重新理解马克思——对马克思哲学的基础理论和当代意义的反思》，北京师范大学出版社 2013 年版。

陈来：《有无之境——王阳明哲学的精神》，北京大学出版社 2013 年版。

刘宇：《实践智慧的概念史研究》，重庆出版社 2013 年版。

武建敏：《马克思法哲学的当代阐释》，中国检察出版社 2013 年版。

孙周兴：《欠改革的中国大学——一位哲学学者的教育理念和实践》，上海人民出版社 2014 年版。

陈来：《仁学本体论》，生活·读书·新知三联书店 2014 年版。

武树臣：《寻找独角兽——古文字与中国古代法文化》，山东大学出版社 2015 年版。

黄志军：《辩证法的实践哲学阐释》，社会科学文献出版社 2015 年版。

陈常燊:《美德、规则与实践智慧》,上海三联书店 2015 年版。

武建敏:《实践法哲学:理论与方法》,中国检察出版社 2015 年版。

武树臣:《法家法律文化通论》,商务印书馆 2017 年版。

章太炎:《国学概论》,吉林出版集团股份有限公司 2018 年版。

赵敦华:《马克思哲学要义》,江苏人民出版社 2018 年版。

杨国荣:《成己与成物:意义世界的生成》,北京师范大学出版社 2018 年版。

杨国荣:《政治、伦理及其他》,生活·读书·新知三联书店 2018 年版。

孙宁:《匹兹堡学派研究:塞拉斯、麦克道威尔、布兰顿》,复旦大学出版社 2018 年版。

张世英:《中西哲学对话:不同而相遇》,东方出版中心 2020 年版。

苗东升:《复杂性管窥》,中国书籍出版社 2020 年版。

吴彤:《复杂性的科学哲学探索》,商务印书馆 2021 年版。

毕道村:《现代化起源——用复杂性科学解密西方世界的兴起》(三卷本),人民出版社 2021 年版。

武建敏:《普遍性与特殊性:法、伦理及政治的哲学观察》,人民出版社 2022 年版。

武树臣:《中国法的源与流》,人民出版社 2022 年版。

二、中文译著类

[古希腊]亚里士多德:《形而上学》,吴寿彭译,商务印书馆 1959 年版。

[古希腊]亚里士多德:《政治学》,吴寿彭译,商务印书馆 1965 年版。

[美]威廉·詹姆士:《实用主义》,陈羽纶、孙瑞禾译,商务印书馆 1979 年版。

[德]黑格尔:《小逻辑》,贺麟译,商务印书馆 1980 年版。

[德]伽达默尔:《科学时代的理性》,薛华等译,国际文化出版公司 1988 年版。

[古希腊]亚里士多德:《尼各马科伦理学》,苗力田译,中国社会科学

出版社 1990 年版。

[德] 康德:《历史理性批判文集》,何兆武译,商务印书馆 1990 年版。

[美] 杰罗姆·巴伦、托马斯·迪恩斯:《美国宪法概论》,刘瑞祥等译,中国社会科学出版社 1995 年版。

[法]皮埃尔·布迪厄、[美]华康德:《实践与反思——反思社会学导引》,李猛、李康译,邓正来校,中央编译出版社 1998 年版。

[德] 加达默尔:《真理与方法》上、下卷,洪汉鼎译,上海译文出版社 1999 年版。

[美] 列奥·施特劳斯:《霍布斯的政治哲学》,申彤译,译林出版社 2001 年版。

[美]理查德·舒斯特曼:《哲学实践:实用主义与哲学生活》,彭锋等译,北京大学出版社 2002 年版。

[古希腊] 亚里士多德:《尼各马可伦理学》,廖申白译,商务印书馆 2003 年版。

[法] 皮埃尔·布迪厄:《实践感》,蒋梓骅译,译林出版社 2003 年版。

[美] 理查德·罗蒂:《偶然、反讽与团结》,徐文瑞译,商务印书馆 2003 年版。

[美] 詹姆斯:《彻底的经验主义》,庞景仁译,上海人民出版社 2006 年版。

[美] 唐纳德·戴维森:《真理、意义与方法——戴维森哲学文选》,牟博等译,商务印书馆 2008 年版。

[德] 胡塞尔:《欧洲科学的危机与超越论的现象学》,王炳文译,商务印书馆 2008 年版。

聂敏里选译:《二十世纪亚里士多德研究文选》,华东师范大学出版社 2010 年版。

[美] 詹姆斯:《宗教经验种种》,尚新建译,华夏出版社 2012 年版。

[德] 马丁·海德格尔:《存在与时间》,陈嘉映、王庆节译,熊伟校,陈嘉映修订,生活·读书·新知三联书店 2014 年版。

苗力田主编：《亚里士多德全集》第八、九卷，中国人民大学出版社2016年版。

［美］康乃尔·韦斯特：《美国人对哲学的逃避：实用主义的谱系》，董山民译，南京大学出版社2016年版。

［美］保罗·D.埃里森：《事件史与生存分析》，范新光译，格致出版社2017年版。

［英］罗伯特·史蒂文斯：《法学院——美国法学教育百年史：19世纪50年代至20世纪80年代》，李立丰译，北京大学出版社2017年版。

［美］沃尔特·约斯特、迈克尔·J.海德编：《当代修辞学与解释学读本》，黄旺译，商务印书馆2018年版。

［德］海因里希·盖瑟尔伯格编：《我们时代的精神状况》，孙柏等译，上海人民出版社2018年版。

［美］艾伦·法恩思沃斯：《美国法律体系》，［美］史蒂夫·谢泼德修订，李明倩译，上海人民出版社2018年版。

［美］范吉尔：《联邦最高法院的观点》，廖春霞译，上海社会科学院出版社2018年版。

［英］B.威廉斯：《伦理学与哲学的限度》，陈嘉映译，商务印书馆2018年版。

［美］保罗·费耶阿本德、［德］埃里克·奥博海姆编：《科学的专横》，郭元林译，中国科学技术出版社2018年版。

［美］希拉里·普特南：《三重绳索：心灵、身体与世界》，孙宁译，复旦大学出版社2019年版。

［美］卡斯滕·哈里斯：《无限与视角》，张卜天译，商务印书馆2020年版。

［英］罗杰·科特雷尔：《法律、文化与社会——社会理论镜像中的法律观念》，郭晓明译，北京大学出版社2020年版。

［德］阿多诺：《道德哲学德问题》，谢地坤、王彤译，上海人民出版社2020年版。

［德］马克斯·霍克海默、西奥多·阿多诺：《启蒙辩证法——哲学断片》，渠敬东、曹卫东译，上海人民出版社 2020 年版。

［加］安德鲁·芬伯格：《实践哲学：马克思、卢卡奇和法兰克福学派》，王彦丽、葛勇义译，江苏人民出版社 2022 年版。

三、论文类

孙正聿：《从两极到中介：现代哲学的革命》，《哲学研究》1988 年第 8 期。

张文显：《"权利本位"之语义和意义分析——兼论社会主义法是新型权利本位法》，《中国法学》1990 年第 4 期。

高清海：《哲学思维方式的历史性转变——论马克思哲学变革的实质》，《开放时代》1995 年第 6 期。

谢晖：《创建我国的法学流派初论》，《法商研究》（中南政法学院学报）1995 年第 6 期。

朱德生：《传统辨》，《北京大学学报》（哲学社会科学版）1996 年第 5 期。

苏力：《解释的难题：对几种法律文本解释方法的追问》，《中国社会科学》1997 年第 4 期。

俞吾金：《如何理解马克思的实践概念——兼答杨学功先生》，《哲学研究》2002 年第 11 期。

邓晓芒：《西方形而上学的命运——对海德格尔的亚里士多德批评的批评》，《中国社会科学》2002 年第 6 期。

王南湜：《作为实践智慧的辩证法》，《社会科学战线》2003 年第 6 期。

徐长福：《论亚里士多德的实践概念——兼及与马克思实践思想的关联》，《吉林大学社会科学学报》2004 年第 1 期。

李桂林：《作为实践理性的法律》，《现代法学》2004 年第 6 期。

潘德荣：《偶然性与罗蒂新实用主义》，《华东师范大学学报》（哲学社会科学版）2005 年第 1 期。

王南湜：《辩证法与实践智慧》，《哲学动态》2005 年第 4 期。

唐热风：《亚里士多德伦理学中的德性与实践智慧》，《哲学研究》2005

年第 5 期。

杨芳:《现代性是一项未竟的事业》,《贵州大学学报》(社会科学版)2006 年第 6 期。

马万东:《实践智慧(phronesis)与"技艺"(techne)之喻——由亚里士多德引发的现代思考》,《现代哲学》2007 年第 1 期。

陈金钊:《当代中国法学的流派化志趣》上,《扬州大学学报》(人文社会科学版)2007 年第 2 期。

黄欣荣:《复杂性研究对整体论的复兴与超越》,《江南大学学报》(人文社会科学版)2009 年第 2 期。

王南湜:《从两极到中介:理论创新的辩证法》,《光明日报》2009 年 6 月 9 日理论周刊。

邓晓芒:《康德论道德与法的关系》,《江苏社会科学》2009 年第 4 期。

朱清华:《海德格尔对亚里士多德实践智慧(phronesis)的存在论诠释》,《现代哲学》2009 年第 6 期。

郑永流:《实践法律观要义——以转型中的中国为出发点》,《中国法学》2010 年第 3 期。

刘宇:《当代"实践智慧"问题研究的四种进路》,《现代哲学》2010 年第 4 期。

吴倩:《"实践智慧学"的本体论探索——试析牟宗三对中国哲学根基的重建》,《齐鲁文化研究》2010 年总第 9 辑。

陈嘉映:《谈谈维特根斯坦的"哲学语法"》(续),《世界哲学》2011 年第 4 期。

王申:《法官的实践性知识与智慧导向》,《法制与社会发展》2011 年第 6 期。

邵华:《马克思与实践智慧》,《马克思主义与现实》2013 年第 3 期。

朱葆伟:《实践智慧与实践推理》,《马克思主义与现实》2013 年第 3 期。

邱本、徐博峰:《中国法治发展道路与中国法治实践学派》,《浙江大学学报》(人文社会科学版)2013 年第 5 期。

赵敦华：《现代性是一项未竟的谋划》，《中国社会科学报》2013 年 10 月 21 日。

武树臣：《寻找最初的"仁"——对先秦"仁"观念形成过程的文化考察》，《中外法学》2014 年第 1 期。

俞吾金：《从实用理性走向实践智慧》，《杭州师范大学学报》（社会科学版）2014 年第 3 期。

杨国荣：《论实践智慧》，《中国社会科学》2014 年第 4 期。

姚建宗：《中国语境中的法律实践概念》，《中国社会科学》2014 年第 6 期。

陈来：《论儒家的实践智慧》，《哲学研究》2014 年第 8 期。

郑永流：《重识法学：学科矩阵的建构》，《清华法学》2014 年第 6 期。

朱清华：《再论亚里士多德的实践智慧》，《世界哲学》2014 年第 6 期。

黄志军：《实践哲学视野下的辩证法》，《现代哲学》2015 年第 2 期。

孙正聿：《毛泽东的"实践智慧"的辩证法——重读〈实践论〉〈矛盾论〉》，《哲学研究》2015 年第 3 期。

牛小侠：《论马克思哲学实践智慧的品质》，《江海学刊》2015 年第 3 期。

刘丽红：《辩证法形态演进的当代审视》，《学术探索》2015 年第 3 期。

武树臣：《仁·太极图·金（法）——中国古代法哲学探源》，《法学杂志》2015 年第 9 期。

龙晓添：《何为传统？——希尔斯论"传统"的本质与特征》，《广西师范大学学报》（哲学社会科学版）2015 年第 5 期。

黄志军：《走向理论智慧与实践智慧的辩证法》，《学术研究》2015 年第 10 期。

钱弘道、杜维超：《论实验主义法治——中国法治实践学派的一种方法论进路》，《浙江大学学报》（人文社会科学版）2015 年第 6 期。

冯兵：《儒家实践智慧的礼学演绎——论朱子的礼学实践观》，《哲学研究》2016 年第 1 期。

张双利：《再论马克思对黑格尔法哲学的批判》，《哲学研究》2016 年第 6 期。

叶会成：《实践哲学视域下的法哲学研究——一个反思性述评》，《浙江大学学报》（人文社会科学版）2017 年第 4 期。

陈嘉明：《理解与合理性》，《哲学研究》2017 年第 9 期。

王骏：《论诠释学对话：方法、本体与德行》，《哲学分析》2018 年第 1 期。

王立民：《复兴中华法系的再思考》，《法制与社会发展》2018 年第 3 期。

佘诗琴：《伽达默尔解释学的核心悖论——弗兰克的一种视角》，《文艺研究》2018 年第 5 期。

高申春、张健：《从胡塞尔现象学看康德的规定性判断力》，《现代哲学》2019 年第 4 期。

俞海涛：《修辞理论的实践转向及拓展研究——第十届法律修辞学会议述评》，《河北法学》2019 年第 9 期。

邓晓芒：《对亚里士多德形而上学的片面定向的检讨——以中国哲学为参照》，《清华大学学报》（哲学社会科学版）2020 年第 4 期。

吴宏政、王晓帅：《马克思政治哲学的实践论转向》，《浙江学刊》2020 年第 4 期。

陈辉：《论功能主义法律解释论的构建》，《现代法学》2020 年第 6 期。

吴增定：《实体与事物——重思斯宾诺莎对亚里士多德主义的批评》，《世界哲学》2021 年第 1 期。

晏辉：《诠释的现象学考察与伦理学批判》，《哲学分析》2021 年第 1 期。

张能为：《知识、行动与实践——伽达默尔论知识、行动何以是实践哲学的》，《学术界》2021 年第 2 期。

张文显：《坚持以人民为中心的根本立场》，《法制与社会发展》2021 年第 3 期。

丁立群、邓久芳：《理论、制作与实践：实践的完整性》，《江海学刊》2021 年第 3 期。

廖申白：《亚里士多德关于"幸福"原理的"实践"论证》，《上海师范大学学报》（哲学社会科学版）2021 年第 4 期。

顾家宁：《事君与内外：〈论语〉管仲评价发微》，《孔子研究》2021 年第 6 期。

喻国明：《中华法系文化要素的挖掘与发展》，《东方法学》2022 年第 1 期。

张生：《中华法系的现代意义：以律典统编体系的演进为中心》，《东方法学》2022 年第 1 期。

郝铁川：《中华法系的创造性转化》，《东方法学》2022 年第 1 期。

姚建宗：《论法律的思想实践及其实践理性原则》，《河北法学》2022 年第 2 期。

丁立群：《传统实践哲学前提转换与实践的总体性》，《道德与文明》2022 年第 5 期。

陈莹：《古希腊实践智慧的意义转换和解释学重建》，《哲学动态》2022 年第 9 期。

杨建文：《推进社会主义核心价值观融入裁判文书释法说理的时代要求和养成之道》，《法律适用》2022 年第 10 期。

陶立霞：《论中国式现代化道路彰显的中国现代性文明形态》，《中国社会科学院大学学报》2022 年第 10 期。

武树臣：《从"相人耦"到"人己和"——孔子之仁的形成路径与理论升华》，《孔子研究》2022 年第 6 期。

贺来：《中国式现代化的实践智慧品格》，《哲学研究》2022 年第 12 期。

李立国：《大学治理的"现代性"与"本土化"》，《大学教育科学》2023 年第 1 期。

陈金钊、陈星伟：《逻辑嵌入法理的历史——新中国法律方法论研究 70 年演进》，《上海大学学报》（社会科学版）2023 年第 1 期。

四、英文著作类

Essays in Radical Empiricism, edited. By R. B. Perry, New York: Longmans, Green and Co., 1943.

Richard A. Posner, *Cardozo: A Study in Reputation*, The University of Chicago Press, 1990.

The Rule of Law, Edited by Ian Shapiro, New York University Press, 1994.

A Companion to Philosophy of Law and Legal Theory, Edited by Dennis Patterson, Blackwell Publisher Ltd, 1996.

Aristotle, *Nicomachean Ethics*, Second Edition, trans. by Terence Irwin, Hackett Publishing Company, Inc. 1999.

The Rule of Law in America, The Johns Hoplins University Press, 2001.

Michael J. Gerhardt, *The Power of Precedent*, Oxford University Press, 2008.

The Fundamental Holmes, A Free Speech Chronicle and Reader, Edited by Ronald K. L. Collins, Cambridge University Press, 2010.

五、英文论文类

Robert F. Utter, Tribute: Dispute Resolution in China, *62 Wash. L. Rev. 383 (1987)*.

Miriam Galston, Taking Aristotle Seriously: Republican-Oriented Legal Theory and The Moral Foundation of Deliberative Democracy, *82 Cal. L. Rev. 329 (1994)*.

Caryn L. Beck-Dudley, Edward J. Conry, Legal Reasoning and Practical Reasonableness, *33 Am. Bus. L. J. 91 (1995)*.

Thomas C. Grey，Freestanding Legal Pragmatism, *18 Cardozo L. Rev. 21 (1996)*.

Tom Ginsburg, Confucian Constitutionalism? The Emergence of Constitutional Review in Korea and Taiwan, *27 Law & Soc. Inquiry 763 (2002)*.

Jonathan T. Molot, An Old Judicial Role for A New Litigation Era, *113, Yale. L. J. 27 (2003)*.

Francis J. Mootz III, A future foretold: Neo-Aristotelian Praise of Postmodern Legal Theory, *68 Brook. L. Rev. 683 (2003)*.

Eric Engle, Aristotle, Law and Justice: The Tragic Hero, *35 N. Ky. L. Rev. 1*

(2008).

YuFan Stephanie Wang, The Triumph of Confucianism: How A Subjugated Legal System is Failing A Generation of Chinese Women and Girls, *15 Cardozo J.L. & Gender 691 (2009)*.

Sarah M. R. Cravens, Judging Discretion: Context for Understanding The Role of Judgment, *64 U. Miami L. Rev. 947 (2010)*.

Marco Jimenez, Finding the Good in Holmes's Bad Man, *79 Fordham L. Rev. 2069 (2011)*.

后　记

————————

　　这自然是一部法哲学著作，但同时又是一部法律实践理论的著作。它是从法哲学向着诸多法律领域的拓展，而其理论拓展过程则坚持了实践哲学的基本立场。我自然愿意将这个文本看作是在中国自主性法律理论创建方面操持的理论结晶，也许它为人们思考问题提供了一种视角，也许它为人们把握理论供给了一种思维方式，也许它为法律研究诸多领域奉献了一种方法，也许它为法律实践领域构建了一种策略。这似乎具有自我鼓吹的嫌疑，然而我说的无非是一种可能性。只要我们认真地品味，总会有益于自身的思想与行动世界的完善。当然，我并不否认其所具有的一种抑制性作用，理论在给人有所震撼的同时，往往也会牵制人的思想翱翔。这个世界上没有完美无缺的思想，我们必须遨游于思想海洋的交汇处，用心灵体验思想之间的交流与撞击。不要沉迷于学术，它会阻碍思想的发展。也许我们根本无力于思想，可我们依然不能满足于学术的自我安慰。只有在伟大思想的交锋中，我们才可能做出点滴贡献。

　　追寻中国自身的自主性法律理论是法学界的共识。我们不能在自由主义法学中沉沦，更不应从自由主义出发对中国进行"外部批判"，任何"外部反思"作为基础的学术谋划都不可能生成中国的自主性理论。我们当然不能局限在教义法学的学习、模仿和阐发当中，用一种并不符合中国文化结构的异域法学作为支撑，永远都不可能生成中国自身的法学理论。我们同样不能羡慕实用主义法学的自由潇洒，尽管实用主义与中国儒学具有诸多的契合性，却依然不能由此出发孤立地完成中国法律理论的创建。我们固然要从法社会学、经济分析法学等诸多领域汲取对我们自身有益的学术养分，却不能做"叠床架屋"的无聊工作。中国自主性法律理论的创设需要我们沉入生活世界当中，用心体验传统的流动和时代的变迁，探寻法律知识的有限性，把握法律实践的内在机理，这是一个"洞悉"的过程，永远都没有尽头。

尽管我们不能说中国已经形成自身自主性的法律理论，但诸多法学领域的发展无疑为自主性法律理论的生成奠定了良好的基础。也许中国法学流派的发展刚刚开始，"自我意识"还不凸显，思想上还需要凝练升华，理论上还有待进一步深化拓展，同时也缺乏对"中国问题"的真切洞悉，但这些问题将会在法学流派的不断发展中得以解决。大体而言，中国已经具备了法学流派的端倪，诸多类型的法学话语正在呼唤着流派的生成。在20世纪八九十年代中国法学界有"法律文化"研究的强劲表达，武树臣教授是这个领域最为典型的代表，他对中国传统法律文化进行了系统化诠释，提出了诸多理论判断和法文化命题。而在当前，他的法律文化研究已经拓展到了古文字的内部，并可与古文字学家进行对话。同时，马小红教授、刘作翔教授、张中秋教授等也可以看作该领域的学术代表，当然，他/她们的学术主张存在诸多差异。"法律文化"不能等同于"法律史"，否则就失去了自身独特的"文化规定性"。在对"法律文化概念"的凝练中，以文化统摄法律世界，将会有益于推进中国自主性法律理论的生成。在法律文化研究勃兴的同时，随着中国人主体自我意识的觉醒，以张文显教授为代表的权利法学逐步形成，在中国法学界具有重要的启蒙作用。同时，徐显明教授、郑成良教授等均为权利法学的代表性人物。但我们似乎并不能说权利法学构建了自身的理论体系，实际上其外部反思的特点过于浓厚，严格而言并不属于中国自己的法律理论。

从近些年来法律理论的发展来看，似乎可以说形成了"社科法学"和"教义法学"的学术阵营，不管他们是否具有自身的原创性工作，却都在积极推动相关领域的研究。"社科法学"的代表人物自然是朱苏力教授，他是位出色的学者，将他仅仅归入"社科法学"阵营并不恰当，在诸多领域他都做出了难得的学术贡献，而他学术中的"实践法学元素"常给我以诸多启发。侯猛等人在"社科法学"研究中做了大量工作，然而"社科法学"终究不具有自主性法律理论的"基底"，这多少有几分遗憾。"教义法学"的命运大抵和"社科法学"差不多，它会形成法学研究的热点，却不是自主性法律理论的增长点。在根本上讲，无论"社科法学"还是"教义法学"依然是导源于西方，不过我们也要看到，"社科法学"的实质性基础在中国是存在的，但"教义法学"却并不具有中国根基。需要注意的是法学界还存在着一个"方法论法学"，其主要代表是陈金钊教授，他具有明确的方法论自主性意识，在法学方法论研究中做了大量的研究、组织和策划工作。他不仅是位出色的研究者，还是学术领导者。我有一种理论愿望，将方法论法学放置到更为宽阔的"法律实践理论"中加以对待，从而为方法论划界，并使方法论在"法律实践理论"中获得新发展。

当前法学理论界正处在难得的发展期。中国传统法学理论正在日益开掘，人们似乎已经不再满足于单纯地对传统法律思想进行观点性把握，而是要将其理论化。尽管其间存在一些"现代话语"，但这都是不可避免的现象，在某种意义上我们只有形成传统语言所蕴含思想的现代转化，才可能真正发挥传统法律理论的卓越价值。西方法学理论被大量引荐，无论是欧陆法学理论，还是英美法学理论，对于中国学界来讲都不陌生，知识的上手从来都不是问题。我们需要做的工作是"从中国看世界"和"从世界看中国"的双向融合，而不是"外部反思"。在数十年前法学界就十分重视马克思主义法学理论的研究，而当前马克思法律理论重新获得重视，我们还需要在马克思法律文本学的基础工作方面下功夫，为创建中国自主性法律理论建基。当对法学理论的研究积累到一定程度，中国自身的法学流派也就喷薄欲出。也许，当前对各个法学理论研究的评价都为时太早，在思想开放的伟大时代各种法学理论向着其他思想领域的"敞开"是必然的，这将会不断提升自身的学术深度和智慧，在彼此融通中获得更好的发展。

值得注意的是，在中国还有一个"实践法学"理论。邱本教授曾经梳理了中国实践法学的三种形态，即郑永流实践法律观、舒国滢法律智慧观及我阐释的实践法哲学，并论证了实践法学的理论基础和基本属性。郑永流教授在十多年前提出了"实践法律观"，姚建宗教授论述了法哲学的生活观照，而我在同时论证了作为法哲学的"实践法学"，其背后的论证资料是哲学化的。郑氏将事实与规范作为架构理论的抓手，姚氏对法律实践概念进行了系统的论证，我将普遍性与特殊性不断拓展并作为法律实践理论的基本问题。后来我和郑氏先后使用了"实践法哲学"的概念，从不同角度阐释了这一法哲学理论形态。"实践法学"在理论上的共识是自发形成的，这在一定程度上说明了对于法本身存在状态认识的相通性。钱弘道教授用行动凸显了法治实践的重要意义，其所提出的"实验主义法治"是一种颇具中国特色的法治实践观。"实验主义法治观"可以看作"法律实践理论"在法治领域中的运用，而"法律实践理论"则是中国法治实践发展的理论基础。"法律实践理论"是开放的，而非封闭的。我们需要从不同维度发展和完善"法律实践理论"，真正推动中国自主性理论的发展与成熟。我们不仅要坚持"理论"和"实践"是"一回事"的总体性思想，而且还要坚持"中西马会通"的原则，沉入法律生活世界，在"思想勘察"中创建中国自主性法律理论。在"实践法学"的发展中，我们不仅要进行总体性勘察，还要开展精耕细作的挖掘工作。本书中既有关于法律实践主义的总体性论证，也包含了向着法律解释、法律修辞、法学教育等诸多领域的拓展，但距离精耕细作还有一定距离。而我近期先后完成的"普遍性与特殊性""儒家法哲学""法律方法的实践理论"等系列也可以看作是对"实践法学"诸领域的理论呈现，"一以贯之"本就是思想流派的当有风格。

我对于"法律实践理论"的把握，自然是有着自身的哲学前提。在我上大学的时候，胡海波教授开设"列宁《哲学笔记》"，但他在课程讲授中大量穿插了高清海哲学思想，由此我便对高清海教授产生了浓厚的兴致，其"实践观点"的哲学思维方式对我这样的哲学青年具有强烈的吸引力和影响力。对高氏哲学的兴致大抵持续了数年，其间自然伴随了对马克思哲学的吸收、消化及转化，同时由于受到高氏史论结合治学风格的影响，便自觉地研习了诸多西方哲学史的人物和话域，其中包括对于维特根斯坦的持久阅读。由于到北大后确立了中国伦理学的专业方向，自然就无暇再从高氏哲学中接受教益。再后来开始学习法律思想和法律文化，似乎距离高氏哲学日益遥远。然而，直到我 2005 年开始撰写《司法理论与司法模式》，才认识到高氏哲学对我的影响是根深蒂固的，彼时首次使用了"实践法学"的概念。其间固然有一些"实践法学"的文字，却并没有对此进行系统性论证，直到 2009 年才较为系统地阐发了"实践法学"的基本理论。在此我要向郭登科先生致以崇高的敬意！他向我约文撰写《实践法学要义》，使我有机会较为系统凝练地阐发了这个法哲学主张。我常想，除了郭老师操持下的《河北法学》之外，大概不会有杂志接受这样一篇没有任何基金依托且"另类化"的长文占据其宝贵的篇幅。特别感谢郭老师对我的提携、鼓励和无私帮助！再后来撰写的几乎所有文字都可以说是对"实践法学"的拓展，无论使用怎样的概念表达，都在于发展出一种"法律实践理论"。这种理论自然是法哲学，但又不局限在法哲学当中，而是包含了向着不同领域的理论拓展。然而，法哲学依然是"基底"，没有了"实践法哲学"，也就没有了与此相应的"法律实践理论"。

中国社会注重人情和面子，人们在学术上也不愿意作深入批判，这对于中国自主性法律理论的生成是不利的。我虽然在某些文字中对"权利法学""社科法学""法教义学""方法论法学"作过少许评价，却谈不上深入的批判与反思。思想必须有交锋，理论必须有批判，学术必须有反思。批判必须是真诚的，其中包含了纯美的天真，然而纯净的直观中却隐含了思想的老道。天真与老道看似天壤之别，实则两极相通。一双水汪汪的眼睛却映照了整个世界，热情但并不妨碍冰冷的观察。或许我们可以以道家为根基，看透知识的秉性，做知识的反思。我们期待不同法学主张之间展开尖锐的批评，反思彼此的理论前提，在相互批判中推进中国理论的发展和中国风格的形成。这里需要特别强调的是，学术批评从其根本上讲属于前提批判范畴，尤其是在各种法学理论之间，批判必须是思想性的、理论性的、前提性的，陷入具体观点的无休止争论中是思想贫乏的表现。学术批判必须是真诚的，学术批判的异化是人卑劣本性的明证。同时，我们需要以宽容接纳他者的批判，不要让情绪、人情和偏狭遮蔽了对真理的追求。无论是进行思想勘察，还是理论建构，抑或是学术批判，我们必须有着清醒的自我意识，要认识到自身存在的有限性，把握自身认知和行动的"边界"，懂得"能做什么"和"不能做什么"的道理，然后才会有恰当的学术。我并不期望他者的理解，但我关心是否真诚地表达了自己的所思所想。

感谢诸多学术思想领域的前辈同侪！感谢武树臣先生鞭策！感谢段秋关先生勉励！感谢马小红教授激励！感谢王思锋、李一凡、成剑、代水平、潘怀平、刘宇等诸教授同仁帮助！感谢李春林先生提携！感谢张立老师精心编辑和无私帮助！书中有文字曾发表于《中国社会科学评价》《浙江大学学报》《山东大学学报》《山西师大学报》《内蒙古师大学报》《人大法律评论》《河北法学》，经扩展或重构或整合而融入本书之中，特此说明并致谢前述杂志！我并不愿意做各种项目，本书不是项目化的结果，正因为如此其出版更加不易，因此要特别感谢西北大学的学术出版支持！中国自主性法律理论的发展难以穷尽，本书只不过表达了一种美好期待和真切追求，望请学界同仁批评指正！

武建敏

二零二三年春于终南山脚下

责任编辑：张　立
封面设计：周方亚
责任校对：秦　婵

图书在版编目（CIP）数据

法律实践主义：法哲学及其理论拓展 / 武建敏 著 . — 北京：人民出版社，2023.10
ISBN 978 - 7 - 01 - 025950 - 5

I. ①法… 　 II. ①武… 　 III. ①法哲学 - 研究 　 IV. ① D90

中国国家版本馆 CIP 数据核字（2023）第 174656 号

法律实践主义
FALÜ SHIJIAN ZHUYI
——法哲学及其理论拓展

武建敏　著

人民出版社 出版发行
（100706　北京市东城区隆福寺街 99 号）

北京汇林印务有限公司印刷　新华书店经销

2023 年 10 月第 1 版　2023 年 10 月北京第 1 次印刷
开本：710 毫米 × 1000 毫米 1/16　印张：22.75
字数：350 千字

ISBN 978 - 7 - 01 - 025950 - 5　定价：118.00 元

邮购地址 100706　北京市东城区隆福寺街 99 号
人民东方图书销售中心　电话（010）65250042　65289539